JN061153

判例トレーニング

刑法総論

成瀬幸典・安田拓人 編

一原亜貴子　岡部雅人　川崎友巳
木崎峻輔　小池信太郎　齊藤彰子
坂下陽輔　佐藤拓磨　佐藤陽子
佐野文彦　品田智史　嶋矢貴之
菅沼真也子　杉本一敏　十河太朗
田中優輝　津田雅也　照沼亮介
東條明徳　豊田兼彦　西貝吉晃
古川伸彦　星周一郎　松尾誠紀
宮川基　山本紘之

信山社

はしがき

判例を学ぶことの重要性は，繰り返し強調されているが，判例を正しく学ぶことはそう簡単なことではない。本書は，それを何とか可能にするための，法科大学院生や法学部生向けの学習用教材として編まれたものである。

判例を正しく学ぶためには，判例の法理を正確に理解することが，不可欠の前提となる。そこで，本書では，最高裁を中心とする判例（＝メイン判例）の論理を分かりやすく解き明かすことを第一の目標とし，読者の皆さんに，判例がどのような論理の流れをとっているかを理解してもらえるようにすることを重視している。本書の執筆者には，調査官解説をふまえた，客観的で正確な解説を心がけて頂いているから，読者の皆さんは，これを熟読することにより，自己流の理解に流されることなく，確かな理解へと導かれることが期待される。

また，本書では，判例が具体的事案における妥当な解決を追求するものであることを考慮し，当該事案との関係で個々のフレーズがもつ意味を明らかにし，判例の意義を正確に捉えることができるように工夫されている。併せて，関連判例を取り上げて比較検討することにより，事実関係がどのように異なれば結論が変わってくるのかといったことを明らかにすることを通じて，判例の射程を明らかにすることにも努めている。

最後に，本書では，演習問題を設け，以上のような判例分析で得られた知識を活用し，最終的に答案を作成できるだけの能力を涵養することを目標としている。

このように，本書には，判例学習に必要なすべてのことが備わっている。本書でトレーニングを積むことにより，皆さんは，判例の理解を確かなものとすることができるものと信じている。

トレーナーである本書の執筆陣には，ありがたいことに，豪華なメンバーに加わって頂くことができた。研究教育等でそれぞれご多忙を極めておられる中，企画の趣旨にご賛同頂き，力のこもった原稿をお寄せ頂いた執筆者の皆さんには，心よりお礼を申し上げたい。また，本書の編集作業には，信山社出版の柴田尚到さんと鳥本裕子さんがあたってくださった。いつもながら周到なお仕事をして頂いたことに，お礼申し上げたい。

令和５年３月

編者を代表して

安田拓人

判例トレーニング刑法総論

目　次

構成要件該当性①

1　被害者の行為の介入と因果関係………………〔安田拓人〕……1
――高速道路進入事件
（最高裁平成 15 年 7 月 16 日第二小法廷決定）

構成要件該当性②

2　方法の錯誤…………………………………〔小池信太郎〕……7
――新宿びょう打銃事件
（最高裁昭和 53 年 7 月 28 日第三小法廷判決）

構成要件該当性③

3　抽象的事実の錯誤……………………………〔菅沼真也子〕……14
（最高裁昭和 61 年 6 月 9 日第一小法廷決定）

構成要件該当性④

4　不作為による殺人……………………………〔齊藤彰子〕……21
――シャクティ事件
（最高裁平成 17 年 7 月 4 日第二小法廷決定）

構成要件該当性⑤

5　過失犯における予見可能性…………………〔古川伸彦〕……28
――明石人工砂浜陥没事件第一次上告審
（最高裁平成 21 年 12 月 7 日第二小法廷決定）

構成要件該当性⑥

6　過失犯における結果回避義務………………〔山本紘之〕……35
――明石歩道橋群衆なだれ事件
（最高裁平成 22 年 5 月 31 日第一小法廷決定）

構成要件該当性⑦

7 因果関係 ……〔岡部雅人〕…… 42
——三菱ハブ破損事件
(最高裁平成 24 年 2 月 8 日第三小法廷決定)

違法性阻却事由①

8 侵害の予期と急迫性 ……〔坂下陽輔〕…… 49
(最高裁平成 29 年 4 月 26 日第二小法廷決定)

違法性阻却事由②

9 自招侵害 ……〔坂下陽輔〕…… 56
——ラリアット事件
(最高裁平成 20 年 5 月 20 日第二小法廷決定)

違法性阻却事由③

10 防衛行為の相当性 ……〔成瀬幸典〕…… 62
(最高裁平成元年 11 月 13 日第二小法廷判決)

違法性阻却事由④

11 量的過剰（事後的過剰）……〔木崎峻輔〕…… 69
(最高裁平成 20 年 6 月 25 日第一小法廷決定)

違法性阻却事由⑤

12 誤想過剰防衛 ……〔品田智史〕…… 76
——英国騎士道事件
(最高裁昭和 62 年 3 月 26 日第一小法廷決定)

違法性阻却事由⑥

13 法益主体（被害者）の承諾 ……〔松尾誠紀〕…… 83
(最高裁昭和 55 年 11 月 13 日第二小法廷決定)

責任阻却事由①

14 原因において自由な行為……………………〔佐野文彦〕…… 90
——酒酔い運転事件
(最高裁昭和 43 年 2 月 27 日第三小法廷決定)

責任阻却事由②

15 違法性の意識の可能性……………………〔一原亜貴子〕…… 97
——百円札模造事件
(最高裁昭和 62 年 7 月 16 日第一小法廷決定)

未遂犯①

16 実行の着手(1)………………………………〔豊田兼彦〕…… 104
——クロロホルム事件
(最高裁平成 16 年 3 月 22 日第一小法廷決定)

未遂犯②

17 実行の着手(2)………………………………〔東條明徳〕…… 110
——訪問予告事件
(最高裁平成 30 年 3 月 22 日第一小法廷判決)

未遂犯③

18 中止犯における任意性……………………〔津田雅也〕…… 117
(最高裁昭和 32 年 9 月 10 日第三小法廷決定)

共　犯①

19 被害者の行為を利用した間接正犯…………〔嶋矢貴之〕…… 124
(最高裁平成 16 年 1 月 20 日第三小法廷決定)

共　犯②

20 黙示の意思連絡による共謀共同正犯………〔十河太朗〕…… 131
——スワット事件
(最高裁平成 15 年 5 月 1 日第一小法廷決定)

共　犯③

21　異なる故意を持つ者の間の共同正犯……………〔佐藤拓磨〕…138
——シャクティ事件
(最高裁平成 17 年 7 月 4 日第二小法廷決定)

共　犯④

22　過失の共同正犯……………………………〔宮川　基〕…144
——明石市歩道橋事故強制起訴事件
(最高裁平成 28 年 7 月 12 日第三小法廷決定)

共　犯⑤

23　承継的共同正犯……………………………〔照沼亮介〕…151
(最高裁平成 29 年 12 月 11 日第三小法廷決定)

共　犯⑥

24　共犯関係からの離脱………………………〔田中優輝〕…157
——おれ帰る事件
(最高裁平成元年 6 月 26 日第一小法廷決定)

共　犯⑦

25　共犯と身分…………………………………〔西貝吉晃〕…164
(最高裁昭和 32 年 11 月 19 日第三小法廷判決)

共　犯⑧

26　不作為による作為犯への関与……………〔佐藤陽子〕…171
(札幌高裁平成 12 年 3 月 16 日判決)

共　犯⑨

27　共同正犯と過剰防衛………………………〔杉本一敏〕…178
——フィリピンパブ事件
(最高裁平成 4 年 6 月 5 日第二小法廷決定)

共　犯⑩

28　幇助の因果関係 ……………………………〔星周一郎〕… 187
——板橋宝石商殺し事件
（東京高裁平成 2 年 2 月 21 日判決）

共　犯⑪

29　中立的行為と幇助 …………………………〔川崎友巳〕… 193
—— Winny 開発者事件
（最高裁平成 23 年 12 月 19 日第三小法廷決定）

罪　数

30　包括一罪 ……………………………………〔成瀬幸典〕… 200
（最高裁平成 26 年 3 月 17 日第一小法廷決定）

判例索引

編者紹介

成瀬　幸典（なるせ・ゆきのり）　東北大学大学院法学研究科教授
安田　拓人（やすだ・たくと）　京都大学大学院法学研究科教授

執筆者紹介

（五十音順）

一原亜貴子（いちはら・あきこ）　岡山大学学術研究院社会文化科学学域教授
岡部　雅人（おかべ・まさと）　国士舘大学法学部教授
川崎　友巳（かわさき・ともみ）　同志社大学法学部教授
木崎　峻輔（きざき・しゅんすけ）　中央学院大学法学部准教授
小池信太郎（こいけ・しんたろう）　慶應義塾大学大学院法務研究科教授
齊藤　彰子（さいとう・あきこ）　名古屋大学大学院法学研究科教授
坂下　陽輔（さかした・ようすけ）　慶應義塾大学大学院法務研究科准教授
佐藤　拓磨（さとう・たくま）　慶應義塾大学法学部教授
佐藤　陽子（さとう・ようこ）　成蹊大学法学部教授
佐野　文彦（さの・ふみひこ）　法政大学法学部准教授
品田　智史（しなだ・さとし）　大阪大学大学院高等司法研究科准教授
嶋矢　貴之（しまや・たかゆき）　神戸大学大学院法学研究科教授
菅沼真也子（すがぬま・まやこ）　小樽商科大学商学部准教授
杉本　一敏（すぎもと・かずとし）　早稲田大学大学院法務研究科教授
十河　太朗（そごう・たろう）　同志社大学大学院司法研究科教授
田中　優輝（たなか・ゆうき）　関西学院大学法学部教授
津田　雅也（つだ・まさや）　静岡大学人文社会科学部教授
照沼　亮介（てるぬま・りょうすけ）　上智大学法学部教授
東條　明徳（とうじょう・あきのり）　神戸大学大学院法学研究科准教授
豊田　兼彦（とよた・かねひこ）　大阪大学大学院法学研究科教授
西貝　吉晃（にしがい・よしあき）　千葉大学大学院専門法務研究科准教授
古川　伸彦（ふるかわ・のぶひこ）　名古屋大学大学院法学研究科教授
星　周一郎（ほし・しゅういちろう）　東京都立大学法学部教授
松尾　誠紀（まつお・もとのり）　北海道大学大学院法学研究科教授
宮川　　基（みやがわ・もとい）　東北学院大学法学部教授
山本　紘之（やまもと・ひろゆき）　大東文化大学法学部教授

凡　例

1　判決文の扱い

⑴　引用の表示　　引用個所は「　」で示した。また，原本中の「　」は『　』に置き換えた。

⑵　引用個所中の強調　　引用個所中で適宜，重要な言葉をゴチックであらわし，また重要な表現には下線を付した。

⑶　省略個所の表示　　省略個所は一律「……」で示した。

⑷　固有名詞の扱い　　適宜言い換えを行った。

⑸　数字の扱い　　条文，年月日等につき漢数字となっていたものはアラビア数字に置き換えた。

⑹　誤字・脱字の扱い　　引用個所中のあきらかな誤字・脱字は訂正することとした。

⑺　促音・拗音の扱い　　促音・拗音は一律小書きとした。

⑻　前述の表示　　原本が縦組みの際に「右」と前述の表示があるが，そのままとした。

⑼　論旨の明確化　　論旨をより明確にするために執筆者が付した小見出しおよび補った言葉には，それを〔　〕に入れて示した。

2　おもな文献の略記法

判例集，文献の略語は以下の一覧のほか，一般の慣例による。

⑴　裁判所略語

大判（決）　　大審院判決（決定）
大連判（決）　　大審院連合部判決（決定）
最判（決）　　最高裁判所判決（決定）
最大判（決）　　最高裁判所大法廷判決（決定）
高判（決）　　高等裁判所判決（決定）
地判（決）　　地方裁判所判決（決定）
支判（決）　　支部判決（決定）
簡判（決）　　簡易裁判所判決（決定）

⑵　判例集略語

刑録　　大審院刑事判決録
判決全集　　大審院判決全集
刑集　　大審院，最高裁判所刑事判例集
集刑　　最高裁判所裁判集刑事
高刑集　　高等裁判所刑事判例集
下刑集　　下級裁判所刑事裁判例集
東高刑時報　　東京高等裁判所刑事判決時報
高刑判特　　高等裁判所刑事判決特報
高刑裁特　　高等裁判所刑事裁判特報
一審刑集　　第一審刑事裁判例集
高刑速　　高等裁判所刑事裁判速報集
高検速報　　高等裁判所刑事裁判速報
刑月　　刑事裁判月報
裁時　　裁判所時報
判時　　判例時報
判タ　　判例タイムズ

⑶　文献略語

ジュリ　　ジュリスト
論ジュリ　　論究ジュリスト
法教　　法学教室
刑雑　　刑法雑誌
曹時　　法曹時報
法時　　法律時報
法セミ　　法学セミナー
ひろば　　法律のひろば
警研　　警察研究
警論　　警察学論集
現刑　　現代刑事法
刑ジャ　　刑事法ジャーナル
争点　　西田典之＝山口厚＝佐伯仁志編・刑法の争点（有斐閣，2007 年）
最判解刑事篇昭和〔平成〕○年度　　最高裁判所判例解説・刑事篇
昭和〔平成〕○年度重判解　　重要判例解説
注釈第○巻　　西田典之ほか編『注釈刑法』（第 1 巻。有斐閣，2010 年）（第 2 巻。有斐閣，2016 年）
判評　　判例評論（判例時報添付の）
判例研究　　西原春夫ほか編『判例刑法研究』（1 〜 8）
百選Ⅰ・Ⅱ〔第○版〕　　刑法判例百選Ⅰ・Ⅱ（別冊ジュリスト，有斐閣）
セレクト○年　　判例セレクト（法学教室別冊付録）
セレクト Monthly　　判例セレクト Monthly（法学教室）
判例講義Ⅰ・Ⅱ　　大谷實編『判例講義刑法Ⅰ・Ⅱ』（悠々社，Ⅰ〔第 2 版・2014 年〕・Ⅱ〔第 2 版・2011 年〕）

大コンメ（1）～（13）〔第○版〕　大塚仁＝河上和雄＝中山善房＝古田佑紀編『大コンメンタール刑法〔第3版〕』（青林書院）（一部，第2版あり）
判プラⅠ〔第○版〕　成瀬幸典＝安田拓人編『判例プラクティス刑法Ⅰ総論』（信山社）
判プラⅡ　成瀬幸典＝安田拓人＝島田聡一郎編『判例プラクティス刑法Ⅱ各論』（信山社，2012年）
判例250〔第○版〕　前田雅英＝星周一郎『最新重要判例250・刑法』（弘文堂）
法協　法学協会雑誌
浅田・総論　浅田和茂『刑法総論〔第2版〕』（成文堂，2019年）
阿部・総論　阿部純二『刑法総論』（日本評論社，1997年）
井田・総論　井田良『講義刑法学・総論〔第2版〕』（有斐閣，2018年）
伊藤ほか・総論　伊藤渉ほか『アクチュアル刑法総論』（弘文堂，2005年）
今井ほか・総論　今井猛嘉ほか『刑法総論〔第2版〕』（有斐閣，2012年）
大谷・総論　大谷實『刑法講義総論〔新版第5版〕』（成文堂，2019年）
小林充・刑法　小林充『刑法〔第4版〕』（立花書房，2015年）
曽根・総論　曽根威彦『刑法総論〔第4版〕』（弘文堂，2008年）
高橋・総論　高橋則夫『刑法総論〔第5版〕』（成文堂，2022年）
団藤・総論　団藤重光『刑法綱要総論〔第3版〕』（創文社，1990年）
内藤・総論中　内藤謙『刑法講義総論　中』（有斐閣，1986年）
内藤・総論下（Ⅰ）　内藤謙『刑法講義総論下（Ⅰ）』（有斐閣，1991年）
内藤・総論下（Ⅱ）　内藤謙『刑法講義総論下（Ⅱ）』（有斐閣，2002年）
西田・総論　西田典之（橋爪隆補訂）『刑法総論〔第3版〕』（弘文堂，2019年）
林・総論　林幹人『刑法総論〔第2版〕』（東京大学出版会，2008年）
平野・概説　平野龍一『刑法概説』（東京大学出版会，1977年）
平野・総論Ⅱ　平野龍一『刑法総論Ⅱ』（有斐閣，1975年）
福田・総論　福田平『全訂刑法総論〔第5版〕』（有斐閣，2011年）
前田・総論　前田雅英『刑法総論講義〔第7版〕』（東京大学出版会，2019年）
町野・総論　町野朔『刑法総論』（信山社，2019年）
松原・総論　松原芳博『刑法総論〔第3版〕』（日本評論社，2022年）
松宮・総論　松宮孝明『刑法総論講義〔第5版補訂版〕』（成文堂，2018年）
松宮・各論　松宮孝明『刑法各論講義〔第5版〕』（成文堂，2018年）
山口・刑法　山口厚『刑法〔第3版〕』（有斐閣，2015年）
山口・総論　山口厚『刑法総論〔第3版〕』（有斐閣，2016年）
山口・各論　山口厚『刑法各論〔第2版〕』（有斐閣，2010年）
山中・総論　山中敬一『刑法総論〔第3版〕』（成文堂，2015年）

1 被害者の行為の介入と因果関係
――高速道路進入事件

■ **最高裁平成 15 年 7 月 16 日第二小法廷決定**
■ 平成 15 年(あ)第 35 号
傷害致死被告事件
■ 刑集 57 巻 7 号 950 頁，判時 1837 号 159 頁

〈事実の概要〉

X（被告人）ら 6 名は，午後 11 時 50 分ころから翌日午前 2 時ころまでの間，公園で，A（被害者）の顔面，腹部等を手拳で殴打するとともに，胸部，腹部等を足蹴にする暴行を多数回加え，引き続き，A をマンションの一室で，午前 3 時ころから午前 3 時 45 分までの間，頭部，顔面を手拳で殴打する暴行を加え顔面打撲傷等の傷害を負わせた。A は，午前 3 時 45 分ころ，すきを見て，同室から逃走し，午前 3 時 55 分ころ，追跡を逃れるため，中央自動車道に進入したところ，時速約 90km で進行してきた普通貨物自動車に衝突してれき過され，外傷性ショックによって死亡するに至った。

1 審（長野地松本支判平 14・4・10 刑集 57 巻 7 号 973 頁参照）は，①本件事故現場は，中央自動車道下り線上であって，本件マンションとは上り車線を挟んだ反対側にあり，上り車線と下り車線は，ガードレールおよび遮光ネットにより仕切られていて，これを乗り越えることやガードレールの下をくぐり抜けることは車両が走行している時には危険を伴うとみられ，本件高速道路法面は両側とも草木の茂るかなりの急斜面であって，これを登ることは容易ではないこと，また，本件マンションから本件事故現場までは，仮に下り車線側から進入したものとすると，最短でも 763m または 810m の道のりを要することになること，②本件マンションの周囲には大規模商業施設や高速道路交通警察隊分駐隊のほか多数の人家，店舗が存在していて，「X らから暴行を受けた A が助けを求めまたは身を隠すことが可能な場所は多数あった」こと，道路が縦横に走っていて，本件マンションから逃走した場合，「必然的に本件事故現場に到達する道路状況ではなかった」こと，③本件マンションに接する中央自動車道側道と中央自動車道との間は，高さ約 1m12cm の金網フェンスで仕切られており，本件高速道路内への進入を困難ならしめていること等を指摘したうえ，「追跡」により「高速道路への進入を余儀なくさせた」との公訴事実のうち前者については，X らは，本件マンションから逃走した A を追跡したもののすぐに見失い，引き続き付近を探索した，という事実は認められるけれども，それ以上に A を追跡したことは認められず，A がどのような経緯で事故現場となった高速道路に進入したかおよびその時の X らとの位置関係はどのようなものであったか本件では不明だとして，追跡によるという部分をまず否定した。

また，後者についても，「A が本件第 2 現場〔マンション〕から逃走した後の行き先については，現場の地理的な条件や A が逃走して探索されている状況下にあるという心理状態を考えても，選択の余地は多々あり，そういう中で A が本件事故現場となった本件高速道路本線上へ進入するしかない或いはその蓋然性が高いといえるような事情は見出せず，X らの暴行から逃れる目的があったとしても，A が本件高速道路本線上に進入するということは，通常の予想の範囲外といえる行動であったといえるもの」だとの評価を行っている。

そして，「A が本件高速道路本線上の本件事故現場で事故に遭遇したことは，X らの本件第

1・第2現場での暴行から予期しうる範囲外の事態であって，当該暴行の危険性が形をかえて現実化したものであるとは到底いえず，Xらの上記暴行とAの死亡との間に検察官の主張するような形での因果関係を認めることはできない」と結論づけた。

これに対し，原審（東京高判平14・11・14高刑集55巻3号4頁）は，「確かに……本件高速道路への立入りには同道路と側道との間の金網フェンスや上り線と下り線とを分かつガードレールおよび遮光ネットで構成された中央分離帯等の障害物を越えなければならず，かつ，その頃における高速走行車の通行量も5分間で，上り線，下り線とも37台というのであるから，Aのこの立入りは一見無謀な感がすることは否めない」としつつも，「第2現場〔マンション〕から轢過現場までの距離は経路のいかんにより約763メートルないし約810メートルであること，逃走開始から轢過されるまでの間が約10分という短時間であることに加え，AはXらに対し極度の恐怖感を抱いていたものと認められることにもかんがみると，AはXらの追跡を逃れる最も安全な方法として本件高速道路への立入りを即座に選択したと認めるのが相当である。そして，追跡する者が6名と複数人である上，2台の自動車を用いた徹底した追跡がなされるであろうことはAにとって自明であることはもとよりXらにとっても必然のものとして観念されていたと認められることに照らせば，このような選択がAの現に置かれた状況からみて，やむにやまれないものとして通常人の目からも異常なものと評することはできず，したがって，Xらにとってみても予見可能なものと認めるのが相当である」として，因果関係を認めている。

〈上告審〉

決定要旨

上告棄却。

「1　原判決の認定によると，本件の事実関係は，次のとおりである。

⑴　被告人4名は，他の2名と共謀の上，Aに対し，公園において，深夜約2時間10分にわたり，間断なく極めて激しい暴行を繰り返し，引き続き，マンション居室において，約45分間，断続的に同様の暴行を加えた。

⑵　Aは，すきをみて，上記マンション居室から靴下履きのまま逃走したが，Xらに対し極度の恐怖感を抱き，逃走を開始してから約10分後，Xらによる追跡から逃れるため，上記マンションから約763 mないし約810 m離れた高速道路に進入し，疾走してきた自動車に衝突され，後続の自動車にれき過されて，死亡した。

2　以上の事実関係の下においては，Aが逃走しようとして高速道路に進入したことは，それ自体極めて危険な行為であるというほかないが，Aは，Xらから長時間激しくかつ執ような暴行を受け，Xらに対し極度の恐怖感を抱き，必死に逃走を図る過程で，とっさにそのような行動を選択したものと認められ，その行動が，Xらの暴行から逃れる方法として，著しく不自然，不相当であったとはいえない。そうすると，Aが高速道路に進入して死亡したのは，Xらの暴行に起因するものと評価することができるから，Xらの暴行とAの死亡との間の因果関係を肯定した原判決は，正当として是認することができる。」

解　説

1　問題の所在

Xが殺意をもって拳銃を発射して心臓に命中させ，まったく普通の健康状態にある会社員Aを出血多量で即死させた場合に，因果関係があるかを疑い，殺人未遂になるかを検討しようとは誰も思わないだろう。因果関係が判例上問題となる主要なケースは，行為後に介在事情が介入し，それが因果の流れを変え，それがあってこそ結果が発生したのではないかとみられる場合である。本解説では，この場合を中心に取り上げる。

なお，行為客体に特殊な事情があり，それを除いてみると行為に結果発生の危険性がない場合についても，議論の余地は残っている。判例

（最判昭 25・3・31〔判プラⅠ-42 事件〕，最判昭 46・6・17〔判プラⅠ-43 事件〕，最決昭 49・7・5〔判プラⅠ-44 事件〕）の立場は，客観的にみれば，そうした特殊な事情はあったのだから，そうした事情さえなければ結果発生の危険がなかった行為であっても，そうした事情を前提とすれば結果発生の危険があったのであり，結果の帰属が認められてしかるべきだというものである。

2　判例の立場のラフ・スケッチ

判例は，かつては，米兵ひき逃げ事件（最決昭 42・10・24〔関連判例①〕）において，相当因果関係説の立場をとったと考えられた時期もあったが，現在では，危険の現実化が認められるかにより判断しているものと考えられている。もっとも，何をもって危険の現実化があったと言えるかは必ずしも明らかではなく，問題となる類型ごとに検討していく必要がある。この検討にあたり参考になるのは，これまでの判例の立場を「ラフ・スケッチ」したものとされる，最高裁平成 16 年 2 月 17 日決定の前田調査官解説である。これによれば，

1）介在事情によっても，もともと被告人の行為によって生じていた結果発生の危険を上回るだけの新たな結果発生への危険性が生じているかがまず問われ，それが生じていなければ，生じた結果は被告人の行為による危険が現実化したものと評価され，因果関係が肯定される。

2a）介在事情によって，もともと被告人の行為によって生じていた結果発生の危険を上回るだけの新たな結果発生への危険性が生じていても，その危険が，被告人の行為によって誘発されたなど，被告人の行為の影響下にある場合には，被告人の行為による危険が現実化したものと評価され，因果関係が肯定される。

2b）それが生じていた場合で，その危険が被告人の行為と独立したものであるときは，因果関係が否定される場合があり得る。

ものとされている。

3　介在事情がそれまでの因果の流れを上回るだけの新たな危険を生じていない場合

1）の場合の代表例としては，最高裁平成 2 年 11 月 20 日決定の大阪南港事件（関連判例②）を挙げることができる。同決定の事案では，当初の暴行が，内因性高血圧性橋脳出血をもたらし，それが死因となって被害者が死亡している。大阪南港における第三者の暴行の介入は，同出血を拡大し，死期を早めたものの，死因を変更する程のものではなかった。このような場合には，当初の暴行による危険がまさに死亡結果に実現したのであり，第三者の暴行は，そうした当初の暴行の危険を凌駕するだけの危険性をもたらしたとは言えないのである。最高裁は，第三者による暴行は，「既に発生していた内因性高血圧性橋脳出血を拡大させ，幾分か死期を早める影響を与えるものであった」との前提から，「このように，犯人の暴行により被害者の死因となった傷害が形成された場合には，仮にその後第三者により加えられた暴行によって死期が早められたとしても，犯人の暴行と被害者の死亡との間の因果関係を肯定することができ」るとしている。

もっとも，ここで，結果を「何月何日何時何分における死」と捉えると，その死をもたらしたのは第三者による暴行であり，当初の暴行ではないのではないかという疑問が生じるかもしれない。ここでは，結果とは「死」それ自体ではなく，「法益状態の不良変更」であることを想起する必要がある。第三者の暴行は，「死期を早める」という仕方で法益状態を不良変更し，死亡結果をもたらしたと評価されるのに対し，被告人の当初の暴行は，「死因となった当該傷害を発生させ，それにより死亡させる」という仕方で法益状態を不良変更し，死亡結果をもたらしたと評価されるのである。これら 2 つの評価は両立するものであり，第三者に死亡結果が帰属されれば，被告人に死亡結果が帰属されなくなるというような関係にはない。

因果関係が争われた事案でも，結論的には，1）の場合だとされる場合は少なくない。例えば，最高裁平成 16 年 2 月 17 日決定の治

療拒絶事件（関連判例③）では，被告人が底の割れたビール瓶で被害者の左後頸部等を突き刺すなどし，重傷を負わせたが，被害者は，病院で緊急手術を受けて一旦は容態が安定し，医師は良好に経過すれば加療期間は約３週間であるとの見通しを持ったが，その後被害者が治療用の管を抜くなどして暴れ，安静に努めなかったことなどが相まって，その日のうちに死亡したという事案が問題となったが，最高裁は，「被告人らの行為により被害者の受けた前記の傷害は，それ自体死亡の結果をもたらし得る身体の損傷であって，仮に被害者の死亡の結果発生までの間に，上記のように被害者が医師の指示に従わず安静に努めなかったために治療の効果が上がらなかったという事情が介在していたとしても，被告人らの暴行による傷害と被害者の死亡との間には因果関係がある」としている。

ここでは，最高裁は，判文上は，行為の危険性の大きさを強調して，因果関係を認めているようにも読めるが，結論を支えているのは，行為の危険性が大きく，事実レベルでの死因に変更がなかったからということだけではないであろう。そのような理屈であれば，致命傷を負わせれば，ICU の医師が殺意をもって当該患者を救命可能であるにもかかわらず見殺しにした場合でも，行為者の行為への結果の帰属が肯定されてしまうことになろう。

まず，規範的考慮としては，被害者に法益保護義務が課されるものではないこと，また，自己答責性原則によっても被害者が結果を認識しつつ有責的にそのような行為に及んだものではないことが，当然の前提となっていよう。このいずれかが否定されるのであれば，結果の帰属は否定されるからである。

また，実行行為がもたらした危険実現過程が，いったん収束・沈静化したような場合には，それ以降に生じた結果は実行行為に帰属されない。被害者の膝を鉄パイプで殴打し，膝を曲げられないようにした結果，被害者が後にそれが原因で転倒して新たな傷害を負ったとしても，この傷害は鉄パイプでの殴打という実行行為には帰属されない。いったん収束・沈静化した場合には，当初の危険の実現過程が遮断されており，危険の実現・現実化を認めることができないのである。治療拒絶事件については，「治癒（あるいは結果発生の可能性がない程度までの回復）に至ったわけではなく，なお，結果発生に十分な因果力のある危険の継続が認められる」という評価があってこそ，因果関係が認められているのである。

治療拒絶事件は，1）の類型だとされることが多いが，このような２つの規範的考慮が働いていることは，十分意識されてよいものと思われる。

4　介在事情がそれまでの因果の流れを上回るだけの新たな危険を生じた場合

次に，2）の場合としては，米兵ひき逃げ事件や標題判例の高速道路進入事件を挙げることができる。米兵ひき逃げ事件では，被害者の死因となった頭部の傷害が最初の被告人の自動車との衝突の際に生じたものか，少年が被害者を自動車の屋根から引きずり下ろし路上に転落させた際に生じたものか確定しがたいものとされているから，in dubio pro reo 原則により，実体法上は，後者だとして考えていくことになる。そうだとすれば，最初の自動車との衝突による危険は，少年の引きずり下ろし行為の危険によって凌駕されているということになろう。また，高速道路進入事件では，当初の暴行は執拗で激しいものではあったが，それ自体としては被害者を死亡させる危険は含んでいなかったのであり，被害者の死亡は明らかに高速道路に進入して自動車に轢かれたことによるものであることは明らかであろう。

そうすると，次に問題となるのは，2a）なのか 2b）なのかである。2b）であれば，結果は介在事情の危険が現実化したものと捉えられ，当初の行為との因果関係は認められないことになるのに対し，2a）であれば，当初の行為との因果関係が認められることになるのである。

この点，米兵ひき逃げ事件では，米兵のひき逃げ行為だけを切り取ってみた場合，これは，少年の引きずり下ろし行為に何らの影響をも与えていない。それゆえ，米兵ひき逃げ事件は，2b）に当たり，危険の現実化があったかにより判断する枠組みのもとでも，因果関係が否定されるべきことになろう。

5 高速道路進入事件について

それでは，高速道路進入事件はどうか。本決定では，「Aは，Xらから長時間激しくかつ執ような暴行を受け，Xらに対し極度の恐怖感を抱き，必死に逃走を図る過程で，とっさにそのような行動を選択したものと認められ，その行動が，Xらの暴行から逃れる方法として，著しく不自然，不相当であったとはいえない」ものとされている。

厳しい言い方をすれば，本件では，他にも逃げ道はたくさんあり，途中には助けを求めることができる警察の施設もあったのに，それを素通りし，法面を登り，フェンスを越えて，さらに路側帯等に潜んでいるわけでもなく，車が高速で走っている走行車線に進入するという，自殺にも等しい逃げ方であり，その異常性は際立っているとも言えよう。しかしながら，そのような評価は，あまりに表層的である。Aは，Xらの長時間にわたる激しく執拗な暴行により，「このままでは殺されてしまう」というような極度の恐怖心を抱き，Xらから逃れようと必死で逃げている中で，とっさに選択してしまったことであり，いわば「追い詰められた被害者」による行動としてみる必要があるのである。そうしてみると，平常心の人であれば不合理とも言える行動でも，「Xらの暴行から逃れる方法として，著しく不自然，不相当であったとはいえない」という結論になるのである。それゆえ，高速道路進入事件は，2a）に分類されるべき事案である。

6 2a）の場合に関するまとめ

2a）の場合も，結局は，介在事情を経て結果をもたらす危険が，当初の行為に含まれていたということになり，そうした危険が現実化したのだ，という説明になる。高速道路進入事件のXらの暴行には，Aを追い詰めて危険な高速道路に進入させ死亡させる危険性が含まれており，その危険性が現実化したのだということである。この限りでは，大阪南港事件におけるのと，何ら違いはないということになる。

それゆえ，因果関係が認められるかどうかは，当初の行為に危険が認められるかの問題であるという言い方は，この限りで当たっている。しかし，問題となる事例が，1）ではなく2a）の場合には，当初の行為に危険が認められるかを考えるにあたり，介在事情の寄与度の分析，介在事情が当初の行為の影響下にあったかの分析を経る必要があるだろう。

まとめると，2a）の場合には，結果から遡って，当該結果を直接引き起こしたのは介在事情であり，当初の行為の創出した危険の実現プロセスは，介在事情によって凌駕されているように見えるが，当初の暴行に，介在事情を誘発等する危険が含まれているために，「やっぱり」「最初から」当初の暴行は，結果を発生させる危険があったのだ，そしてその危険が結果へと現実化したのだ，という思考プロセスをたどることになる。

関連判例

①米兵ひき逃げ事件（最決昭42・10・24刑集21巻8号1116頁）（判プラⅠ-45事件）
②大阪南港事件（最決平2・11・20刑集44巻8号837頁）（判プラⅠ-46事件）
③治療拒絶事件（最決平16・2・17刑集58巻2号169頁）（判プラⅠ-54事件）

演習問題

Xは，殺意をもって，底の割れたビール瓶でAの左後頸部を突き刺す等し，Aに左後頸部刺傷を負わせ，深頸静脈，外椎骨静脈沿叢等を損傷し，多量の出血をもたらした。Aは，搬送された救急病院で直ちに止血のための緊急手術を受けていったんは容態が安定し，医師は良好に経過すれば加療期間は3週間であるとの見通しをもったが，その後Aが，見舞いに来た交際相手に早期回復を印象づけようとして，治療用の管を抜いて，病室内で激しい動きのパフォーマンスを行うなど，安静に努めなかったことから，その日のうちに容態が急変し，5日後に，頭部循環障害に基づく脳機能障害により死亡するにいたった。

〔参考文献〕

大谷直人・最判解刑事篇平成2年度232頁
山口雅高・最判解刑事篇平成15年度407頁
前田巌・最判解刑事篇平成16年度128頁

（安田拓人）

2　方法の錯誤――新宿びょう打銃事件

■ **最高裁昭和53年7月28日第三小法廷判決**

■ 昭和52年(あ)第623号

強盗殺人未遂，銃砲刀剣類所持等取締法違反，火薬類取締法違反被告事件

■ 刑集32巻5号1068頁，判時900号58頁

〈事実の概要〉

パトロール中の巡査Aから拳銃を強取しようと決意したX（被告人）は，某日午後6時半過ぎ，新宿駅西口付近の歩道上で，周囲に人影がなくなったとみて，Aの背後約1メートルから右肩付近をねらい，改造びょう打銃を用いて，びょう一本を発射した。びょうは，Aに右側胸部貫通銃創の傷害を負わせたうえで，約30メートル先の道路反対側を通行中であったBにも命中し，Bに腹部貫通銃創の傷害を負わせた。Xは拳銃強取の目的は遂げずに逃走した。A，Bともに死亡は免れた。

第1審判決（東京地判昭50・6・5刑月7巻6号671頁）は，XのAに対する殺意を否定して，AおよびBに対する各強盗傷人罪の観念的競合とした。これに対し，原判決（東京高判昭52・3・8高刑集30巻1号150頁）は，Xはびょう発射の際，Aを死亡させることになるかもしれないことを認識，認容していたとして，Aに対する未必的殺意を認め，また，Bに対しては殺害はおろか暴行の故意も認定できないが，B傷害の予見可能性はあったとして，AおよびBに対する各強盗殺人未遂罪の観念的競合とした。弁護人は上告趣意において，Bに対する殺意を認定せずに強盗殺人未遂罪の成立を認めたのは判例違反であるなどと主張した。

〈上告審〉

■判　旨■

上告棄却。

「刑法240条後段，243条に定める強盗殺人未遂の罪は強盗犯人が強盗の機会に人を殺害しようとして遂げなかった場合に成立する……これによれば，Bに対する傷害の結果について強盗殺人未遂罪が成立するとするにはXに殺意があることを要する」。

「しかしながら，犯罪の故意があるとするには，罪となるべき事実の認識を必要とするものであるが，犯人が認識した罪となるべき事実と現実に発生した事実とが必ずしも具体的に一致することを要するものではなく，両者が法定の範囲内において一致することをもって足りるものと解すべきである……から，人を殺す意思のもとに殺害行為に出た以上，犯人の認識しなかった人に対してその結果が発生した場合にも，右の結果について殺人の故意があるものというべきである。

これを本件についてみると……Xが人を殺害する意思のもとに手製装薬銃を発射して殺害行為に出た結果，Xの意図した巡査Aに右側胸部貫通銃創を負わせたが殺害するに至らなかったのであるから，同巡査に対する殺人未遂罪が成立し，同時に，Xの予期しなかった通行人Bに対し腹部貫通銃創の結果が発生し，かつ，右殺害行為とBの傷害の結果との間に因果関係が認められるから，同人に対する殺人未遂罪もまた成立し……しかも，Xの右殺人未遂の所為は同巡査に対する強盗の手段として行われたものであるから，強盗との結合犯として，XのAに対する所為についてはもちろんのこと，Bに対する所為についても強盗殺人未遂罪が成立するというべきである。」

解　説

1　巡査Aに対する罪責――未必の殺意による強盗殺人未遂罪

Xは，Aから拳銃を強取する意思で，その身体に向けてびょうを撃つ暴行行為により強盗に着手し，これによりAに重傷を負わせている。この行為に際して，Aに対する殺意を伴っていたと認定されれば，「強盗が，人を…死亡させ」ようとしてこれを遂げなかった強盗殺人未遂罪（243条，240条後段）が成立するが，殺意はなく傷害の故意にすぎなかったと認定されれば，「強盗が，人を負傷させ」た強盗傷人罪（240条前段）にとどまる[1)]。

そうしたところ，第1審判決は，肩をねらったことなどに着目し，殺意を否定して強盗傷人罪の成立にとどめた。これに対し，原判決は，銃の命中精度やこれに関する認識などから，びょうがねらった部位を外れて身体の枢要部に命中してAを死亡させることになるかもしれないことをXは認識，認容しており，少なくとも未必的殺意はあったとして，Aに対する強盗殺人未遂罪の成立を認めた。上告審判決（本判決）もこれを是認している。

このように，実行行為に出る時点で，構成要件該当事実の実現（その行為により人を死亡させること）を認識，予見していた行為者が，それを意図あるいは確実なものとして認識していた（「確定的故意」があった）とまでいえなくても，故意が認められる場合があり，「未必的故意」という。未必的故意は，行為者が事実の実現を認容していた，すなわち，少なくとも消極的に「仕方がない」と思って受け入れていた場合に認められるという考え方（認容説）は，判例実務に親和的とされている。

2　通行人Bに対する罪責――方法の錯誤論を介した強盗殺人未遂罪

⑴　問題の所在

XがAに対する強盗（殺人）の意思で発射したびょうは，Aの身体を貫通し，道路反対側の通行人Bに命中し，Bを死亡の危険にさらしている。

刑法240条の罪は，強盗の被害者に限らず，強盗の機会における犯人の行為により死傷する者に対して広く成立し得る。よって，仮にXが，A以外の通行人をびょうの命中により死亡させるかもしれないことを認識，認容していた（通行人に対する概括的な殺意があった）のであれば，Aのみならず，通行人Bに対しても強盗殺人未遂罪が当然に成立する。

ところが本件では，Xは周囲に人影がなくなったとみてびょうを発射しており，通行人に危害が及ぶことを予見していなかった。そのため，Bに対する殺意（や暴行の故意）は，現実の意思としては存在しない。そうしたところ，このように行為の作用が，行為者が現実に故意をもった客体とは別の，未必的にすら認識していない客体に（も）及んだ「方法の錯誤」[2)]の取扱いが問題となる。本判決は，この刑法総論における古典的な問題について，次にみるように，判例の立場を確認したものである。

---

1)　「強盗が，人を負傷させ」た場合（前段）と，「死亡させた」場合（後段）について定める刑法240条は，次の4つの構成要件を含む。すなわち，強盗に着手した犯人がその機会に，①殺意をもって殺害を遂げれば，強盗殺人（既遂）罪（240条後段），②殺意なく死亡させれば，強盗致死罪（240条後段），③傷害の故意をもって負傷させれば，強盗傷人罪（240条前段），④傷害の故意なく負傷させれば，強盗致傷罪（240条前段）である。このうち①のみ未遂があり，①′殺意をもって実行行為に着手したが，殺害を遂げなかった場合が強盗殺人未遂罪（243条，240条後段）である。致死傷の結果を生じさせれば①～④の罪が成立し，財物強取が未遂に終わったとしても罪名に影響しない。本件では，強盗であるXが死亡の危険のある行為を行ったが，被害者Aが死亡に至らなかった客観的事実に争いはない。そのため，発射の際にXに殺意があれば強盗殺人未遂罪，傷害の故意にとどまれば強盗傷人罪ということになる。

2)　「方法の錯誤」（打撃の錯誤ともいう）は，本件のように「Aを攻撃したら，予期に反し，別のBにあたった」場合である。これと混同してはならないのが，「客体の錯誤」すなわち「Aだと思って攻撃したら，実は人違いでBであった」場合である。「方法の錯誤」「客体の錯誤」は，外国語由来の概念で，日常用語の延長線上では理解しにくいから，どのような事例をいうのか，意識的に覚える必要がある。

(2) 判例の立場：抽象的法定符合説・数故意犯説

方法の錯誤の処理に関し，本判決は，「犯罪の故意があるとするには……犯人が認識した罪となるべき事実と現実に発生した事実とが……法定の範囲内において一致することをもって足りる」としている。(構成要件的）故意を認めるには，客観的構成要件に該当する事実の認識を要するところ，判例・通説は，錯誤があっても，客観的に実現した事実と行為者が主観的に認識した事実が構成要件的評価として一致する範囲内に収まっていれば，実現事実についての故意は否定されないと解している（法定的符合説)。実現事実と同一の構成要件的評価を受ける事実を認識しながらあえて行為に出た限りで，その罪の故意犯としての非難が可能だからである。

そのうえで本判決は，実現事実と認識事実が法定の範囲内において一致すれば足りるから，「人を殺す意思のもとに殺害行為に出た以上，犯人の認識しなかった人に対してその結果が発生した場合にも，右の結果について殺人の故意がある」としている。これは，異なる客体に対するものでも，殺人という同じ罪名にあたる事実を認識していた限りで，同一の構成要件的評価を受ける事実を認識していたものとして，実現事実に対する（構成要件的）故意を肯定する立場である。伝統的に「法定的符合説」といえばこの立場を指してきたが，近時は，判例の立場は，法定的符合すなわち構成要件的評価の同一性を，罪名という抽象的なレベルでの一致により肯定する点をとらえて，「抽象的法定符合説」とも呼ばれる。この立場をとる論拠を判例は明確に述べてはいないが，学説は，例えば次のようにいう。すなわち，故意犯が重く処罰される理由は，「○○をしてはならない」という規範に直面し，反対動機を形成する機会がありながら，これを乗り越えた点に求められる。そうしたところ，例えば殺人であれば，客体の相違はともかく，人を殺す事実を認識していれば，「人を殺してはならない」という規範に直面しうる。であれば上記趣旨での重い非難に十分であるというのである。

また，本判決は，このように認識していなかった客体に対しても故意（殺意）を認める結果，巡査Aに対する（強盗）殺人未遂罪と，通行人Bに対する（強盗）殺人未遂罪の両方の成立を認める。この立場は，現実にはA一人しか殺す意思がない行為者に，殺人の故意を要件とする犯罪を複数成立させる点をとらえて「数故意犯説」と呼ばれる。本件では(あ)AもBも死亡を免れているので，2個の強盗殺人未遂罪となるが，仮に(い)双方が死亡すれば，2個の強盗殺人既遂罪が成立する。(う)一方のみを死亡させ，他方は危険にさらしたにとどまれば，強盗殺人既遂罪と同未遂罪が1個ずつ成立する。

そして，AおよびBに対する各罪の罪数関係は，びょう発射という「一個の行為」により実現されているので，観念的競合（54条1項前段）となる[3]。

(3) 反対説①：具体的法定符合説

以上のように判例の立場（抽象的法定符合説・数故意犯説）は，❶実現事実と同じ罪名にあたる事実を認識していれば，方法の錯誤があっても，実現事実に対する故意を認め，また，❷1個の結果を生じさせる意思しかなくても，行為の作用（ないし危険）が及んだ客体の数に応じて，複数の故意犯の成立を認める。この❶❷それぞれに，反対の立場がある。

まず，❶に反対するのが，「具体的法定符合説」である。この立場は，実現した事実と認識した事実のズレが構成要件的評価の同一性を害しない範囲に収まる限りで，実現事実について故意を認める法定的符合説の出発点を共有する。ところが，判例の立場（抽象的法定符合説）のように，罪名が一致すればそれだけで構成要件的評価として同一とはみずに，より具体的なレベルでの一致を求める。すなわち，認識した客体とは別の客体に結果が生じたというズレは，構成要件的評価のうえできわめて重要で，法定的符合説のあるべき姿として，方法の錯誤の場合には実現事実に対する故意は否定されなければならない，と主張するのである[4]。「罪名は

3) この点は，方法の錯誤に関する立場にかかわらない。

同じでも構成要件的評価として同一ではない」という説明は分かりにくいかもしれないが，本説の支持者は，例えば，甲が V_1 と近くにいた V_2 をそれぞれ殺害すれば2個の殺人罪が成立することは，V_1 と V_2 の各殺人は別個の構成要件該当事実であることを意味するのであって，そうすると方法の錯誤の場合，実現事実と同一の構成要件的評価を受ける事実が認識されていたとはいえない，と主張する。この立場によれば，本判決の事案では，巡査Aに対する強盗殺人未遂罪のほか，Bに対しては，殺人（や傷害）の故意を要件としない，強盗致傷罪が成立する[5)]。

具体的法定符合説の理解にあたり，注意を要するのは，Aだと思って攻撃したところ，人違いでそれはBであったという「客体の錯誤」の取扱いである。具体的法定符合説は，方法の錯誤の場合には発生結果に対する故意を否定するが，客体の錯誤の場合には肯定する。同説の主流の立場によれば，錯誤にもかかわらず故意犯の成立を認めうるかの基準は，行為の作用が，認識した客体とは別の法益主体（殺傷犯であれば人）に及んだか否かである。方法の錯誤と異なり，客体の錯誤では，認識した人（「そこにいるその人」）に結果を生じさせることができている。その人の属性（「AかBか」）に関する錯誤は，構成要件的評価を左右しない非重要な錯誤であって，故意を否定しないというのである[6)]。

もっとも，このように方法の錯誤と客体の錯誤で取扱いを異にする具体的法定符合説の難点として，両錯誤の区別が，典型例を離れると不明確であることが指摘される。例えば，行為者が，Aの車に，エンジンをかけると爆発する爆弾をしかけてAを殺害しようとしたところ，予想外に，当日Aから車を借りたBが爆死したとしよう。この場合，行為者が認識した客体を，「A」ととらえるならば，別のBに結果が生じているので方法の錯誤→故意否定，「その車に乗る人」ととらえるならば，その人の属性（AかBか）に関する客体の錯誤→故意肯定となる。しかし，どう考えるかをめぐり具体的法定符合説内部でも議論があり，要するに同説は，行為者が客体を視覚的に特定している事例を除くと，「認識した客体」を特定する基準を内在していない疑念があることになる。

(4)　反対説②：一故意犯説

次に，判例の立場の前記❷に反対するのが，「一故意犯説」である。前述のように判例は，1人を殺す意思しかない行為者に，殺人の故意を要件とする犯罪を複数成立させることをいとわない。これに対し，一故意犯説は，そのようなことは責任主義の観点から認めがたいという。責任主義とは，違法な行為や結果について，行為者を主観的に非難できる限度でしか，刑事責任を問うことは許されないという，それ自体としては近代刑法の基本原則として広く承認された考え方である。一故意犯説は，その方法の錯誤の場面における帰結として，1人しか殺すつもりがないならば，殺人罪は1人に対してのみ成立することにすべきというのである。

この立場による場合，「1回しか使えない」殺人の故意を，どの客体との関係で使うかが重要な問題となる。本件のように(あ)ABいずれも死亡を免れて負傷にとどまった，あるいは(い)いずれも死亡した場合は，現に認識していたAとの関係で殺意を認める。(あ)ではAに対する強盗殺人未遂罪とBに対する強盗致傷罪，(い)

---

4)　この立場は伝統的には「具体的符合説」と呼ばれてきた。しかし，構成要件的評価の同一性という基準を共有し（その意味で「法定的符合説」の一種であり）つつ，その同一性を肯定するために，罪名よりも具体的なレベルにおける一致を求める趣旨を明確化するため，「具体的法定符合説」と呼ぶことが提唱され，学説上広まっている。

5)　強盗の点を捨象し，行為者がAを殺そうとして発砲し，予期せぬBを死亡させた場合のBに対する罪責を考えると，抽象的法定符合説からは殺人罪，具体的法定符合説からは過失致死罪（又は重過失致死罪。以下過失犯について同じ）ということになる。

6)　そのため，客体の錯誤については，抽象的法定符合説によれば，「およそ人を殺そうとして殺した」ことが理由となり，具体的法定符合説によれば，「そこにいるその人を殺そうとして殺した」ことが理由となるというロジックの違いはあれど，故意犯の成立を肯定する結論（大判大11・2・4〔関連判例①〕）のレベルで対立は生じないことになる。

ではＡに対する強盗殺人罪とＢに対する強盗致死罪となる。しかし，(う)ねらったＡは負傷にとどまったが，意図せぬＢが死亡した場合，できる限り重い罪責を問うために，Ｂに対する強盗殺人罪を成立させることを優先すると，Ａに対しては強盗致傷罪にとどまる。これは，Ａに対する現実の殺意の存在をあえて無視するやや不自然な評価となる。さらに，(え)その後Ａが死亡した場合，現に認識していたＡに対して強盗殺人（既遂）罪を成立させることを優先し，Ｂに対する罪を強盗致死罪に格下げすることとなると，犯罪の成否とはそのような便宜的なものなのだろうかという疑問も生じる[7)]。

翻って考えれば，法定的符合説には故意の個数を限定する論理は内在していないので，同説に立ちながら一故意犯説をとることには無理がある。また，一故意犯説による批判にもかかわらず，数故意犯説は，犯罪成立だけではなく罪数処理や具体的な量刑まで視野に入れれば，責任主義に反するとまでいわれなければならないのかは疑問もある。同説によるときも，複数成立する故意犯は，罪数処理としては観念的競合となり，処断刑は加重されない。そのうえで，具体的な量刑において，１名ではなく複数名を死亡させたことはもちろん刑を重くする事情だが，その際，１人しか殺す意思がなかったことを，現に数名を死亡させる意図で行為をした場合よりは有利に扱い，実質的に責任主義に反しない量刑を行うことは可能とも思われる[8)]。そのようなこともあり，一故意犯説は最近では下火となっている。

3 補足事項

判例の立場である抽象的法定符合説・数故意犯説に依拠する場合，「人を殺す／人に暴行を加える」意思で行った行為に伴い生じた，認識していない人の死亡／その危険性／傷害について広く殺人罪／殺人未遂罪／傷害罪が成立し得ることになるが，その際，以下の点にも注意しておきたい。

第１に，方法の錯誤論による事例解決は，あくまで発生結果に対する現実の故意（未必的故意，概括的故意を含む）が認定されない場合のオプションである。すなわち，Ａに対する故意は認定できるがＢに対する故意の認定が微妙であるというときに，「方法の錯誤に関して法定的符合説（抽象的法定符合説）・数故意犯説に立つ以上，いずれにせよＢに対する故意犯が成立するから，Ｂに対する故意の有無はどうでもよい」ことにはならず，まずはその点の事実認定が争われる[9)]。

第２に，行為者の行為が，①認識していない

---

7) なお，強盗の点を捨象すると，(あ)はＡに対する殺人未遂罪とＢに対する過失傷害罪，(い)はＡに対する殺人罪とＢに対する過失致死罪，(う)はＡに対する過失傷害罪とＢに対する殺人罪，(え)はＡに対する殺人罪とＢに対する過失致死罪が，本文の一故意犯説の理解に対応すると思われる。もっとも，一故意犯説の中でも具体的な事例処理については様々な立場があり，結論レベルで一枚岩であるわけではない。

8) 後掲注 14）も参照。もっとも，抽象的事実の錯誤（→第３章）においては，犯罪の成立自体，構成要件の重なり合う軽い罪の限度にとどめられている（重い罪の成立を認め，軽い罪の故意しかなかったことは量刑で考慮すれば足りるとは解されていない）こととの整合性が問題視されることもある。

9) 最近の判例（最判令３・１・29〔関連判例⑤〕）の事件では，被告人が自動車運転を予定するＡにひそかに睡眠導入剤を摂取させて運転を仕向け，走行中に仮睡状態に陥らせ，Ｂ運転の対向車との衝突事故を生じさせ，Ａを死亡させるとともにＢを負傷させた事案につき，第１審はＡおよびＢ（事故に巻き込まれる者）に対する未必的殺意を認め，Ａに対する殺人罪とＢに対する殺人未遂罪としたが，控訴審はＢに対する未必的殺意を認めた点の事実誤認を理由に第１審を破棄した。これに対して検察官は，上告趣意の中でＢに対する殺意の認定に関する点のほか，仮にＢに対する未必的殺意が認められないという控訴審の判断を前提としても方法の錯誤論により故意犯が成立することを主張した。これを受けた上告審は，控訴審が第１審の事実認定の不合理性を指摘できていないことを理由にこれを破棄し，方法の錯誤に関する検察官の主張は，「第１審判決に事実誤認があるとした原判断を前提とするものであるから，この点について判断するまでもな」いとした。これらの検察官や裁判所の対応も，未必的殺意の認定が錯誤論による解決に優先することを前提とする。そうした理解の背景には，現実に即した罪責認定という要請に加え，錯誤論を介して認定される故意犯は，現実の殺意に基づき認定されるそれと完全に等価値ではない（→後掲注 14）参照）との評価があるものと思われる。

客体に対する実行行為として（も）捉えられ，かつ，②その客体に生じた結果との因果関係が認められることにより，その客体に対する罪の客観的構成要件該当性が肯定されることが，犯罪成立の前提となる。本判決が，「予期しなかった通行人Ｂに対し腹部貫通銃創の結果が発生し，かつ，右殺害行為とＢの傷害の結果との間に因果関係が認められる」ことに言及しているのは，その理解のあらわれといえる[10)]。

第３に，予見可能性による限定という問題意識も一部にみられる。というのは，本件のＸは，周囲に人影を認めておらず，通行人にびょうが命中することの予見はなかったとしても，都心部の公道上でびょうを発射している以上，その予見可能性はあったと思われる。そのことに着目すると，判例の抽象的法定符合説が，認識していない客体に対しても故意を認めるのは，その客体に結果が生じることについて予見可能性がある限りであって，予見不可能な結果にまでは同説の射程は及ばないとの理解が生じ得る。そうした理解は，本判決の第１審や原審が示唆しており，学説上も一定の支持がある。もっとも，本判決は，第１審や原審と異なり，予見可能性の点にあえて言及していないことからすると，最高裁はそうした限定とは距離をとっているようにも思われる[11)]。

第４に，抽象的法定符合説は，当該客体に対する現実の認識がなくとも，その客体に対する故意犯の構成要件該当性を肯定する趣旨にすぎず，現実の故意の存在を事実として擬制するものではない。このことは，正当防衛による結果が第三者に生じた場合，すなわち，行為者が急迫不正の侵害者Ａに対して，正当防衛の要件を満たす防衛行為をしたが，それにより，意図せぬＢの死傷を招いた場合の，Ｂに対する罪責検討において意味を持つ。すなわち，この場合，方法の錯誤があるが，構成要件該当性の問題としては，抽象的法定符合説・数故意犯説により，Ｂに対する暴行の故意による傷害（致死）罪の該当性が認められる。そして，Ｂは侵害者でない以上，Ｂへの加害が正当防衛として違法性阻却される余地はない[12)]。もっとも，行為者は，客観的にはＢを殺傷しながら，主観的に認識していたのはＡに対する正当防衛にあたる事実に尽きる以上，違法性阻却事由にあたる事実の誤信（一種の誤想防衛）として，責任段階での故意（責任故意）が否定される。よって，Ｂに対する傷害（致死）罪は成立せず，過

---

10)　もっとも，厳密には，本件ではＢに対する傷害ではなく（強盗）殺人未遂罪の成否が問題である以上，認定すべきはⓐ実行行為がＢ死亡の危険性を有したことであって，ⓑ重傷の結果やそれとの因果関係は問題にならないはずである。ただ，ⓐは認定対象としてやや不明確な面があるところ，ⓑがあればⓐも十分に認められることを前提とした判断として受け止めることが合理的かもしれない。

11)　方法の錯誤論を介した故意犯の成立を予見可能性により限定する議論については，判例（最決平元・3・14〔関連判例②〕）が，過失犯の成立要件としてすら，当該具体的な客体に結果が生じることの予見可能性を要求していないこととの整合性も問われるであろう。

12)　緊急避難（37条1項本文）の余地は一般論としてあるが，その要件（避難行為性，補充性，害の均衡）を充足することは困難な場合が多い。

13)　被告人が，Ａが被告人の実兄Ｂに侵害を加えていた状況で，Ａに向けて車を進行させる暴行によりＡを飛びのかせてＢを助けようとして，誤ってＢを轢過して死亡させてしまった事件で，Ａに対する行為は正当防衛として違法性が阻却されることを前提に，Ｂに対する行為について誤想防衛の一種として故意犯の成立を否定した大阪高判平14・9・4（関連判例③）参照。

なお，同裁判例は，防衛行為による攻撃の対象であるＡと救助の対象であるＢ(敵と味方)は，同じ「人」でも構成要件的評価として同価値ではないから，法定的符合の前提を欠く旨も述べる。しかし，これはこの裁判例に独自のロジックであり，一般に先例的価値は認められていない。

14)　なお，被告人がＡを殺そうとして発砲し，ＡのほかＢ・Ｃにも命中させ，方法の錯誤としてＢ・Ｃに対する殺人（未遂）罪の成立が認められた事案の量刑に関し，「罪名どおりの各故意責任を追及することは許されない」と判示して，「Ｂ・Ｃそれぞれを認識してその殺害を図った事案と同一に評価できる」という検察官の主張を排斥した東京高判平14・12・25(関連判例④）がある。これも，抽象的法定符合説は現実の故意を擬制するものではないとの理解に親和的である。この裁判例の趣旨によれば，方法の錯誤論により肯定された故意犯の犯情評価は，「故意で人を殺害しようとして，意図せぬ人を死亡させてしまった」事実をありのままに，現実の殺意がある場合よりは軽く，しかし，おそらく純然たる過失犯よりは重く見積もって行うことになろう。

失犯の余地のみが残る，というのが有力な理解である[13)]。この場合，「抽象的法定符合説に立つ以上，Bを現に認識していたものと擬制される」と考えてしまうと，行為者の事実認識はAに対する正当防衛に尽きなくなってしまい，誤想防衛の一種として扱う前提が崩れてしまう。しかし，抽象的法定符合説はあくまで構成要件該当性の評価の問題と考えれば，上記有力な理解と整合することとなる[14)]。

関連判例

①大判大11・2・4刑集1巻32頁（判プラⅠ-89事件）
②最決平元・3・14刑集43巻3号262頁（判プラⅠ-103事件）
③大阪高判平14・9・4判タ1114号293頁（判プラⅠ-215事件）
④東京高判平14・12・25判タ1168号306頁（判プラⅠ-92事件）
⑤最判令3・1・29刑集75巻1号1頁

演習問題

暴力団員Xは，知人から，A運転の車両にわざと追突してAを怖がらせることを依頼されてこれを引き受けた。そして，教えられたナンバーのA所有の軽自動車（A車）に追走し，A車が信号のない交差点で一時停止した際に，時速20キロメートルの速度で追突した。これによりA車は交差点内に押し出され，交差車線を走行してきたB運転の大型自動二輪車に側方から衝突され，A車の運転者およびBはそれぞれ傷害を負った。その際，Xは，A車を運転しているのはAであると認識していたが，当日は，Aから車を借りたCが運転しており，負傷したのはCであった。また，Xは，追突する際，A車の運転者以外に危害が及ぶことを想定していなかった。Xの罪責（毀棄罪は除く）を論じなさい。

＊考え方

まず，車両による追突行為は，被追突車両の運転者Cに対する不法な有形力の行使として暴行にあたる。これにより車両が交差点内に押し出され，自動二輪車との衝突によりCが負傷したことについて，因果関係が肯定されれば，傷害罪の客観的構成要件該当性が認められる。そうすると，Xが人違いで運転者がAだと思っていた客体の錯誤により（暴行の）故意が否定されないとすれば，Cに対する傷害罪が成立する。

次に，上記行為は，A車を介して自動二輪車の運転者Bに対しても有形力を及ぼす暴行といえるとすると，これによるBの負傷についても傷害罪の客観的構成要件該当性が認められる。もっとも，XはA車運転者以外に危害が及ぶことを想定しておらず方法の錯誤があり，その立場次第で，Bに対する傷害罪の成否が決まる（前述のようにBに対する現実の故意が認められるならばそちらが優先し，また，本問事案の具体的状況のもと，実務上は，他の交通参加者に対する未必的故意が認定される余地もあるが，問題文に「想定していなかった」とある以上，それに従って解答する必要があることに注意したい）。

最後に，C，Bに対して成立する各罪の罪数関係の確認を要する。

〔参考文献〕

新矢悦二・最判解刑事篇昭和53年度316頁
佐伯仁志『刑法総論の考え方・楽しみ方』（有斐閣，2013年）257頁
橋爪隆『刑法総論の悩みどころ』（有斐閣，2020年）146頁
安田拓人「故意と錯誤(2)」法教489号129頁

（小池信太郎）

3 抽象的事実の錯誤

■ 最高裁昭和 61 年 6 月 9 日第一小法廷決定

■ 昭和 61 年(あ)第 172 号
大麻取締法違反，麻薬取締法違反被告事件

■ 刑集 40 巻 4 号 269 頁，判時 1198 号 157 頁

〈事実の概要〉

X（被告人）は，覚せい剤であるフェニルメチルアミノプロパン塩酸塩を含有する粉末 0.044 グラムを麻薬であるコカインと誤認して所持した。

＊「医薬品，医療機器等の品質，有効性及び安全性の確保等に関する法律等の一部を改正する法律」（令和元年法律第 63 号）により，「覚せい剤取締法」から「覚醒剤取締法」に題名改正がされたが，以下では文脈に応じて「覚せい剤」，「覚醒剤」を使い分けることとする。

〈上告審〉

■ 決定要旨 ■

上告棄却。

X が麻薬所持罪を犯す意思で覚せい剤所持罪に当たる事実を実現したことについて，「両罪は，その目的物が麻薬か覚せい剤かの差異があり，後者につき前者に比し重い刑が定められているだけで，その余の犯罪構成要件要素は同一であるところ，麻薬と覚せい剤との類似性にかんがみると，この場合，両罪の構成要件は，軽い前者の罪の限度において，実質的に重なり合っているものと解するのが相当である。X には，所持にかかる薬物が覚せい剤であるという重い罪となるべき事実の認識がないから，覚せい剤所持罪の故意を欠くものとして同罪の成立は認められないが，両罪の構成要件が実質的に重なり合う限度で軽い麻薬所持罪の故意が成立し同罪が成立するものと解すべきである」。

「次に，本件覚せい剤の没収について検討すると，成立する犯罪は麻薬所持罪であるとはいえ，処罰の対象とされているのはあくまで覚せい剤を所持したという行為であり，この行為は，客観的には覚せい剤取締法 41 条の 2 第 1 項 1 号，14 条 1 項に当たるのであるし，このような薬物の没収が目的物から生ずる社会的危険を防止するという保安処分的性格を有することをも考慮すると，この場合の没収は，覚せい剤取締法 41 条の 6 によるべきものと解するのが相当である。」

本決定には，谷口正孝裁判官の補足意見がある。以下要約して記述する。

谷口補足意見によれば，目的物に覚せい剤と麻薬という差異があるならば「両構成要件がいかなる意味で重なり合うといえるのか必ずしも明らかでない」のであって，大阪高判昭 31・4・26（関連判例③）を引用して覚せい剤輸入罪と麻薬輸入罪の両罪が「その罪質を同じくするものであることは疑いがない」ものの，ここから直ちに両罪の故意が同一であるとは帰結できないとして，両罪の故意を同一とするためには更なる説明が必要であるという。そして，構成要件によって制約された故意の内容としては，「『構成要件該当の事実の認識ではなく，構成要件の規定する違法・責任内容の認識こそが決定的』」であるとし，この観点から故意を理解すべきであるとする。この観点から最決昭 54・3・27（関連判例①）を見ると，覚せい剤輸入罪と麻薬輸入罪について，「同じ法定刑が規定されているときは（右両罪の法定刑は同じである。），違法・責任の量においても両者は同じである」が，本件のように法定刑が異なる場合に

は，「両罪の違法・責任の量を同じであると考えることは許されない」。そして，「構成要件相互において違法・責任の質を同じくしながら，その量において異なる場合，抽象的事実の錯誤として，違法・責任の量の重い罪の故意の成立は認められず，軽い罪の故意の成立を認め，その故意に対応した軽い罪が成立するということになる」。すなわち，「違法・責任の質，量の重い罪（本件では覚せい剤所持罪）の構成要件が，刑法 38 条 2 項により修正を受ける結果……違法・責任の質，量の軽い罪（麻薬所持罪）が成立するという構成で埋めることになろう」。

解　説

1 問題の所在

(1) 抽象的事実の錯誤

本決定は，「**行為者が認識していた事実と現実に発生した犯罪事実とが異なる構成要件に当たる場合**」，すなわち抽象的事実の錯誤（異なる構成要件間の錯誤）に当たる事案である。故意犯の成立が肯定されるためには構成要件該当事実の認識が必要とされるところ，行為者の認識した事実と実現した事実とが異なる構成要件に属する場合には，実現した構成要件該当事実の認識がない以上，故意犯の成立を否定するのが原則ということになるが，本決定で麻薬所持罪の成立が肯定されていることから分かるように，判例・通説では一定の範囲で異なる構成要件間に重なり合いを認めて，故意犯の成立が肯定されている。

抽象的事実の錯誤には 3 つの類型がある。①**軽い犯罪を行うつもりで重い犯罪を実現した場合**，②**重い犯罪を行うつもりで軽い犯罪を実現する場合**，③**行為者が実現しようとした犯罪と実際に生じた犯罪の法定刑が同一の場合**である。**刑法 38 条 2 項**に「重い罪に当たるべき行為をしたのに，行為の時にその重い罪に当たることとなる事実を知らなかった者は，その重い罪によって処断することはできない」と規定されているため，類型①の場合には重い犯罪によって処断することができないこととなるが，他方で，軽い罪の故意犯が常に成立するのかは，本規定からは明らかではない。また，類型②・③の場合については何ら規定されていない。さらに，「処断することはできない」というのは，「**罪名として軽い犯罪が成立する**」という意味なのか，それとも「**罪名は重い犯罪によるが科刑のみが軽い犯罪の法定刑による**」という意味なのか，という疑問もある。

以上のことから，抽象的事実の錯誤の事案において，構成要件の重なり合いをどの範囲で認めて故意犯の成立を肯定するか，いかなる基準でそれを判断するか，そしてそのときに罪名として何罪が成立するか，という問題が生じることとなる。

(2) 本決定の理解

本事案では，麻薬所持罪の故意で覚せい剤所持罪に当たる事実を実現した X について，いかなる罪が成立するかが争点となった。覚せい剤所持罪の法定刑は 10 年以下の懲役刑（覚醒剤取締法 41 条の 2 第 1 項 1 号，同 14 条 1 項）であり，麻薬所持罪の法定刑は 7 年以下の懲役刑（麻薬取締法 66 条 1 項，同 28 条 1 項）であるので，本事案は類型①に当たる。

本決定では，目的物が覚せい剤か麻薬かの差異があり，取締法規も法定刑も異なる場合でも，覚せい剤所持罪と麻薬所持罪は法定刑と目的物に相違があるにすぎず，覚せい剤と麻薬との間には類似性が認められることを根拠として，両罪の構成要件の「**実質的な重なり合い**」が認められ，**軽い罪の限度で故意が認められて麻薬所持罪が成立する**，と結論付けられている。もっとも，ここでは「〔両罪の〕類似性にかんがみると」と述べられているにすぎないため，覚せい剤と麻薬の類似性をどのように判断したのか，またその判断は妥当なのか，ということを検討する必要がある。

2 薬物事犯における構成要件の重なり合い

(1) 法定刑が同一の場合

薬物事犯の場合，現在では国内で多種多様な薬物が流通しており，また新たな薬物が次々と出現していることから，薬物の所持者や使用者がその薬物の種類や規制等について明確な認識を有していなかったり，誤認している場合が少なくない（染谷・後掲）。本決定に先立って，X が覚せい剤と誤認してヘロイン（麻薬）を輸入した事案である最決昭 54・3・27（関連判例①）において，最高裁は次のような理由で覚せい剤輸入罪と麻薬輸入罪の構成要件に実質的な重なり合いを認め，法定刑が同一（類型③）の場合には客観的に実現した麻薬輸入罪が成立すると判示している。

麻薬と覚せい剤がそれぞれ麻薬取締法と覚醒剤取締法で取り締まり対象となっていることについて，「両法は，その取締の目的において同一であり，かつ，取締の方式が極めて近似していて……同じ態様の行為を犯罪としている」とし，両薬物の性質に関しては，「その濫用によってこれに対する精神的ないし身体的依存（いわゆる慢性中毒）の状態を形成し，個人及び社会に対し重大な害悪をもたらすおそれのある薬物であって，外観上も類似したものが多いことなどにかんがみると，麻薬と覚せい剤との間には，実質的には同一の法律による規制に服しているとみうるような類似性があるというべきである」。それゆえに，「両罪は，その目的物が覚せい剤か麻薬かの差異があるだけで，その余の犯罪構成要件要素は同一であり，その法定刑も全く同一であるところ，前記のような麻薬と覚せい剤との類似性にかんがみると，この場合，両罪の構成要件は実質的に全く重なり合っているものとみるのが相当である」。

両法はともに「濫用による保健衛生上の危害の防止」が立法目的であり（覚醒剤取締法１条，麻薬取締法１条），国民の健康と社会の健全な保健衛生を保護法益とする点，かつ，輸入のほか，輸出，製造，譲渡，譲受，所持等，同じ行為態様を犯罪として規定している点で共通している。また，覚せい剤も麻薬も依存性の高い人体に有害な薬物であり，白色の粉末状である点でも共通している。このことから，ここでは，**立法趣旨・保護法益の共通性**，**行為態様の類似性**，**客体の類似性**があり，かつ**法定刑が同一**であれば，両罪は目的物の相違により取締法規が異なっているにすぎず，犯罪の性質としては完全に重なり合っていると評価されたと考えることができる。

成立する犯罪については，法定刑が同一の場合には行為者の認識した事実である覚せい剤輸入罪が成立するべきである，との批判もあるが，「発生結果について行為者に故意責任を問うことができるか」を問うのが錯誤論であって，あくまでも「客観的に実現した罪」の成否が問題とされなければならないから，ここで麻薬輸入罪の成立が肯定されたのは正当である。また，判例の結論を支持する立場からは，覚せい剤と麻薬に重なり合いを肯定するならば故意の点でも麻薬輸入の故意には覚せい剤輸入の故意が含まれている，あるいは「身体に有害で違法な薬物類」という程度の概括的認識はある（最決平 2・2・9〔関連判例②〕），と評価することができるから，ここで麻薬輸入罪が成立するとしても責任主義に反することにはならない，とも説明される。

⑵　法定刑が異なる場合

関連判例①では，関税法上，麻薬輸入は禁制品輸入罪，覚せい剤輸入は無許可輸入罪に当たり，後者のほうが前者より軽い罪が定められていることから，関税法違反の点では類型①に当たることになり，この場合の法令適用も問題となった。この点について最高裁は，「通関手続を経ずになされた類似の貨物の密輸入行為を処罰の対象としている」という点で両者に重なり合いを認めて，覚せい剤の無許可輸入罪の成立を肯定し，このような 38 条 2 項の適用場面では**罪名として軽い罪が成立する**，との考え方を明らかにした。もっとも，ここでは覚せい剤と麻薬という貨物の内容の相違は問題ではなく，あくまでも無許可輸入罪と禁制品輸入罪の符合が問題とされていたため，薬物事犯において法定刑が異なる場合でも符合を肯定できるかという問題は残されていた[1)]。

1)　近時の裁判例でも，ダイヤモンドを輸入すると誤信して（無許可輸入罪）麻薬を輸入した（禁制品輸入罪）事案において，貨物の内容の類似性は重なり合いの判断に影響しないと判示されている（東京高判平 25・8・28 高刑集 66 巻 3 号 13 頁〔判プラⅠ-99 事件〕）。

本決定は，この残された問題について最高裁が判断を下した判例である。ここでは，関連判例①の考え方を踏襲して，薬物事犯において法定刑が異なる場合でも符合を肯定することができ，その場合には38条2項により軽い罪が成立すると判示されている。すなわち，覚せい剤と麻薬の類似性を肯定する根拠として，**立法趣旨・保護法益の共通性，行為態様の類似性，客体の類似性**が考慮されており，これらの共通性があれば，法定刑に軽重があるとしても，両者は取締法規が異なるにすぎないという考え方は維持できるものであって，軽い罪の限度では重なり合っていると評価できるがゆえに，麻薬所持罪の成立が肯定されたと考えることができる。

3　構成要件の符合の判断基準

(1)　構成要件的符合説

一定の構成要件要素の類似性や共通性から重なり合いが認められ，故意犯の成立が肯定されるとして，問題はその判断基準である。争いがないのは，条文相互の関係で形式的な重なり合いが認められる場合，すなわち，包摂関係にある場合や基本類型と加重・減軽類型に当たる場合である。例えば暴行罪・傷害罪と殺人罪，暴行罪・傷害罪と強盗罪，脅迫罪と恐喝罪，窃盗罪と強盗罪であれば，後者の構成要件が前者の構成要件を包摂する関係が認められ，横領罪と業務上横領罪，単純遺棄罪と保護責任者遺棄罪であれば，基本類型と加重類型の関係にあることから，前者の限度で符合が認められる。

問題となるのは，このような形式的な重なり合いを超える場合である。学説には，行為者の認識した事実と実現した事実とが形式的に重なり合う限度のみで故意の成立を認める**法定的符合説（厳格な構成要件的符合説）**，実質的な重なり合いの有無を考慮する**構成要件的符合説（ソフトな構成要件的符合説）**，行為者の認識した事実と実現した事実の罪質が異なるとしても必ずしも故意を阻却しない**抽象的符合説**があるが，判例・通説は**構成要件的符合説**といわれている。

構成要件的符合説は，構成要件は条文そのものではないがゆえに，解釈によって重なり合いを認めることが可能であるとして，実質的な符合の有無を問題とする見解である（佐伯・後掲）。この見解は，構成要件が「特定の実行行為によって法益侵害を惹起する行為の類型」であることから，構成要件の符合とは「実行行為」ならびに「法益侵害結果の内容」の符合を意味することになるとして，**法益の共通性**と**行為の共通性**を基準として重なり合いを判断する。

例えば，強盗罪と恐喝罪はともに他人の財物を法益とし，暴行・脅迫を手段としている点で共通性が認められる。これに対して，死体遺棄罪と単純遺棄罪ないし保護責任者遺棄罪では，保護法益が異なるために構成要件の実質的重なり合いが否定される[2]。本決定においては，覚せい剤所持罪と麻薬所持罪について，立法趣旨や客体の類似性から法益の共通性が，ともに所持罪である点で行為の共通性が導かれて，実質的な重なり合いが肯定されたと考えることができる。

(2)　具体的な判断基準

法益の共通性と行為の共通性を基準として重なり合いを判断するとしても，具体的にどの範囲で「実質的な重なり合い」を認めるかという問題は残り，論者によって結論が異なることがある。例えば占有離脱物横領罪と窃盗罪の場合，窃盗罪の法益を「占有」とすれば法益の共通性は認められないことになりうるが，「所有権」とすれば法益の共通性が認められうる。詐欺罪と恐喝罪でも，暴行・脅迫の有無という点では行為態様に共通性がないが，ともに所有権を保護法益とする財産犯という点で符合を認めるこ

---

2)　これに関して，遺棄時点で生存していた可能性のあった妻を死んでいると考えて遺棄した行為者について，原審で錯誤論を用いて死体遺棄罪と保護責任者遺棄罪との間に実質的重なり合いが認められ，軽い死体遺棄罪の成立が肯定されたのに対して，高裁で軽い罪の事実である死亡事実が認定され，原審の結論が是認された裁判例がある（札幌高判昭61・3・24高刑集39巻1号8頁）。死体遺棄罪と生体遺棄罪の構成要件的符合を否定するとしても，択一的認定を許容する立場に立てば，被害者が「生きていたか死んでいたか」のいずれかであることは確実であることから，軽い罪の事実を認定して死体遺棄罪の成立が認められることになる。

ともできる。また，公文書偽造罪と虚偽公文書作成罪との間の重なり合いについて，判例（最判昭 23・10・23〔関連判例④〕）は実質的な重なり合いを認めているが，有形偽造と無形偽造では保護法益も主体も異なるとして両者の重なり合いを否定する見解と，「文書に対する信頼」という限度で法益の共通性を見いだして重なり合いを肯定する見解に分かれている。

「実質的」という部分をより明確に説明しようとするものとして，**不法・責任符合説**がある（町野・後掲）。この見解は，故意の構成要件関連性を否定し，故意に必要な認識を「構成要件の内容をなす不法・責任事実の認識」として，**構成要件の不法・責任内容**において符合が認められれば重なり合いを肯定する。本決定の補足意見はこの立場から本決定を説明している。行為者の認識として「犯罪の実質」に関する認識が重要であることを示している見解であるといえるが，故意の構成要件関連性を重視するならばこの立場は採りえないことになる。また，裁判例の中には（大阪高判昭 31・4・26〔関連判例③〕，関連判例④），**罪質の共通性**を判断基準とする**罪質符合説**の立場から故意犯の成立が肯定された事案もある。法益の符合や構成要件的な符合がなくとも，「罪質」の符合があれば故意の成立を認めてよいとすれば，構成要件的符合説の中では比較的広く重なり合いが認められうるが，その中心となる「罪質」という概念が必ずしも明らかでない点で問題がある。

行為者の認識した事実と実現した事実の両者にまたがる「**共通構成要件**」を想定し，行為者の錯誤がこの共通構成要件内部の錯誤と評価できる場合には故意を肯定する，という理解もある（山口・総論 239 頁）。占有離脱物横領罪と窃盗罪であれば，両罪の法文の解釈によって，両者をまとめて「他人の財物を領得する行為」全般を包摂する共通構成要件を導き出すことによって，構成要件の符合を肯定する。この見解は，実際には実現した構成要件の認識がないのに故意犯の成立を認めるのではなく，あくまでも共通構成要件の認識の限度では認識があったことを理由として故意犯を認めると説明する点で，構成要件的符合説が責任主義に反するものではないことを明確にしている。

(3)　符合の限界

以上のように構成要件的符合説内部でも判断基準の相違が見られるところではあるが，結局，構成要件の重なり合いの判断は，各構成要件の保護法益と侵害行為をどのように理解するかに左右される。構成要件的符合説においては，構成要件が特定の法益を保護するために規定されていることに鑑みて，「法益の共通性」は不可欠の要件とされる。他方，「行為の共通性」については，例えば暴行による強盗罪と脅迫による強盗罪，略取罪と誘拐罪，逮捕罪と監禁罪のように，異なる行為態様が択一的に同一の条文に規定されている場合があり，逆に偽計業務妨害罪と威力業務妨害罪，強盗罪と昏酔強盗罪のように，同一の法益侵害行為が異なる条文にかき分けられている場合もあるところ，前者は符合を肯定し後者は否定するのはあまりにも形式的で妥当でないことから，行為態様の共通性はそれほど厳格には要求されない（橋爪・後掲）。

このことから具体的な符合の範囲を検討すると，財産犯においては広く法益の共通性が認められうると考えられ，行為の共通性の程度が符合の可否を左右することとなる。ただし，窃盗罪と占有離脱物横領罪については，上述のとおり保護法益を所有権とするか占有とするかで結論が分かれることとなる。窃盗罪と委託物横領罪の場合も，両者の保護法益を所有権と捉えたとしても，委託物横領罪の保護法益たる委託信任関係の位置づけによって，法益の共通性を認めるか否か異なりうる。

薬物事犯の場合も，行為の共通性は問題なく認められるから，覚醒剤取締法と麻薬取締法それぞれの立法趣旨，客体の類似性から法益の共通性を認めるならば，基本的には広い範囲で符合が肯定されると考えられる。他方で，無形偽造と有形偽造は保護法益および行為態様をいかに理解するかで符合を認めるか否か異なり，死体遺棄罪と遺棄罪や，死体損壊罪と殺人罪では，保護法益が異なる以上重なり合いを認めることはできないこととなる。

なお，類型②については上述のとおり規定がないため，その取扱いは解釈に委ねられている。この点，類型②も基本的には類型①と同様に，重い罪と軽い罪との間に実質的な重なり合いが認められれば軽い罪の限度で故意犯が成立するが，場合によってはこれに加えて重い罪の未遂罪も成立しうる。例えば，行為者が強盗の故意で被害者に暴行，脅迫を加えたものの，被害者は犯行抑圧には至らず畏怖するにとどまり，その被害者が行為者によって自己の財物を持ち去られるのを黙認したという場合には，学説の多数説からは，強盗未遂罪と恐喝既遂罪が成立し，両罪は観念的競合となると理解されている（このように判示した裁判例として，大阪地判平4・9・22〔関連判例⑤〕）[3]。これに対して，死んでいる人を生きていると誤信して遺棄した場合には，単純遺棄罪と死体遺棄罪の構成要件的符合を認めないならば単純遺棄罪の未遂と過失の死体遺棄罪が成立しうることになるが，双方とも処罰規定がないので不可罰となる。

⑷ 没収の点

本決定では，犯罪としては麻薬所持罪が成立するとしながらも，没収の関係では覚醒剤取締法41条の6（現行法41条の8と同旨）によって没収するとされたが，この規定では「前5条の罪に係る覚せい剤」を没収する旨規定されていることから，成立する「罪」が麻薬所持罪でも本条を適用できるのかが問題となる。

学説としては，成立する犯罪が麻薬所持罪であるならば麻薬取締法68条（現行法69条の3）を適用して没収すべきとする従罪説や，覚醒剤取締法と麻薬取締法の両方を適用するという併用説もあるが，本決定は，**この場合でも対象物は覚せい剤であるから覚醒剤取締法を適用する，**という立場（従物説）を採用している。その理由は決定要旨のとおりであるが，補足意見はこれを，人の責任に対応した刑罰を科すという対人的処分である主刑とは異なり，附加刑である没収は物に対する排害処分を行うものであって対物的保安処分という性質を有するがゆえに，ここでの「罪」の捉え方としても，「社会的事象としての外形的・客観的形での罪」と解することが没収の性格には適合している，と説明する。本件行為についても，外形的・客観的に見た社会的事象を覚せい剤所持罪と捉えれば，覚醒剤取締法を適用することができることになる。また，麻薬所持罪も覚せい剤所持罪もともに法定刑として没収が規定されている点で，両罪の構成要件が形式的に重なり合っていると考えることもできる。

4 まとめ

わが国の刑法は故意犯処罰を原則とするので，故意犯の成立が肯定されるということは，行為者には当該構成要件の故意が認められるということを意味する。抽象的事実の錯誤も，行為者の有する認識を発生事実についての故意と評価してよいか，という**故意の抽象化の問題**と（類型②，③），発生事実を行為者の故意に応じた構成要件該当事実と評価してよいか，という**事実の抽象化の問題**（類型①）であるということができる。本決定は，故意の抽象化が問題となった事案について，薬物事犯において法定刑が異なる場合でも構成要件の重なり合いが肯定され，実現した構成要件の故意が認められうること，また刑法38条2項を適用した場合には軽い罪の限度で犯罪が成立することを明らかにした判例として意義を有する。

発展的な問題として，抽象的事実の錯誤は「意味の認識」とも結びついているといえる。意味の認識は，「Aという事実の認識があればBという犯罪の認識があるといえる」という問題であるが，これは「行為者の有する認識を発生事実の認識と認めてよいか」という問題と同じことを検討しているからである。このように考えると，抽象的事実の錯誤を行為者の認識に

3） もっとも，関連判例⑤は古い判例の立場（最判昭23・11・18刑集2巻12号1614頁）とは異なると理解されている。

4） 特殊詐欺の受け子における詐欺の故意の存否が争点となった判例では，まさに「行為者の有する認識を発生事実（詐欺）の認識と認めてよいか」ということが問題となっている（最判平30・12・11刑集72巻6号672頁，最判平30・12・14刑集72巻6号737頁，最判令元・9・27刑集73巻4号47頁）。

関する認定の問題として捉えることも可能であろう[4)]。

関連判例

①最決昭 54・3・27 刑集 33 巻 2 号 140 頁（判プラⅠ-95 事件）
②最決平 2・2・9 判時 1341 号 157 頁（判プラⅠ-73 事件）
③大阪高判昭 31・4・26 高刑集 9 巻 3 号 317 頁
④最判昭 23・10・23 刑集 2 巻 11 号 1386 頁（判プラⅠ-97 事件）
⑤大阪地判平 4・9・22 判タ 828 号 281 頁（判プラⅡ-235 事件）

演習問題

1　X は，麻薬をコカインと誤認して所持した。X の罪責はどうなるか。

＊考え方
行為者が重い罪の認識で軽い罪を実現した場合（類型②）の罪責はどうなるか。

2　X は，友人 A から頼まれて，A が長期海外出張中に A 所有の高価な時計を X 宅で預かっていた。その話を聞きつけた Y が，X に対して「A の時計を 1 つ買い取ってやろうか。」とそそのかした。X は，Y からそそのかされたときにはすでに A に時計を返却していたが，お金に困っていたので，そのことを秘して Y の誘いに応じることにした。後日，X は A 宅に訪問したときに A が時計を保管している部屋に忍び込み，時計を 1 つ持ち出して Y のところへ持って行った。X と Y の罪責はどうなるか。

＊考え方
Y は横領をそそのかしたが X が窃盗を犯した場合，Y においては横領の故意で窃盗が実現されたことになるところ，この場合に両罪に重なり合いが肯定されるかが問題となる。

〔参考文献〕
安廣文夫・最判解刑事篇昭和 61 年度 77 頁
中谷雄二郎「薬物事犯の成否⑴――薬物の認識」小林充＝植村立郎編『刑事事実認定重要判決 50 選（下）〔第 2 版〕』（立花書房，2013 年）125 頁
染谷武宣「薬物事犯における『薬物の認識』」植村立郎編『刑事事実認定重要判決 50 選（下）〔第 3 版〕』（立花書房，2020 年）187 頁
町野朔「法定的符合について（上）（下）」警研 54 巻 4 号 3 頁・5 号 3 頁
橋爪隆『刑法総論の悩みどころ』（有斐閣，2020 年）154 頁以下
佐伯仁志『刑法総論の考え方・楽しみ方』（有斐閣，2013 年）280 頁以下

（菅沼真也子）

4 不作為による殺人――シャクティ事件

■ **最高裁平成17年7月4日第二小法廷決定**
■ 平成15年(あ)第1468号
殺人被告事件
■ 刑集59巻6号403頁，判時1906号174頁

〈事実の概要〉

「(1) X（被告人）は，手の平で患者の患部をたたいてエネルギーを患者に通すことにより自己治癒力を高めるという「シャクティパット」と称する独自の治療（以下「シャクティ治療」という）を施す特別の能力を持つなどとして信奉者を集めていた。

(2) Aは，Xの信奉者であったが，脳内出血で倒れて兵庫県内の病院に入院し，意識障害のため痰の除去や水分の点滴等を要する状態にあり，生命に危険はないものの，数週間の治療を要し，回復後も後遺症が見込まれた。Aの息子Bは，やはりXの信奉者であったが，後遺症を残さずに回復できることを期待して，Aに対するシャクティ治療をXに依頼した。

(3) Xは，脳内出血等の重篤な患者につきシャクティ治療を施したことはなかったが，Bの依頼を受け，滞在中の千葉県内のホテルで同治療を行うとして，Aを退院させることはしばらく無理であるとする主治医の警告や，その許可を得てからAをXの下に運ぼうとするBら家族の意図を知りながら，「点滴治療は危険である。今日，明日が山場である。明日中にAを連れてくるように。」などとBらに指示して，なお点滴等の医療措置が必要な状態にあるAを入院中の病院から運び出させ，その生命に具体的な危険を生じさせた。

(4) Xは，前記ホテルまで運び込まれたAに対するシャクティ治療をBらからゆだねられ，Aの容態を見て，そのままでは死亡する危険があることを認識したが，上記(3)の指示の誤りが露呈することを避ける必要などから，シャクティ治療をAに施すにとどまり，未必的な殺意をもって，痰の除去や水分の点滴等Aの生命維持のために必要な医療措置を受けさせないままAを約1日の間放置し，痰による気道閉塞に基づく窒息によりAを死亡させた。」

第1審（千葉地判平14・2・5刑集59巻6号417頁参照）が，(3)の作為および(4)の不作為という「一連の行為」が殺人罪の実行行為に該当するとして，Xに殺人罪の成立を肯定したのに対し，控訴審（東京高判平15・6・26前掲刑集450頁参照）は，(3)の時点でXに未必的殺意を認めるには合理的な疑いが残るとしたうえで，Aがホテルに運び込まれてXがその様子を自ら認識した以後の行為につき，Xは，Bらに指示してAを病院から連れ出させホテルに運び込ませたという「先行行為によって，……Aに対し，直ちにその生存のために必要な医療措置を受けさせるべき作為義務を負っていた……にもかかわらず，未必の殺意をもって，上記作為義務を怠ってAを死亡させた」として，殺人罪の成立を認めた。

被告人側が上告。

〈上告審〉

■ 決定要旨 ■

上告棄却。

「Xは，自己の責めに帰すべき事由により患者の生命に具体的な危険を生じさせた上，患者が運び込まれたホテルにおいて，Xを信奉する患者の親族から，重篤な患者に対する手当てを

全面的にゆだねられた立場にあったものと認められる。その際，Xは，患者の重篤な状態を認識し，これを自らが救命できるとする根拠はなかったのであるから，直ちに患者の生命を維持するために必要な医療措置を受けさせる義務を負っていたものというべきである。それにもかかわらず，未必的な殺意をもって，上記医療措置を受けさせないまま放置して患者を死亡させたXには，不作為による殺人罪が成立し，殺意のない患者の親族との間では保護責任者遺棄致死罪の限度で共同正犯となると解するのが相当である。」

■■■■ 解　説 ■■■■

1　不作為犯の成立要件

作為犯は，積極的な害悪の惹起，積極的な犯罪事実の惹起であり，自らの行為によって積極的に犯罪事実を創り出す，積極的な加害行為，積極的な結果惹起行為である。これに対して，不作為は，何らかの原因によって他人の法益が侵害されそうになっている状況が既に存在する場合において，それを阻止しなかった，他人の法益が侵害されそうになっているのを放置し，法益侵害結果が発生するがままにしたという場合であり，害悪の発生を阻止しない，放置するという形での，いわば消極的な害悪の惹起が不作為である。

それゆえ，事実として法益侵害結果の発生を阻止する作為をなしえた全ての人の不作為が，積極的な結果惹起行為である作為と同等の処罰に値するとはいえず，不作為に作為と同一の条文（法定刑）を適用して処罰するためには，当該不作為が作為と構成要件的に同価値と評価できることが必要となる。そのための要件が，作為義務ないしは保障人的地位であり，これがいかなる場合に認められるかが，不作為犯における最も重要な問題である。

2　作為義務（保障人的地位）を基礎づける事由

(1)　本決定の意義

本決定は，最高裁として初めて不作為による殺人罪の成立を肯定したものであり，作為義務を認める根拠事情として，ⓘ「自己の責めに帰すべき事由により患者の生命に具体的な危険を生じさせた」こと，および，ⓘⓘ「患者が運び込まれたホテルにおいて，Xを信奉する患者の親族から，重篤な患者に対する手当てを全面的にゆだねられた立場にあった」ことが挙げられている。控訴審判決が，Bらに指示してAを病院から連れ出させホテルに運び込ませたという危険な先行行為のみを根拠に作為義務を肯定したのに対し，本決定は，それに加えて，保護の引受け・依存関係の存在にも言及している点が注目される。

本事例のように，被害者と不作為者との間に，救助することが強く期待される特別な関係（保護関係）が存在していたわけではない場合について，裁判例で作為義務が肯定されているのは，不作為者自身が，故意または過失によって，被害者の生命に対する危険を惹起したという，危険な先行行為に加えて，要保護状態にある被害者を，自宅内や自己が運転する自動車内に置き，あるいは，人目につかない場所に放置することによって，他者による救助の可能性を排除し，被害者の保護が自己に依存する状態を不作為者自身が作り出したといえる事情が存在する場合であると分析されている（鎮目・後掲15頁）。それゆえ，ⓘおよびⓘⓘの事情が存在する本事例でXに作為義務が肯定されたことは，従来の裁判例の傾向からすれば，当然の結論といえる。

もっとも，作為義務を肯定するうえで，ⓘおよびⓘⓘの事情は必須なのか，ⓘの先行行為は違法かつ有責な行為に限られるのか，ⓘⓘの依存関係はどの程度強度なものであることが必要なのかは，必ずしも明らかではない。また，本決定は，被害者の親族には保護責任者遺棄致死罪が成立することを前提に，Xとは同罪の限度で共同正犯となると判示しているが（共同正犯の成立に関する問題については，第21章参照），親族に保護責任（作為義務）が認められる理由は示されていない。

(2)　危険な先行行為について

不作為犯の成立を肯定した最高裁判例をみると，①ひき逃げの事例（最判昭34・7・24〔関連判例①〕），②堕胎行為後に出生した未熟児を放置して死亡させた事例（最決昭 63・1・19〔関連判例②〕），③被告人らによって注射された覚醒剤により錯乱状態に陥った被害者を放置して死亡させた事例（最決平元・12・15〔関連判例③〕）など，故意または過失により被害者の生命に危険を生じさせる先行行為が存在する場合である。もっとも，①では，法令（当時の道路交通取締法 24 条，同法施行令 67 条）が保護責任の根拠とされ，②および③では作為義務の根拠は示されておらず，危険な先行行為が作為義務を認めるうえで不可欠のものであるのかは，必ずしも明らかではない。

他方で，下級審判例を含め，被害者を事故現場に放置して逃走するという単純なひき逃げの事例で，殺人（未遂）罪ないしは保護責任者遺棄（致死）罪の成立を肯定した例は知られておらず，①は，歩行不能となった被害者を自己の運転する自動車に乗せて事故現場を離れ，折柄降雪中の薄暗い車道上まで運び，同所に放置して立ち去ったという事情の認められる事例であり，危険な先行行為に加えて，自己の運転する自動車内，あるいは，他者に発見される可能性の低い場所に被害者を置くことで，被害者の保護が自己に依存する状態が作出されたといえる事例であった。②および③においても，要保護状態の被害者の置かれた場所が，被告人の開業する医院内，あるいは，被告人らと被害者しかいないホテルの部屋であったこと，さらに，②では，母親を退院，帰宅させており，自ら嬰児を引き受けたとみうる事情が存在した。

そうすると，危険な先行行為は，判例上，作為義務を肯定する根拠事情として重要ではあるが，それのみで直ちに作為義務を基礎づけるには不十分ということになろう。学説においても，他人の法益に対する危険を創出した者はその危険が実現しないよう回避措置を講じるべきであるという主張は一定の説得力を有すると評価しつつも，先行行為の存在から直ちに作為義務を認める場合には，実質的には，故意なく行われた危険な先行行為とその後に生じた故意を根拠に故意犯の成立を認めることになり妥当でないことなどを理由に，先行行為のみを根拠に作為義務を肯定することには否定的な立場が有力である（山口厚編著『クローズアップ刑法総論』〔成文堂，2003 年〕63 頁以下〔髙山佳奈子〕）。

さらに，先行行為は，客観的に危険な行為であれば足りるのか。本決定は，「自己の責めに帰すべき事由により」と判示しており，その意味するところが問題となる。学説の中には，先行行為に故意・過失は不要であるとする見解（島田聡一郎「不作為による共犯について（2・完）」立教法学 65 号〔2004 年〕228 頁）や，正当防衛として正当化される行為であってもよいとする見解（佐伯仁志「防衛行為後の法益侵害防止義務」研修 577 号〔1996 年〕9 頁）もあるが，作為義務を肯定した裁判例における先行行為は，少なくとも過失が認められる行為である（もっとも，不作為による放火罪の成立を認めた大判大 7・12・18〔関連判例④〕は，被告人と被害者が格闘した際に被害者が投げた燃木尻が原因で出火したという事例であり，出火につき被告人に過失を認めるのは難しいようにも思われる）。

先行行為それ自体が処罰対象とされるわけではないことから，犯罪成立要件としての故意・過失までは必要ないとしても，一定の作為に出ることを義務づける（それを怠った場合には処罰される）根拠とするためには，そのような先行行為を行ったことを行為者の不利益に考慮するものである以上，それを行わないことを法的に期待しえたことが最低限要求されるべきであるように思われる。本事例や前出大判大 7・12・18 のように，法益に対する危険を創出する作為を被告人が直接行ったわけではない場合についていえば，そのような作為が行われる事態に至ることを回避することを法的に期待しえたこと，本事例では，A を病院から連れ出してホテルに運ぶよう働きかけることをしないこと，前出大判大 7・12・18 では，被害者との格闘を回避することを法的に期待しえた，その意味で，直接的には A の親族や被害者によって創出された法益に対する危険について，被告人にも非が認められることが必要であろう。

本事例の X には，A の生命に対する危険の創出につき重大な過失が認められる（藤井・後掲200頁）にもかかわらず，本決定は，「過失」という言葉を使わず，「自己の責めに帰すべき事由」という表現を用いている。これは，刑法的な意味ので帰責性，有責性を必ずしも要求しない趣旨に理解することも可能であろう。

(3) 依存関係について

ⓘの事情が，単独では作為義務を基礎付けえないと解されているのに対して，ⓘⓘの事情については，要保護状態にある被害者の保護を引き受け，自己の支配下に置くことによって，他者による救助の可能性を排除，困難にした以上，そのような依存（ないしは支配）関係を自ら設定した者は，被害者を救助する義務を負うという理解が，学説においても広く共有されている。ここで作為義務を基礎づけるうえで重要なポイントは，他者による救助の可能性が排除されそれゆえ法益の保護が不作為者に依存する状態を，不作為者自らが作り出した点であるから，保護の引き受けは必須の要件でないこと，および，救助行為を開始すれば（例えば路上生活者に一度食事を与えたからといって）直ちに保護を引き受けたとして（救助行為を継続すべき）作為義務が課されることになるわけではないことに注意する必要がある。

例えば，ひき逃げの事例において，事故を起こした自動車の運転者が，被害者を救助する意思で自車に乗せたのか，それとも，人目につかない場所に遺棄する意思で自車に乗せたのかにかかわらず，他者が手出しできない自車の中に要保護状態の被害者を置くことによって，その救助が自己に依存する状態を創出している点では違いがなく，いずれの場合も，作為義務が認められることになる。また，たまたま事故現場に通りかかった第三者が自車に被害者を乗せた場合も，同様である。本事例では，Xは，ホテルに運び込まれたAの重篤な状態を見て，シャクティ治療では救命できないかもしれないことを認識した，として未必の殺意が認定されていることからすれば，Xは，Aを救助する意思で引き受けたとは必ずしもいえないが，自己が宿泊するホテルにAを置き，他者による救助可能性を排除したのであり，それゆえ，ⓘⓘの事情のみでも，作為義務を基礎づけるのに十分であったということになろう。

これに対して，作為を義務づけ行為者の自由を制約することを正当化する要素として，不作為者による危険の創出または増加を要求する見解も主張されているが，そこでの危険創出・増加には，先行行為による積極的な危険の惹起のほか，第三者による保護の可能性を排除することで被害者の法益が侵害される危険を増大させた場合も含まれるとされており（佐伯仁志「保障人的地位の発生根拠について」内藤謙ほか編『香川達夫博士古稀祝賀　刑事法学の課題と展望』〔成文堂，1996年〕109頁），結論的には上述の理解と違いは生じない。

さらに，本事例のように特定の被害者（法益）との間に個別的な引き受け，依存関係が認められる場合のほか，例えば，薬害エイズ事件（旧）厚生省ルート事件（最決平20・3・3〔関連判例⑤〕）の被告人（厚生省薬務局生物製剤課長）のように，そもそも一般の個人では対処しえない危険の発生に備えて，危険源の管理・監督や情報の収集を行い，結果回避に必要な措置を講じる特別の権限等が与えられている地位が存在し，そのような地位に自らの意思でついた場合にも，結果回避に必要な情報や権限を有する者が適切な結果回避措置を講じなければ結果を回避しえないという意味で，依存関係を肯定しうると解されている。そしてこの場合も，行為者が当該地位についたことで，他者がその地位につく可能性はなくなり，それゆえ，他者による結果回避の可能性が排除されたといえよう。

もっとも，薬害エイズ事件に関する一連の刑事裁判においては，薬害発生の防止は第1次的には，医薬品を製造販売する製薬会社やそれを実際に用いて医療行為を行う医師の責任であり，国の監督権限は，第2次的，後見的なものであるということが指摘されている。すなわち，作為義務を基礎づける依存（支配）関係として，結果を回避しうる者が当該不作為者一人であったということまでは要求されておらず，立場の異なる複数の者が，それぞれの立場に応じて，重畳的に作為義務を負う場合もありうるということである（橋爪・後掲69頁以下）。本事例においても，第１審および控訴審が認定した事実によれば，Aの親族らもAが運び込まれたホテルの部屋に出入りしていたようであり，それゆえ，他者による救助の可能性が完全に排除されていたわけではない。

学説においても，作為と不作為の同価値性という観点から，法益が保護されるか，それとも，そのまま侵害されてしまうかが不作為者に依存していた，その意味で，法益侵害結果へと向かう因果の流れを不作為者が支配していたことを，作為義務を基礎づける事由として要求する考え方を基本的には妥当であるとしつつも，作為犯においても同時犯が認められる場合がありうることからすれば，行為者が因果経過全体を排他的に支配していたことまでは不要であり，また，結論の妥当性という観点からも，排他性を厳格に要求すれば作為義務が認められる範囲が狭くなりすぎることから，結果原因，結果発生に至りうる要因，具体的には，乳幼児や傷病者のように他者の保護がなければ侵害される危険のある脆弱な法益，あるいは，適切に管理しなければ他者の法益を侵害する危険性のある物や設備等（危険源）を，実質的に左右しうるという意味で支配していると認められる関係があれば足りると解する立場が有力となっている。

もっとも，このような支配が認められる状況に，自己の意思に基づかずに偶然，直面したというだけでは作為義務を認めるには不十分であり，例えば，一人暮らしの行為者の自宅に身に覚えのない乳児を遺棄されたような場合には，たとえ当該乳児の生命を保護しうる者は行為者以外にいないとしても，作為義務を負うことはないというのが一般的な理解である。そのような場合について一般的に通報等の義務を課す処罰規定を作ることの当否は別として，その不履行を作為による殺人と構成要件的に同価値と評価することはできないということである（橋爪・後掲67頁）。判例の中にも，自己が所有し木炭を製造中の炭焼窯の中に焼死体があることに気づいたがそのまま放置し死体が焼けるに任せたという事例につき，「偶偶被告所有ノ炭焼竈ニ於テ木炭製造中右Vカ誤テ其ノ燃焼セル竈中ニ陥リテ焼死ヲ遂ケタルコトヲ知」ったというだけでは，作為義務は認められないとして，不作為による死体遺棄罪の成立を否定したものがある（大判大13・3・14刑集3巻285頁）。

(4)　救助することが強く期待される特別な関係（保護関係）について

本事例では，Aの親族であるBらについても保護責任（作為義務）が認められている。Xとは異なり，AとBらとの間には保護関係が存在するが，それを根拠に直ちに作為義務を肯定しうるのであろうか。それとも，Aを病院から連れ出しホテルに運び込むことによって，Aの生命に危険を生じさせるとともに，その生命維持のために必要な医療措置を受けさせる意思のないXらを除き，他者が手出しできない密室的環境にAを置いたといった事情が，作為義務を肯定するのに不可欠なのであろうか。

子の生存に必要な世話や救助をせず放置して死亡させた親に不作為犯の成立を認めた裁判例には，作為義務を肯定する根拠に言及がなく，それゆえ，親である以上当然作為義務を負うと解しているとも理解しうるものが少なからず存在する（東京高判昭35・2・17下刑集2巻2号133頁，名古屋地岡崎支判昭43・5・30下刑集10巻5号580頁，福岡地久留米支判昭46・3・8判タ264号403頁，大阪高判平13・6・21判タ1085号292頁，広島高判平17・4・19高刑速（平17）号312頁，高松高判平29・5・11LEX/DB25545831など）。たしかに，その多くの事例で，単に親子関係という法的・身分的な関係性があったというにとどまらず，被害者と同居して共同生活を送っていたとか，他人が手出しできない密室的環境下であったといった事実が認められるが（鎮目・後掲14頁），それらに言及することなく作為義務を認める裁判例が存在することからすれば，裁判所は，親子関係の存在だけでも作為義務を肯定するのではないかとの推測も十分成り立つ（安田・後掲117頁）。

他方，学説においては，親子関係のような，救助することが強く期待される特別な関係の存在を根拠に，（子または親の生存が親または子に依存する事実状態が認められなくても）作為義務を規範的に基礎づけることを正面から認めることには否定的な立場が有力である。救助することが強く期待されるというのは社会において存在する道徳的規範にすぎず，それに反すれば刑罰が科されることになる刑法上の義務を基礎づけるには不十分であるというのがその根拠である。しかし，⑶で述べたように，今日では，法益に対する物理的，空間的な支配がなくても，法益侵害の可能性を予め想定してそれに対処するための特別の権限等を有する法的・社会的地位が存在し，それに自らの意思でついた場合にも，作為義務を基礎づける依存（支配）関係を肯定する見解が有力になっている。そうであるならば，まさに人は，少なくとも生まれてから一定期間は他者の保護がなければその生命を維持できず，その意味で法益侵害の可能性が想定されることから，親には，子の保護や養育に係る特別の権利・義務が法的・社会的に認められているといえ，それゆえ，（生物学上の親子関係自体が作為義務を基礎づけるわけではないから）離婚や別居などによって，そのような特別の権利・義務を有する地位から実質的に退いたと認められる場合は別論，親という地位にあることを根拠に，作為義務を基礎づける依存関係を肯定することも可能なのではないだろうか。

■■■■ 関連判例 ■■■■

①最判昭 34・7・24 刑集 13 巻 8 号 1163 頁（判プラⅡ-63 事件）
②最決昭 63・1・19 刑集 42 巻 1 号 1 頁（判プラⅡ-58 事件）
③最決平元・12・15 刑集 43 巻 13 号 879 頁（判プラⅠ-39 事件）
④大判大 7・12・18 刑録 24 輯 1558 頁
⑤最決平 20・3・3 刑集 62 巻 4 号 567 頁（判プラⅠ-110 事件）

■■■■ 演習問題 ■■■■

以下の設問は，いずれも，【解説】における説明の理解を確認し，定着させることを目的としている。演習問題と解説との行きつ戻りつを繰り返して，理解を確実なものにしてほしい。

問 1　本件では，B が，X に対し，シャクティ治療の対価として 800 万円を支払った事実（契約関係）が認められる。このような事実は，X の作為義務の有無の判断においてどのような意味を有するか。

問 2　ⓐ保冷庫に人を閉じ込めてしまった運送会社の従業員は，仮にそのことに落ち度がなかったとしても，閉じ込められた人を解放すべき作為義務を負うか。落ち度がないとは，保冷庫を施錠する際，人を閉じ込めてしまうことがないよう必要な注意を払っていたことを意味する。それにもかかわらず，事後的に人を閉じ込めてしまったことに気づいた場合，解放しなければ，故意に積極的に人を監禁した場合と同価値と評価しうるか。

ⓑ深夜，無人となった運送会社の保冷庫内に人が閉じ込められていることに，ランニング中に通りかかった人が気づいた場合，その人は，保冷庫内に閉じ込められている人を救助すべく何らかの作為に出ることが義務づけられるか。

作為義務を基礎づける先行行為につき，客観的に危険な行為であればよいとする見解からは，ⓐの場合は作為義務が肯定され，ⓑの場合は否定されることになるが，そのような結論の違いは妥当といえるか。

問 3　仮に本件において，B が独断で A を病院から連れ出し X が滞在しているホテルに運び込んだのだとすれば，X は作為義務を負うか。

問 4　製品を製造販売した時点では，その製品の危険性を知ることができなかったが，販売後に危険性が判明した（あるいは予見可能になった）にもかかわらず，当該製品を回収しなかったために，それを使用した消費者が製品の欠陥が原因で死傷した場合，このような死傷結果について，当該製品の不回収を理由に刑事責任を問うことは可能か。可能だとすれば，当該製品を製造・販売した企業に属するいかなる人物が，どのような根拠に基づき，刑事責任を負うことになるか。

問 5　本件では，被害者が運び込まれたホテルの部屋には，X以外の者も出入りしていた事実が認められる。さらに，被害者の親族にも保護責任者としての地位が肯定されている。これらの事情は，Xに作為義務を肯定する妨げとならないか。ホテルの部屋に出入りしていた者がXの信奉者であったことは，Xの作為義務の有無の判断においてどのような意味を有するか。

問6　本件では，被害者の親族にも保護責任者としての地位が肯定されている。その根拠はいかなる事情に求められるか。

問7　子供が海で溺れており，その子供の両親を含め救助可能な者が複数いるとき，当該子供を救助すべき作為義務を負うのは誰か。

問8　両親は子供が生まれた直後から育児を放棄しており，近所に住む祖父母が子供を引き取り世話をしていたが，あるとき，祖父母が子供を残して外出し，戻ってこなかった場合，子供の両親は作為義務を負うか。

問9　母親が子供を出産後，かねてより行方をくらましていた父親の居場所を突き止め，当該嬰児をその父親の住居に連れて行き無断で置いて帰った場合，父親は作為義務を負うか。

問10　妊娠後出産前に離婚し，出産後は母親が一人で子供を養育していたが，父親は折に触れ陰から子供を見守っていたところ，あるとき，子供が川で溺れているところに出くわした。父親は子供を救助する義務を負うか。

〔参考文献〕

藤井敏明・最判解刑事篇平成17年度184頁
塩見淳・平成17年度重判解160頁
同『刑法の道しるべ』（有斐閣，2015年）29頁
鎮目征樹・百選Ⅰ〔第8版〕14頁
橋爪隆『刑法総論の悩みどころ』（有斐閣，2020年）58頁
安田拓人「不作為犯」法教490号110頁

（齊藤彰子）

5 過失犯における予見可能性
——明石人工砂浜陥没事件第一次上告審

■ **最高裁平成21年12月7日第二小法廷決定**

■ 平成20年(あ)第1678号
業務上過失致死被告事件

■ 刑集63巻11号2641頁，判時2067号159頁

〈事実の概要〉

事件の発生と事故調査

平成13年12月30日午後0時50分ころ，兵庫県明石市の大蔵海岸の東地区砂浜（人工砂浜，以下「本件砂浜」という）において，A（当時4歳）が生き埋めになる事故が発生した（以下「本件事故」という）。Aは，窒息によって重傷を負い，平成14年5月26日午後7時3分，死亡するに至った。本件事故は，Aが，本件砂浜東側（南側と東側にL字型〔かぎ形〕に突堤が築かれ，その内側が砂で養浜されている）の東側突堤沿いの中央付近を小走りで移動中，その足下が突然崩れて出来た穴に落ちたものである。

本件砂浜，とくにその東側の上記かぎ形を成している突堤沿いのうちの南側突堤沿いと東側突堤沿いの南端付近においては，平成13年初めころから，陥没の発生が繰り返し確認されていた。それは，明石市が調査を行った結果，突堤として積まれたコンクリート製ケーソンの隙間（目地）に取り付けられたゴム製防砂板が摩耗・破損し，そこから砂が吸い出されたせいで起きているものと目されていた。しかし，大蔵海岸を所有する国（国土交通省）も，占用する明石市も，砂の吸い出しを防ぐ工事等は行っていなかった。

そうした状況下で発生した本件事故もまた，砂の吸い出しに起因するものと考えられたが，その「穴の空き方」には，発生当初から，非常に特異な性格があることが指摘されていた。それは，Aが生き埋めになる程度の深い「落とし穴」に，Aの体重で崩れるような砂の「ふた」が（自らの重みで落ちることなく）乗っている状態になっていたという点である。「ふた」が崩れることも，砂浜表面に何らかの異状が見られることもないまま，そんな深い「落とし穴」が形作られることは，土木工学上も，未知の現象であった。

そこで土木学会海岸工学委員会が調査の依頼を受け，平成14年1月12日，関係工学分野の専門家らによって構成される大蔵海岸陥没事故調査小委員会が発足する運びとなり，同小委員会の調査活動を経て，海岸工学委員会は同年6月20日付けで「大蔵海岸陥没事故調査報告書」を公表した。大要，砂の吸い出しによる深い「落とし穴」は，「ふた」の部分がアーチ状に保たれるなどして崩れにくい状態で少しずつ発達することによって形成可能であり，本件事故の発生箇所でもそれが起きたとの結論が示されている。

捜査から公訴提起まで

ところで，本件砂浜を含む大蔵海岸は，平成9年，明石市が，海浜公園として砂浜・突堤・護岸等の造成・築造を完了したものであるが，それらは埋立免許に付された条件に従って国（当初は建設省）が所有しており，平成10年以降，明石市が，国（当時の建設省近畿地方建設局〔現在の国土交通省近畿地方整備局〕の長）から占用許可を得て一般開放していた。公園としての日常の維持管理は，明石市（当初は開発部海岸整備第2課，平成12年度以降は同市の改組に伴って土木部海岸・治水課）によって行われていた。

上記事実だけを見ると，本件事故の発生は，明石市が本件砂浜における陥没対策を怠った結

果であるように映る。けれども，話はそう単純ではない。大蔵海岸の海岸保全施設，具体的には本件砂浜を囲む突堤・護岸等は，海岸法6条にいう「主務大臣の直轄工事」の対象に含まれており，法律上は国の管理下にあった。実際のところ，同海岸の維持管理は，近畿地方整備局姫路工事事務所（平成15年度以降は改称されて姫路河川国道事務所）と明石市との間における調整・協議を経て行われており，陥没対策も例外ではない。

しかして警察による強制捜査は，明石市役所のみならず，姫路河川国道事務所や同事務所東播海岸出張所にも及んだ。同出張所は，その名のとおり東播海岸の管理を所掌事務とするものである。東播海岸は，兵庫県南部の，瀬戸内海に面した延長約26kmの海岸であり，大蔵海岸はその一部であるが，そもそも東播海岸の大半が，海岸防護（侵食対策事業）の必要性から海岸法3条にいう「海岸保全区域の指定」を受けており，その一環として，海岸保全施設についての上記「主務大臣の直轄工事」が施行されていたのである。

警察の当初の見込みは，本件砂浜の管理に関わっていた姫路河川国道事務所と明石市の幹部職員10名程度を業務上過失致死の被疑者とするものであったようであるが，警察は，結局，平成16年4月2日，事故当時の姫路工事事務所工務第1課の長であったX_1，同事務所東播海岸出張所の長であったX_2，明石市土木部海岸・治水担当参事であったY_1，同市土木部海岸・治水課の長であったY_2の4名を業務上過失致死の被疑者として，事件を検察官に送致した。果たして検察官は，同月16日，この4名について起訴した。

第1審と第2審の裁判

起訴状記載の公訴事実において，検察官は，大蔵海岸の「かぎ形突堤に接した砂浜において，砂層内で成長した空洞が，その上部に乗った公園利用者等の重みによって崩壊して陥没し，公園利用者等の生命，身体に危害が加わるおそれがある状態に至っていた」こと，しかるに「同砂浜の陥没発生のメカニズム及び陥没発生の可能性のある砂浜の範囲が判然とせず，かぎ形突堤に接した砂浜のいかなる箇所で人の生命，身体に対する危害が惹起される陥没等が発生するか分からなかった」ことを，刑責追及の起点としている。

実際には，前述したように陥没の発生が繰り返し確認されていた本件砂浜東側の前記かぎ形突堤沿いのうちの南側突堤沿いと東側突堤沿いの南端付近では，カラーコーン等を使って人の立ち入りを防ぐ措置が（局所的に）講じられていた。しかし，本件事故の発生箇所（東側突堤沿いの中央付近）では，特段の措置は講じられていなかった。検察官は，本件砂浜東側を立ち入り禁止にすべきだった（主位的訴因），少なくとも南側突堤と東側突堤の内側約2.6mの区域を立ち入り禁止にすべきだった（予備的訴因）と主張した。

第1審判決は，無罪を言い渡すものであった（神戸地判平18・7・7刑集63巻11号2719頁参照）。その理由は，「『本件砂浜で現に陥没が発生していたと認められる範囲以外の区域』においては，人の生命，身体に対する危害が惹起される陥没等が発生することが，被告人らにおいて予見可能であったと認めるには合理的な疑いが残る」ため，「被告人らに，本件事故発生についての予見可能性は認められない」ことにある。要するに，本件事故の発生箇所付近では，陥没の発生が（まだ）予測不可能であった疑いが残るとされた。

これに対して検察官が控訴した。第2審判決は，第1審判決の破棄，差戻しを言い渡すものであった（大阪高判平20・7・10前掲刑集2794頁参照）。それは，「被告人らには，いずれも，本件事故現場を含む東側突堤沿いの北方の砂浜において，防砂板の破損による砂の吸出しにより陥没が発生することについて，予見可能性があったというべき」だとする判断に基づく。第2審判決によれば，砂浜表面に異状がなければ砂の吸い出しはまだ起きていないと考えることは「安易に過ぎる」からである。被告人側が上告した。

〈上告審〉

■決定要旨■

上告棄却。ただし，今井功裁判官の反対意見あり。

「被告人らは，本件事故以前から，南側突堤沿いの砂浜及び東側突堤沿い南端付近の砂浜において繰り返し発生していた陥没についてはこれを認識し，その原因が防砂板の破損による砂の吸い出しであると考えて，対策を講じていたところ，南側突堤と東側突堤とは，ケーソン目地部に防砂板を設置して砂の吸い出しを防ぐという基本的な構造は同一であり，本来耐用年数が約30年とされていた防砂板がわずか数年で破損していることが判明していたばかりでなく，実際には，本件事故以前から，東側突堤沿いの砂浜の南端付近だけでなく，これより北寄りの場所でも，複数の陥没様の異常な状態が生じていた。

以上の事実関係の下では，被告人らは，本件事故現場を含む東側突堤沿いの砂浜において，防砂板の破損による砂の吸い出しにより陥没が発生する可能性があることを予見することはできたものというべきである。したがって，本件事故発生の予見可能性を認めた原判決は，相当である。」

■■■■ 解 説 ■■■■

1 本件における過失認定上の争点は何か

業務上過失致死傷の罪は，「業務上必要な注意を怠り，よって人を死傷させた」事実から成る（刑211条前段〔本件当時は同条1項前段〕）。必要な注意を怠ることを，「過失」という。過失犯の処罰は，故意犯処罰の原則（刑38条1項本文）に対する例外の典型である（同条1項ただし書）。「罪を犯す意思」がなくても，罪を犯さないよう必要な注意を払うことを怠った行為は，「法律に特別の規定がある場合は」罰せられる。過失致死傷の罪は，人を死傷させないよう必要な注意を払うことを怠った行為を罰する規定である。

人を死傷させないよう必要な注意を払うとは，どういう意味だろうか。そこには，2つの要素がある。1つめは，人を死傷させかねない危険を慎重に予測するということである。内部的注意と表現されることもある。2つめは，その予測に基づいて必要な危険防止行動を取るということである。外部的注意と表現されることもある。後者を結果回避義務と呼ぶ向きもあるが，外部的注意には，情報収集等，それ自体によって結果発生が阻止されるわけではない措置の実行も含まれるので，そうした呼び方は誤解を招く虞がある。

語法はまあともかく，被告人らが危険を予測して対策を講じていれば事態はどのように変わったか（結果回避可能性），被告人らにそのような作為を義務付けることは正当化されるか（作為義務）といった問題は，本件が第1審裁判所に差し戻された後に争点となる事項である（最決平26・7・22〔関連判例①〕）。差戻し前の争点は，1つめの要素にかかる認定である。Aを死亡させるに至った本件事故の発生は，平たく言えば，「ほら言わんこっちゃない」という事態なのか，それとも「まさかそんなことが起きるなんて」という事態なのか。

本決定が，「本件事故は，東側突堤中央付近のケーソン目地部の防砂板が破損して砂が海中に吸い出されることによって砂層内に発生し成長していた深さ約2m，直径約1mの空洞の上を，被害者が小走りに移動中，その重みによる同空洞の崩壊のため生じた陥没孔に転落し，埋没したことにより発生したもの」だとする点については，もとより動かない事実である。他方，崩壊した空洞が，当時の土木工学の専門家の目から見ても，通常の予想を超えた「落とし穴」になっていたことも確かである。予見可能な事故だろうか。

2 陥没の発生は「時間の問題」だった？

本決定は，本件事故発生の予見可能性を認めた第2審判決を是とする判断を示した。その根本には，本件砂浜東側の南側突堤沿いと東側突堤沿いの南端付近において，南側突堤のケーソン目地部の防砂板が破損して砂が吸い出されたことによって陥没が続発していた事実があり，かつ，そのことが認識されていた以上，同じことが東側突堤沿いの北寄りの場所でも起きるのではないかという予測は十分に可能だったはずだとの見立てがある。換言すれば，陥没の発生を南端付近に限るような予測こそ，根拠を欠いている。

本決定の摘示する，「南側突堤と東側突堤とは，ケーソン目地部に防砂板を設置して砂の吸い出しを防ぐという基本的な構造は同一であ」る事実と，「本来耐用年数が約 30 年とされていた防砂板がわずか数年で破損していることが判明していた」事実は，ケーソン目地部の防砂板の破損が，その当初想定された耐用年数に関わらず，早晩，東側突堤でも生じるのではないかという予測の現実性を理由付けるものである。防砂板に依存した吸い出し対策を抜本的に改めない限り，陥没の発生する範囲はどんどん広がってゆく。

ただし，砂の吸い出しによる陥没は，一朝一夕に発生するものではない。現に陥没が発生していた場所については，もはや一刻の猶予もないと言えるが，そうではない場所については，陥没の発生が差し迫っているかどうかは分からない。本件砂浜の東側突堤に当たる波の強さは南側突堤に当たる波に比べて弱かったので，前者の防砂板は後者のそれより多少長持ちするかもしれない。被告人らは，そうした認識もあって，とりあえずは南側突堤沿いと東側突堤沿いの南端付近において人の立ち入りを防ぐ措置を講じていた。

しかしながら，本決定は，この点が予見可能性の有無を左右するとは考えていない。差し迫っているかどうか分からないということは，差し迫っているかもしれないということであり，対策を先送りしてよい理由にはならないと言いたいのであろう。しかも，本決定の摘示する，「本件事故以前から，東側突堤沿いの砂浜の南端付近だけでなく，これより北寄りの場所でも，複数の陥没様の異常な状態が生じていた」事実は，第 2 審判決によって認定されたものであるが，そうすると被告人らの上記認識の前提が崩れている。

3　どうして第 1 審は消極に判断したのか

翻って第 1 審の，本件事故発生の予見可能性を認めなかった判断には，上に触れた，本件砂浜東側の東側突堤沿いのうち，陥没の続発が確認されていた南端付近より北寄りの，本件事故の発生箇所を含む場所でも，事故以前から砂浜表面に異状があったのかどうかという点について，それを目撃したとされる者らの証言には信用性が乏しいと考え，少なくとも具体的に危険を感じさせるような穴ぼこはなかったとの認定に至ったことが影響している。いきなり危険な陥没孔が生じることは予測しがたいとされたわけである。

第 1 審の判文上は，「結果の発生に至る因果関係の基本的部分の予見可能性」が必要であるとの前提から，その「基本的部分」に，「陥没すれば危険であると感じるような一定程度以上の大きさの空洞が砂層内に発生すること」を組み込むことにより，消極判断が導き出されている。他方で第 2 審は，「因果関係の基本的部分は，本件事故現場を含む東側突堤沿いの砂浜のどこかで，ケーソン目地部の防砂板が破損して砂が吸い出され陥没が発生するという一連の因果経過」だという。それで，第 1 審の判断は誤りだとされた。

もっとも，この「因果関係の基本的部分」というフレーズは，北大電気メス事件（札幌高判昭 51・3・18〔関連判例②〕）を初めとして下級審裁判例に散見するものであるが，結論の言い換えに過ぎない。結果発生の予見とは別個に「因果関係の基本的部分」の予見があるわけではない。結果発生を予見させるに足るような危険予測が可能である場合に，その予測の内容を「結果の発生に至る因果関係の基本的部分」と呼ぶと，感覚的にしっくりくる面もあるというだけである。争点はあくまでも結果発生の予見可能性であることを見損じてはいけない。

本件において，人が生き埋めになりかねない空洞が砂層内に形成されることが「因果関係の基本的部分」かと問うてもナンセンスである。かかる現象は，専門家でも詳しく調べないと分からないのだから，まして一般人が想到すべき範囲を超えている。重要なのは，そうした専門的知見がなくても，南端付近で続発していた陥没の原因が分かっていれば，その発生リスクは局部的なものではなく，突堤沿いの砂浜一帯に拡大してくるものだと認識できたのではないかという点である。積極判断の核心は，この危険予測にある。

4　反対意見の問いかけているものは何か

本件事故の，専門家も驚くような深い「落とし穴」が出来ていたという事情は，なるほど大いに目を引くものであった。人工海浜における護岸設計と土砂流出の関係についての海岸工学上の研究を進展させる契機ともなった。だが，過失犯の成否にとって真実悩ましいのは，陥没孔の発生メカニズムの難解さではない。砂の吸い出しによる陥没が，その発生範囲を東側突堤沿いの南端付近より北に伸ばし，ついに中央付近でも起こり，人が埋没して死亡するという事態が，どの程度現実的に予測できたのかという点に尽きる。

この点で，本決定に付された今井裁判官の反対意見は，傾聴に値する。同意見は，「本件事故発生以前の時点で東側突堤北方で陥没があったことを認定することはできないとする第1審判決の判断は合理的な認定であ」るという。証拠評価の問題であるとはいえ，第1審の消極判断の根幹に関わる重要な認定が，第2審によっていとも容易く覆されたことは，少なからぬ座りの悪さを感じさせる。そのうえ，覆されたといっても，「複数の陥没様の異常な状態」などという，今一つはっきりしない認定でしかないのである。

前述したように，本決定（多数意見）は，南端付近における陥没の続発から，北寄りの場所における陥没の発生も予想できると見ており，上記認定についてはあまり重視していない嫌いがある。しかしながら，厳密に考えれば，陥没の発生と人の死亡との間には，相応の開きがある。足を取られる程度の小さな穴であれば，人が死ぬことはない。よしんば「複数の陥没様の異常な状態」があったとしても，そこから人が死ぬような穴が空いてしまうかもしれないとまで予測できて当然かと問われると，いささか躊躇を覚える。

本件「死亡」事故発生の予見可能性を確信をもって肯定するためには，南端付近で現に発生していた相当大規模な陥没（深さ約1.7mのものもあった）が北寄りの場所でも同様に発生する可能性がいかに現実的なものとして認識されるべきだったかということを，証拠に基づいて認定するのが筋である。北寄りの場所の砂浜の状態がどうだったかということは，もっと詰められてしかるべきであった。穴の空き方の特殊性に引きずられて，「因果関係の基本的部分」が云々という風に争点がブレた憾みの残る事案である。

関連判例

①最決平26・7・22刑集68巻6号775頁（判プラⅠ-112事件）
②札幌高判昭51・3・18高刑集29巻1号78頁（判プラⅠ-102事件）
③最決昭54・11・19刑集33巻7号728頁（判プラⅠ-104事件）
④最決平12・12・20刑集54巻9号1095頁（判プラⅠ-105事件）

演習問題

1　あるサウナ風呂施設内の組立式サウナ風呂から出火し，利用客が死亡する事故が発生した。当該サウナ風呂は，内部に木製ベンチ，電熱炉（ヒーター）等が据え置かれる構造であったが，木製ベンチとその下の電熱炉の間隔が約7.5cmと近すぎたため，長期間にわたって使用が継続された結果，ついに出火に至ったのである。当該サウナ風呂の開発・製作の担当者を業務上失火（刑117条の2）・業務上過失致死の罪に問うに当たり，その過失（注意義務）を次のように認定すると，不適切な箇所がある。それはどこか。

「被告人は本件組立式サウナ風呂の開発・製

作を行ってきた者であるが，組立式サウナ風呂は電熱炉により室内温度を約80℃ないし100℃とし，その湿度を約30%以下として使用するものであり，電熱炉等の熱源を木製ベンチ下部に設置すると，長期間にわたる電熱炉の加熱により木製ベンチが漸次炭化して無炎着火する危険が予想されたから，電熱炉等の熱源を木製ベンチ下部等の危険な箇所に設置することを避け，もって火災発生等の危険を未然に防止すべき業務上の注意義務があるのに，不注意にもこれを怠り，電熱炉とその上の木製ベンチの間隔が約7.5cmと極めて狭いものとなる構造で本件サウナ風呂を製作販売し，これを本件サウナ風呂施設に設置・使用させた過失により，当該サウナ風呂の木製ベンチを電熱炉の長期加熱により漸次炭化・無炎着火するに至らしめて火を失し，よって本件施設を焼損し，その際，同施設の利用客を火災に起因する一酸化炭素中毒により死亡させた。」

＊考え方

有楽町サウナ浴場火災事件（最決昭54・11・19〔関連判例③〕）の第1審判決（東京地判昭49・6・25刑集33巻7号734頁参照）の「罪となるべき事実」の一部を簡略化したものである。本件のような火災は，燻焼火災と呼ばれる。燻焼は，固体の表面で生じる，炎を伴わない（無炎），時間をかけて進行する燃焼（炭化）現象であり，それを放置すると，やがて発炎着火し，火災に至ることがある。だが，この知識は，火災の危険の予測にとって必須か？　答え合わせとして第2審判決（東京高判昭53・3・28前掲刑集748頁参照）を読まれたい。

2　ある鉄道トンネル内の高電圧ケーブルの接続器から出火し，乗客が死傷する事故が発生した。火元となった接続器には，必要な接地銅板（通電時にケーブル外側に生じる微弱な電流〔誘起電流〕を接地するための部品）の一部が取り付けられていなかった。そのせいで漏洩電流の生じる状態が長期間にわたって続いた結果，接続器表面が熱分解して可燃性ガスが発生し，ついにそれが引火して燃え上がったのである。当該ケーブルの接続工事の担当者を業務上失火・業務上過失致死傷の罪に問うに当たり，ネックは何か。

前提となる事情として，このような火災は，単純な漏電火災とは異なり，直ちに火災を引き起こすわけではない程度の微弱な漏電が，長い時間をかけて漏洩箇所のグラファイト化（炭化）とトラック（導電路）の形成・拡大を続けてゆくという過程を経て起きるものであって（トラッキング火災），現在では広く知られ，家庭内でも（プラグの差しっぱなし等によって起きる可能性があるため）警戒を要することが一般に注意喚起されているが，事故当時の電気工学上の知見では，その現象は「新発見」であったものとする。

＊考え方

近鉄生駒トンネル火災事件（最決平12・12・20〔関連判例④〕）をベースにした設問である。ひっきょうアース工事の手抜きに起因する火災だと考えれば，工事担当者の過失は自明のようにも映るが，そう一筋縄では行かないのは，誘起電流が漏洩した程度で，しかも問題なく通電を開始して列車の運行を続けていたのに，約1年半後に火事になるという出来事が，事故当時は驚きをもって受け止められたからである。接続器が発火源になったということも，その表面（半導電層部）におけるトラッキング現象の解明が，その謎を解く鍵となった。

第1審判決（大阪地判平7・10・6刑集54巻9号1125頁参照）は，炭化導電路の形成という現象を予測できるはずがないし，第一，接地不良でケーブルが発火することならともかく，接続器が発火することなどもとより予測できないとの旨を述べ，本件火災発生の予見可能性を否定している。第2審判決（大阪高判平10・3・25前掲刑集1206頁参照）は，誘起電流が接続器の半導電層部に漏洩して接続器の発火に至ることは予測できるはずだとの旨を述べ，本件火災発生の予見可能性を肯定している。読み比べられたい。

そのうえで，各判決の弱点を考えてみよう。第1審判決に対しては，接続器に接地銅板を取り付ける目的に，ケーブルの発火防止は含まれるが接続器の発火防止は含まれないという理屈が，果たして説得的であろうか？　第2審判決に対しては，誘起電流が接続器の半導電層部に漏洩した程度では接続器が発火することはないと考えられていたのであり，そうした「旧常識」を覆したのがトラッキング現象の発見だったのではないか？　本件火災発生の予見可能性を認めるためには，何を予見できたと言えばよいのだろうか。

本件上告審決定は，「炭化導電路が形成されるという経過を具体的に予見することはできなかった」けれども，「誘起電流が大地に流されずに本来流れるべきでない部分に長期間にわたり流れ続けることによって火災の発生に至る可能性があることを予見することはできた」から，「本件火災発生の予見可能性を認めた原判決は，相当である」という。これは，第 1 審の判断を否定していることは当然だが，第 2 審の判断を全面的に肯定しているわけでもなく，その結論のみ是認する趣旨である。その理由も考えてほしい。

〔参考文献〕

家令和典・最判解刑事篇平成 21 年度 616 頁
古川伸彦・論ジュリ 8 号 226 頁
土木学会海岸工学委員会「大蔵海岸陥没事故調査報告書」（2002 年）http://www.jsce.or.jp/committee/cec/active/okura/memo/hokoku.html (2022 年 12 月 15 日閲覧）
国土交通省「人工海浜の安全確保のため留意すべき技術的事項について」（2002 年）https://www.mlit.go.jp/kisha/kisha02/05/050625_.html (2022 年 12 月 15 日閲覧）
明石市「大蔵海岸陥没事故報告書―再発防止に向けて―」（2004 年）https://www.city.akashi.lg.jp/anzen/anshin/machi/documents/0403saisyu.pdf (2022 年 12 月 15 日閲覧）

（古川伸彦）

6 過失犯における結果回避義務
──明石歩道橋群衆なだれ事件

最高裁平成22年5月31日第一小法廷決定

平成19年(あ)第1634号
業務上過失致死傷被告事件

刑集64巻4号447頁，判時2083号159頁

〈事実の概要〉

本件は，市民夏祭りに参集した多数の観客が最寄りの駅と会場となった公園とを結ぶ歩道橋に集中して過密な滞留状態となり，また，花火大会終了後駅から同公園へ向かう参集者と同公園から駅方面へ向かう参集者とが押し合うことなどにより，強度の群衆圧力が生じ，夏祭り当日午後8時48分ないし49分ころ，歩道橋上において，多数の参集者が折り重なって転倒するいわゆる群衆なだれが発生し，その結果，11名が全身圧迫による呼吸窮迫症候群（圧死）等により死亡し，183名が傷害を負うという事故が発生したことに関する業務上過失致死傷被告事件である。第1審段階における被告人は市職員を含めた5名であったが，上告したのは以下のA，Bの2名である。

被告人Aは，兵庫県明石警察署地域官として，本件夏まつりの雑踏警備計画の企画・立案を掌理するほか，本件夏まつりにおける現地警備本部指揮官として，現場において雑踏警戒班指揮官ら配下警察官を指揮して，参集者の安全を確保すべき業務に従事していたものである。本件当日，会場たる公園およびその周辺には，管区機動隊員72人を含め総勢150人以上の警察官が配置され，被告人Aは，雑踏警戒班を指揮するのみならず，機動隊についても，明石警察署長らを介しまたは直接要請することにより，自己の判断でその出動を実現できる立場にあった。

被告人Bは，警備業を営む株式会社Cの大阪支社長であり，本件夏まつりの実質的主催者である明石市と株式会社Cとの契約に基づき，明石市の行う本件夏まつりの自主警備の実施についての委託を受けて，本件夏まつりの会場警備に従事する警備員の統括責任者として，明石市の担当者らとともに参集者の安全を確保する警備体制を構築するほか，これに基づく警備を実施すべき業務に従事していたものである。本件当日，被告人Bは，総勢130人以上の警備員を統括していた。

本件夏祭りに関しては，準備段階においてすでに，花火大会の開始時刻に合わせて駅側から多数の参集者が本件歩道橋を通って会場たる公園に集まってくること，また，花火大会終了前後からは，いち早く帰路につこうとする参集者が駅方面に向かうために歩道橋に殺到すること，それによって，歩道橋内において双方向に向かう参集者の流れがぶつかり，滞留が一層激しくなることが予想されるものであった。また，本件夏まつりに向けて，明石市，株式会社Cおよび明石警察署の三者により，雑踏警備計画策定に向けた検討が重ねられてきたが，そこでは，本件歩道橋における参集者の滞留による混雑防止のための有効な方策は講じられず，また，歩道橋の混雑状況をどのようにして監視するのか，そして，混雑してきた場合にどのような規制方法をとるのか，どのような事態になった場合に，警察による規制を要請するのか，その場合の主催者側と明石警察署との間の連携体制をどのようにするのかなどといった詳細について，具体的な計画は策定されていなかった。

本件当日においては，事前に予想されたとおり，午後6時ころから，駅側から多数の参集者

が本件歩道橋に流入し始め，午後７時ころには，歩道橋に参集者が滞留し始め，次第に歩道橋の通行が困難になりつつあった上，午後７時45分の花火大会開始に向けて，更に多くの参集者が歩道橋に流入して滞留し，混雑が進行する状況になっていた。

被告人Ａは，本件当日午後８時ころまでには，被告人Ｂから，本件歩道橋内の混雑を理由に歩道橋内への流入規制の打診を受け，また，雑踏警戒班の指揮官を務めていた配下警察官から，歩道橋内の非常な混雑状態および今後更に混雑の度を増す不安を理由に，歩道橋内への流入規制のため会場周辺に配置されている管区機動隊の導入の検討を求める旨の報告を受けたことなどにより，遅くともその時点では，歩道橋内が流入規制等を必要とする過密な滞留状態に達していることを認識した。しかし，被告人Ａは，午後８時ころの時点において，直ちに，流入規制等を行うよう配下警察官を指揮するとともに機動隊の出動を明石警察署長らを介しまたは直接要請する措置を講じなかった。

被告人Ｂは，本件当日午後８時ころまでには，本部直轄遊撃隊の警備員から，歩道橋内の非常な混雑状態を理由に警察官による歩道橋北側での流入規制の依頼を要請されたことなどにより，遅くともその時点では，歩道橋内が警察官による流入規制等を必要とする過密な滞留状態に達していることを認識した。しかし，被告人Ｂは，午後８時直前ころの時点において，被告人Ａに対し，一度は「前が詰まってどうにもなりません。ストップしましょうか。」などの言い方で，歩道橋内の警察官による流入規制について打診をしたものの，被告人Ａの消極的な反応を受けてすぐに引き下がり，結局，被告人Ｂは，明石市の担当者らに警察官の出動要請を進言し，または自ら自主警備側を代表して警察官の出動を要請する措置を講じなかった。

ところで，本件歩道橋の周辺には，駅北側および夏まつり会場の西側に当たる大蔵海岸中交差点において，それぞれ相当数の機動隊員が配置されていたのであり，機動隊に対して遅くとも午後８時10分ころまでに出動指令があったならば，機動隊は，花火大会終了が予定される午後８時30分ころよりも前に歩道橋に到着し，歩道橋階段下から歩道橋内に流入する参集者の流れを阻止し，歩道橋南端部付近にいる参集者の北進を禁止する広報をし，階段上の参集者を階段下に誘導し，さらに，歩道橋北側からの参集者の流入を規制して北側への誘導を行うことなどにより，滞留自体の激化を防止し，これによって，群衆なだれによって多数の死傷者を生じさせた本件事故は，回避することができたと認められる。

〈上告審〉

■決定要旨■

上告棄却。

「被告人Ａは，明石警察署地域官かつ本件夏まつりの現地警備本部指揮官として，現場の警察官による雑踏警備を指揮する立場にあったもの，被告人Ｂは，明石市との契約に基づく警備員の統括責任者として，現場の警備員による雑踏警備を統括する立場にあったものであり，本件当日，被告人両名ともに，これらの立場に基づき，本件歩道橋における雑踏事故の発生を未然に防止し，参集者の安全を確保すべき業務に従事していたものである。しかるに，原判決の判示するように，遅くとも午後８時ころまでには，歩道橋上の混雑状態は，明石市職員および警備員による自主警備によっては対処し得ない段階に達していたのであり，そのころまでには，前記各事情に照らしても，被告人両名ともに，直ちに機動隊の歩道橋への出動が要請され，これによって歩道橋内への流入規制等が実現することにならなければ，午後８時30分ころに予定される花火大会終了の前後から，歩道橋内において双方向に向かう参集者の流れがぶつかり，雑踏事故が発生することを容易に予見し得たものと認められる。そうすると，被告人Ａは，午後８時ころの時点において，直ちに，配下警察官を指揮するとともに，機動隊の出動を明石警察署長らを介しまたは直接要請することにより，歩道橋内への流入規制等を実現して雑踏事故の発生を未然に防止すべき業務上の注意義務があったというべきであり，また，被告人Bは，午後8時ころの時点において，直ちに，明石市の担当者らに警察官の出動要請を進言し，または自ら自主警備側を代表して警察官の出動を要請することにより，歩道橋内への流入規制等を実現して雑踏事故の発生を未然に防止すべき業務上の注意義務があったというべきである。そして，前記のとおり，歩道橋周辺における機動隊員の配置状況等からは，午後8時10分ころまでにその出動指令があったならば，本件雑踏事故は回避できたと認められるところ，被告人Aについては，前記のとおり，自己の判断により明石警察署長らを介しまたは直接要請することにより機動隊の出動を実現できたものである。また，被告人Bについては，原判決および第1審判決が判示するように，明石市の担当者らに警察官の出動要請を進言でき，さらに，自らが自主警備側を代表して警察官の出動を要請することもできたのであって，明石市の担当者や被告人Bら自主警備側において，警察側に対して，単なる打診にとどまらず，自主警備によっては対処し得ない状態であることを理由として警察官の出動を要請した場合，警察側がこれに応じないことはなかったものと認められる。したがって，被告人両名ともに，午後8時ころの時点において，上記各義務を履行していれば，歩道橋内に機動隊による流入規制等を実現して本件事故を回避することは可能であったということができる。

そうすると，雑踏事故はないものと軽信し，上記各注意義務を怠って結果を回避する措置を講じることなく漫然放置し，本件事故を発生させて多数の参集者に死傷の結果を生じさせた被告人両名には，いずれも業務上過失致死傷罪が成立する。」

解説

1 はじめに

過失とは予見可能性に基づく注意義務違反をいうが，本件では特に注意義務違反が問題となる。注意義務を検討するにあたっては，①どの時点の行為を問責対象とすべきかという問題と，②どのような注意義務が課されるかという問題がある。また，本件のような過失不作為犯においては，③誰が義務を負うかという問題も生じる。説明の便宜上，③を先に検討する。

2 主体の特定について

過失不作為犯の主体は，作為義務を負う者である。判例実務においては，過失犯の注意義務も不作為犯の作為義務も「注意義務」と表現され，少なくとも言葉の上ではそれらが明確に区別されていない（岡部・後掲89頁）。もっとも，別件の調査官解説においては注意義務の主体を選定した後に注意義務の内容を論じるという思考プロセスが示されることもあり（駒田・後掲262頁），実務においても実質的には両者は区別されているものと思われる。

過失不作為犯における作為義務は，法益が依存しているところの者が負うと解する見解が比較的ポピュラーである。最終的には現実の職責等を考慮して，法益の依存性を総合的に判断せざるをえないが，本件について言えば，被告人両名が結果発生防止に関して実質的権限を有していたことは重要な考慮要素である（甲斐・後掲195頁）。Bについては雑踏警備は自主警備によることが原則とされているところ，Bが支社長を務める警備会社は市から自主警備の実施についての委託を受け，Bは会場警備に従事する警備員の統括責任者であったのだから，花火大会の参加者の生命身体の安全はBに依存していたと言うことができ，Bは作為義務を負うと言うことができる。

では，Aについてはどのように考えるべきであろうか。特に，自主警備の原則との関連で問題になる。この点につき，事実の概要でも示したように，「本件夏まつりに向けて，明石市，株式会社Cおよび明石警察署の三者により，雑踏警備計画策定に向けた検討が重ねられてきた」という点が認定されており，計画段階から警察側も警備に関与していた。そしてAは，決定要旨で述べられているように，「明石警察署地域官かつ本件夏まつりの現地警備本部指揮官として，現場の警察官による雑踏警備を指揮する立場にあった」のであり（また，原審においては警察署内部での警備計画の策定経緯も認定されている〔刑集 540 頁以下〕），A も義務から免れることはない。たしかに，特段の事情がなければ市およびその委託を受けた警備会社による自主警備による結果回避を期待してよいが，事故当日午後 8 時ころには歩道橋上の混雑状態は，明石市職員および警備員による自主警備によっては対処し得ない段階に達しており，B から流入規制の打診等を受けていたのであるから，警察側の主体的な介入が求められていると言わざるをえない。このように見てくると，自主警備側の B と並んで，警察側の A も義務の主体であると言うべきである。

もっとも，このように義務の主体が複数人にわたることについては疑問も投げかけられている。これは，一般的には過失の競合をどのように限定するかという問題と，午後 8 時以降は自主警備ではもはや対処しえない状況となっているのであるから，自主警備側に行為支配は認められず，せいぜい幇助的な義務違反しか認められないという本件固有の問題の二つに区分できる。

前者の過失の競合という問題は，排他的支配の有無によって限定が図られるべきものであり（甲斐・後掲 195 頁），排他的支配が結果として複数人に認められる以上はやむをえないと考えられている。本件以降も，例えば人工砂浜で生じた埋没事故の刑事責任について，国側の管理者と市側の管理者の双方に業務上過失致死罪が成立するとした最高裁判例が存在する（最決平 26・7・22〔関連判例④〕）。

とはいえ，排他的支配が容易に複数人に認められることはたしかに疑問たりえ，後者の問題が生じる。本件については，「他人に対する働きかけを内容とする注意義務の違反のみを根拠として，自己の判断で機動隊等の出動を実現できる立場にあった A と同等の（正犯）責任を負わせることには疑問が残る」という疑念が向けられることになる（齊籐・後掲 29 頁）。詳細は **3** で検討するが，結果回避という作為義務を負い，かつ，そのような進言をすることにより結果回避の可能性がある者に進言義務を認めるという立場に立つのであれば，本件の結論は是認されよう。進言義務については **3** で検討する。

3　問責対象となる行為について

次に，問責対象となる行為について検討する。本件においては，第 1 審から一貫して，事故当日の過失が問題とされている。これは，訴因が事故当日の過失のみを問題としていたからであるが（三浦・後掲 108 頁参照），計画策定段階において警備体制を十分に確立しなかったことも過失を問うにあたり重要であるとする指摘も見られる（土本・後掲 38 頁）。また，雑踏事故に関する以前の最高裁判例（最決昭 42・5・25〔関連判例①〕）においては，「あらかじめ，相当数の警備員を配置し，参拝者の一方交通を行なう等雑踏整理の手段を講ずるとともに，右餅まきの催しを実施するにあたっては，その時刻，場所，方法等について配慮し，その終了後参拝者を安全に分散退出させるべく誘導する等事故の発生を未然に防止するための措置をとるべき注意義務」（傍点筆者）という計画段階の過失が認定されている。本件控訴審においても，「計画段階で現実に認識していた事情のみを基礎としても，花火終了前後における参集者の整理，誘導が適切に行われない限り，雑踏事故が発生することは，単なる漠然とした危惧感を超えた現実的危険性として予見できた」として，計画段階ですでに予見可能性が認められており，この時点の過失を問うことは不可能でないように見える。このように見てくると，どの時点の義務を問責対象とするかどうかは，理論的に明らかにされるべき問題である。

注意義務を認定するに際しては，「発生した結果と無関係にある時点における被告人の不注意な行動を非難することは無意味であるから，被告人の過失責任の存否を判断するには，まず，現実に生じた法益侵害の結果を起点として因果の連鎖を遡り，被告人の作為または不作為によって因果の流れを変え得たと目される最初の分岐点において被告人による結果の予見およびその回避の可能性を検討し，これが否定された後はじめて順次それ以前の段階に遡って同様の検討を繰り返すことが必要であり，かつ，これを以て足りる」（札幌高判昭40・3・20高刑集18巻2号117頁）とする段階的過失論が裁判実務では一般的に採られている。そのような思考過程を経た上で，問責対象たる過失を直近の一個のみとするのか（直近過失一個説），その他の過失行為も併存しうるのか（過失併存説）が，伝統的な対立軸であるとされてきた。本件は，事故を回避できる最後の時点である事故当日午後8時ころを問責対象としているから，直近過失一個説的な手法であると評されている（三浦・後掲109頁）。

かつて過失併存説は，事故と関係の薄い間接的な不注意までが羅列され，いたずらに争点が増えるということが批判されてきた。その批判は正当であるが，例えば徐行義務違反と交差道路に対する安全確認義務違反が相まってはじめて一つの過失行為といえる場合もあるから，過失併存説の観点が放棄されるべきものとまでは言えない。直近過失一個説と過失併存説は，一つの思考方法の二つの側面を示したものにすぎず両者は対立するものではないと考えるべきである。裁判実務においても，大勢は過失併存説に立脚しながらも直近過失一個説の趣旨を採り入れていると言われている（三浦・後掲110頁）。

本件における訴因が事故当日午後8時ころの時点の過失を取り上げたことは，このような基本的視座によるものと思われる。計画段階の落ち度は，原判決が述べるように，「注意義務発生の前提事実を正確に把握する必要上，計画段階の事情を検討しておく，というものであると理解できる。もとより，被告人らの過失を招くに至った経緯における個々の被告人の関わり方が量刑上重要な事情である」（刑集631頁）。

4 注意義務の内容について

このように直近過失的な手法による場合，構成要件実現を回避しえた時点を特定し，その時点において結果を回避するために適切な措置を注意義務として措定することになる。本件においては，警備会社支社長であったBに，警察官の出動要請を市の担当者らに「進言」し，または自ら自主警備側を代表して警察官の出動を要請するという義務が課されているとされた。ここには，他者への進言という内容の注意義務（進言義務）を認めてよいかという問題と，そもそも注意義務の内容をどのように確定するかという二つの問題が含まれている。

進言義務は，判例実務においては，ビル火災に関する事件で認められてきた。例えば，千日デパートビル事件（最決平2・11・29〔関連判例②〕）において「自らの権限により，あるいは上司である……X_1の指示を求め……3階の防火区画シャッター等を可能な範囲で閉鎖し，保安係員……を立ち会わせる措置を採るべき注意義務」とされたごとくである。こうした進言義務はたしかに無制約に広がるおそれもあり，一定の限定が必要である。本件調査官解説においては，単に予見可能性がある者というだけでは足りず，結果回避という作為義務を負い，かつ，そのような進言をすることにより結果回避の可能性がある者に限るとされている（三浦・後掲103頁）。学説においても，下位者が上位者に働きかける義務という抽象的な問いではなく，類型ごとに進言義務を検討し，少なくとも部分的には進言義務を認めることが主流となっている。作為義務を負う者が当該結果回避措置を自ら単独の権限でも履行できるが，上位者に進言して履行してもらうことも可能な類型と，危険源の管理を引き受けている主体が当該結果回避措置を自分では履行できない場合に履行するための方法として，上位者に進言する類型は進言義務を注意義務として認め，管理体制に関与していない者については固有の進言義務は認めないとするのがこれである（山口・後掲110頁以下〔島田聡一郎〕）。千日デパートビル事件の上記の判示部分は第一の類型にあたり，大洋デパート事件（最判平3・11・14〔関連判例③〕）においては「他に適切な地位，権限を有する者を防火管理者に選任するように進言するなどの注意義務はなかった」として進言義務が否定されたが，最後の類型にあたると解されている。

本件においては，Bはそもそも雑踏事故による人の死傷を回避すべき立場にあったといえるから作為義務を負っていると言え，事故当日午後8時ころの時点においてはもはや群衆なだれを回避するためには警察官の介入が必要な状態にあったのであるから，介入を実現するための方策として，警備業務の発注者である市の担当者を通じて警察の出動要請を行うことが注意義務として課されていたと言える。本件は，「被告人Bについては，原判決および第1審判決が判示するように，明石市の担当者らに警察官の出動要請を進言でき，さらに，自らが自主警備側を代表して警察官の出動を要請することもできた」と判示しており，前掲千日デパートビル事件と同じ類型として位置づけることができる。

進言義務に関しては，結果回避可能性に疑問が投げかけられることがある。例えば本件においては，警察官が出動要請を受けたとしても，実際に出動が実現したかは疑問だとする見解がこれである（松宮・後掲205頁）。本件は，「単なる打診にとどまらず，自主警備によっては対処し得ない状態であることを理由として警察官の出動を要請した場合，警察側がこれに応じないことはなかったものと認められる」としている。また，原判決は，BがAに対して「前が詰まってどうにもなりません。止めましょうか」と述べたことを評して，「それ以上，何らの要請も進言も行わずに引き下がっているのであって，これをもって警察官の出動要請という回避義務を尽くしたなとどは到底評価できない」と述べている（刑集740頁）。先述のとおり，進言をすることにより結果が回避できたことは証明されなければならないが，これは，体系的には結果回避可能性の問題である。本件においては，適切な進言がなされていれば警察官が出動し，それによって結果が回避されたという認定がされたと評しうる。他方，注意義務の内容として，「単なる打診」では足りず，「自主警備によっては対処し得ない状態であることを理由として警察官の出動を要請する」ことまでが注意義務として被告人Bに課されることはどのようにして導き出されるのであろうか。

この点，従来の判例においては，被告人が注意義務を履行するためにそれなりの努力を払っている場合，危険の防止という規範的見地から設定された注意義務の内容に照らして被告人の努力が十分なものといえるかとの評価がされている，という分析がされている（樋口・後掲142頁）。本件においては，当時の兵庫県例規において「雑踏警備実施は，主催者側の自主警備を原則」とすると定められていた（刑集705頁参照）のであるから，本来的には自主警備側（市および警備会社）によって雑踏事故の防止が図られるべきであった。事故当日午後8時ころにおいては自主警備のみによっては事故の回避が困難となっているのであるから，事故の発生を防ぐべき地位にあるBとしては，単なる打診では足りず，可能な限りの措置を尽くすべきだということになろう。他方，もしかりに進言をしたとしても結果が回避されないような状況であったとすれば，少なくともBについては自主警備によっても雑踏事故を防止することができた事故当日午後7時30分ころの義務懈怠を問責対象とすることとなろう（齊藤・後掲29頁も参照）。

5 まとめ

このように，注意義務をどのように確定するかという問題は，たしかに容易ではない。しかし，結果から遡って結果を回避できた時点を特定し，その時点で結果を回避するために必要な措置は何であって，それが行為者に期待できるかという思考を積み重ねていくことで注意義務を認定することができる。本件は，そうした思考過程を示した貴重な事案の一つである。

関連判例

①最決昭42・5・25刑集21巻4号584頁
②最決平2・11・29刑集44巻8号871頁（判プラI-128事件）
③最判平3・11・14刑集45巻8号221頁（判プラI-130事件）
④最決平26・7・22刑集68巻6号775頁（判プラ

I -112事件）

演習問題

A社の所有管理するBデパートビルでは同社直営店舗と賃借人店舗（テナント）が混在していた。後者の一つとして7階にC社の経営にかかるキャバレーDが設置されており，この店舗のみが午後11時まで営業していた。Bの防火体制としては，4階以下の各売場には防火区画シャッター等があったが閉店後も閉鎖されず，避難誘導訓練等も行われていなかった。なお，Bでの賃貸借契約等ではA社が営業時間外のテナントを含む防火業務を行うとされ，A社管理部管理課長X_1が同部次長を補佐する防火管理者（消防法8条1項），C社代表取締役X_2はDにかかる管理権原者（同条同項）であった。

そのような中，午後10時半ころ，地下3階テナントの工事現場から原因不明の出火があり，多量の煙が階段等を上昇してDに流入したが，火勢のゆえに保安係員による消火やDへの電話通報もなされず，7階の客等多数名が死亡した。

＊考え方

本問は，最決平2・11・29（関連判例②）をベースにしたものである。このような大規模火災の事案においては，出火の予見可能性も問題となるが，一般的には「いったん火災が起これば……本格的な火災に発展し，客等に死傷の危険の及ぶ恐れがあることは容易に予見できた」という見解に基づいて予見可能性が認められている。予見可能性という要件の詳細については前章を参照されたい。

注意義務については，解説でも述べたように，誰が，どの時点で，どのような義務を負うかという点が問題となる。

まず，義務の主体については，第一次的には防火管理者であるX_1が考えられる。

同人の問責対象たる過失については，実際に火災が生じてからの注意義務を問うことは，火勢による混乱を考慮すると結果回避可能性に疑問が生じる。したがって，より以前の，防火設備や防火訓練の不備を注意義務違反として問うことになる。

防火設備の整備として，事案においては，防火区画シャッターの閉鎖を徹底させることが考えられる。この措置を課長にすぎないX_1が単独で実行できるかは疑問たりうるが，義務を負うのが第一次的にはX_1である以上，必要に応じて他者に働きかけることも義務の内容となることもある（進言義務）。この点，たしかに働きかけを受けた上位者（管理部次長）が適切な措置を講じることに疑念が生じる場合もないとは言えない。実際に，最決平2・11・29（関連判例②）第1審判決は進言が容認されたかは疑問だとして無罪を言い渡している。しかし，特段の事情がない限りはシャッターの閉鎖などの容易な義務は実施されると考えてよいであろう。同事件控訴審判決は，A社が「保安管理体制の強化に特に消極的であったといえない」という認定とともに，第1審の判断を覆している。

また，管理権原者であるX_2も業務上過失致死罪の罪責を免れない。X_2は防火管理者であるX_1の防火管理業務を監督すべき地位にあり，それを怠った過失があるからである。

〔参考文献〕

山口厚編著『クローズアップ刑法総論』（成文堂，2003年）80頁以下〔島田聡一郎〕
樋口亮介・ジュリ1382号140頁
岡部雅人・刑ジャ25号88頁
土本武司・判評630（判時2114）号33頁
松宮孝明・速報判例解説8号203頁
齊藤彰子・判例セレクト2010〔I〕29頁
甲斐克則・平成22年度重判解194頁
三浦透・最判解刑事篇平成22年度86頁
駒田秀和・最判解刑事篇平成26年度238頁

（山本紘之）

7 因果関係——三菱ハブ破損事件

最高裁平成24年2月8日第三小法廷決定

平成21年(あ)第359号
業務上過失致死傷被告事件

刑集66巻4号200頁，判時2157号133頁

〈事実の概要〉

平成14年1月10日，横浜市瀬谷区内の片側2車線の道路の第2車線を時速約50kmで走行中の三菱自動車工業株式会社（以下「三菱自工」という）製大型トラクタの左前輪に装備されていたハブ（Dハブ）が輪切り破損し，左前輪がタイヤホイールおよびブレーキドラムごと脱落し，脱落した左前輪が，左前方の歩道上にいた女性に背後から激突し，同女を路上に転倒させ，頭蓋底骨折等により死亡させるとともに，一緒にいた児童2名もその衝撃で路上に転倒させ，各全治約7日間の傷害を負わせるという事故（以下「本件瀬谷事故」という）が発生した。なお，平成11年6月27日，広島県内の高速道路上を乗客を乗せて走行していた中国ジェイアールバス株式会社の三菱自工製バスに装備された右前輪のハブ（Dハブ）が走行中に輪切り破損して，右前輪タイヤがタイヤホイールおよびブレーキドラムごと脱落し，車体が大きく右に傾き，車体の一部が路面と接触したまま，何とか運転手が制御してバスを停止させたという事故（以下「中国JRバス事故」という）後，本件瀬谷事故に至るまでの間にも，三菱自工製のトラックまたはバスのハブの輪切り破損事故が続発しており，本件瀬谷事故は，平成4年6月21日，高知山秀急送有限会社が使用していた三菱自工製のトラックの左前輪のハブ（Bハブ）が走行中に輪切り破損し，左前輪タイヤがタイヤホイール，ブレーキドラムごと脱落するという事故（以下「山秀事故」という）から数えて40件目，Dハブに関するものとしては19件目の輪切り破損事故であった。

本件瀬谷事故につき，中国JRバス事故当時，品質保証部門の部長の地位にあり，三菱自工が製造した自動車の品質保証業務を統括する業務に従事し，同社製自動車の構造，装置または性能が道路運送車両法上要求される技術基準である「道路運送車両の保安基準」に適合しないおそれがあるなど安全性に関わる重要な不具合が生じた場合には関係会議を主宰するなど，品質保証部門の責任者であった被告人X，中国JRバス事故当時，三菱自工の品質保証部門のバスのボデー・シャシーを担当するグループ長の地位にあり，被告人Xを補佐し，品質保証業務に従事していた被告人Yが，業務上過失致死傷罪（刑法（平13法138号改正前）211条前段）で起訴された。

原判決（東京高判平21・2・2刑集66巻4号371頁参照）は，以上の事実関係を前提に，中国JRバス事故事案の処理の時点でDハブの強度不足を疑うに足りる客観的状況にあったことが優に認定できるとした上で，被告人両名においても，その時点で，リコール等の改善措置をすることなくDハブを装備した車両の運行を放置すれば，輪切り破損事故が発生して人身被害が生じるかも知れないことは十分に予測し得たとして予見可能性を認め，また，その時点でDハブの強度不足の疑いによりリコールをしておけば，Dハブの輪切り破損による本件瀬谷事故は確実に発生していなかったのであって，本件瀬谷事故の原因が摩耗による輪切り破損であると仮定しても事故発生を防止できたとして結果回避可能性を認め，被告人両名にその注意義

務を課することは何ら過度の要求ではないとして結果回避義務を認め，因果関係も肯定し，被告人両名の過失責任を認めた第1審判決（横浜地判平19・12・13判タ1285号300頁）を是認した。

これに対し，被告人両名は上告し，①中国JRバス事故事案の処理当時，被告人両名がDハブの強度不足を疑うことは不可能であり，予見可能性は認められない，②被告人両名の実際の権限等に照らすと，被告人両名には，Dハブをリコールすべきであるという業務上過失致死傷罪上の義務が課されていたとはいえない，③本件瀬谷事故車両の使用状況等に照らすと，DハブをリコールしてFハブを装備したところで本件瀬谷事故を回避できたとはいえないし，三菱自工製のハブに強度不足があることまでの立証がされておらず，本件瀬谷事故を発生させた事故車両のハブの輪切り破損原因も解明されていない以上，被告人両名の不作為と本件瀬谷事故結果との間の因果関係も存在しない旨主張した。

〈上告審〉

決定要旨

上告棄却。

①予見可能性について

「三菱自工製ハブの開発に当たり客観的なデータに基づき強度が確かめられていなかったこと，ハブは破損することが基本的に想定されていない重要保安部品であって，走行中にハブが輪切り破損するという事故が発生すること自体が想定外のことであるところ，……そのような事故が，山秀事故以降，中国JRバス事故事案の処理の時点で，同事故も含めると7年余りの間に実に16件（うち，Dハブについては8件）という少なくない件数発生していたこと，三菱自工の社内では，中国JRバス事故よりも前の事故の情報を人身事故の発生につながるおそれがある重要情報と分類しつつ，当時の運輸省に知られないように秘匿情報の扱いとし続けていたことが認められ，これらの事情に照らすと，中国JRバス事故事案の処理の時点において，同社製ハブの強度不足のおそれが客観的に認められる状況にあったことは明らかである。

そして，被告人Yは，品質保証部門のグループ長として，中国JRバス事故事案を直接担当し，同事故の内容等を詳しく承知し，過去にも山秀事故及び〔平成6年6月21日に金八運送有限会社が使用する三菱自工製トラックの右前輪ハブ（Aハブ）が走行中に破断するとの事故が発生した〕金八事故という2件のハブの輪切り破損事故を担当し，その後も同様の事故が続発していたことの報告を受けていたのであるから，中国JRバス事故事案の処理の時点で，上記事情から，三菱自工製のハブに強度不足のおそれがあることを十分認識していたと認められるし，中国JRバス事故を含む過去のハブ輪切り破損事故の事故態様の危険性等も踏まえれば，リコール等の改善措置を講じることなく強度不足のおそれがあるDハブを装備した車両の運行を放置すればDハブの輪切り破損により人身事故を発生させることがあることを容易に予測し得たといえる。

被告人Xも，品質保証部門の部長として，中国JRバス事故事案の処理の時点で，被告人Yから報告を受けて，同事故の内容のほか，過去にも同種の輪切り破損事故が相当数発生していたことを認識していたと認められる。被告人Xとしては，その経歴及び立場からみて，中国JRバス事故事案の処理の時点で，同事故の態様の危険性等に照らし，リコール等の改善措置を講じることなく強度不足のおそれがあるDハブを装備した車両の運行を放置すれば，その後にDハブの輪切り破損により人身事故を発生させることがあることは十分予測し得たと認められる。」

②結果回避義務について

「中国JRバス事故事案の処理の時点における三菱自工製ハブの強度不足のおそれの強さや，予測される事故の重大性，多発性に加え，その当時，三菱自工が，同社製のハブの輪切り破損事故の情報を秘匿情報として取り扱い，事故関係の情報を一手に把握していたことをも踏まえると，三菱自工でリコール等の改善措置に関する業務を担当する者においては，リコール制度に関する道路運送車両法の関係規定に照らし，Ｄハブを装備した車両につきリコール等の改善措置の実施のために必要な措置を採ることが要請されていたにとどまらず，刑事法上も，そのような措置を採り，強度不足に起因するＤハブの輪切り破損事故の更なる発生を防止すべき注意義務があったと解される。そして，被告人Ｙについては，その地位や職責，権限等に照らし，関係部門に徹底した原因調査を行わせ，三菱自工製ハブに強度不足のおそれが残る以上は，被告人Ｘにその旨報告して，関係会議を開催するなどしてリコール等の改善措置を執り行う手続を進めるよう進言し，また，運輸省担当官の求めに対しては，調査の結果を正確に報告するよう取り計らうなどして，リコール等の改善措置の実施のために必要な措置を採り，強度不足に起因するＤハブの輪切り破損事故が更に発生することを防止すべき業務上の注意義務があったといえる。また，被告人Ｘについても，その地位や職責，権限等に照らし，被告人Ｙから更に具体的な報告を徴するなどして，三菱自工製ハブに強度不足のおそれがあることを把握して，同被告人らに対し，徹底した原因調査を行わせるべく指示し，同社製ハブに強度不足のおそれが残る以上は，関係会議を開催するなどしてリコール等の改善措置を実施するための社内手続を進める一方，運輸省担当官の求めに対しては，調査の結果を正確に報告するなどして，リコール等の改善措置の実施のために必要な措置を採り，強度不足に起因するＤハブの輪切り破損事故が更に発生することを防止すべき業務上の注意義務があったというべきである。」

③結果回避可能性，因果関係について

「被告人両名に課される注意義務は，前記のとおり，あくまで強度不足に起因するＤハブの輪切り破損事故が更に発生することを防止すべき業務上の注意義務である。Ｄハブに強度不足があったとはいえず，本件瀬谷事故がＤハブの強度不足に起因するとは認められないというのであれば，本件瀬谷事故は，被告人両名の上記義務違反に基づく危険が現実化したものとはいえないから，被告人両名の上記義務違反と本件瀬谷事故との間の因果関係を認めることはできない。」

「Ｄハブには，設計又は製作の過程で強度不足の欠陥があったと認定でき，本件瀬谷事故も，本件事故車両の使用者側の問題のみによって発生したものではなく，Ｄハブの強度不足に起因して生じたものと認めることができる。そうすると，本件瀬谷事故は，Ｄハブを装備した車両についてリコール等の改善措置の実施のために必要な措置を採らなかった被告人両名の上記義務違反に基づく危険が現実化したものといえるから，両者の間に因果関係を認めることができる。」

なお，本決定には，田原睦夫裁判官の反対意見が付されている。

解　説

1　問題の所在

本件は，トラックのハブが走行中に輪切り破損したために前輪タイヤ等が脱落し，歩行者らを死傷させた事故につき，同トラックの製造会社で品質保証業務を担当していたＸおよびＹにおいて，同種ハブを装備した車両につきリコール等の改善措置の実施のために必要な措置を採るべき業務上の注意義務があったとされた上，同事故の発生とＸおよびＹが業務上の注意義務に違反した行為との間には因果関係があるとされ，ＸおよびＹに**業務上過失致死傷罪**の成立が認められたものである。

同罪の構成要件該当性を判断する際に問題となるのは，**実行行為**としてのＸおよびＹによる業務上の過失行為（注意義務違反），**結果**としての歩行者らの生命または身体に対する侵害（法益侵害），そして，実行行為と結果を結びつける**因果関係**である。

このうち，結果については，その発生が明らかであるから，改めて検討する必要はない。ここでは，ＸおよびＹに業務上の注意義務違反があったといえるか，それが法益侵害結果を惹き起こす原因となっていたといえるかについての検討が必要となる。

2 注意義務違反について

(1) 業務上過失致死傷罪の成立要件

業務上過失致死傷罪は,「業務上必要な注意を怠り,よって人を死傷させた」ときに成立する。「**業務**」とは,「職業」の意味ではなく,「本来人が社会生活上の地位に基き反覆継続して行う行為であって,かつその行為は他人の生命身体等に危害を加える虞あるもの」と定義される(最判昭33・4・18〔関連判例①〕)。それゆえ,同罪は,法令上や職業上の注意義務違反が認められれば直ちに成立するのではなく,上記の行為をするにあたり,刑法上の注意義務違反が認められる場合に成立する。本件でも,XおよびYに,このような注意義務違反が認められるかが問題となる。

注意義務に違反することが本罪の実行行為だから,前提として,XおよびYに課される注意義務がどのようなものかがまず明らかにされなければならない。注意義務は,結果の発生を予見することの可能性とその義務および結果の発生を未然に防止することの可能性とその義務の諸点から順次考察される(最決昭42・5・25〔関連判例②〕)。本決定も,XおよびYにつき,まず,本件事故発生の**予見可能性**の有無を確認し(決定要旨①),次いで,本件事故発生を防止する義務(**結果回避義務**)の有無を確認している(決定要旨②)。

(2) 新旧過失論

なお,伝統的な過失論(旧過失論)は,結果を予見できなかったならば,行為者を非難することはできないとして,予見可能性が否定されれば,法益侵害結果が発生していても,その責任が否定されるとするものであった。すなわち,故意犯と過失犯は,構成要件該当性および違法性は共通しており,責任のみが異なるとしていたのである。しかし,故意犯と過失犯は,そもそも実行行為が異なるとして,これを構成要件該当性の段階で区別するのが,新過失論と修正旧過失論である。新過失論は,過失犯の実行行為を結果回避義務に違反する行為とする。これに対して,修正旧過失論は,これを結果発生の「実質的で許されない危険」を持った行為とするが,結局,過失犯の実行行為は,結果回避義務に違反することによって,「実質的で許されない危険」を創出することだといってよいであろう(安田拓人「過失犯」法教491号120頁参照)。このような捉え方は,本決定を含む判例の考え方とも合致する。

(3) 注意義務

では,ここで問題となる結果回避義務は,どのようにして導かれるのだろうか。本決定は,「三菱自工でリコール等の改善措置に関する業務を担当する者においては,……Dハブを装備した車両につきリコール等の改善措置の実施のために必要……な措置を採り,強度不足に起因するDハブの輪切り破損事故の更なる発生を防止すべき注意義務」があるとする。とりわけ,本件は,そのような改善措置を採らなかった場合であることから,**過失不作為犯**の事案であり,XおよびYには,改善措置を採るという**作為義務の発生根拠**が必要となる。この問題をめぐっては諸説あるが,作為義務を危険状態にある法益を保護すべき義務(法益保護義務)と法益を危険にさらす危険源を管理すべき義務(危険源管理義務)に二分し(機能的二分説),この二つの義務は,直接的・間接的に当該法益の保護を社会的に期待される者に課されるが,その社会的期待は,行為者の社会的役割がどのようなものであるかによって決定され,その判断資料は,法令等の形式的要素,排他性・支配性等の実質的要素から構成されるとする**多元説**(高橋・総論171-172頁)の考え方が,判例の立場とも整合的であるといえよう(最決平17・7・4〔関連判例③〕,最決平20・3・3〔関連判例④〕参照)。三菱自工が製造した自動車の品質保証業務に従事する者であるXおよびYには,このうちの**危険源管理義務**が認められよう。

過失不作為犯の場合,この作為義務の具体的な内容は,事実上,過失犯における注意義務の内容と重なり合うから,これに違反することが実行行為となる。実際,本決定を含め,判例は,過失不作為犯が問題となる事案において，不作為犯における作為義務と，過失犯における結果回避義務を明確には区別せず，これをまとめて**注意義務**とするのが一般的である。そこで，XおよびYにどのような注意義務があるかが問題となる。

⑷　予見可能性

前述したとおり，過失犯の注意義務は，結果の発生を予見することの可能性とその義務および結果の発生を未然に防止することの可能性とその義務の諸点から順次考察される。すなわち，行為者が，行為時に，法益侵害結果を予見でき，かつ，予見すべきであったといえ，しかも，その結果を回避でき，かつ，回避すべきであったといえるかが問題となる。これらがすべて認められるにもかかわらず，その義務を尽くしていなかったと評価されると，それによって「実質的で許されない危険」が創出されたものとして，過失犯の実行行為が認められるのである。

その際，まず検討されるのが，**予見可能性**である。予見可能性については，何を，どの程度予見できたかが問題となる。このことをめぐって，**具体的予見可能性説**と**危惧感説**の対立がある。判例・通説は，具体的予見可能性説に立ち，「特定の構成要件的結果及びその結果の発生に至る因果関係の基本的部分の予見」可能性が必要であるとする（札幌高判昭51・3・18〔関連判例⑤〕）。もっとも，判例は，ホテルにおける大規模火災事故の発生につき，「被告人は，同ホテルの防火防災対策が人的にも物的にも不備であることを認識していたのであるから，いったん火災が起これば，発見の遅れ，初期消火の失敗等により本格的な火災に発展し，建物の構造，避難経路等に不案内の宿泊客等に死傷の危険の及ぶ恐れがあることはこれを容易に予見できた」としたり（最決平2・11・16〔関連判例⑥〕。最決平5・11・25〔関連判例⑦〕も参照），トンネル内の電力ケーブル接続工事における火災事故発生に至るプロセスにつき，「……炭化導電路が形成されるという経過を具体的に予見することはできなかったとしても，……誘起電流が大地に流されずに本来流れるべきでない部分に長期間にわたり流れ続けることによって火災の発生に至る可能性があることを予見することはできた」とするなど（最決平12・12・20〔関連判例⑧〕。最決平21・12・7〔関連判例⑨〕も参照），実際には，厳格な具体的予見可能性までは要求していない（なお，最決平28・5・25〔関連判例⑩〕も参照）。学説上も，危惧感説を再評価する見解や（井田・総論226頁，高橋・総論233頁以下），予見の対象を結果ではなく危険とする見解が（樋口亮介「注意義務の内容確定基準」髙山佳奈子＝島田聡一郎編『山口厚先生献呈論文集』〔成文堂，2014年〕228頁），有力に主張されている。

なお，危惧感説は，低い程度の予見可能性に対しては弱い結果回避措置が，高い程度の予見可能性に対しては強い結果回避措置が対応して課されるというように，予見可能性と結果回避義務との相関関係を認める見解であって，低い程度の予見可能性しかない場合でも直ちに強い結果回避措置を課そうというものではない（井田・総論217頁）。判例においても，そのような相関関係を認める傾向がみられる（最決平29・6・12〔関連判例⑪〕参照）。

⑸　本決定の判断

本決定は，Xは品質保証部門の部長として，Yは品質保証部門のグループ長として，それぞれDハブに関するものを含むハブの輪切り破損事故が過去にも複数件発生していたことを認識しており，三菱自工製のハブに強度不足のおそれがあることを十分認識していたと認められることから，Dハブを装備した車両の運行を放置すれば，Dハブの輪切り破損により人身事故を発生させることがあることを容易に予測し得たとして，XおよびYの予見可能性を肯定している。

これを，XおよびYには，Dハブの輪切り破損により人身事故を発生させることの具体的予見可能性があった（だから，XおよびYを非難することができる），と端的に評価することももちろん可能である（具体的予見可能性説）。しかし，この程度の予見可能性があったのであれば，「リコール等の改善措置の実施のために必要な措置を採り，強度不足に起因するDハブの輪切り破損事故が更に発生することを防止すべき業務上の注意義務」として，XおよびYに，それぞれ，このような義務を課すことができる，というふうに，そのような程度の予見可能性が認められる場合に課されるべき具体的な結果回避義務の内容を確定するための基準として用いることもまた可能である。このような捉え方は，前述した危惧感説の思考プロセスとも合致する。本決定も，このような思考プロセスを辿っていることから，その立場は，危惧感説と親和的なものとみることができよう。

3 因果関係について

(1) 二段階の判断

刑法上の**因果関係**とは，実行行為と法益侵害（またはその危険）との間に必要とされる，原因と結果の関係である。因果関係の判断は，(1)**事実的因果関係**，(2)**法的因果関係**の二段階で行われ，(1)については**条件関係**，(2)については**相当因果関係**あるいは**客観的帰属**の有無が問題となる。(1)については，「あれなければこれなし」という仮定的消去法で説明されるのが一般的であるが，「あれあればこれあり」という合法則的条件公式で説明する見解も有力である。また，(2)については，かつては，そのような行為からそのような結果が発生することが相当か否かを判断する**相当因果関係説**が通説的地位を占め，その判断資料をめぐる議論（とりわけ，行為時を基準に一般人が認識し得た事情および行為者が特に認識していた事情を判断資料とする**折衷説**と，裁判時を基準に行為時のすべての事情および行為後における事情のうち経験上予見可能な事情を判断資料とする**客観説**の対立）が主になされてきた。しかし，「大阪南港事件」（最決平2・11・20〔関連判例⑫〕）を契機として，「相当因果関係説の危機」ということがいわれるようになって以来，判例は「**危険の現実化**」を問題としているとされ（最決平22・10・26〔関連判例⑬〕参照），学説上も**客観的帰属論**が主流となってきている。

(2) 客観的帰属論

客観的帰属論とは，「結果が客観的に帰属可能となるのは，行為者の行態によって，(1)法的に重要な危険が創出され，かつ，(2)まさにこの危険が構成要件的結果において実現した場合である」とするものである（*Wessels/Beulke/ Satzger*, Strafrecht Allgemeiner Teil, 52. Aufl., 2022, § 6 Ⅲ 1, Rn.258）。このうち，(1)「**危険の創出**」については，過失犯の場合，前述した注意義務違反が認められれば，これを認めることができよう。問題は，(2)「**危険の実現**」が，どのような場合に認められるかである。

(3) 結果回避可能性

行為の危険が結果として実現したといえるかを判断する際に重要となるのが，**結果回避可能性**である。これは，理論上，**事前的結果回避可能性**と**事後的結果回避可能性**に分けて考えることができる。すなわち，行為時に立ち，その行為の有する危険が，その後の因果経過において法益侵害に至り得るといえるかを判断するのが，事前的結果回避可能性の判断である。これに対して，結果がすでに発生した後で，その発生した結果が，行為の有する危険の実現であるといえるかを判断するのが，事後的結果回避可能性の判断である（高橋則夫『規範論と理論刑法学』〔成文堂，2021年〕202頁以下参照）。

もっとも，事前的結果回避可能性は，行為者に結果回避義務を課すことができるか否かの判断基準となるのに対して（それゆえ，事前的結果回避可能性は，結果の予見可能性の問題とみることもできるように思われる），事後的結果回避可能性は，因果関係を認めることができるか否かの判断基準となるものであるから，ここで問題とされるべきは，**事後的結果回避可能性**である。

(4) 本決定の判断

本決定も，「Dハブに強度不足があったとはいえず，本件瀬谷事故がDハブの強度不足に起因するとは認められないというのであれば，本件瀬谷事故は，被告人両名の上記義務違反に基づく危険が現実化したものとはいえない」が，「Dハブには，設計又は製作の過程で強度不足の欠陥があったと認定でき，本件瀬谷事故も，本件事故車両の使用者側の問題のみによって発生したものではなく，Dハブの強度不足に起因して生じたものと認めることができる」として，事後的結果回避可能性を肯定し，「本件瀬谷事故は，Dハブを装備した車両についてリコール等の改善措置の実施のために必要な措置を採らなかった被告人両名の上記義務違反に基づく危険が現実化したものといえる」と評価して，XおよびYの注意義務違反と本件事故発生の間の因果関係を認めている（決定要旨③）。

4　おわりに

以上のとおり，本件のような過失不作為犯の事案は，次のことを検討することで，その成否が判断されるといえよう。すなわち，①行為者に注意義務（作為義務）を課すための根拠（保障人的地位）が認められるか，②行為時の状況を判断資料として行為者に結果の予見可能性が認められるか（予見すべき対象は何で，それをどの程度予見できたか），③その予見可能性の程度に応じて課されるべき結果回避義務の内容は何か，④行為者にその結果回避義務の違反が認められるか，⑤その結果回避義務の違反によって創出された危険が結果として現実化したといえるか（かりにその結果回避義務違反がなかったとしてもなお結果が発生していたといえる場合ではないか），というのがこれである。

関連判例

①最判昭 33・4・18 刑集 12 巻 6 号 1090 頁（判プラⅡ-47 事件）
②最決昭 42・5・25 刑集 21 巻 4 号 584 頁
③最決平 17・7・4 刑集 59 巻 6 号 403 頁（判プラⅠ-33 事件，本書第 21 章）
④最決平 20・3・3 刑集 62 巻 4 号 567 頁（判プラⅠ-110 事件）
⑤札幌高判昭 51・3・18 高刑集 29 巻 1 号 78 頁（判プラⅠ-102 事件）
⑥最決平 2・11・16 刑集 44 巻 8 号 744 頁（判プラⅠ-127 事件）
⑦最決平 5・11・25 刑集 47 巻 9 号 242 頁（判プラⅠ-129 事件）
⑧最決平 12・12・20 刑集 54 巻 9 号 1095 頁（判プラⅠ-105 事件）
⑨最決平 21・12・7 刑集 63 巻 11 号 2641 頁（判プラⅠ-106 事件，本書第 5 章）
⑩最決平 28・5・25 刑集 70 巻 5 号 117 頁（判プラⅠ-114 事件）
⑪最決平 29・6・12 刑集 71 巻 5 号 315 頁（判プラⅠ-107 事件）
⑫最決平 2・11・20 刑集 44 巻 8 号 837 頁（判プラⅠ-46 事件）
⑬最決平 22・10・26 刑集 64 巻 7 号 1019 頁（判プラⅠ-51 事件）

演習問題

1　本件において，三菱自工のトップにいる取締役に，業務上過失致死傷罪の成立は認められるだろうか。また，三菱自工の末端にいるDハブの製造者に，業務上過失致死傷罪の成立は認められるだろうか。

＊考え方
作為義務の有無

2　かりに，本件事故が，過去に前例のない，はじめて発生したハブ輪切り破損事故であった場合，XおよびYに，業務上過失致死傷罪の成立は認められるだろうか。

＊考え方
結果の予見可能性，注意義務違反の有無

3　かりに，本件事故車両の使用状況等に照らすと，たとえDハブをリコールして別のハブを装備していたとしても，本件事故を回避できたとはいえなかった場合，XおよびYに，業務上過失致死傷罪の成立は認められるだろうか。

＊考え方
結果回避可能性，因果関係の有無

〔参考文献〕
本文中に掲げたもののほか，本件評釈として，矢野直邦・最判解刑事篇平成 24 年度 54 頁，成瀬幸典・刑ジャ 33 号 122 頁，北川佳世子・平成 24 年度重判解 148 頁，樋口亮介・論ジュリ 6 号 166 頁，谷井悟司・法学新報 122 巻 3・4 号（2015 年）337 頁，滝谷英幸「因果関係――三菱自工脱輪事件――」松原芳博編『続・刑法の判例〔総論〕』（成文堂，2022 年）1 頁など。

（岡部雅人）

8 侵害の予期と急迫性

■ **最高裁平成 29 年 4 月 26 日第二小法廷決定**

■ 平成 28 年(あ)第 307 号
殺人，器物損壊被告事件

■ 刑集 71 巻 4 号 275 頁，判時 2340 号 118 頁

〈事実の概要〉

本決定が前提とする本件の事実関係は，次のとおりである。

X（被告人）は，知人であるA（当時 40 歳）から，本件犯行前日の午後 4 時 30 分頃，不在中の自宅（マンション 6 階）の玄関扉を消火器で何度もたたかれ，その頃から犯行当日の午前 3 時頃までの間，十数回にわたり電話で，「今から行ったるから待っとけ。けじめとったるから。」と怒鳴られたり，仲間と共に攻撃を加えると言われたりするなど，身に覚えのない因縁を付けられ，立腹していた。X は，自宅にいたところ，同日午前 4 時 2 分頃，A から，マンションの前に来ているから降りて来るようにと電話で呼び出されて，自宅にあった包丁（刃体の長さ約 13.8cm）にタオルを巻き，それをズボンの腰部右後ろに差し挟んで，自宅マンション前の路上に赴いた。X を見付けた A がハンマーを持って X のほうに駆け寄って来たが，X は，A に包丁を示すなどの威嚇的行動を取ることなく，歩いて A に近づき，ハンマーで殴りかかって来た A の攻撃を，腕を出し腰を引くなどして防ぎながら，包丁を取り出すと，殺意をもって，A の左側胸部を包丁で 1 回強く突き刺して殺害した。

殺意と正当防衛および過剰防衛の成否が争点となったが，第 1 審（大阪地判平 27・9・17 刑集 71 巻 4 号 306 頁参照）は，殺意を認めた上で，正当防衛および過剰防衛の成立については，従前の経緯を踏まえると，「X は，A が武器を使用するなど，X に相当な危険のある攻撃をしてくることを十分に想定の上で本件現場に赴いたと認めることができる。そして，X は，理解できない理由に基づく A の行動や言動に立腹していたことや，本件現場で威嚇的な行動等を一切取ることなく，短時間で極めてスムーズに強い殺意に基づいて A の左胸部付近を狙って力一杯突き刺していることを考えると，X は，本件現場に赴いた時点から，A が武器等で攻撃してきたら，その機会を積極的に利用して，A を包丁で刺すなどしてやろうという強い加害の意思があったと認められる。」とした。そして，このことによれば，「X には，本件現場に赴く際，単なる怒りや攻撃的な感情にとどまらず，A が武器等で攻撃してきたら，その機会を積極的に利用して，A を包丁で刺すなどしてやろうという攻撃意思があり，X の本件攻撃は，その攻撃意思を実現するための加害行為であったと認められる。よって，X は本件攻撃に出ることが正当化される状況にはなかったといえるから，X には，正当防衛も過剰防衛も成立しない。」とし，殺人罪の成立を認め，X を懲役 9 年の刑に処した。X が控訴したが，控訴審（大阪高判平 28・2・10 前掲刑集 311 頁参照）も，X が A による攻撃を十分に想定していたと認められること，殺傷能力のある包丁という凶器を持ち出したこと自体や X が短時間で A の胸部を深く突き刺しておりその間示威行動もとらなかったことから X の A に対する積極的な加害意思が推認できることを指摘し，第 1 審判決の判断を是認し，控訴を棄却した。これに対して X 上告。

〈上告審〉

決定要旨

上告棄却。

「刑法36条は，急迫不正の侵害という緊急状況の下で公的機関による法的保護を求めることが期待できないときに，侵害を排除するための私人による対抗行為を例外的に許容したものである。したがって，行為者が侵害を予期した上で対抗行為に及んだ場合，侵害の急迫性の要件については，侵害を予期していたことから，直ちにこれが失われると解すべきではなく（最高裁昭和45年（あ）第2563号同46年11月16日第三小法廷判決・刑集25巻8号996頁〔関連判例③〕参照），対抗行為に先行する事情を含めた行為全般の状況に照らして検討すべきである。具体的には，事案に応じ，〔①〕行為者と相手方との従前の関係，〔②〕予期された侵害の内容，〔③〕侵害の予期の程度，〔④〕侵害回避の容易性，〔⑤〕侵害場所に出向く必要性，〔⑥〕侵害場所にとどまる相当性，〔⑦〕対抗行為の準備の状況（特に，凶器の準備の有無や準備した凶器の性状等），〔⑧〕実際の侵害行為の内容と予期された侵害との異同，〔⑨〕行為者が侵害に臨んだ状況およびその際の意思内容等を考慮し，行為者がその機会を利用し積極的に相手方に対して加害行為をする意思で侵害に臨んだとき（最高裁昭和51年（あ）第671号同52年7月21日第一小法廷決定・刑集31巻4号747頁〔関連判例④〕参照）など，前記のような刑法36条の趣旨に照らし許容されるものとはいえない場合には，侵害の急迫性の要件を充たさないものというべきである。」（〔　〕は引用者）

〈事実の概要〉で述べた事実関係によれば，「Xは，Aの呼出しに応じて現場に赴けば，Aから凶器を用いるなどした暴行を加えられることを十分予期していながら，Aの呼出しに応じる必要がなく，自宅にとどまって警察の援助を受けることが容易であったにもかかわらず，包丁を準備した上，Aの待つ場所に出向き，Aがハンマーで攻撃してくるや，包丁を示すなどの威嚇的行動を取ることもしないままAに近づき，Aの左側胸部を強く刺突したものと認められる。このような先行事情を含めた本件行為全般の状況に照らすと，Xの本件行為は，刑法36条の趣旨に照らし許容されるものとは認められず，侵害の急迫性の要件を充たさないものというべきである。したがって，本件につき正当防衛および過剰防衛の成立を否定した第1審判決を是認した原判断は正当である。」

解　説

1　本決定以前の判例および裁判例の状況

本決定は，不正の侵害が切迫あるいは現実化した場合における対抗行為について，対抗行為に先行する事情を含めた行為全般の状況に鑑みて，侵害の「急迫」性要件の充足を否定し[1]，正当防衛および過剰防衛の成立を否定したものである。正当防衛における侵害の急迫性という要件は，「法益の侵害が現に存在しているか，または間近に押し迫っている」（最判昭46・11・16〔関連判例③〕〔以下，「昭和46年判決」とする〕）場合には原則として充足されると理解されているが，しかし，そのような場合であっても，例外的に侵害の急迫性要件が充足されない場合がある，と本決定はしたのである。

対抗行為に先行する事情を含めた行為全般の状況に基づく正当防衛の制限というこの問題に関しては，当初，喧嘩闘争状況と正当防衛の制限という形で議論され，喧嘩闘争状況であっても正当防衛は成立し得るものの，最終的な侵害と対抗行為の時点のみを見るのではなく，闘争状況を全般的に観察すべきであり，それにより正当防衛および過剰防衛の成立が否定されることがあり得る，という判例理論が形成された（最大判昭23・7・7〔関連判例①〕，最判昭32・1・22〔関連判例②〕等。「闘争の全般からみては，刑法第36条の正当防衛の観念を容れる余地がない

1）　この点で，最決平20・5・20〔関連判例⑤〕（以下，「平成20年決定」とする」）と異なる。同決定と本決定との関係についての詳細は，「第9章　自招侵害」の項目に譲る。

場合がある」とする)。その後，この全般的観察のあり方の一つの具体化として，(いずれも本決定で参照されている) 昭和46年判決および最決昭52・7・21〔関連判例④〕(以下,「昭和52年決定」とする) により,「侵害の予期＋積極的加害意思」により急迫性要件を否定することで正当防衛および過剰防衛の成立を排斥する枠組みが，判例上形成されてきた。すなわち，昭和46年判決が,「侵害があらかじめ予期されていたものであるとしても，そのことからただちに急迫性を失うものと解すべきではない」(傍点引用者) と判示し，侵害の予期それのみでは急迫性は失われないとしていたところ，昭和52年決定は，昭和46年判決を受け継ぎつつも[2],侵害の予期と急迫性とは決して無関係ではなく，刑法36条「が侵害の急迫性を要件としている趣旨から考えて，単に予期された侵害を避けなかつたというにとどまらず，その機会を利用し積極的に相手に対して加害行為をする意思〔＝積極的加害意思〕で侵害に臨んだときは，もはや侵害の急迫性の要件を充たさないものと解するのが相当である」(〔 〕は引用者) としたのである。

なお，この積極的加害意思とは，侵害に臨む事前段階における行為者の意思の問題であり，対抗行為時の行為者の意思に関するものであるいわゆる「防衛の意思」とは対象となる時点が異なることには注意を要する (安廣・後掲142-143,150頁，中尾・後掲102頁。関連して，要求される積極的加害意思あるいは攻撃の意思の程度も異なる。安廣・後掲144,150頁)。防衛の意思の主たる役割は，正当防衛および過剰防衛の成立を否定する事前の事情が十分には存在しない場面において，(対抗行為それ自体がすでに「やむを得ずにした行為」といえず，少なくとも過剰防衛ではあることを前提としつつ) 対抗行為が専ら攻撃の意思による場合に，過剰防衛の余地すら否定するという点にある[3]。

さて，上記の昭和52年決定の枠組みは，一定の定着を見たものの，積極的加害意思という心情要素により急迫性が否定されるのはなぜなのか，急迫性否定のためには積極的加害意思という心情要素が不可欠なのか，という点には疑問が呈され，また，その後の下級審裁判例においては，積極的加害意思を認定する際にも客観的事実が重視され，さらには，積極的加害意思の認定はせず，警察の援助を受けることの容易性や，それにも拘らず拳銃を準備し，実際に発砲したこと等を指摘するのみで急迫性を否定する裁判例も現れていた (大阪高判昭56・1・20判タ441号152頁，東京高判昭60・8・20判時1183号163頁，大阪高判平13・1・30判時1745号150頁。さらに侵害回避の容易性により重点を置いたものとして，東京高判平21・10・8判タ1388号370頁)。このような議論状況下で登場したのが本決定である。

2 本決定の分析

(1) 積極的加害意思の存在は急迫性否定の必要条件ではないことの明示

本決定につき，まず押さえておくべきは，急迫性が否定される場合を「行為者がその機会を利用し積極的に相手方に対して加害行為をする意思で侵害に臨んだとき……など，前記のような刑法36条の趣旨に照らし許容されるものとはいえない場合」(傍点引用者) とすることで，昭和52年決定の際には急迫性否定のための必要条件であるとも理解され得た積極的加害意思は，急迫性が否定される一場面を示すものに過ぎず，決して必要条件ではないということを，本決定が明示した点である[4]。もっとも，注意すべきなのは，前述のように，そもそも従来も

---

2) 昭和52年決定も,「刑法36条が正当防衛について侵害の急迫性を要件としているのは，予期された侵害を避けるべき義務を課する趣旨ではないから，当然またはほとんど確実に侵害が予期されたとしても，そのことからただちに侵害の急迫性が失われるわけではないと解するのが相当」とする。

3) 昭和46年判決〔判プラⅠ-195事件〕，最判昭50・11・28刑集29巻10号983頁〔判プラⅠ-196事件〕，最判昭60・9・12刑集39巻6号275頁〔判プラⅠ-197事件〕参照。

4) 本件の具体的解決においても，積極的加害意思を認定することなく急迫性は否定されている。これに対して，第1審判決および原判決は積極的加害意思論を援用しているといえる。

積極的加害意思は純然たる心情要素とは理解されておらず，客観的事実が重要な評価根拠事実となる規範的要素というべきものであったのであり，本決定に，従来の運用を変更する（すなわち，急迫性が否定される場面を拡張する）趣旨はないと思われる点である。むしろ，昭和52年決定の定式のみでは，積極的加害意思という心情要素が急迫性否定の必要条件であるとの誤解（およびそのことに起因する，急迫性を否定するために不自然な形で積極的加害意思を認めるという弊害）が生じ得ることから，（昭和52年決定の枠組みを否定はしないものの）「積極的加害意思」という概念から少し距離を取るということが，本決定の主たる含意であると思われる（中尾・後掲109-112頁）。

⑵　刑法36条の趣旨の明示――正当防衛および過剰防衛の成立否定の根拠

積極的加害意思の存在が，急迫性が否定される一場面に留まるとすれば，重要になるのは急迫性が否定されるより一般的な基準である。本決定は，急迫性が否定されるのは「刑法36条の趣旨に照らし許容されるものとはいえない場合」であるとし，その刑法36条の趣旨は「急迫不正の侵害という緊急状況の下で公的機関による法的保護を求めることが期待できないときに，侵害を排除するための私人による対抗行為を例外的に許容」する点にあるとした。「侵害の予期＋積極的加害意思」により急迫性が否定される理由につき刑法36「条が侵害の急迫性を要件としている趣旨から考えて」としつつもその趣旨の内容は明示していなかった昭和52年決定の説示を補足したものといえよう。

本決定のいうこの刑法36条の趣旨は決して唐突なものではない。昭和52年決定の調査官解説において，「侵害の予期＋積極的加害意思」がある場合，行為者の「加害行為は，その意思が相手からの侵害の予期に触発されて生じたものである点を除くと，通常の暴行，傷害，殺人などの加害行為と少しも異なるところはな」く，「違法であるというほかはない」（香城・後掲247頁），と指摘されていた。そして，これを敷衍したといえるものとして，私人に広く正当防衛を許容することがかえって法秩序を害するおそれがあることに鑑み，私人が侵害を事前に予期し，公的救助を求める十分な余裕があるのに，侵害が差し迫る以前の未だ冷静であり得る時点において，侵害者に対して過剰行為にまで及ぶ意思や生命・身体などに原状回復不能な永続的被害を与える意思等を形成して侵害に臨み，加害行為に及ぶことは，「法治国家においては厳に禁じられるべき私闘であって，原則として，本人の加害行為も初めから違法というべきであり，正当防衛・過剰防衛が成立する余地はないと解すべきである。……このような場合に過剰防衛すら成立する余地がないと解される理由は，……正当防衛の本質的属性である緊急行為性が欠けているということ」による（安廣・後掲148-151頁），との指摘もなされていた。本決定の述べる刑法36条の趣旨や急迫性否定の論理は，従来の議論の延長線上に位置づけられ得るものといえる。

そしてこれは，一定の場合に公的救助要請，より一般的には侵害回避を被侵害者に要求する（侵害回避をしない場合には侵害を受忍するか犯罪行為を行うかの二者択一となる）議論と親和的である。本決定の上記説示からは，公的機関による法的保護を求めること等が「期待でき」る場合には，公的機関による法的保護を求めること等を行うべきであり，それを行えば私人が自ら対抗行為をしなければならない緊急状況は解消されるので，当該私人との関係で不正の侵害は急迫性を失う，という理解が窺われる[5]。このように一定の場合に侵害回避を被侵害者に要求することに対しては，「正は不正に譲歩する必要はない」という正当防衛の構造を強調する立場からの批判があり得るが，本決定は，私人による対抗行為が「例外的に許容」されたものにすぎないと指摘していることからも明らかなように，自力救済が原則として禁止されていること

5)　実際，本決定は急迫性を否定する際に，第1審判決および原判決と異なり，「Aの呼出しに応じる必要がなく，自宅にとどまって警察の援助を受けることが容易であったにもかかわらず」本件対抗行為に出たことも，あえて指摘している。

とに鑑み，正の不正への譲歩（＝正なる私人が公的救助要請を含む一定の負担を負うこと）は一定の場合には求められ得るという立場を前提としているといえる（そして，正当防衛の成立には侵害の時間的切迫性が要求されていること，債務不履行に対しては正当防衛が認められないこと，侵害行為と対抗行為との間に過度の不均衡がある場合には正当防衛と認められない場合があること等，正の不正への譲歩が求められる場面が存在することは確かであろう）。

もう一つ，本決定において，法的保護を求めることが「できない」ではなく「期待できない」とされている点について，一言述べておく。本決定は，昭和46年判決を参照指示しつつ，侵害の予期のみでは急迫性は失われないとしている。これは，侵害の予期により直ちに侵害からの回避を求めることは被侵害者の社会生活の自由を不当に妨げることになり（香城・後掲241頁），それゆえ予期のみでは，法的保護を求めること等は（不可能ではないとしても）「期待できない」と評価されるからであろう。本決定は，予期のみでは足りず，予期に加えてさらなる「プラスα」がなければ侵害回避は期待されないという，これまでの判例理論の価値判断を踏襲することを示している。

⑶　列挙された考慮事情の整理

それでは，いかなる場合に法的保護を求めること等が「期待でき」たとされるのであろうか。本決定は，「対抗行為に先行する事情を含めた行為全般の状況に照らして検討すべき」とし，事案に応じてとの留保を付けつつ，時系列に沿って，上記①～⑨の要素を列挙している。少し整理すると，Ⓐ侵害の予期に関する事情（②③⑧）とⒷ侵害回避可能性・容易性に関する事情（④⑤⑥）が挙げられていることは明らかであるが，説明を要するのは⑦および⑨である[6)]。

この点については，事前の侵害回避の要求が行為者にとり特段の負担を意味するかの判断に際し，⑦および⑨により，侵害場所に出向くあるいは侵害場所に留まる目的が専ら加害目的であると評価されることで，Ⓑに関係するとの理解も考えられる。しかし，本決定はあてはめ部分において，「Aの呼出しに応じる必要がなく，自宅にとどまって警察の援助を受けることが容易であった」とⒷについての評価を示した上で，さらに加えて，「包丁を準備した上，……包丁を示すなどの威嚇的行動を取ることもしないままAに近づき，Aの左側胸部を強く刺突した」として⑦および⑨に言及している。とすると，本決定は⑦および⑨に，Ⓑとは独立した意義を見出しているように思われ，本決定の調査官解説もこの理解を示唆する。すなわち，まず⑦については，「準備した凶器の種類については，けん銃の携帯など，それ自体法秩序に反する準備行為をしていた場合には，それを使用して対抗行為に出たとしても，正当防衛の本旨に照らし許されるのは，ごくごく例外的な場合に限られる」とされる（中尾・後掲115頁）。携帯が法的に禁じられている凶器の準備という点それ自体に重点があるのか，生命侵害・重大な身体侵害の危険という点に重点があるのかは必ずしも明らかではないが，一定の性質の対抗行為を事前に準備していたということそれ自体が重視されていることが窺われる。また⑨については，対抗行為の態様自体も考慮されるべきであり，「本件においても，包丁を持って侵害場所に出向いたという事情があるとしても，被告人の行為が防御的態様に留まった場合には，正当防衛の成立を認める余地が全くないとはいえない」と調査官解説はしており，急迫性が否定されるには，実際に行われた対抗行為も一定の性質の対抗行為であることが必要であるとの含意が窺われる[7)]（中尾・後掲116頁）。昭和52年決定のいう積極的加害意思について，「私人が，公的救助を求める十分な余裕があるのに，……侵害者に対し，その生命・身体などに原状回復不能な永続的被害を与えるような攻撃防衛を行うこ

6)　①はその他の事情を推認させる背景事情といえよう。また⑤と⑥からも明らかだが，これらの要素は「事案に応じ」検討されるものであり，常にすべてを検討する必要はない。中尾・後掲113-114頁。

7)　これに対しては，正当防衛状況の問題である以上，対抗行為以前（より厳密には，不正の侵害が急迫する以前）の事情のみから急迫性は判断されるべきである，との批判もあり得る。

とについては，侵害主体もまた人間であるという視角からの制約も考えなければならない」とし，「相手方の攻撃とのバランスを欠く過剰行為にまで及ぶという意思が認められないとしても，法が所持・携帯を禁止する凶器を用いて相手方の生命を奪ったり，身体に重大な侵害を加える意思を有しているときは，そのような意思自体を『積極的加害意思』と見て急迫性を否定してよい……。また，たとえ法が所持・携帯を禁止する凶器を用いなくても，事前に殺意をもちながらあえて侵害に臨んだと認められる場合についても同様に解してよいであろう。」（安廣・後掲148-151頁）との指摘も既になされていた。この理解を踏まえると，本決定は，ⒶⒷとは独立に，Ⓒ予定され，そして現実に行われた対抗行為の内容それ自体（＝⑦および⑨）を，急迫性否定の要素として重視していると理解するのが自然であろう。

ⒶⒷについても若干付言すると，まずⒷについては，侵害回避を求めるには，前提として確実な侵害回避可能性が必要であろう。また，侵害者の生命保護の観点を強調すれば，被侵害者に自宅等からの一時的退避をも要求することも考えられなくはないが，本決定の直接の射程はそこには及ばないことは勿論，本決定が，⑤侵害場所に出向く「必要性」とは表現を変えて，⑥侵害場所にとどまる「相当性」とすることで，「待受け型」の場合における「出向き型」の場合に比してのより慎重な検討の必要性を示唆していると思われる（中尾・後掲115頁）ことは軽視されるべきではないであろう。続いてⒶについて，本決定は，「行為者が侵害を予期した上で対抗行為に及んだ場合」に限った説示をし[8]，また具体的あてはめ部分においても侵害の内容・時期につき相当程度具体的な予期があったことが認定されている。たしかに本決定は，一般論としては総合衡量の体裁ではあるが，ⒷⒸが高度に充足されているにも拘らずⒶについても侵害の内容・時期につき相当程度具体的な予期があったことが認定されていることを踏まえれば，本決定は，相当程度具体的な予期の存在を急迫性否定のための必要条件とする従前の判例の立場（最判昭30・10・25刑集9巻11号2295頁〔判プラⅠ-181事件〕，昭和52年決定および最判昭59・1・30刑集38巻1号185頁参照）を踏襲していると理解するのが穏当であろう。

関連判例

①最大判昭23・7・7刑集2巻8号793頁（判プラⅠ-179事件）
②最判昭32・1・22刑集11巻1号31頁（判プラⅠ-180事件）
③最判昭46・11・16刑集25巻8号996頁（判プラⅠ-182事件）
④最決昭52・7・21刑集31巻4号747頁（判プラⅠ-183事件）
⑤最決平20・5・20刑集62巻6号1786頁（判プラⅠ-185事件，本書第9章）

演習問題

［設問1］　Aから「今から行ったるから待っとけ。けじめとったるから。」と怒鳴られて，XはAからの侵害をその内容も含めて予期したものの，それから10分程度でAがXのマンションの部屋の玄関前にまで押しかけ，玄関ドアを破壊して侵入し，ハンマーで攻撃してきた。Xが侵害を予期した時点で警察に通報したとしてもAの侵害開始には間に合わず，X自身も間に合わないと判断したため，かねてより違法に所持していた銃を対抗行為のために準備して待っていた。Aからの侵害に対して，Xは準備していた銃を発砲し，Aを死亡させた。以上のような形で，本決定の事案が変更された場合，Xの当該行為につき正当防衛または過剰防衛は成立するか。

＊考え方

本設問は，公的救助要請をしても救助は間に合わず，また自宅マンションの部屋に押し入られているので，「出向き型」ではなく「待受け型」といえ，生活の本拠である自宅からの一時的退避は期待できず，そこに留まることは相当といえよう，という事例設定をしている。このように，「解説」で述べたⒷ侵害回避可能性・容易性に関する事情が認められない場合であっても，ⒶやⒸを踏まえ

---

8)　この点でも，平成20年決定と異なる。同決定と本決定との関係についての詳細は，「第9章　自招侵害」の項目に譲る。

て，なお急迫性要件の充足が否定されるか，を問うのが本設問である。一方で，侵害回避可能性がなければ侵害回避を期待することは不可能である以上，急迫性を否定するにはⒷの要素が不可欠である，と考えるのであれば，急迫性は肯定される方向に考えることになろう（平成 29 年決定が述べる刑法 36 条の趣旨からはこちらが自然であるように思われる。もちろん，防衛行為の相当性および防衛の意思はさらに検討する必要がある）。他方で，Ⓑは考慮要素の一つに留まり，ⒶⒸにより急迫性を否定することは可能である，との考え方もあり得よう。

［設問 2］ 先行事情は本決定の事例と同様であるものの，X が A を見て考えを改め，A の攻撃をかわして取り押さえ，ナイフを示して「刺されたくなければ，立ち去れ」と申し向けたところ，A が立ち去った，という場合，X の当該行為に正当防衛または過剰防衛は成立するか。さらに，そのような対抗行為に当初は徹したものの，A からの攻撃は収まらず，結局，本決定の事例と同様に，包丁で A の腹部を刺突した，という場合はどうか。

＊考え方

本設問は，決定要旨⑨の行為者の現実の対抗行為の態様が重視されるべきか否かを考えるものである。一方で，急迫性とは正当防衛状況の問題である以上，対抗行為以前の事情のみから急迫性は判断されるべきであり，対抗行為の態様それ自体は急迫性の判断に影響しないとの立場もあり得，そのように考えれば，被告人が現場に到着する時点までの事情は全く異ならない以上，急迫性否定という帰結も同様ということになろう。これに対して他方で，やはり基本的には正は不正に譲歩する必要はなく，対抗行為が重大なものになる場合にのみ事前回避が期待されると理解すれば「解説」でも述べたとおり，調査官解説はこの方向を示唆する），取り押さえおよび示兇器脅迫という防御的態様の対抗行為に留まる場合には，急迫性が肯定される余地がある。もっとも，それでは収まらず，最終的に包丁で侵害者の腹部を刺突するという積極的態様に至った場合には，やはり急迫性が否定されることになろう。

〔参考文献〕

中尾佳久・最判解刑事篇平成 29 年度 95 頁
香城敏麿・最判解刑事篇昭和 52 年度 235 頁
安廣文夫・最判解刑事篇昭和 60 年度 132 頁
佐伯仁志・「正当防衛の新判例について」判時 2357・2358 号 19 頁
橋爪隆・百選Ⅰ〔第 8 版〕48 頁

（坂下陽輔）

9　自招侵害――ラリアット事件

最高裁平成 20 年 5 月 20 日第二小法廷決定

平成 18 年(あ)第 2618 号
傷害被告事件

刑集 62 巻 6 号 1786 頁，判時 2024 号 159 頁

〈事実の概要〉

本決定が前提とする本件の事実関係は，次のとおりである。

本件の被害者であるA（当時 51 歳）は，本件当日午後 7 時 30 分ころ，自転車にまたがったまま，歩道上に設置されたごみ集積所にごみを捨てていたところ，帰宅途中に徒歩で通り掛かったX（被告人。当時 41 歳）が，その姿を不審と感じて声を掛けるなどしたことから，両名は言い争いとなった。Xは，いきなりAの左ほおを手けんで 1 回殴打し（以下，「第 1 暴行」とする），直後に走って立ち去った。Aは，「待て。」などと言いながら，自転車でXを追い掛け，上記殴打現場から約 26.5m 先を左折して約 60m 進んだ歩道上でXに追い付き，自転車に乗ったまま，水平に伸ばした右腕で，後方からXの背中の上部または首付近を強く殴打した（以下，「第 2 暴行」とする）。Xは，上記Aの攻撃によって前方に倒れたが，起き上がり，護身用に携帯していた特殊警棒を衣服から取り出し，Aに対し，その顔面や防御しようとした左手を数回殴打する暴行を加え（以下，「第 3 暴行」とする），よって，同人に加療約 3 週間を要する顔面挫創，左手小指中節骨骨折の傷害を負わせた。

正当防衛および過剰防衛の成否が争点となったところ，第 1 審（東京地八王子支判平 18・7・5 刑集 62 巻 6 号 1794 頁参照）は，「Xは，自分が先に手を出して逃走中に殴打されたものであり，X自身もAが追いかけてくる可能性を認識していたものと推認されるから，たとえ，本件集積所と本件犯行現場が約 90 メートル離れていたとしても，全体的にみると，本件は一連の喧嘩闘争というべきである。したがって，原則的に正当防衛の観念を入れる余地はない。そして，Aの攻撃が強烈なものであったとしても，素手での攻撃に過ぎず，これに対し，Xは，いわゆる武器である特殊警棒を用いているのであるから，この点からも正当防衛を論ずることはできない。」とし，正当防衛および過剰防衛の成立を認めず，傷害罪として懲役 10 月・執行猶予 3 年（特殊警棒を没収）に処した。X控訴。

控訴審（東京高判平 18・11・29 前掲刑集 1802 頁参照）は，「Xは，本件集積所でAとの間で言い争いを起こす中で，Aに対して第 1 暴行を加え，その直後，走って立ち去ったのであって，XからAに対して挑発的な有形力を行使したと認められる。また，Aに暴行を加えた際にはもちろん，走り去る途中でも，AがXの挑発を受けて報復攻撃に出ることを十分予期していたものと推認できる。実際，Aは，Xから暴行を加えられたため，やられたらやり返すとの思いから，Xを直ぐさま自転車で追い掛けて行き，約 90 メートル先で追い付いて，第 2 暴行を加えており，AのXに対する第 2 暴行は，XがAに対して第 1 暴行を加えたことによって招いたものといわざるを得ない。加えて，第 2 暴行は，第 1 暴行と時間的にも場所的にも接着しており，事態にも継続性があり，第 2 暴行の内容も，相当強烈であったものの，素手による 1 回限りの殴打に過ぎず，第 1 暴行との関係で通常予想される範囲を超えるとまでは言い難いものである。結局，Aによる第 2 暴行は不正な侵害であるにしても，これがXにとって急迫性のある

侵害とは認めることはできない。したがって，これに対応したXの本件特殊警棒による殴打行為について正当防衛は成立しないといわなければならない。」とし，正当防衛および過剰防衛の成立が認められないとの第1審の判断を是認しつつ，量刑に関する職権判断を行い，第1審判決を破棄し，懲役6月・執行猶予3年（特殊警棒を没収）とする自判をした。正当防衛の成立を主張して，X上告。

〈上告審〉

決定要旨

上告棄却。

「前記の事実関係によれば，Xは，Aから攻撃されるに先立ち，Aに対して暴行を加えているのであって，Aの攻撃は，Xの暴行に触発された，その直後における近接した場所での一連，一体の事態ということができ，Xは不正の行為により自ら侵害を招いたものといえるから，Aの攻撃がXの前記暴行の程度を大きく超えるものでないなどの本件の事実関係の下においては，Xの本件傷害行為は，Xにおいて何らかの反撃行為に出ることが正当とされる状況における行為とはいえないというべきである。そうすると，正当防衛の成立を否定した原判断は，結論において正当である。」

解　説

1　本決定の位置づけ

(1)　本決定以前の判例・裁判例の状況

第8章で述べたように，対抗行為に先行する事情を含めた行為全般の状況に基づく正当防衛の制限という問題に関しては，当初，喧嘩闘争状況と正当防衛の制限という形で議論され，喧嘩闘争状況であっても正当防衛は成立し得る余地はあるものの，最終的な侵害と対抗行為の時点のみを見るのではなく，闘争状況を全般的に観察すべきであり，それにより正当防衛および過剰防衛の成立が否定されることがあり得る，という判例理論が形成された（最大判昭23・7・7〔関連判例①〕，最判昭32・1・22〔関連判例②〕)。そして，最高裁レベルでのこの具体化といえたのは，最決平29・4・26〔関連判例④〕（以下,「平成29年決定」とする）登場以前であった本決定当時においては，最決昭52・7・21〔関連判例③〕（以下,「昭和52年決定」とする）が提示した「侵害の予期＋積極的加害意思」による急迫性要件の否定という枠組みのみであった。

本決定（以下,「平成20年決定」ということがある）の事案のような，対抗行為者が先行する自招行為（本件では第1暴行がこれに当たる）により不正の侵害（本件では第2暴行がこれに当たる）を自ら招く，いわゆる「自招侵害」の場面についても，この枠組みが当てはめ可能な事案であれば，これにより正当防衛および過剰防衛の成立を否定することはもちろん可能であった（東京高判昭60・6・20高刑集38巻2号99頁参照）[1)]。しかし，侵害の予期あるいは積極的加害意思（その後の平成29年決定を踏まえればより一般的に，緊急状況の下で公的機関による法的保護を求めることが期待できないときに私人による対抗行為を例外的に許容したという刑法36条の趣旨に反する事情）が必ずしも認められないがゆえにこの枠組みに依拠できない事案に関しても，正当防衛および過剰防衛の成立が認められるべきでない自招侵害の場面がある，という価値判断は広く共有されており，そのため侵害の自招という観点それ自体に焦点を当てる枠組みにより急迫性要件を否定する裁判例も既に存在していた。例えば，福岡高判昭60・7・8（判タ566号317頁）〔判プラⅠ-188事件〕は,「相手方の不正の侵害行為が，これに先行する自己の相手方に対する不正の侵害行為により直接かつ時間的に接着して惹起された場合において，相手方の侵害行為が，自己の先行行為との関係で通常予期される態様および程度にとどまるものであって，少なくともその侵害が軽度にとどまる限りにおいては，もはや相手方の行為を急迫の侵

1)　相手方の不正の侵害の招致を意図して挑発行為を行う，いわゆる「意図的挑発」の事例に関しては，侵害の予期があることから，今後も第8章の枠組みが援用可能であろう。例えば神戸地判平21・2・9LEX/DB 25440853参照。

害とみることはできないものと解すべきである」としていた（他にも同様のものとして，東京高判平 8・2・7 判時 1568 号 145 頁，仙台地判平 18・10・23 判タ 1230 号 348 頁等。なお，同様の考慮事情に基づきつつ，「不正」性の要件を否定することで正当防衛および過剰防衛の成立を否定する，東京地判昭 63・4・5 判タ 668 号 223 頁〔判プラ I -189 事件〕も存在した）。本決定の控訴審判決は（若干不明瞭ではあるが第 1 審判決も），被侵害者による侵害行為の予期をも認定する点では異なるものの，このような裁判例の流れを汲むものといえよう。

本決定も，被侵害者自身の不正な暴行による不正の侵害招致という典型的な自招侵害の事案において，上記の裁判例の流れを汲みつつ，（もっとも，第 1 審および控訴審判決と異なり X の侵害の予期に触れず，また上記裁判例とも異なり予期可能性にも触れず）①違法な暴行という自招行為が侵害行為に先行すること，②自招行為とそれに触発されてなされた侵害行為とが場所的・時間的に接着した一連・一体の事態といえること（本決定は①②を合わせて，「不正の行為により自ら侵害を招いた」とまとめている），③侵害行為の程度が自招行為の程度を大きく超えるものでないことのみを，すなわち侵害の自招という観点それ自体に関係する客観的事実のみを指摘し，さらに結論として，（本件控訴審判決や上記裁判例と異なり）特定の正当防衛の要件（急迫性）に言及することなく，対抗行為が「X において何らかの反撃行為に出ることが正当とされる状況における行為とはいえない」として，正当防衛および過剰防衛の成立を否定した。

⑵　平成 29 年決定との関係

このようにみると，本決定は，侵害の予期を基軸として急迫性要件を否定する昭和 52 年決定の枠組みとは異なる形で，闘争状況の全般的観察により正当防衛および過剰防衛の成立が否定される場面の具体化を行ったものと理解するのが自然である。もちろん，平成 29 年決定が未だ存在していなかった本決定当時，昭和 52 年決定の枠組みは，それが積極的加害意思という心情要素を必要条件としてそれにより正当防衛および過剰防衛の成立を否定するものであるかのようにも見られ得る点への疑問も相俟って，平成 20 年決定の枠組みにより発展的に解消された，との理解もあり得た（佐伯・後掲 157-158 頁参照）。しかし，（詳細は第 8 章を参照されたいが）平成 29 年決定が登場し，同決定の第 1 審判決（およびそれを是認した原判決）が，自招侵害とは言い難い（対抗行為者による暴行や侮辱などの自招行為は存在しない）同事案に関して，急迫性等の特定の要件に言及することなく，「被告人は本件攻撃に出ることが正当化される状況にはなかった」として，平成 20 年決定を想起させるような判示をしたのに対し[2]，同最高裁決定は，平成 20 年決定は参照せず，昭和 52 年決定（とその前提をなす最判昭 46・11・16 刑集 25 巻 8 号 996 頁〔判プラ I -182 事件〕）のみを参照し，侵害の予期がある場合に議論の射程を明確に画した上で，正当防衛および過剰防衛の成立を否定する要件上の手掛かりとして急迫性を挙げた。このことから，平成 29 年決定は，昭和 52 年決定の枠組みを平成 20 年決定の枠組みとは別の「侵害の予期を基軸として急迫性要件を否定する枠組み」として理解した上で，昭和 52 年決定の枠組みを，積極的加害意思を必要条件とするかのような点についての疑問を解消する形で更新したもの，と理解するのが自然であろう。とすれば，その更新された「侵害の予期を基軸として急迫性要件を否定する枠組み」（＝平成 29 年決定の枠組み）と平成 20 年決定の枠組みとは，並存する相異なるものとして最高裁により位置付けられていると言え，それゆえ，今後は事案に応じて使い分けがなされ

2)　もっとも，同第 1 審判決は，侵害の予期と積極的加害意思の存在を，正当防衛および過剰防衛の成立否定の実質的根拠としており，むしろ昭和 52 年決定の枠組みを固守しているともいえ，その意図するところは必ずしも明らかでない。

3)　具体的には，（事前の積極的自招行為はないものの）侵害の予期がある場合には平成 29 年決定の枠組みが，（侵害の予期はないものの）事前の積極的自招行為が存在する場合には平成 20 年決定の枠組みが使用されることになろう。なお，意図的挑発の場合には，事前の積極的自招行為も事前の侵害予期も存在するため，いずれの枠組みからもアプローチ可能であろう。

る[3]ものと思われる（三浦・後掲432,440頁，中尾・後掲101-102,111頁，橋爪・後掲100頁）。

2 本決定の分析

⑴ 正当防衛および過剰防衛の成立が否定される理論的根拠

さて，たしかに，少なくとも本件のような故意の暴行という自招行為により侵害行為を招致するような場合には，侵害行為自体については予期がなくとも（例えば，相手が臆病であり反撃してこないと自招行為者〔＝被侵害者〕が軽信しているとしても），完全な正当防衛を認めるべきではない（三浦・後掲429頁，佐伯・後掲158頁参照）との感覚は共有可能であり，その意味で，侵害の予期を要件とすべきでない場面があるとの問題意識は理解できる（これに対して，平成29年決定の枠組みは，自招行為を前提とせず，事前の段階で侵害回避を期待できることあるいはその事前の段階から許容されない重大な対抗行為の選択が始まっていると評価できることから，正当防衛および過剰防衛の成立を否定するものであり，侵害の予期を基本的に前提とする枠組みといえよう[4]）。問題は，侵害の予期を前提とすることなく，正当防衛および過剰防衛の成立を否定することを可能とする理論的な根拠である。

この点につき，本決定の調査官解説は，「自招行為という不正な行為と侵害行為という不正な行為との間に……〔被害者の第2暴行が，被告人の第1暴行に触発された，その直後における近接した場所での一連，一体の事態であるという〕非常に密接な関係がある場合は，被告人は自ら不法な相互闘争状況を招いたといえるのであり，このような場合は，正対不正の関係ともいうべき正当防衛を基礎づける前提を基本的に欠いた，不正対不正の状況にほかならない」（三浦・後掲434頁。〔　〕は引用者）とする。その趣旨は必ずしも明らかとはいえないものの，自招行為（第1暴行）の段階ですでに不法な相互闘争行為が開始されているといえ，その後の対抗行為に違法性阻却の対象となるような緊急行為性は認められないとの価値判断（山口・後掲317-318頁），あるいは，自らの（不正な）行為によって侵害を惹起した場合には，正当防衛状況作出への関与の積極性に鑑みて，被侵害者は当該状況の解消につき一定の法的負担を負うべきであり，甘受すべき侵害行為に留まる場合には，それに対する対抗行為には緊急行為性は認められない，との価値判断に基づくように思われる。

なお，本決定は，特定の正当防衛の要件に言及していないため，どの要件の充足が否定されたことにより正当防衛および過剰防衛の成立が否定されたのかは明らかでないといわざるを得ない[5]。いずれかの要件に位置付けるとすれば，本決定が「Xにおいて何らかの反撃行為に出ることが正当とされる状況における行為とはいえない」（傍点引用者）として「正当防衛状況」に引き付けていると読むのが自然であることから[6]，急迫性の問題として扱うことがまずは考えられるが，（切迫あるいは現在した）侵害を予期していないにも拘らず急迫性が欠けるとすることはその語義上やや違和感があり（三浦・後掲428頁），また平成29年決定（当時であれば昭和52年決定）の枠組みとの相違を明示するためにも，望ましくないとはいえようか（なお，本決定は不正性の要件に位置付ける立場とはやや整合しにくいと思われる。というのも，本決定は「Xにおいて何らかの反撃行為に出ることが正当とされる状況における行為とはいえない」〔傍点引用者〕としているが，「不正性」の問題であるとすれば，緊急避難は可能ということになり，退避が不可能であれば，均衡性が認められる限りで反撃行為に出ることは許容されるはずであるからである〔髙山・後掲55頁〕[7]。位置づけの可能性としては，

---

4) 侵害の予期もないのに重大な対抗（というより攻撃）行為を行うことを事前に選択している場合もあり得なくはなく（それは単なる犯罪者として正当防衛および過剰防衛の成立の余地がないことは当然であろう。安廣・後掲17頁参照），侵害の予期が常に必要とまでは言えないかもしれないが，いずれにせよ，事前の段階ですでに対抗行為を予定しているわけではない自招侵害の類型とは異なる。

5) そもそも特定の要件に結び付けることに拘泥する必要はないとの趣旨である可能性もないわけではないが，やはり罪刑法定主義の観点からも，いずれかの要件の問題に位置付けることが望ましかろう。

6) 横浜地判令3・3・19LEX/DB 25568999参照。

他に防衛行為性の要件もあり得る。この点については学説上も議論の一致はない)。

(2) 正当防衛および過剰防衛の成立が否定される基準および具体的法効果

本決定は事例判断の形式であるが，そこで重視されたと思われる要素は，既に述べたとおり，①②により「Xは不正の行為により自ら侵害を招いたものといえる」ということ（これにより「不正対不正の状況」が基礎づけられる。三浦・後掲434頁)，および③である。

まず②③に関しては，さらなる具体化は困難であり，いかなる場合にこれらの充足が認められるのかについては今後の事案の蓄積に委ねざるを得ない。なお，対抗行為者に自招行為の段階で当該程度の侵害を惹起することについての予見可能性が必要か否かについての議論もある（橋爪・後掲95-96頁）が，②③によりいずれにせよほぼ同様の考慮が可能であり，それを要求するか否かにより帰結に差異が生じることはほとんどなかろう（佐伯・後掲158頁）。

①に関して検討すべきこととして，本決定は先行行為が不正な「暴行」の事案であり，直接の射程がこれに留まるのは当然であるが，不正な「侮辱」である場合にはこの議論が妥当しないといえるかである。一方で，「相互闘争」が既に自招行為により開始されていることを厳格に要求するとすれば，自招行為が不正な「暴行」であることを要求することになろう（山口・後掲318頁）が，他方で，「不正対不正の状況」といえれば足りると考えるとすれば，不正な「侮辱」等にまで拡張することも可能になろう。また，（もちろん権利行使や義務履行としての行為は除かれようが）それ自体は不正とまでは言えないが社会通念上侵害を誘発することが相当といえる挑発行為についても，不正な侵害の発生に積極的に関与していればその限りで自招行為者も「不正」（であり，当該状況の解消につき一定の法的負担を負うべき）と評価可能と考えれば，この場面まで議論の射程が拡張され得るかもしれない[8]。

これに関連して，本決定は，③という留保を置くことで，自招行為との緩やかな均衡を失した侵害行為に対しては正当防衛および過剰防衛の成立の余地を残している（三浦・後掲439頁）ことから，①に関して「暴行」に限らず「侮辱」等にまで拡張する立場からは，この観点が活用される場面が増え，結果的に正当防衛および過剰防衛の成立が否定される場面が過度に拡張されることを抑制する機能を③が果たすことになろう。

もっとも，この緩やかな均衡が重要な考慮要素であることは疑いないとしても，均衡を失した場合にどのような帰結がもたらされるのかについては，議論があり得る（あるいは，①において自招行為の内容に限定を付する立場からも，その限定的内容を満たさない場合につき，同様の議論が生じ得る)。例えば，自招行為としての軽微な暴行（あるいは侮辱等）に対して行われた侵害行為が大きく均衡を失するものであるとしても，やはり自招侵害であることに鑑みて，防衛行為の相当性（「やむを得ずにした行為」）に関する判断が厳格化され（具体的には，一定のリスクを伴う選択肢の採用を要求されたり，害の著しい不均衡と評価されやすくなる，ということが考えられる)，より過剰防衛と評価されやすくなるとの理解もあり得る（大阪高判平12・6・22判タ1067号276頁〔判プラⅠ-187事件〕や横浜地判平27・3・13LEX/DB25447224参照）[9]。

最後に，本決定の想定している具体的な法効果についても議論があり得る。本決定は「Xにおいて何らかの反撃行為に出ることが正当とされる状況における行為とはいえない」（傍点引

7) 本件ではXは退避可能であったとの理解もあるかもしれないが，逃走したXがAにより自転車で追いつかれている以上，やや無理な理解であろう。また，逃走しつつ謝罪を行い，侵害行為の沈静化を図るという手段は考えられるが，それが可能であったかを本決定は検討していない。

8) 事案の評価に議論の余地はあるものの，神戸地判平26・12・16LEX/DB 25447069参照。

9) なお，このような場合，侵害自体を甘受する必要はないものの，可能であれば退避を行うべきという程度の法的負担の甘受は要求され得るとして，退避可能であるにも拘らず対抗行為を行った場合には正当防衛および過剰防衛の成立が否定されると考える余地もあるかもしれない。

用者）としていることから，許されないのは「反撃行為」のみであって，反撃行為とまではいえない防御的行為は許容されると理解する余地がある（佐伯・後掲159頁）。このように理解すれば，正当防衛および過剰防衛の成立が排除されるか否かは，対抗行為の内容にも依存するということになろう（別類型ではあるが，平成29年決定も類似の理解を示している可能性があることについては，第8章参照）。

関連判例

①最大判昭23・7・7刑集2巻8号793頁（判プラⅠ-179事件）
②最判昭32・1・22刑集11巻1号31頁（判プラⅠ-180事件）
③最決昭52・7・21刑集31巻4号747頁（判プラⅠ-183事件）
④最決平29・4・26刑集71巻4号275頁（判プラⅠ-184事件，本書第8章）

演習問題

［設問］ 本決定の事案と異なり，Xは第1暴行をせず，侮辱的な発言をして逃走したところ，その後は本決定の事案と同様，第2暴行と同様の暴行をAより受けたXが，第3暴行と同様の暴行をAに加え，Aに同様の傷害を負わせた，という場合，Xの当該行為につき，正当防衛または過剰防衛は成立するか。

＊考え方

本設問は，Xによる自招行為が暴行から侮辱的発言に変わることが，正当防衛および過剰防衛の成否につき，どのような影響をもたらすかを検討してもらうものである。

まず，もちろん侮辱的発言の際に，Aからの侵害を予期し，かつそれに対する対抗行為を予定していた場合には，いわゆる意図的挑発の類型として，平成29年決定の枠組みにより正当防衛および過剰防衛の成立が否定され得る。もっとも，本決定の事案と同様，侮辱的発言をした時点ですでにそのような主観面がXに認められるかは明らかでないため，平成20年決定の枠組みに沿って検討するのが本線となろう。

そこで平成20年決定の枠組みに沿って検討することになるが，まず問題となるのは，「解説」で述べた①に関して，自招行為が「不正な暴行」であることが，この枠組みによる正当防衛および過剰防衛の成立の否定のために必須か（それとも平成20年決定の直接の射程を超えて拡張可能か），である。これを必須と考える立場からは，その時点で平成20年決定の枠組みには載らないこととなろう。それに対して，それは必須ではないという立場からは，平成20年決定の（直接の射程からはやや拡張された）枠組みには載り得ることになり（もっとも，さらに「不正」なものであることを厳格に要求するならば，侮辱的発言が「不正」と評価される程度のものなのか，そこには至らない程度のものに留まるのか，を判断する必要はある），そして②の要素も満たすであろうが，残る問題は③であり，単なる侮辱的発言に留まる自招行為に対して，Aの侵害行為である軽微とは言い難い暴行は，均衡を大きく失すると評価されやすいであろう。とすると，結局いずれにせよ，平成20年決定の（直接の射程からはやや拡張された）枠組みそれ自体からは，正当防衛および過剰防衛の成立は否定されないことになろう。

もっとも，さらに検討されるべきは，それでもなお本設問のような場合につき，正当防衛の成立に一定の制限がかからないか，である。「解説」で述べたとおり，自招行為が「不正な暴行」ではないとしても，そしてさらに自招行為と侵害行為とが緩やかな均衡を失しているとしても，なお被侵害者（＝自招行為者）は一定の法的負担を負うべきであるとして，防衛行為の相当性の判断が通常より厳格に判断されるという理論的可能性は残されている。このような立場を採用するのであれば，Xはどのような他の防衛手段を（一定のリスクを甘受しつつ）採用すべきであったのか（例えば，謝罪をしつつ退避することで侵害を抑制させた上でより穏当な対抗行為を行うなど。仮に謝罪をしつつ退避することで既に侵害が止んだことが確実といえる場合には，「解説」でも少し述べたように，正当防衛および過剰防衛の成立を否定する余地もないわけではない），どの程度で害の著しい不均衡と評価され得るのか，などを考慮しつつ，防衛行為の相当性を検討することになろう。

〔参考文献〕

三浦透・最判解刑事篇平成20年度404頁
中尾佳久・最判解刑事篇平成29年度95頁
山口厚「正当防衛論の新展開」曹時61巻2号297頁
佐伯仁志『刑法総論の考え方・楽しみ方』（有斐閣，2013年）136頁
橋爪隆『刑法総論の悩みどころ』（有斐閣，2020年）78頁
髙山佳奈子・百選Ⅰ〔第8版〕54頁
安廣文夫「正当防衛・過剰防衛」法教387号17頁

（坂下陽輔）

10 防衛行為の相当性

最高裁平成元年 11 月 13 日第二小法廷判決

昭和 61 年(あ)第 782 号
暴力行為等処罰に関する法律違反，銃砲刀剣類所持等取締法違反被告事件

刑集 43 巻 10 号 823 頁，判時 1330 号 147 頁

〈事実の概要〉

X（被告人）が軽貨物自動車（以下「X 車」という。）を空地前の道路に駐車し，商談のため近くの薬局に赴いたところ，まもなく V が貨物自動車を運転して同所に来た。V は車を上記空地に入れようとしたが，X 車が邪魔だったので数回警笛を吹鳴した。それを聞いた X は，商談を中断し，薬局を出て X 車を数メートル前方に移動させたうえ，再び薬局に戻った。しかし，V はそれでも思うように自車を空地に入れることができなかったため，車内から薬局内の X に対し「邪魔になるから，どかんか。」などと怒号したので，X は再び薬局を出て X 車を空地内に移動させた。V の粗暴な言動を腹に据えかねた X が，V に対し「言葉遣いに気をつけろ。」と言ったところ，V は空地内に自車を駐車して，降車し，空地前の道路上において，薬局に向かおうとしていた X に対し「お前，殴られたいのか。」と言って手拳を前に突き出し，足を蹴り上げる動作をしながら X に近づいた。X は，年齢も若く体格にも優れた V から本当に殴られるかも知れないと思って恐くなり，X 車のほうへ後ずさりしたところ，V がさらに目前まで追ってきたので，X 車の傍らを走って逃げようとしたが，その際，X 車運転席前のコンソールボックス上に菜切包丁を置いていることを思い出し，これで V を脅してその接近を防ぎ，V からの危害を免れようと考えた。X は，X 車のまわりをほぼ一周して運転席付近に至るや，開けていたドアの窓から手を入れて菜切包丁（刃体の長さ約 17.7 センチメートル）を取り出し，右手で腰のあたりに構えたうえ，約 3 メートル離れて対峙している V に対し「殴れるのなら殴ってみい。」と言ったが，V がこれに動じないで「刺すんやったら刺してみい。」と言いながら二，三歩近づいてきたので，V に対し，さらに「切られたいんか。」と申し向けた。

上記行為につき，第 1 審判決（尼崎簡判昭 60・12・16 刑集 43 巻 10 号 832 頁参照）は，暴力行為等処罰法第 1 条の示兇器脅迫罪の成立を認めたが，原判決（大阪高判昭 61・6・13 前掲刑集 835 頁参照）は，X の行為は V からの急迫不正の侵害に対し，自己の身体を防衛する意思に出たものと認められるとした上で，「素手で殴打或いは足蹴の動作を示していたにすぎない V に対し，殺傷能力のある刃体の長さ約 17・7 センチメートルの菜切包丁を構えて立ち向かい，……脅迫したことは，防衛の手段としての相当性の範囲を逸脱したものというべきである」として，過剰防衛の成立を認め 1 審判決を破棄した。最高裁は以下のように述べて，X の上記行為は正当防衛に当たるとして，X に対し無罪を言い渡した。

〈上告審〉

判 旨

破棄自判。

「原判決が，素手で殴打しあるいは足蹴りの動作を示していたにすぎない V に対し，①X が殺傷能力のある菜切包丁を構えて脅迫したのは，防衛手段としての相当性の範囲を逸脱したものであると判断したのは，刑法 36 条 1 項の

『已ムコトヲ得サルニ出テタル行為』の解釈適用を誤ったものといわざるを得ない。すなわち，右の認定事実によれば，Xは，②年齢も若く体力にも優れたVから，『お前，殴られたいのか。』と言って手拳を前に突き出し，足を蹴り上げる動作を示されながら近づかれ，さらに後ずさりするのを追いかけられて目前に迫られたため，その接近を防ぎ，同人からの危害を免れるため，③やむなく本件菜切包丁を手に取ったうえ腰のあたりに構え，『切られたいんか。』などと言ったというものであって，④Vからの危害を避けるための防御的な行動に終始していたものであるから，その行為をもって防衛手段としての相当性の範囲を超えたものということはできない。」（丸数字および下線は引用者）

解　説

1　本判決の判断内容

本判決は，原判決がXの行為について「防衛手段としての相当性の範囲を逸脱したものであると判断したのは，刑法36条1項の『已ムコトヲ得サルニ出テタル行為』の解釈適用を誤ったもの」だとした（下線①）。原判決も本判決も「已ムコトヲ得サルニ出テタル行為」（現在の文言は「やむを得ずにした行為」）とは，防衛手段としての相当性の範囲内にある行為を意味するとの理解を前提にしているが，Xの行為がその範囲内にあるか否かに関する評価が分かれたものといえる。もっとも，両判決とも，防衛手段としての相当性の範囲内か否かの判断方法を明示していないため，本判決が，原判決について，上記文言の解釈適用を誤ったと判断した理由は判然としない。以下では，「やむを得ずにした行為」という文言の意義および「やむを得ずにした行為」か否かの判断方法に関する，本判決を含む判例の立場を確認・検討することにしよう。

2　「やむを得ずにした」という文言の意義に関する従来の判例と本判決

「やむを得ずにした」という言葉は，本来，「他に方法がなかった」ことを意味するものであるが，防衛行為は「急迫」した不正の侵害に対して行われるもの（緊急状況下の行為）であり，かつ，「不正」の侵害に対する「正」の性質（正対不正の構造）を備えたものであることから，当該防衛行為に出ることが侵害を回避するための唯一の方法であること（このことを「補充性」という）までは要求されず，不正な侵害を排除するために必要なもの（このことを「必要性」という）であれば足りるとするのが一般的な理解である。判例も，すでに大判昭2・12・20（関連判例①）が「正当防衛は不正の侵害に対する権利行為なれは防衛行為か已むを得さりしと為すには必しも他に執るへき方法の存したりしや否は問ふ所に非す」（下線は引用者。なお，片仮名は平仮名に改めた。以下同じ。）として，補充性までは要求されないことを明示していた。他方で，同判決は，上記引用部分の直後で「防衛行為たるや固より無制限に許容せらるへきものに非す自ら一定の限度ありて客観的に視て適正妥当のものたらさる可からす」とし，また，最判昭24・8・18（関連判例②）は「防衛行為が已むことを得ないとは，当該具体的事態の下において当時の社会通念が防衛行為として当然性，妥当性を認め得るものを言う」として，「やむを得ずにした」行為というためには，防衛行為が「適正妥当」なものであること，あるいは，「当然性，妥当性」を備えていることが必要であるとした[1]。つまり，やむを得ずにした行為というためには，権利利益の防衛のために「必要」なものであれば足りるが，それと同時に，「相当」なものでもなければならないというのである。

ここで問題になるのが必要性と相当性の関係である。この点に関して，最判昭44・12・4（関連判例③）は，やむを得ずにした行為とは「急迫不正の侵害に対する反撃行為が，自己または他人の権利を㋐防衛する手段として必要最小限度のものであること，すなわち反撃行為が侵害に対する㋑防衛手段として相当性を有するもの

1）この点に関し，大判昭2・12・20（関連判例①）は「是れ近時正当防衛に於ける防衛行為の必要性に代へて適当性か主張せらるる所以なりとす」としている。

であることを意味する」（丸記号および下線は引用者）とした。下線㋐と下線㋑が「すなわち」という換言の接続詞で繋がれていることから，同判決は「防衛手段としての相当性」を「防衛手段として必要最小限度のものであること」と同義と解しているように見える。そして，必要最小限度とは，より侵害性の軽微な代替手段が存在しないことを意味すると考えられること，また，必要最小限度性を満たさない行為は，より侵害性の軽微な代替手段を選択すれば足りたという意味で，権利利益の防衛にとって必要ではなかった（必要性が欠ける）といえることに鑑みると，関連判例③は防衛手段としての相当性を，より侵害性の軽微な代替手段の不存在という意味での必要性と解している，つまり，やむを得ずにした行為＝防衛手段として相当性を有する行為＝侵害性の最も軽微な防衛行為と解しているといえそうである。学説にも，被侵害法益を防衛するために防衛行為者が侵害現場で選択できた防衛手段のうち，確実に防衛効果が期待できる手段の中で，侵害性が最も軽微なもの（このことを「相対的最小限度（性）」という）を選択した場合に限って「やむを得ずにした行為」に当たるとする見解が存在する[2)]。この立場によれば，やむを得ずにした行為か否かは，実際の防衛行為よりも軽微な防衛手段を選択できたか否かによって判断されることになる[3)]。

しかし，相対的最小限度の意味での必要性を満たす行為でなければ，相当性は認められない（やむを得ずにした行為とはいえない）との解釈は「正当防衛の成立範囲を不当に狭く限定することになりかねない」[4)]。例えば，屈強な男性Vに襲われ，押し倒された小柄な女性Xが，性的自由を守るため，近くにあった石aをとっさに手に取り，Vの頭部を殴打したが，石aのすぐ横にあった，より小さな石bで殴打すれば十分に防衛できたという場合，石bを選択しなかったことだけを理由に相当性を否定し，過剰防衛とするのは妥当でないであろう。そこで，実務家を含む多くの論者は，複数の有効な防衛手段の中で，その手段を選択したことが合理的（妥当）と評価できれば必要性は満たされると解し，関連判例③の趣旨についても「防衛行為が，侵害行為に対する反撃行為として考えられる種々の方法の中で妥当なものであったと認められれば足り，厳格な意味での必要最小限度の手段までをも要求したものではないと理解するべき」であるとしている[5)]。この立場による場合，必要性が満たされるか否かは，選択された防衛行為の手段・方法としての合理性・妥当性，つまり防衛手段としての相当性の有無によって判断されることになるため，結局，やむを得ずにした行為か否かの判断にとって決定的な意義を持つのは相当性の有無であり[6)]，必要性に独自の意義は認められないことになる[7)]。実際，本判決を含め，関連判例③以後の判例・裁判例の多くは，やむを得ずにした行為か否かの判断にあたって，防衛手段としての相当性の有無という観点から検討している。問題は，防衛手段としての相当性の判断方法である。次にこの点を検討しよう。

3　防衛手段としての相当性の判断方法――判断対象・判断時点および判断基準

防衛手段としての相当性の判断方法については，従来，相当性の判断対象，判断時点および判断基準といった観点から議論されてきた[8)]。

---

2)　橋爪隆・注釈第1巻454頁等。なお，香城・後掲319頁以下も参照。

3)　もっとも，この立場も，退避すれば侵害が回避できる場合であっても，一般的に退避義務が課されるわけではないと解しており，補充性までは要求していない。

4)　川口・後掲344頁。

5)　川口・後掲344頁。

6)　必要性は，せいぜい，選択された行為が防衛にとって有効であることを要求する意味をもつにすぎないと考えられる。

7)　堀籠幸男＝中山隆夫・大コンメ(2)〔第3版〕613頁は「必要性は，相当性を判断する際の一つの要素と考えられるようになってきており，実際上，必要性が欠けるとして正当防衛が否定されることはほとんど考え難い」とする。

8)　遠藤・後掲78頁も参照。防衛行為の相当性に関する裁判例については，堀籠＝中山・大コンメ(2)〔第3版〕619頁以下，637頁以下が詳細である。

(1) 相当性の判断対象・判断時点

このうち，相当性の判断対象については，行為を対象とすべきか，結果を対象とすべきかにつき議論があるが，判例は前者の立場をとっている[9]。すでに，最判昭44・12・4（関連判例③）が「侵害に対する防衛手段として相当性を有する以上，その反撃行為により生じた結果がたまたま侵害されようとした法益より大であっても，その反撃行為が正当防衛行為でなくなるものではない」としてこのことを明示していたが，その後の判例も同様に行為を対象として相当性を判断している[10]。

また，関連判例③の「反撃行為により生じた結果がたまたま侵害されようとした法益より大であっても，その反撃行為が正当防衛行為でなくなるものではない」という部分からは，相当性判断が事前的に（行為時を基準に）行われていることが看取される。生じた結果が侵害されようとした法益よりも「たまたま」大きくなった場合であったとしても，防衛行為を事後的に（裁判時点までに明らかになったすべての事情を基礎に）検討すれば，当該防衛行為が，この大きな結果を生じさせる危険性を有していたと判断されることはありうるはずであり，その場合，法益の権衡（後述3(2)1）参照）を欠くとして相当性を否定することが十分に考えられるからである。学説上も，正当防衛が緊急行為としての性格を持つことから，相当性は事前的に判断すべきだとする見解が多数である。

(2) 相当性の判断基準

相当性の判断基準について一般的な形で述べた判例は見当たらないが，判例・裁判例や実務家の論稿からは，実務上は，問題となる行為が防衛のための唯一の手段であること（補充性）は要求されないとの理解を前提に，①防衛行為により保全される利益（保全法益）と防衛行為により侵害される利益（侵害法益）との間の権衡の有無，②より軽微な代替的防衛手段の有無と当該手段を選択する可能性・容易性，③防衛行為の態様（防御的防衛か，攻撃的防衛か）という3つの観点が重視されていることが看取される。以下，相当性判断における各観点の意義について検討しよう。

1） 保全法益と侵害法益の権衡，武器対等の原則

相当性の有無の判断にあたって，ほとんどの判例・裁判例が，保全法益と侵害法益との間の権衡（均衡）（以下「法益の権衡」という。）の有無を重視している。保全法益の質と量は侵害行為の危険性により，侵害法益の質と量は防衛行為の危険性により決定されるので，法益の権衡とは，侵害行為の危険性と防衛行為の危険性を比較した場合に，両者の間に権衡が認められることを意味する。もっとも，防衛行為は緊急状況下で，不正の侵害に対して行われる正当な反撃行為という性格を持つことから，ここでの法益の権衡は両者の間に著しい不均衡が認められない限り認められるとの理解が一般であり[11]，判例も同様の理解を前提にしていると考えられる。

なお，判例は相当性の有無を「武器対等の原則」によって判断していると説明されることが少なくないが[12]，武器とは行為の危険性を増大させるものであり，武器が不対等であるとは，侵害行為の危険性と防衛行為の危険性との間に不権衡があることに他ならないのであるから，武器対等とは法益の権衡と同義だといってよい。また，多くの論者は，武器対等の原則を形式的に適用すると不当な結論に至るとし，防衛行為者と侵害者との間の年齢差，性別差，体力差等の諸般の事情を考慮して実質的に対等か否かを判断する必要があるとし[13]，本判決もVの年齢や体力に言及しているが（下線②），その理

9） 川口・後掲342頁注13，遠藤・後掲77頁等。

10） 最判平9・6・16（関連判例④）等。ただし，東京地八王子支判昭62・9・18（関連判例⑤）は，「『相当性』の有無も，狭義の反撃行為だけではなくその結果をも包めた全体について判断されるべきもの」とした。また，実務家の中にも，結果を考慮すべき場合があるとするものがある（香城・後掲319頁以下）。

11） 川口・後掲341頁，堀籠＝中山・大コンメ(2)〔第3版〕614頁等。

12） このような理解の嚆矢となったのが，大越義久『刑法解釈の展開』（信山社，1992年）46頁以下（初出は，判タ556号〔1985年〕58頁以下）である。

13） 松井・後掲103頁以下等。

由も，これらの事情が防衛行為および侵害行為の危険性の程度に影響を与えうるものであるため，形式的な武器の対等性だけではなく，これらを考慮に入れなければ，法益の権衡の有無を適切に判断することができないことにあると考えられる。このように，判例は基本的に実質的な武器対等の原則，つまり，法益の権衡の有無を基準に相当性を判断していると考えられる。

2)　より軽微な代替的防衛手段の有無と当該手段を選択する可能性・容易性

判例・裁判例や実務家の論稿においては，相当性判断に関する考慮事情として，より軽微な代替的防衛手段の有無と当該手段を選択する可能性・容易性を挙げるものが少なくない[14]。すでに，最判昭 46・11・16（関連判例⑥）が「法益に対する侵害を避けるため他にとるべき方法があったかどうかは，防衛行為としてやむをえないものであるかどうかの問題」であるとして，代替的防衛手段の有無が防衛行為の相当性判断に関わることを示していたが，本判決の「やむなく本件菜切包丁を手に取った」（下線③）という部分も代替的防衛手段の有無に言及したものとみることができなくはないであろう[15]。

たしかに，防衛行為として行われる場合であっても，他者の利益を侵害する行為（特に，生命や重大な身体傷害の危険を含む行為）は法的に好ましいものとはいえないから[16]，相当性を判断するにあたって，より軽微な代替的防衛手段の有無やその選択の可能性・容易性を問題にすることは理解できる[17]。しかし，相当性を認めるために，相対的最小限度性を要求することが失当であることは既述のとおりである。このことと，相当性の基本的な判断基準は法益の権衡の有無に求められることに照らすと，より軽微な代替的防衛手段の有無やその選択の可能性・容易性は，有効な防衛手段の中で当該手段を選択したことの妥当性（当該防衛手段の選択の合理性）という観点から，法益の権衡という判断基準を補うものと解するのが妥当であるように思われる。例えば，相当性を否定することが不可能ではない程度の法益の不権衡[18]がある場合でも，より軽微な代替的防衛手段の選択の可能性がないかまたはその選択が困難であるため，実際の防衛手段を選択したことに合理性があると認められるときには，総合的に判断して，相当性を肯定することが可能な場合もあると思われる[19]。逆に，法益の権衡が十分に認められる場合には，より軽微な代替的防衛手段の選択が可能であったとしても，原則的に[20]，相当性を肯定すべきであろう。

この点で最も問題になるのは，保全法益と侵害法益の間に著しい不均衡があるが，より軽微な代替的防衛手段がなかった場合であるが，より軽微な代替的防衛手段がなかったか，その選択が著しく困難であったとしても，極めて軽微な利益（例えば，軽微な財産的利益）を保全するために，重大な利益（例えば，生命）を侵害することは法的に許されない（違法である）というべきであろう[21]。このような理解に対しては，防衛者側に不正の侵害を甘受することを要求するもので不当であるとの批判があろうが，より軽微な代替的防衛手段の選択が真に不可能

14)　大越・前掲注 12) 54 頁は「判例は，武器対等といえない場合であっても，他行為への期待可能性がない場合には，相当性を認めている」という。

15)　ただし，川口・後掲 351 頁は，本判決は「他に採り得る方法があったかどうかについては触れていない」とする。

16)　川口・後掲 343 頁参照。

17)　より好ましい手段（より軽微な手段）があり，その選択が容易だった場合，実際の選択を法的に相当だったと評価することはできないとの主張には一定の説得力があるといえよう。

18)　ただし，後述のとおり，法益の不権衡が著しい場合は，防衛手段の選択の合理性によっては補われえず，相当性は否定されると解すべきである。

19)　本件に関して，仮に，菜切包丁の殺傷能力を重視し，X の行為は脅迫にとどまっているものの，法益の不権衡があると評価する場合でも，X と V の体格差・年齢差，X が V に追い回されていた状況等に鑑みると，本件防衛手段の選択には合理性が認められ，法益の不権衡はそれによって補われるため，総合的に判断すると，相当性は肯定されると解することができるように思われる。

20)　ただし，侵害法益の質・侵害の程度という観点から，例外が生じる場合はあると思われる。特に，侵害法益が生命である場合には，法益の重要性に鑑み，より軽微な代替的防衛手段の選択が容易であった場合，防衛手段の選択として妥当性を欠くとして，相当性を否定すべき場合があると考えられる。

である場合（当該防衛手段以外の行為を選択する可能性がなかった場合），責任が阻却されるため，結論の不当性は生じないと思われる。なお，責任の有無は，退避による侵害回避の可能性の有無や，退避することで，より軽微な防衛手段が選択可能になったか否かも考慮に入れて判断しなければならないことに留意する必要がある[22)]。

3) 防衛行為の態様（防御的防衛か，攻撃的防衛か）

本判決は，Xの行為が防衛手段としての相当性の範囲内であったとする理由の一つとして，Xが「危害を避けるための防御的な行動に終始していた」（下線④）ことを指摘している。これは，Xの行為が包丁でVに切り付けるといったVの生命・身体に対する危険を含む攻撃的なものではなく，近づこうとするVを阻止するための脅迫にとどまり，Vの（意思や行動の）自由に対する危険しか含まないことを示す事実，つまり，防衛行為の危険性に関わる事実であるから，法益の権衡の有無の判断にとって重要な事実であるといえる。

これに対し，一部の実務家は，防衛行為を攻撃防衛（不正な侵害を即座にやめさせるために反撃を加える場合）と防御防衛（侵害自体を排除するのではなく，単に被害の発生だけを防止する場合）に分け，防御防衛の場合，侵害者の生命・身体を積極的に害するものではなく，また，その程度も，当該防衛行為に出る必要があると認められる限り，侵害者の侵害行為を回避するために最小限度必要なものと考えられるので，より適切な代替的防衛手段があり，それを選択する十分な余裕がある場合は格別，そうでない限り，防衛手段としての相当性の範囲内にあると考えることができるとして，防御的な防衛行為であるか，攻撃的な防衛行為であるかが，相当性判断において，一般的な意味を持つとしている[23)]。そして，本件のXの行為が防御防衛の一種であることも本判決の結論を支持する根拠の1つになるという。しかし，防御防衛について，相当性が（原則として）肯定される理由として挙げられている，侵害者の生命・身体を積極的に害するものではないという点は，防衛行為の危険性に関わるものとして，法益の権衡の有無という観点に解消できるし，侵害行為を回避するために最小限度必要なものという点は，より軽微な代替的防衛手段の有無と当該手段を選択する可能性・容易性という観点に解消できるので，防御防衛と攻撃防衛に類型化することに独自の意義はないように思われる。相当性判断の核心は，具体的な事実関係に即した実質的な評価という点にあり，形式的な類型化にはなじまないといえよう。

■■■■ 関連判例 ■■■■

①大判昭2・12・20評論全集17巻刑18頁（判プラⅠ-207事件）
②最判昭24・8・18刑集3巻9号1465頁（判プラⅠ-170事件）
③最判昭44・12・4刑集23巻12号1573頁（判プラⅠ-200事件）
④最判平9・6・16刑集51巻5号435頁（判プラⅠ-171事件）
⑤東京地八王子支判昭62・9・18判時1256号120頁（判プラⅠ-203事件）
⑥最判昭46・11・16刑集25巻8号996頁（判プラⅠ-175事件）

■■■■ 演習問題 ■■■■

［問題1］ Xは，交差点で信号待ちのため，運転していた普通乗用自動車（以下「X車」とする。）を停止させていたところ，Vが運転する

21) 最判平9・6・16（関連判例④）の事案は，より軽微な代替的防衛手段があるとは認めがたい場合であったといえなくもないが（この点に関し，遠藤・後掲78頁参照），最高裁は法益の権衡の観点（および防衛行為の危険性が生命に関するものであったこと）から過剰防衛の成立を認めたものと見ることができる。

22) 最判平9・6・16（関連判例④）の事案では，退避することで，より軽微な防衛手段の選択が可能になったと考えられるので（遠藤・後掲82頁以下参照），責任は阻却されないであろう。

23) 川口・後掲351頁以下（さらに，同354頁注27に挙げられた文献も参照）。松井・後掲103頁も参照。なお，川口・後掲355頁注29は，防御防衛の場合，武器対等の原則をあまり重視すべきではないとしており，防御防衛であることに，法益の権衡と並ぶ固有の意味を見出している。

普通乗用自動車（以下「V車」とする。）がX車の正面に停車した。対面信号が青色に変わったため，直進走行しようとしたXは，V車が走行の妨げになっていたため，クラクションを鳴らして，Vに対し走路を空けるように促した。それを聞いたVはV車から降り，X車の運転席窓付近まで迫ると，Xに対し，窓から顔面を運転席内に入れ，「ぶっ殺すぞ。」と怒声を発した。Xは，Vから攻撃されることを防ぐため，Vの顔面がX車に入っていることを認識しながらX車をゆっくりと発進させたところ，Vは両手でX車の窓枠部分を掴み，3メートルほどX車と並走し，Xに対して，「ぶっ殺すぞ。」と怒号した。Xは更なる恐怖を感じてX車を加速させたところ，Vはその約3秒後に転倒し，頭部をX車に轢過されて死亡した。

＊考え方

本問は東京地立川支判平28・9・16（判時2354号114頁）を基にしたものである（評釈として，成瀬幸典・セレクトMonthly（法教440号）151頁)。本問の場合，Vの侵害行為の危険性よりも，X車の走行・加速というXの防衛行為の危険性のほうが著しく大きいため，法益の権衡は認めがたい。そこで，他のより軽微な代替的防衛手段の選択が困難であったことをも併せて総合的に相当性を判断することになる。その際，Xの行為がVの生命侵害の危険を伴うものであり，その許容性判断は厳格に行われるべきであると考えられることが問題になろう（なお，裁判所は相当性を肯定した)。

［問題２］　X（65歳，身長155cm，体重約50kg）に金銭を貸していたV（45歳，身長180cm，体重80kg）は，返済期限が過ぎても支払をしないXに立腹し，一人暮らしのXの自宅を訪れた。XがVを居間に招き入れたところ，Vは突然Xに殴る蹴るの暴行を加えた。Xがその場にうずくまったのを見たVはいったんXに対する攻撃を中止し，Xに背を向けてストーブの前にしゃがみ込むと，Xに対して，「今日は許さん。手が温まったら，ぼこぼこにする。」と大きな声で言った。それを聞いたXはさらなる暴行を受けることを防ぐため，Vの背後からその頭部をハンマー（先端が金属製で重量1.2kg）で殴打し，頭部裂傷の傷害を負わせた。なお，Vは手が温まれば，Xに対する素手での暴行を再開するつもりであった。

＊考え方

本問は札幌地判平30・12・3裁判所ウェブサイトを基にしたものである（評釈として，成瀬幸典・セレクトMonthly〔法教464号〕124頁)。Xは素手のVに対して金属製のハンマーを用いているため，形式的には武器不対等であるが，実質的にも武器対等といえるか（法益の権衡が認められるか）を，XとVの年齢差，体格差，武器の形状，Xの攻撃態様などを総合的に考慮して判断することになる。特に，背後からハンマーで頭部を殴る行為の生命に対する危険性の有無とその程度が重要であろう（裁判所は，本件行為以外に有効な防衛手段がないことと，保全法益と侵害法益の均衡が保たれていることを根拠に相当性を認めた)。

〔参考文献〕

川口宰護・最判解刑事篇平成元年度329頁以下

香城敏麿「正当防衛における相当性」小林充＝香城敏麿編『刑事事実認定（上)』(判例タイムズ社，1992年）317頁以下

松井芳明「正当防衛における『防衛行為の相当性』」植村立郎編『刑事事実認定重要判決50選（上）〔第3版〕』(立花書房，2020年）87頁以下

遠藤邦彦「正当防衛に関する2，3の考察」『小林充先生＝佐藤文哉先生古稀祝賀　刑事裁判論集上巻』(判例タイムズ社，2006年）58頁以下（特に，77頁以下）

（成瀬幸典）

11 量的過剰（事後的過剰）

最高裁平成20年6月25日第一小法廷決定

平成20年(あ)第124号
傷害被告事件

刑集62巻6号1859頁，判時2009号149頁

〈事実の概要〉

X（被告人）は，建物の屋外喫煙所の外階段下で喫煙し，屋内に戻ろうとしたところ，仲間2名と一緒にいたAに「ちょっと待て，話がある。」と呼びかけられた。Xは，以前にもAから因縁を付けられて暴行を加えられたことがあり，今回も因縁を付けられて暴行を加えられるのではないかと考えたが，Aの呼びかけに応じて，共に上記屋外喫煙所の外階段西側に移動した。

Xは，同所において，いきなりAから殴りかかられ，これをかわしたものの，Aから腰付近を持たれて付近のフェンスまで押し込まれた。Aは，さらにXを自己の体とフェンスの間にはさむようにして両手でフェンスをつかみ，Xをフェンスに押し付けながら，ひざや足で数回蹴った。これに対して，XもAの体を抱えながら足を絡めたり，蹴り返したりした。その頃，2人がもみ合っている現場に，Aの仲間2名が近付くなどしたため，XはAの仲間に「おれはやくざだ」などと述べて威嚇し，Xをフェンスに押し付けていたAを離すようにしながらその顔面を1回殴打した。

これに対して，Aは，その場にあった円柱形のアルミ製灰皿を持ち上げ，Xに向けて投げつけた。Xは，投げつけられた灰皿を避けながら，Aの顔面を右手で殴打した（第1暴行）。Xの第1暴行により，Aは頭部から落ちるように転倒して，後頭部をタイルの敷き詰められた地面に打ち付け，仰向けに倒れたまま意識を失ったように動かなくなった。

Xは，憤激のあまり，仰向けに倒れているAに対し，その状況を十分に認識しながら，「俺を甘く見ているな，俺に勝てるつもりでいるのか。」などと言い，その腹部等を足蹴にしたり，足で踏みつけるなどして，さらに腹部に膝をぶつけるなどの暴行を加えた（第2暴行）。Aは，Xの第2暴行により，肋骨骨折，脾臓挫滅，腸間膜挫滅等の傷害を負った。

その後Aは，付近の病院に救急車で搬送されたが，約6時間後に，第1暴行から生じた頭部打撲による頭蓋骨骨折に伴うクモ膜下出血により死亡した。

第1審（静岡地沼津支判平19・8・7刑集62巻6号1866頁参照）は，Xは，自己の身体を防衛するため，防衛の意思を持って，防衛の程度を超え，Aに対して第1暴行および第2暴行を加え，同人に傷害を負わせ死亡させたとして，過剰防衛による傷害致死罪が成立するとした。これに対して，Xが控訴を申し立てたところ，控訴審（東京高判平19・12・25前掲刑集1879頁参照）は，Xの第1暴行については正当防衛が成立するが，第2暴行についてはAの侵害は明らかに終了している上，防衛の意思も認められず，正当防衛ないし過剰防衛が成立する余地はないので，Xは第2暴行によって生じた傷害の限度で責任を負うべきとして，第1審判決を破棄し，傷害罪が成立するとした。

このような控訴審判決に対して，Xは，本件における第1暴行と第2暴行は分断せず一体のものとして評価すべきであり，前者を正当防衛として認める以上，全体について正当防衛を認めて無罪とすべきなどとして上告した。

〈上告審〉

■決定要旨■

最高裁は，まず，本件の事実関係の下では，「第１暴行により転倒したＡが，Ｘに対し更なる侵害行為に出る可能性はなかったのであり，Ｘは，そのことを認識した上で，専ら攻撃の意思に基づいて第２暴行に及んでいるのであるから，第２暴行が正当防衛の要件を満たさないことは明らかである」とした。その上で，第１暴行と第２暴行の関係について，「両暴行は，時間的，場所的には連続しているものの，Ａによる侵害の継続性およびＸの防衛の意思の有無という点で，明らかに性質を異にし，Ｘが前記発言をした上で抵抗不能の状態にあるＡに対して相当に激しい態様の第２暴行に及んでいることにもかんがみると，その間には断絶があるというべきであって，急迫不正の侵害に対して反撃を継続するうちに，その反撃が量的に過剰になったものとは認められない」とした。そして，結論として「両暴行を全体的に考察して，１個の過剰防衛の成立を認めるのは相当でなく，正当防衛に当たる第１暴行については，罪に問うことはできないが，第２暴行については，正当防衛はもとより過剰防衛を論ずる余地もないのであって，これによりＡに負わせた傷害につき，Ｘは傷害罪の責任を負うというべきである」として，控訴審の判断を是認し，上告を棄却した。

■■■■ 解　説 ■■■■

1　問題の所在

量的過剰とは，過剰防衛とされる事例のうち，急迫不正の侵害の終了後も反撃行為が継続した場合をいう[1)]。そして，量的過剰の問題としては，侵害終了後の反撃行為についても，過剰防衛として刑の任意的減免を認めるべきかが問題になる。本決定は，ＸとＡの間で生じた暴力的闘争の場面において，Ａによる攻撃の終了以前の反撃は正当防衛とするが，終了後の反撃行為は単なる犯罪行為としており，Ｘの一連の反撃行為を分断して評価し，量的過剰を否定したものである。

この量的過剰の問題は，かつては過剰防衛の刑の減免根拠から検討されてきたが[2)]，本決定を契機として「行為の切り分け」という視点から検討されるようになった[3)]。すなわち，量的過剰の問題について，現在では，不正の侵害終了後の反撃行為にも刑法36条２項の効果を及ぼすべきかという問題だけではなく，前刑法的な「社会的なエピソード」としての被侵害者の連続的な反撃行為をどのように切り分けた上で正当防衛・過剰防衛の成否を判断すべきかが問題とされている。そこで，量的過剰の問題を理解するためには，本決定がどのような理由からＸの反撃行為を侵害終了の前後で切り分けて正当防衛の成否を判断したのかを理解することが重要になる。

2　全体的評価と分析的評価

まず，量的過剰の問題を検討する上では，そもそも急迫不正の侵害の終了後になされた反撃行為を，終了前の反撃行為と一体的に評価することが許されるのかが問題になる。

この点については，被侵害者の反撃行為に関する判断は，常に侵害終了の前後で分断して評価する分析的評価によるべきであり，侵害終了前の反撃行為と一体的に評価する全体的評価は一切否定すべきとする見解も主張されている[4)]。

1)　堀籠幸男＝中山隆夫・大コンメ(2)〔第３版〕634頁，高橋・総論317頁。なお，量的過剰の意義については，このような場合に加えて，当初は反撃が相当性の範囲内にあったが，同様の反撃を継続するうち反撃が量的に過剰になった場合も量的過剰に含まれるとする見解も主張されている。この点について，松原芳博『行為主義と刑法理論』(成文堂，2020年)146-147頁参照。

2)　このような検討として，橋田久・刑ジャ16号21頁，曽根威彦「侵害の継続性と量的過剰」研修654号(2002年)3頁，安田・後掲173頁など。

3)　このような検討として，高橋則夫「犯罪論における分析的評価と全体的評価」刑ジャ19号42頁以下，仲道祐樹『行為概念の再定位』(成文堂，2013年)213頁以下，成瀬幸典「量的過剰に関する一考察(2・完)」法学75巻6号(2012年)48頁，橋爪・後掲93頁など。

このような立場によれば，被侵害者の反撃行為は常に侵害終了の前後で分断して評価され，侵害終了後の反撃行為は常に防衛行為性が失われることになるので，量的過剰という概念は否定されることになる。これに対して，判例は，侵害終了後の反撃行為の判断に際して，全体的評価を広く認めている[5]。このような立場によれば，侵害終了後の反撃行為についても，原則として終了前の反撃行為と一体のものとして扱われ，その防衛行為性は失われず，一連の反撃行為が全体として過剰防衛として評価されることになる。学説の中にも，このような全体的評価を肯定する見解は多数存在するが[6]，その多くは，一連の反撃行為のうち正当防衛の要件を満たす部分については，常に全体的評価を否定して正当化を認めるべきであるとして，全体的評価を常に貫徹するのではなく，部分的に分析的評価を用いるべきとするものである[7]。

このように，全体的評価を用いることの可否については見解が分かれているが，量的過剰が問題となる事案の適切な処理のためには，全体的評価の方法を貫徹する必要がある[8]。すなわち，量的過剰が問題となる事案の多くは，刻一刻と状況が変化する継続的な暴力的闘争の場面において，連続的な反撃行為がなされる事案である。このような事案において，反撃行為について正当防衛ないし過剰防衛の成否を適切に判断するためには，事案に現れた事情を過不足なく捕捉する必要があるので，侵害終了の前後にかかわらず一連の暴力的闘争において生じた事実関係を一体的に評価することが必要になる[9]。また，量的過剰が問題となる事案は，その性質上，どの行為から重大な結果が生じたのかが分からない場合が多い。このような事案を適正に処理するためには，被侵害者の行為を過不足なく捕捉することで，なるべく「疑わしきは被告人の利益に」の原則に頼らずに済む方法を採用することが必要となる[10]。分析的評価によれば，一連の反撃行為を分割して正当防衛・過剰防衛の判断の対象とすることになるが，これを認めると，事件の当事者に，自らに有利なように行為を分割した主張を許すことになりかねない。例えば，被告人・弁護人としては，一連の反撃行為を細分化し，正当化される部分から重大な結果が発生したと主張することで，「疑わしきは被告人の利益に」の原則により，重大な結果についての刑事責任を免れることを狙うことが予想される。このような問題は，全体的評価を肯定しつつ，反撃行為の一部分が正当防衛の要件を満たす場合には分析的評価によるべきとする見解にも生じうる[11]。

また，そもそも犯罪の成否は，1個の行為について構成要件該当性，違法性，有責性の順序に従って判断されるのであるから，Xの複数の行為が1個の構成要件該当性が認められる行為として評価されるのであれば，その全体について，違法性の段階での正当防衛ないし過剰防衛の判断がなされるというのが自然な考え方である[12]。すなわち，全体的評価が可能なのは，一連の行為が全体として1個の刑法的評価の対象とされうる実体を備えているからである。そうであるならば，1個の行為の中に，いわば「正当防衛的な行為」があったとしても，その部分だけを取り出して評価の対象とすべきではないことになると解される[13]。

このことから，量的過剰が問題になる事案の処理に際して，判例は基本的に全体的評価の方法を用いており，一連の反撃行為の一部分が正当防衛の要件を満たす場合であっても，全体的

4)　このような見解として，林幹人「量的過剰について」判時2038号18頁，橋田・前掲注2)25頁など。
5)　松田・後掲504頁，永井・後掲135頁，遠藤・後掲152頁，大塚裕史ほか『基本刑法Ⅰ総論〔第3版〕』（日本評論社，2019年）202頁。
6)　このような見解として，安田・後掲179頁，高橋・前掲注3)44頁，仲道・前掲注3)232-233頁，成瀬・前掲注3)63-64頁，橋爪・後掲97-98頁など。
7)　このような見解として，安田・後掲180頁以下，仲道・前掲注3)238-239頁，橋爪・後掲103頁など。
8)　松田・後掲503-504頁，永井・後掲134-135頁，遠藤・後掲152頁以下，成瀬・前掲注3)64頁。
9)　遠藤・後掲152-153頁，松田・後掲503頁。
10)　遠藤・後掲159頁参照。
11)　遠藤・後掲159-160頁。
12)　永井・後掲135頁。
13)　松田俊哉・最判解刑事篇平成21年度9-10頁，永井・後掲135頁，成瀬・前掲注3)65頁。

評価を貫徹している。本決定も，Aが倒れた後の反撃行為を分断して評価しているが，全体的評価という考え方を否定した事例ではない。すなわち，同決定の原審は，「一般的に侵害現在時および侵害終了後の一連の行為を全体として考察し，防衛行為としての相当性を検討するべきである，といわれているが，本件のような場合においては，第1の暴行と第2の暴行を一体のものとして全体として考察する基礎を欠いているというべき」であるとして，Xの反撃行為を侵害終了の前後で分断しているが，このような説示は，本件のような事案の処理に際しては，原則として全体的評価を用いるべきことを前提に，本件は，全体的評価を用いることができない例外的な事例であるということを示すものである。そして，本決定は，このような原審の判断を是認して，Xの反撃行為を侵害終了の前後で分断していることから，本決定も，原則としては全体的評価を貫徹する立場にあるということができる[14]。

3　判例における量的過剰の処理

そして，本決定を正しく理解する上では，原則として全体的評価を用いるべきことを前提に，例外的にどのような場合には一連の反撃行為を一体的に評価することが許されないのかを理解する必要がある。

⑴　侵害の継続性

まず，量的過剰の事案と区別する必要があるのが，相手方の一連の侵害行為について，侵害の継続性が問題となる事案である。

このような事案として，まず，最判平9・6・16（関連判例①）は，被告人が同じアパートに住んでいる被害者に鉄パイプで殴打され，鉄パイプを取り合ってつかみ合いになり，被告人がアパート外部の通路にある階段の踊り場まで逃げたところ，被害者が勢い余ってアパートの転落防止用の手すりの外側に前のめりに乗り出した姿勢になっていたので，被告人が被害者を手すりから転落させて傷害を負わせたという事案において，被告人が被害者を転落させる行為に及んだ時点では急迫不正の侵害は終了していないとして，被告人の反撃行為は全体として過剰防衛とされるとした。また，最決平21・2・24（関連判例②）は，拘置所に勾留されていた被告人と同房の被害者が喧嘩になり，被害者が被告人の方に机を押し倒してきたので，被告人が机を押し返し，さらに机が覆いかぶさるような状態になって転倒した被害者を手拳で殴打したという事案において，被害者が机に押し倒されて転倒した時点でも被害者による急迫不正の侵害は終了していないとして，被告人の反撃行為について全体的に考察して1個の過剰防衛が成立するとした。

これらの事案においては，一見すると被告人に対する急迫不正の侵害が終了した後に反撃行為に出ているように見えるが，いずれも侵害の継続性が認められており，被告人の反撃行為は，侵害終了前になされたものとされる。すなわち，相手方による一連の侵害行為が一時的に中断した場合でも，攻撃意思の継続や再度の侵害の可能性が存在する場合には，侵害の継続性が認められることになる[15]。そして，侵害の継続性が認められる場合には，相手方の侵害行為が一時的に停止し，被侵害者が優勢な状態になった後の反撃行為が質的に相当なものといえるかが問題になるので，過剰防衛の類型のうち，必要性・相当性の程度を超えて強い反撃行為を加えた場合である質的過剰の問題となる。判例は，侵害の継続性を比較的容易に認めることから，被侵害者の一連の反撃行為について過剰防衛の成否が問題となる事案としては，侵害の継続性を肯定して質的過剰が問題にされる事案の方が多いとされる[16]。

このことから，量的過剰の成否が問題とされる事案は，相手方の一連の侵害行為が中断した場合に，侵害の継続性が否定された事案に限られる。本決定も，「第1暴行により転倒したAが，Xに対し更なる侵害行為に出る可能性はな

14）　松田・後掲511頁。

15）　飯田喜信・最判解刑事篇平成9年度96頁。

16）　松尾昭一「防衛行為における量的過剰についての覚書」『小林充先生＝佐藤文哉先生古稀祝賀刑事裁判論集（上）』（判例タイムズ社，2006年）134頁参照。

かった」ことを前提に第２暴行について正当防衛を否定しており，侵害の継続性が認められないことを前提として量的過剰の成否を判断している。そこで，量的過剰の問題を検討する上では，まずは当該事案において侵害の継続性が認められるか否かを判断する必要がある。

⑵　防衛行為の一体性

もっとも，侵害の継続性が否定された場合でも，相互に連続的な攻撃防御の応酬がなされる暴力的闘争の場面において，勢い余ってなされた侵害終了後の反撃行為の全てを，刑の減免の余地のない単なる犯罪行為に過ぎないとしてしまうことは，被侵害者に酷な結果となってしまう。そこで，侵害の継続性が認められない場合であっても，被侵害者の反撃行為について，行為態様の連続性が認められ，一連の行為全体に防衛行為としての性格が認められる場合には，反撃行為を一体的に評価して，全体の行為を過剰防衛として扱う必要がある[17]。

このような判断を示した事例としては，最判昭34・2・5（関連判例③）を挙げることができる。同判決は，酒癖の悪い相手方が屋根鋏を持って被告人方に押し掛けてきて，被告人の首に屋根鋏を突き付けるなどの攻撃に出たことに対して，被告人が鉈で殴打する反撃行為に出て，被告人の反撃行為により相手方の侵害的態勢が崩れ去ったにもかかわらず，恐怖・驚愕等のあまり追撃行為に出て死亡させた事案において，被告人の一連の反撃行為には全体として過剰防衛が成立するとした。同判決は，相手方の侵害的態勢が消失した，すなわち急迫不正の侵害が終了したことを前提に，恐怖・驚愕などの急迫不正の侵害が存在していた時点の内心状況が，被告人が追撃行為に出た時点でも継続していたことを理由に，当初の防衛行為としての性格を失っていないとして，防衛行為の一体性を認めたものと解することができる。

しかし，連続的な暴力的闘争の事案であっても，被侵害者の反撃行為を一体的に評価する根拠となる事情が存在しない場合には，侵害終了後の反撃行為は急迫不正の侵害に対してなされたものではない以上，防衛行為としての性質が認められないので，侵害終了前の反撃行為とは分断して評価しなければならない。この場合には，侵害終了後の反撃行為は，単なる犯罪行為として扱われることになる。本決定は，侵害の継続性が認められないことを前提として，追撃行為について，「Xの防衛の意思の有無という点」で明らかに性質が異なるものである点を理由として，防衛行為の一体性を否定して，単なる犯罪行為として扱っている。このことから，本決定は，被侵害者の主観における防衛の意思の継続を，侵害者の一連の反撃行為を一体的に評価する根拠となる事情と解しているということができる。

もっとも，この場合の防衛の意思とは，刑法36条１項における正当防衛の成立要件としての防衛の意思を意味するわけではない。すなわち，ここで問題にすべきは，侵害終了後の追撃行為についても，急迫不正の侵害に対する防衛行為として開始された行為との同一性・継続性が認められるかということである。そして，このような同一性・継続性を認めるためには，被告人の主観において，追撃行為が急迫不正の侵害に対する防衛行為という当初の性質を失っていないことが必要になる。そうであるならば，問題とすべき防衛の意思とは，侵害継続中の反撃行為の主観面の継続を意味するものであり[18]，具体的には，必ずしも確実なものではない侵害の継続性の認識が存在していれば十分であると解される。

このような被侵害者の認識は，通常は急迫不正の侵害の存在という客観的事実より基礎付けられる。そうであるならば，量的過剰が問題になるような，短時間の間に連続的な侵害行為がなされた事案においては，たとえ連続的な侵害行為の途中で相手方の侵害が終了したと認定された場合であっても，通常は被侵害者の主観における侵害の継続性の認識は失われない。しかし，相手方の侵害行為が終了したという事実を被侵害者に明確に認識させる特別な事情が発生

17）　松田・後掲507頁，遠藤・後掲148頁。
18）　橋爪・後掲101頁，安田・後掲179-180頁。

した場合には，それにより被侵害者の主観における侵害の継続性の認識が失われることになり，防衛の意思は失われると解される。それにもかかわらず，被侵害者が反撃行為を継続した場合には，防衛行為の一体性は否定されることになる。

そして，被侵害者に侵害行為の終了を認識させる特別な事情として重要であるのは，当事者の一連の暴力的闘争における「重大な局面の変化」である[19]。例えば，相手方が倒れて動かなくなったり，必死に謝罪や逃走を試みるなど攻撃態勢が明確に消失した場合や，被侵害者が圧倒的に優勢な状況になった場合には，被侵害者は相手方による侵害の終了を明確に認識できるはずである。それにもかかわらず，不必要に強力な反撃行為を継続した場合や，さらに強力な反撃行為に出ている場合には，侵害継続中の反撃行為の主観面の継続は既に失われており，侵害継続中とは全く異なる意思に基づいて相手方に対して攻撃を加えたものとされ，防衛行為の一体性を認めることはできないので，量的過剰は否定されることになる。

⑶　本決定における事案の処理

本決定が，Xの反撃行為を侵害終了の前後で分断して，量的過剰を否定したことも，以上のような見地から説明することができる。まず，本決定においては，AはXの第1暴行により転倒して，後頭部を床に打ち付けて意識を失ったように動かなくなっている。このような状態に陥っているAが，起き上がって再度の侵害に及ぶ可能性は存在しない。そこで，本決定においては，侵害の継続性を認めることはできず，侵害終了後になされた反撃行為である第2暴行を，第1暴行と一体的に評価できるかが問題になる。

この点について検討すると，AはXの第1暴行により転倒し，後頭部を床に打ち付け動かなくなっており，この時点で，Aは決定的なダメージを受けて，もはや抵抗できなくなったという「重大な局面の変化」が生じている[20]。そのような状況において，Xは「おれに勝てるつもりでいるのか。」などと発言していることから，このような状況を明確に認識していたと認めることができる。その上で，Xは，倒れて動かなくなったAに対して，第1暴行とは質的に異なる強力な暴行を一方的に加えていることから，Xの内心状況においては，「防衛の意思」，すなわち必ずしも確実なものではない侵害の継続性の認識すら失われており，純粋な攻撃の意思で第2暴行に及んでいると評価することができる[21]。そこで，Xの第2暴行は，Aの侵害に対する防衛行為という当初の性質を失っており，第1暴行と一体的に評価することはできないことになるので，本件においては，第1暴行と第2暴行それぞれについて個別に正当防衛または過剰防衛の成否を検討すべきことになる。

そして，Xの第1暴行は，結果としてAの死亡の結果を生じさせたものであるが，灰皿を投げつけるというAの攻撃に対して，右手でAの顔面を殴打するという比較的軽微なものであり，防衛行為の相当性が認められるので，正当防衛が成立する。これに対して，Xの第2暴行は，すでにAの侵害が終了しているにもかかわらず，倒れて動かないAに対して一方的になされたものであるので，そもそも防衛行為としての性質を認めることはできない。そこで，Xの第2暴行については，正当防衛も過剰防衛も問題にならず，単なる犯罪行為としての傷害罪が成立することになる。

以上のように，本決定は，全体的評価を前提としつつ，XとAの連続的な暴力的闘争の場面において，Aが倒れて動かなくなるという「重大な局面の変化」が発生し，しかもXがそのような事実を明確に認識したという比較的特殊な事案についての判例である。本決定の意義を理解する上では，このような事案の特殊性を十分に認識することが重要である。

関連判例

①最判平9・6・16刑集51巻5号435頁（判プラⅠ-171事件）

19)　高橋・総論320頁注88。
20)　松田・後掲512頁。
21)　松田・後掲512頁。

②最決平21・2・24刑集63巻2号1頁（判プラⅠ-212事件）
③最判昭34・2・5刑集13巻1号1頁（判プラⅠ-209事件）

演習問題

Aは，同僚であるBに日頃から自分に暴力を振るわれるなどしていたことからBを恐れていたところ，Bとの間でささいなきっかけで喧嘩になり，BがAに掴みかかってきた。BはAの胸ぐらを掴み，そのまま顔面を数回殴打してきたので，Aは身を守るために殴り返したところ，当たり所が悪くBは仰向けに倒れてしまい，その際に後頭部を床に強く打ち付けた。しかし，AはBの攻撃が止んだことを認識したが，日頃からBを恐れていたため，すぐに立ち上がってさらに強力な反撃をしてくると思って，さらにBの頭部を踏み付けるなどの追撃行為に出たところ，Bはその後脳出血により死亡した。なお，Bの死亡の結果は，Aのどの暴行から生じたかは判明しなかった。この場合のAの罪責を論じなさい。

〔参考文献〕

松田俊哉・最判解刑事篇平成20年度488頁
永井敏雄「量的過剰防衛」龍岡資晃編『現代裁判法大系30〔刑法・刑事訴訟法〕』（新日本法規，1999年）132頁
遠藤邦彦「量的過剰防衛」池田修＝杉田宗久編『新実例刑法〔総論〕』（青林書院，2014年）146頁
橋爪隆「防衛行為の一体性について」井上正仁＝酒巻匡編『三井誠先生古稀祝賀論文集』（有斐閣，2012年）93頁
安田拓人「過剰防衛の判断と侵害終了後の事情」刑雑50巻2号173頁

（木崎峻輔）

12 誤想過剰防衛——英国騎士道事件

■ **最高裁昭和62年3月26日第一小法廷決定**

■ 昭和59年(あ)第1699号
傷害致死被告事件

■ 刑集41巻2号182頁，判時1261号131頁

〈事実の概要〉

X（被告人）は，空手三段の腕前を有する英国人であり，日本人と結婚し来日して日本に住むようになったが，日本語に対する理解力は未だ十分とはいえない状態にあった。

Xは，夜間帰宅途中の路上で，酩酊したA（女性）とこれをなだめていたB（男性）とが揉み合ううちAが倉庫の鉄製シャッターにぶつかって尻もちをついたのを目撃して，BがAに暴行を加えているものと誤解し，Aを助けるべく両者の間に割って入り，Aを助け起こそうとした。その際，Aは，Xに対し，初め「助けて」と言い，その後「ヘルプミー，ヘルプミー」と繰り返してXに助けを求めた。Xは，次いでBのほうを振り向き両手を差し出して同人のほうに近づいたところ，同人がこれを見て防御するため手を握って胸の前辺りにあげたのをボクシングのファイティングポーズのような姿勢をとり自分に殴りかかってくるものと誤信し，自己およびAの身体を防衛しようと考え，とっさにBの顔面付近に当てるべく空手技である回し蹴りをして，左足を同人の右顔面付近に当て，同人を路上に転倒させた。Xは，Aに「大丈夫ですか」と声をかけたり，路上にいた人達に「警察呼んで」と大声で繰り返した後，その場を立ち去った。Bは，転倒した際にコンクリート面に左側頭部を打ちつけて，頭蓋骨骨折等の傷害を負い，8日後にその傷害による脳硬膜外出血および脳挫滅により死亡した。

第1審判決（千葉地判昭59・2・7刑集41巻2号214頁参照）は，以下のとおり判示して無罪判決を下した。

「Bの両手を拳に握って構えた姿勢というのは，突如その場に現われたXに対する……防禦的な身構えの姿勢に過ぎなかったものと認めるのが相当である。してみると，Bが，A及びXに対して急迫不正の侵害をなしていた事実は存在しないのであるから，XのBに対する左回し蹴りの所為を正当防衛行為ということはできない。」

「しかしながら，……右一連の状況から，それまでの経緯やBとAとの間柄を知らないXは，BがAに暴行を加えていると思い違いをしたうえ，更に自己にまで攻撃を加えようとしているもの，即ち，Aおよび自己の身体に対する急迫不正の侵害があるものと誤想してAおよび自己の身体に対する防衛行為としてBに対し左回し蹴りを行ったものであることは……明らかである。」

Xの左回し蹴りの所為が防衛の程度を超えた行為か否かについて，①空手技による反撃方法としては，「急所蹴り」，「足払い」などの危険性の高いものもあったのに，回し蹴りを用いている，②回し蹴りには，虎趾（足の親指爪先裏付け根の堅い部分）の部分で相手を打つものと，より威力の劣る足の甲の部分で相手を打つもの（通常は打たれた者が簡単に倒れる程強力なものではない）と二種類があり，Xが使ったのは後者である，③現に，左回し蹴りの当たったBの右顔面付近には何らの損傷も生じておらず，打撃の程度がそれ程強烈なものではなかったことを推認させる，④犯行当時Bは相当酔っており，しかも不意打ちであったことから転倒してしま

い，コンクリート面での打ち所も悪かった，⑤Xは，Bが酩酊していたことは知らなかったし，また，Bをコンクリート面に転倒させることまで意図しておらず，Bが転倒して死亡するに至ったのは，全く予想外の結果であったなどの「認定した事実によれば，Bの行為についての前記Xの誤想を前提とする限り，その反撃としてXがBに対して左回し蹴りに及んだ行為は，相互の行為の性質，程度その他当時の具体的な客観的事情に照らして考察するならば，A及びXの身体を防衛するためにやむことを得なかったものと言うべく，防衛手段としては相当性を有するものであって，防衛の程度を超えた行為ということはできない。確かに，反撃行為により生じた結果は重大であるが，反撃行為により生じた結果が偶々侵害されようとした法益より大であっても，その反撃行為そのものが防衛の程度を超えていないものである以上，過剰防衛となるものでないことは論を俟たない。」

「また，以上認定した諸事情の下では，当時日本語の理解力が十分でなく，英国人であるXが，誤想したことについて過失があったものと認めることもできない。」

「以上の次第で，Xの本件行為は，誤想防衛に該当して，故意が阻却され，またその誤想したことについて過失は認められないので，結局Xの本件行為は罪とならない」。

原判決（東京高判昭59・11・22高刑集37巻3号414頁）は，第1審判決を破棄して自判し，有罪判決（懲役1年6月，執行猶予3年）を下した。その理由は以下のとおりである。

「本件においては，急迫不正の侵害があったものとはいえないものであるけれども，Xは，急迫不正の侵害があるものと誤想して反撃行為に出たものというべく，結局，この点においては，右と同旨の認定をした原判決に誤りはない。」

誤想防衛の成否について，「急迫不正の侵害があるものと誤認して防衛行為を行った場合に，右防衛行為が相当であったときは，いわゆる誤想防衛として事実の錯誤により故意が阻却され，犯罪は成立しないものと解するのが相当である。しかし，防衛行為が相当性を欠き，過剰にわたるものであるときは，少なくとも後記のように防衛行為の相当性を基礎づける事実につき錯誤の存しない本件の如き場合においては，事実の錯誤として故意の阻却は認められないものと解するのが相当である。ただこの場合においては正当防衛との均衡上，過剰防衛に関する刑法36条2項の規定に準拠して，刑の軽減又は免除をなし得るものと解するのが相当である（最高裁昭和41年7月7日第二小法廷決定・刑集20巻6号554頁〔関連判例②〕参照）。」

Xの行為が防衛行為として相当であったか否かについて，①空手の回し蹴りは，身体の枢要部である頭部，顔面を狙うものであるうえ，制御しにくい足技であるだけに，命中すればその打撃により直接頭部等に損傷を与え，あるいは相手を転倒させ重大な傷害や死の結果を発生させる可能性も十分にあり，急所蹴り，足払いに較べ危険性の低いものであるとは言えない。②足の甲で蹴ったほうが虎趾よりも威力が劣るとは必ずしもいえない，③被害者の右顔面付近に怪我が存在したとは証拠上認められないものの，被害者の右顔面に何らの損傷もないことが確認されたものではなく，Xは，身長が約180cm，体重も80kgをこえるという巨漢であったから，空手の技を用い足で蹴る以上，ある程度力を加減したとしても，身長約160cm，体重約60kgの被害者に対してはなお相当の衝撃を与えることになる。被害者が全く不意を突かれたように蹴りを受けて転倒し致命的傷害を負ったことは，Xの蹴りが敏速で，相当の衝撃力，威力を伴っていたことを示す，④回し蹴りを受けた被害者は尻もちをつくような形ではなく，「電信柱が倒れるように」後方に倒れ，左側頭部をコンクリートの路面に強打しており，また，当時被害者は飲酒していたとはいえ，わずかの衝撃を受けて転倒するほどは酩酊していなかった，⑤本件は，空手三段の腕前を有するXが，空手について素養のない被害者に対してとっさに空手技の中でも危険な回し蹴りを用い相手の顔面付近に命中させたものであり，以上のように蹴った者の技量，彼我の体格，蹴られた部位，その時の相手方の状況等によっては，本件のように転倒することのあり得ることは容易に肯認し得るところであり，また，Xも，場合によれば被害者が転倒する可能性のあることも当然認識していたと認めるほかはない。加えて，⑥Xには，相手に対し警告するなり，腕をさし出すなり，相手の身体に当てない回し蹴りをする，あるいは相手が殴打してきた段階でその腕を払う，つかまえる，もしくは身を引くなど，防衛のためには採るべき方法はいくらでもあった。

「以上認定のような諸事情のもとにおいては，Xの本件行為は，明らかに防衛行為としての必要かつ相当の限度を超えたものというべく，相当性を欠くものであることは明らかである。そしてまた，防衛行為としての相当性を基礎づける事実，すなわち，前記のような回し蹴りを行うことについてはXの認識に錯誤の存しないことも明らかであり，従って少なくとも右のような事情のもとにおいては，本件行為についでは誤想防衛は成立せず，いわゆる誤想過剰防衛が成立するに過ぎないものといわなければならない。」

〈上告審〉

決定要旨

上告棄却。

「右事実関係のもとにおいて，本件回し蹴り行為は，Xが誤信したBによる急迫不正の侵害に対する防衛手段として相当性を逸脱していることが明らかであるとし，Xの所為について傷害致死罪が成立し，いわゆる誤想過剰防衛に当たるとして刑法36条2項により刑を減軽した原判断は，正当である（最高裁昭和40年（あ）第1998号同41年7月7日第二小法廷決定・刑集20巻6号554頁〔関連判例②〕参照）。」

解　説

1　問題点の整理

本件はいわゆる誤想過剰防衛に関する事案である。誤想過剰防衛は，誤想防衛と過剰防衛の両方の要素を含む複雑な問題だが，現在の一般的な整理によれば，行為者に故意犯の成立が認められるか（下記**2**）と過剰防衛に関する規定である刑法36条2項の適用・準用により刑の任意的減免があるか（下記**3**）という，別個独立の二つの問題からなるとされている（町野・後掲41頁，橋爪・後掲126頁）。

2　故意犯の成否について――違法性阻却事由の錯誤

(1)　違法性阻却事由の錯誤と誤想防衛・誤想過剰防衛

客観的には違法性阻却事由に該当しないにもかかわらず，違法性阻却事由を基礎づける事実があると誤信している場合を違法性阻却事由（正当化事情）の錯誤という。構成要件に該当する事実の認識があっても，違法性阻却事由に該当する事実の認識があれば，違法性を基礎づける事実（犯罪事実）の認識がないということなので，行為者に「罪を犯す意思」（刑法38条1項），すなわち，故意は認められないというのが通説である[1,2)]。

違法性阻却事由の錯誤の有無は，行為者が違法性阻却事由を基礎づける事実について認識していたか否かが決定的である[3)]。したがって，行為者の認識している事実に違法性阻却事由の各要件をあてはめてみて，全ての要件が充足されていれば，違法性阻却事由を基礎づける事実

---

1)　この通説を前提としても，違法性阻却事由の錯誤が犯罪論体系上どこに位置付けられるのかについては，故意をどのような要素と考えるのか（違法性に関わるのか，責任に関わるのか，あるいは双方に関わるのか）とも関連して様々な考え方が示されている（読者にもっともなじみがあるのは，責任段階の故意（責任故意）の問題と捉える理解であろうか）。ただし，判例はこの問題には立ち入っていない。

2)　違法性阻却事由の錯誤は故意の問題ではないという見解もいくつか主張されている。詳しくは，安田拓人「誤想防衛（正当化事情の錯誤）」法教497号（2022年）97頁以下を参照。

3)　これに対して，正当防衛に該当する事実がないのに，自己の行為が正当防衛にあたると誤って評価するような場合は，いわゆる「あてはめの錯誤」として法律の錯誤，すなわち，違法性の意識（の可能性）の問題であり，違法性阻却事由の錯誤とは別問題である。

の認識があり故意犯の成立が否定されるということになる。誤想防衛・誤想過剰防衛については，様々な類型分けが示されているが，故意犯の成立との関係では，行為者の認識事実が正当防衛の各要件を充足しているか否かだけを判断すればよい（橋爪・後掲 127 頁以下参照）。もう少し詳しく言えば，正当防衛の各要件の充足を判断するためには客観・主観の様々な事情が用いられているところ，故意犯の成否については，客観的事情を全て行為者の認識に置き換えて判断することになる。では，正当防衛ではなく過剰防衛を基礎づける事実については認識していたと言える場合はどうか[4]。この点，過剰防衛の効果は任意的減免にとどまり，犯罪の成立を否定するものではないので，行為者にはなお故意が認められると理解されている。

以上に基づけば，（ア）客観的には急迫不正の侵害がないのに，急迫不正の侵害を基礎づける事実を誤信して，誤信した事実を前提にすれば相当な行為をした場合（狭義の誤想防衛と呼ばれることがある），（イ）急迫不正の侵害に対して，客観的には相当ではない過剰な行為をしたが，相当性を基礎づける事実を誤信していた場合（防衛行為の誤想と呼ばれることがある），（ウ）客観的には急迫不正の侵害がないのに，急迫不正の侵害を基礎づける事実を誤信して，誤信した事実を前提にすれば過剰な行為をしたが，相当性を基礎づける事実を誤信していた場合のいずれについても，行為者には正当防衛を基礎づける事実の認識があるので故意犯の成立は否定される。これらの場合，各誤信について行為者に過失があれば，過失犯処罰規定がある限りで過失犯が成立する。一方，（エ）客観的には急迫不正の侵害がないのに，急迫不正の侵害を基礎づける事実を誤信して，誤信した事実を前提にすれば過剰な行為をした場合は，行為者には正当防衛を基礎づける事実の認識はないので，故意犯が成立する。（ウ）と（エ）は併せて誤想過剰防衛と呼ばれることもあるが，故意犯の成否の点で結論を異にするので注意を要する（（ウ）は過失による誤想過剰防衛，（エ）は故意による誤想過剰防衛と呼ばれることがある）。

(2) 本決定の理解

本件の第 1 審判決と原判決は，急迫不正の侵害は存在しないが，X がそれを誤信していたという点では一致する。結論が分かれたのは，X の行為の相当性判断に関する法的評価の違いに基づく[5]。第 1 審は X の行為が（同人の誤信を前提とした場合に）相当性の範囲内であるとして，X の行為が誤想防衛（上記（ア）の類型）に当たり故意が阻却され，誤信について過失もなく無罪であるとした。それに対して，原判決は，X の行為が相当性を欠くものであり，それについての錯誤もないため誤想防衛ではなく誤想過剰防衛（上記（エ）の類型）に当たり，傷害致死罪が成立すると結論した。

本決定は，原判決の判断を是認するという形式をとる。本決定の判断の重点は，第 1 審判決と原判決とで結論の分かれた，X の誤信を前提とした場合の行為の相当性判断にあり，その意味で，本決定は，防衛行為の相当性につき判示した事例判例としての意義を持つ（岩瀬・後掲 108 頁）。防衛行為の相当性についての詳細は別の章に委ねるが（第 10 章参照），侵害者と防衛者の体格差や行為態様などについて具体的に判断し[6]，また，より軽微な代替手段の有無も考慮している原判決の判断手法は，その後の相当性判断についての傾向と軌を一にすると評価できるもので，結論に対する異論は少ないであろう。

他方，誤想防衛として故意が阻却されるため

4）正当防衛と過剰防衛の分かれ目は，防衛行為がその程度を超えた（相当ではない）ことである。そして，この判断は客観的に行われるというのが一般的理解となっている。もっとも，判例によれば，相当性は，発生した結果を直接考慮せずに行為の危険性に基づいて判断されるため，危険性の判断資料との関係で，客観・主観の判断の区別が難しい場合が出てくる。そのためか，主観と客観にズレがある場合に主観に基づいて相当性を判断するとした大阪地判平 3・4・24（判タ 763 号 284 頁）もあるが，学説においては批判が強い。

5）そのほかに，被害者 B が酩酊していたか否かなど，事実認定にも若干の違いがある。

6）岩瀬・後掲 107 頁においては，X の行為について，棒のような兇器で殴打したのと攻撃の程度においてさして変りがないと評されている。

の条件については，厳密に言えば，本決定によって必ずしも明確になったわけではない。本決定と原判決が引用する最決昭41・7・7（関連判例②）は，被告人の長男が被害者に先にチェーンで殴りかかり，なお攻撃を加えることを辞さない意思で包丁を持った被害者と対峙していた際に，その場に飛び出した被告人が，長男が被害者から一方的に攻撃を受けているものと誤信し，その侵害を排除するため被害者に対し猟銃を発射したという，本件と同じく（エ）の類型に当たる事案について故意犯の成立を認めたが，（ウ）の類型について故意犯が否定されることを述べているわけではなく，しかも，同決定の調査官解説においては，客観的に相当性が認められない限り故意犯の成立は否定できない（すなわち，（ウ）についても故意犯が認められる）と読める記述があった（船田三雄・最判解刑事篇昭和41年度110頁）[7]。これに対して，本件原判決は，防衛行為の相当性を基礎づける事実につき錯誤がない場合という留保をつけているため，前記通説に拠っていると評価可能である[8,9]。

一方，本決定は，この点について正面から判示しておらず，（ウ）の類型の場合に故意を認めるかどうかについては，本決定の射程外ということになる。もっとも，過剰性を基礎づける事実の認識がないという点で共通する（イ）の類型については，前述のとおり，故意犯の成立を否定している裁判例があることからすれば，本決定が（ウ）の類型（稀有な事例とされる）についても故意を否定する立場，すなわち通説の立場に立つものとみることもできなくはない（岩瀬・後掲110頁以下）。本決定後の（エ）の類型である東京地判平20・10・27（関連判例④）も，行為者が「自己の行為の意味自体は十分認識した」として，行為の過剰性を基礎づける事実の認識を認定している。なお，本決定を素直に読めば，「誤想過剰防衛に当たるから傷害致死罪（故意犯）が成立する」という論法を採っておらず，故意の有無と「誤想過剰防衛」の語を切り離していると評価できるが（誤想過剰防衛は多義的に用いられているので妥当であろう），原判決を含む下級審裁判例は，「誤想過剰防衛」と「誤想防衛」を故意の有無で区別しているようである（これに従えば，（ウ）も「誤想防衛」と呼ばれることになる）。

3　刑の任意的減免

⑴　36条2項の適用・準用の可否

誤想過剰防衛の場合，客観的には急迫不正の侵害はないため，過剰防衛のように刑の任意的減免が可能か争いがある。本決定は，原判決が刑法36条2項により法律上の減軽をしたことを正当とする。この判断は，前掲最決昭41・7・7を踏襲するものである。もっとも，いずれの判例においても，その理由は示されていない。刑法36条2項の適用なのか準用なのかも不明である[10]。

学説においては，この問題はかつては過剰防

7）（ア）（イ）の類型については，故意犯の成立を否定する裁判例がある。（ア）について，大判昭8・6・29（刑集12巻1001頁）（ただし傍論），広島高判昭35・6・9（関連判例③），東京高判令元・11・6（高刑速（令1）号313頁）〔盗犯等防止法1条2項に関する誤想防衛の事案〕。（イ）について盛岡地一関支判昭36・3・15（下刑集3巻3・4号252頁），東京地判平14・11・21（判時1823号156頁），大阪地判平23・7・22（関連判例⑤）。

8）通説の理解に基づけば，正確には，過剰な行為についての錯誤の不存在ではなく，行為者の認識しているのが過剰性を基礎づける事実であったことが重要である（最判昭24・4・5〔関連判例①〕は，行為者が斧で反撃したが，凶器が斧であることに気付かなかったという事案について，行為者の認識した斧と同じ重量のある棒で乱打したという事実に基づいて過剰防衛を認めた。ただし，その認定に対しては批判がある）。なお，行為の過剰性を基礎づける事実の認識についての本件原判決の認定がやや不明瞭との評価として坂下・後掲60頁参照。

9）原判決は，構成要件該当事実の認識（認容）のみが故意であって，違法性阻却事由の錯誤は法律の錯誤の問題であり，誤信が相当であった場合にのみ責任が阻却され犯罪が成立しないという有力説（厳格責任説）に立脚する検察官の主張を採らないことも述べている。

10）「準用」が持ち出されるのは，刑法36条2項は急迫不正の侵害の存在を前提としているので，誤想過剰防衛には適用できないと考えられているためである（坂下・後掲61頁）。また，後述する適用範囲の限定との関係で準用のほうが説明しやすいとの指摘もある（内藤・中380頁）。本件原判決は，「刑法36条2項の規定に準拠して」という表現を用いている。

衛の減免根拠と結び付けられていた。すなわち，過剰防衛の減免根拠を，緊急状態下における心理的圧迫を根拠とする責任減少説からは，誤想過剰防衛の場合も，行為者が急迫不正の侵害を認識して行動しているという意味では，通常の過剰防衛の場合と同様の心理状態のはずなので，刑法36条2項による減免の余地がある。一方，過剰な行為であっても急迫不正の侵害に対する正当な利益の維持や保護という意味で違法性が減少するという立場（違法減少説）からは，急迫不正の侵害がない以上，減免は否定される[11)]。しかし，近時は，違法減少説からも，違法減少の事実を認識している以上責任主義の見地から減免が認められるという立場や，責任減少説に立っても，現実の侵害を必要と考える余地もあるという指摘など，減免根拠との対応関係は崩れており（各見解の概要について例えば坂下・後掲61頁，酒井安行・百選Ｉ〔第7版〕61頁などを参照），過剰防衛における刑の減免根拠をどこに求めるのかとは全く関係がないという指摘すらある（山口厚『基本判例に学ぶ刑法総論』〔成文堂，2010年〕115頁）。

(2) 刑法36条2項の適用範囲

刑法36条2項の適用・準用が可能であるとしても，その適用範囲についても問題がある。上記（ア）の類型（急迫不正の侵害を誤信して相当な防衛行為を行う場合）において，侵害の誤信に過失があることを理由に過失犯が成立する場合，客観的に行為の相当性が認められるので「防衛の程度を超えた行為」を前提とする刑法36条2項による刑の減免の余地がないとされるのに対して，本決定のような（エ）の類型について同条項が適用されれば，刑の不均衡が生じる可能性があると解されているためである。したがって，その不均衡を回避するため，刑の免除を認めるべきではないという理解が有力である[12)]。最近では，この問題状況をさらに精査し，急迫不正の侵害の誤信について過失が認められる場合には，過失犯を下回る処罰となることは許されないが[13)]，急迫不正の侵害の誤信について過失がなければ，相応する（ア）の類型では不可罰となるはずなので，不均衡の問題は生じず，減免を認めてよいという指摘がある（橋爪・後掲133頁以下，坂下・後掲61頁）。

この問題について，本件原判決は，一般論として刑の免除まで可能としているようにも読めるが，結論的には刑の減軽しか認めておらず，免除の可否が争点となっているわけではない。本決定も，原判決の判断を是認している形を取っているので，この問題について触れていない（岩瀬・後掲112頁）[14)]。なお，第1審はXの誤信について過失がないとしているが，原判決は量刑の箇所で急迫不正の侵害の誤信についてXに過失があるかのような表現をしているので，それを前提とすれば上記最近の理解に基づいても免除はできないということになる。

関連判例

①最判昭24・4・5刑集3巻4号421頁（判プラⅠ-211事件）
②最決昭41・7・7刑集20巻6号554頁
③広島高判昭35・6・9高刑集13巻5号399頁（判プラⅠ-213事件）
④東京地判平20・10・27判タ1299号313頁
⑤大阪地判平23・7・22判タ1359号251頁（判プラⅠ-214事件）

演習問題

以下の各事例のXの罪責について論ぜよ。

---

11) 違法・責任減少説の場合，違法減少と責任減少の双方を減免根拠とする意味をどのように考えるかによって，36条2項の適用・準用の可否が決まる。

12) 減軽は可能とされているのは，故意犯について法律上の減軽が行われても過失犯の法定刑を下回ることはないとされているためである。これに対して，（ウ）の類型については，通説によれば，（ア）と同様，過失犯しか成立し得ないので，刑を減軽する場合にも不均衡の問題が生じる。なお，（イ）の類型で過失犯が成立する場合は，急迫不正の侵害に対して客観的に過剰な行為があるので36条2項が適用される。

13) したがって，（エ）の類型については減軽のみが認められ，（ウ）の類型についてはどちらも認められない（つまり，36条2項の適用は否定される）ことになる。

14) 名古屋高判昭45・8・25（刑月2巻8号789頁）は，（エ）の類型で刑を免除しているが，過失犯処罰規定が存在しない犯罪に問われた事案で，均衡の問題は生じない。

1　本件を修正して，Xが，専ら威嚇のためにBの顔面近くに回し蹴りを行い，①Bが驚いて転倒し，打ち所が悪く死亡した。②Xの制御が上手くいかず，Bの顔面に命中して転倒し，打ち所が悪く死亡した。

2　本件を修正して，Bが実際に殴りかかろうとしてきたので，Xが，専ら威嚇のためにBの顔面の近くに回し蹴りを行い，Bが驚いて転倒し頭を打って失神した。Xは，Bが気絶したふりをして反撃の機会を窺っていると誤信し，Bの腹部を強く蹴り上げ傷害を負わせた。

＊考え方

1　事例1について

①②いずれの場合についても，Xの行為は傷害致死罪の構成要件に該当する。Bに当てるつもりはなくても，Bの顔面近くに回し蹴りを行う行為は，不法な有形力の行使として暴行に該当し（最決昭39・1・28刑集18巻1号31頁参照），それとBの死亡との間には因果関係が認められるためである。

Bによる急迫不正の侵害は存在せず，正当防衛が成立する余地はないため，違法性阻却事由の錯誤として故意が阻却されるかを検討することになる。そのためには，まず，Xの行為に防衛行為としての相当性が認められるかが重要になる。原判決によれば，威嚇のための回し蹴りは代替手段の候補に挙がっていたが，制御の難しさを考えれば，威嚇のためであっても相当性が認められないと評価する余地がある。その場合，Xには過剰性を基礎づける事実の認識があるので（本件と同じ（エ）の類型），故意は否定されず，あとは任意的減免の可能性を検討することになる。

威嚇であることが相当性を基礎づけると考える場合，①については，誤信した事実を前提にすれば相当な行為なので（ア）の類型に該当する。一方，②については，客観的に過剰な行為と評価されると思われる（①と②の限界には微妙なところもある）が，命中させるつもりのなかったXには過剰性を基礎づける事実の認識はないので（ウ）の類型に該当する。いずれの場合も，違法性阻却事由の錯誤に当たるので故意は否定され，過失犯の成立が問題となる。過失犯が成立すれば，（ウ）についてのみ任意的減免の可能性を検討することになる。

2　事例2について

事例2は，いわゆる量的過剰防衛（第11章参照）が問題となる事例類型であるが，誤想過剰防衛も問題となる（急迫不正の侵害の継続について誤信はあるものの，倒れているBを蹴るXの行為は明らかに過剰なので，（エ）の類型のバリエーションと言える）。この場合，最初の反撃とその後の追撃を一体と評価する量的過剰防衛と考えれば36条2項が無制限に適用されるのに対し，誤想過剰防衛と考えれば36条2項の適用・準用の可否や適用範囲の問題が生じることになる。

〔参考文献〕

岩瀬徹・最判解刑事篇昭和62年度100頁以下
坂下陽輔・百選Ⅰ〔第8版〕60頁以下
橋爪隆『刑法総論の悩みどころ』（有斐閣，2020年）125頁以下
森永真綱「誤想過剰防衛」松原芳博編『刑法の判例〔総論〕』（成文堂，2011年）102頁以下
町野朔「誤想防衛・過剰防衛」警研50巻9号37頁以下

（品田智史）

13 法益主体（被害者）の承諾

■ 最高裁昭和 55 年 11 月 13 日第二小法廷決定

■ 昭和 55 年(し)第 91 号
再審請求棄却決定に対する即時抗告棄却決定に対する特別抗告事件

■ 刑集 34 巻 6 号 396 頁，判時 991 号 53 頁

〈事実の概要〉

X（抗告人〔再審請求人〕）は，普通自動車を運転して交通信号の設置してある交差点に差しかかった際，過失により，自車を，信号待ちのために一時停止していたA運転の軽四輪乗用自動車後部に追突させ，さらに，Aの車をその前に停車していたY_1運転の普通貨物自動車後部に追突させ，その結果，A，Y_1およびY_1の車に同乗していたY_2，Y_3に対し傷害を負わせた，という旨の罪となるべき事実で，業務上過失傷害罪により禁錮 8 月，執行猶予 3 年に処せられ，この判決（岡山地津山支判昭 47・5・31 公刊物未登載）は確定した。

ところが，その後，同交通事故は，Xが，Y_1〜Y_3と共謀して，保険金を目当てに故意に起こしたものであり，その態様は，Xが，自車を，信号待ちをしていたA運転の車に故意に追突させ，同車を前方に押し出して，Y_1が運転しY_2とY_3が同乗する車に追突させたもので，その結果，AおよびY_1〜Y_3の 4 名に傷害を負わせたものであることが明らかとなった[1]。

これに関し，抗告人側は，前記業務上過失傷害事件の確定判決に対して，Xに無罪または原判決において認めた罪よりも軽い罪を認めるべき事由（刑訴 435 条 6 号）があるなどとして再審の請求をした。原原決定（岡山地津山支決昭 55・3・25 刑集 34 巻 6 号 402 頁参照）は，「XのY_1，Y_2，Y_3に対する傷害は被害者の承諾にもとづく行為であるから違法性が阻却されると解する余地があるにしても，Aに対しては傷害罪が成立するのであるから，X挙示の各証拠をもって，Xにつき，無罪または原判決において認めた罪より軽い罪を認めるべき明らかな証拠があるということはできない」などとして再審請求を棄却した。抗告人側は即時抗告をしたが，原決定（広島高岡山支決昭 55・6・25 前掲刑集 406 頁参照）も，いずれにせよXには，Aに対する傷害に基づき業務上過失傷害罪より法定刑の重い傷害罪が成立するから，もとより再審事由に該当しないとして，同即時抗告を棄却した[2]。

これに対し，抗告人側が特別抗告を申し立てたものが本件である。

〈特別抗告審〉

■ 決定要旨 ■

抗告棄却。

「なお，被害者が身体傷害を承諾したばあいに傷害罪が成立するか否かは，単に承諾が存在するという事実だけでなく，右承諾を得た動機，

---

1) XおよびY_1〜Y_3は，別途，詐欺罪として有罪の判決を受けている。

2) 原決定は，Y_1〜Y_3に対する罪責を暴行罪として捉え，ただそれは被害者の承諾に基づいて違法性が阻却されるという構成を採る。この点は，原原決定が，Y_1〜Y_3に対する罪責として，Y_1〜Y_3に傷害を生じさせたことを問題としたこととは異なる。しかし，原原決定が傷害罪を問題とし，原決定が暴行罪を問題としたことの違いに大きな意味はない。両決定とも，Y_1〜Y_3に対する行為がどちらの罪であっても，それらは結局，被害者の承諾に基づき違法性が阻却されると解する余地があるとし，また，Y_1〜Y_3に対する行為に犯罪が成立せずとも，少なくともAに対して傷害罪が成立する以上，いずれにしても再審事由は認められないということに両決定の意図が向けられているからである。

目的，身体傷害の手段，方法，損傷の部位，程度など諸般の事情を照らし合せて決すべきものであるが，本件のように，過失による自動車衝突事故であるかのように装い保険金を騙取する目的をもって，被害者の承諾を得てその者に故意に自己の運転する自動車を衝突させて傷害を負わせたばあいには，右承諾は，保険金を騙取するという違法な目的に利用するために得られた違法なものであって，これによって当該傷害行為の違法性を阻却するものではないと解するのが相当である。したがって本件は，原判決の認めた業務上過失傷害罪にかえて重い傷害罪が成立することになるから，同法 435 条 6 号の『有罪の言渡を受けた者に対して無罪を言い渡し，又は原判決において認めた罪より軽い罪を認める』べきばあいにあたらないことが明らかである。」

解　説

1　本決定の特徴

本件は，当初，A ら 4 名に対する X の業務上過失傷害罪の成立が原判決で認められ，それが確定したが，その後，それらの傷害結果が保険金詐欺目的で故意に惹き起こされたという事実が明らかになったため，X が再審請求を申し立てたものの，それが認められなかったという事案である。ただし，原原決定（原決定）が，たとえ Y_1 ～ Y_3 に対する傷害が被害者の承諾により違法性が阻却されたとしても，A に対する傷害罪が認められることから再審事由を満たさないとしたのに対し，本決定は，Y_1 ～ Y_3 に対する傷害は承諾があってもその違法性は阻却されないので傷害罪が成立し，だとすると再審請求は認められないとしたところに特徴がある。つまり，本決定は，A に対する傷害罪について言及することなく，Y_1 ～ Y_3 に対する傷害罪について，原原決定（原決定）とは異なり，たとえ被害者の承諾があったとしても，本件の場合，その承諾によって傷害行為の違法性は阻却されず，傷害罪が成立するとしたものである。原原決定および原決定を単に是認するのではなく，わざわざ Y_1 ～ Y_3 の承諾があったとしてもそれらの傷害罪の違法性は阻却されないということを詳細に明示したのであるから，本決定がその趣旨を強調する意図は明らかである[3)]。

そこで，本解説では，本決定が被害者の承諾の存在を認めながら，当該傷害罪の違法性が阻却されないとした判断の内容について考察することとする[4)]。

2 「被害者の承諾」の基礎

被害者の承諾があれば，基本的には犯罪の成立は否定される。例えば，物の持ち去りに対し承諾がある場合，住居への立ち入りに対し承諾がある場合，性交に対し承諾がある場合には，それぞれ，窃盗罪（235 条），住居侵入罪（130 条），強制性交等罪（177 条）は成立しない。

被害者の承諾により犯罪の成立が否定されるとしたとき，被害者の承諾がそのような効果を持つためには，「法益処分の意義と内容を理解する能力を有する者によって，当該法益処分の意義と内容を十分に理解したうえで，自由で真意に基づく同意〔承諾〕がなされなければならない」（佐伯・後掲 207 頁）とされる（後述のとおり，被害者の承諾があることで〔犯罪の不成立ではなく〕軽い罪が成立する場合もあるが，以下で示す承諾の有効要件は，軽い罪が成立する場合の承諾にも同じくあてはまる）。

すなわち，有効な承諾が認められるためには，第一に，侵害に関わる法益を処分できる権限に基づくものでなければならない[5)]。例えば，X が A の物を持ち去るに対し，A の代理人でもない B が「いいよ」と言ったところで，X の窃盗

---

3)　本決定は，仮に単純に特別抗告を棄却した場合に，保険金詐欺目的であっても被害者の承諾により違法性が阻却される場合があることを認めたと解されることを避けた，とする見方もある（古田佑紀＝渡辺咲子・大コンメ(2)〔第 3 版〕440 頁参照）。また，神作・後掲 240 頁も参照。

4)　被害者の「承諾」ではなく，被害者の「同意」といわれることもあるが，基本的に同義とされる（古田佑紀＝渡辺咲子・大コンメ(2)〔第 3 版〕433 頁参照）。本解説では判例の表現に従い，被害者の「承諾」との表現を用いる。

5)　古田佑紀＝渡辺咲子・大コンメ(2)〔第 3 版〕434 頁参照。

罪の成立が否定されるわけではない。第二に，承諾の対象となる法益侵害の意味を理解できるだけの精神能力が必要である。死の意味を理解していない者が自己の死を惹き起こす行為に対して「いいよ」と言ったとしても，有効な承諾が認められるわけではない[6]。第三に，法益侵害結果の認識および甘受が必要である。仮に法益侵害に対する被害者の認識だけで有効な承諾を認めれば，自己の時計が金づちで壊されるのを目撃した被害者がその状況を認識していることで，器物損壊罪（261条）の成立が否定されてしまうことになるが，それは妥当ではない。それゆえ，被害者の承諾には，法益侵害結果の認識と同時にそれを受け入れる意思的要素（甘受）が求められている。法益侵害結果の認識に関連して，騙されるなどして被害者が錯誤により法益侵害結果自体を認識していなければ，有効な承諾はもちろん認められない。例えば，プラスチック製のおもちゃのハンマーで叩かれると思って「いいよ」と言ったら，鉄の金づちで叩かれたという場合には，傷害結果の発生への認識を欠くから，有効な承諾は認められない。これに対して，被害者が法益侵害結果については認識しつつも，騙されるなどして，承諾をした動機において錯誤があったといえるような場合にも有効な承諾が認められるのかどうかには争いがある。これは被害者の承諾に関する重要な論点である。判例は，欺罔がなければ承諾しなかったという場合について，「真意に添わない重大な瑕疵ある意思」であるとして有効な承諾を否定している[7]。第四に，自由な意思決定に基づくものである必要がある。暴行・脅迫に基づいて法益侵害結果に対し「いいよ」と言わされても，有効な承諾は認められない[8]。

有効な承諾が認められるための要件は以上のように整理されるが[9]，他方で，そのような被害者の承諾があったとしても，犯罪の成立が否定されない犯罪類型もある。その一つが，そもそも承諾の存在が犯罪の成否に関わらない犯罪である。例えば，13歳未満の者に対して性交等をした場合には，たとえ13歳未満の者が性交等に対し承諾をしていたとしても，当該性交等の行為には強制性交等罪が成立する（177条後段）[10]。もう一つが，同じ法益侵害について，被害者の承諾がない場合の重い罪と承諾がある場合の軽い罪があるため，承諾があるときにも，犯罪の成立は否定されず，軽いほうの罪が成立する犯罪類型である（その軽い罪では，被害者の承諾があることが構成要件要素となっている）。例えば，生命侵害を惹き起こす行為に対し被害者が承諾していた場合には，殺人罪（199条）は成立しないとしても，自殺関与罪・同意殺人罪（202条）が成立することになる。

このようにして，承諾の有効要件，さらに，承諾がある場合にも成立する犯罪類型を見てきたけれども，本件では，傷害を負ったY_1～Y_3は，自己に生じる傷害に対して上記の要件を満たすような承諾をしていたといえるし，しかも傷害罪は，承諾があっても犯罪が成立するような構成要件とはなっていない。それにもかかわらず，なぜ本決定では傷害罪が成立するとされたのであろうか。本決定の考察をさらに進めよう。

3　傷害罪と被害者の承諾

(1)　傷害罪に関する被害者の承諾の体系的地位

被害者の承諾があることにより犯罪の成立が

---

6)　自殺の意味を理解しない者に縊首させた行為について，自殺関与罪ではなく，殺人罪の成立を認めた事案として，最決昭27・2・21（刑集6巻2号275頁）。

7)　最判昭33・11・21（刑集12巻15号3519頁）。これに対して，学説では，法益侵害内容に関する錯誤がない限り承諾を有効とする法益関係的錯誤説が有力に主張されている（佐伯・後掲216頁以下参照）。

8)　暴行・脅迫を加えることにより，被害者をして，被告人の命令に応じて車ごと海中に飛び込む以外の行為を選択できない精神状態に陥らせて，岸壁上から車ごと海中に転落させた行為について，殺人未遂罪の成立を認めた事案として，最決平16・1・20（刑集58巻1号1頁）。

9)　承諾の有効要件については，山口・総論165頁以下参照。

10)　強制わいせつ罪（176条）においても同様である。強制性交等罪・強制わいせつ罪では，犯罪の性質上，法益主体の同意能力について一律の制限を加えているとされる（深町晋也・注釈第1巻347頁以下参照）。

否定されるのは，構成要件該当性が否定されるからか，あるいは，構成要件該当性は認められつつも，違法性が阻却されるからか，このどちらかといえる。これについて，本決定は，本件の承諾によって「当該傷害行為の違法性を阻却するものではない」と明示する。すなわち，本決定は，傷害罪に関する被害者の承諾について，被害者の承諾があったとしても構成要件該当性自体は認めた上で，違法性の段階においてそれが阻却されるのかどうかが問題になるものとして捉えていることになる。そうだとすると，傷害罪に関する被害者の承諾の体系的地位は違法性の段階に置かれているといえる。

もっとも，判例としても，およそ被害者の承諾を（構成要件該当性ではなく）違法性を阻却するものとして捉えているとまではいえないであろう。すなわち，前述した窃盗罪，住居侵入罪，強制性交等罪のように，被害者の意思に反していることで初めて法益侵害が認められる罪，いわば被害者の承諾がないことが構成要件要素とされている罪においては[11]，そこでの被害者の承諾は構成要件該当性を否定するものとして捉えられるからである。

これに対して，後述する，自己決定権に基づき被害者の承諾の効果を捉える見解においては，被害者の承諾があることによって，法益性ないし法益の要保護性が失われるとの理解に基づき，被害者の承諾によって法益侵害自体が認められず，結果として構成要件該当性が否定されるとする考え方が有力である（山口・後掲3頁以下，小林・後掲190頁以下参照）。もっとも，その中でも，生命・身体という法益については，財産のような法益とは異なり，それが自由に処分できる性質のものではないことから，構成要件該当性（つまり法益の侵害）は否定されず，ただ，自己決定権を尊重して違法性が阻却されるとする見解もある（井田・後掲191頁以下，佐藤・後掲① 43頁以下，佐伯・後掲202頁以下参照）。

⑵ 自己決定権に基づき被害者の承諾の効果を捉える有力説の判断枠組み

本決定は，傷害罪に関する被害者の承諾について，「被害者が身体傷害を承諾したばあいに傷害罪が成立するか否かは，単に承諾が存在するという事実だけでなく，右承諾を得た動機，目的，身体傷害の手段，方法，損傷の部位，程度など諸般の事情を照らし合せて決すべき」であるとしているから，被害者の承諾は違法性を判断する際に考慮される一要素にすぎない。本決定が示す判断枠組みでは，それ以外にも，承諾を得た動機・目的などをも考慮して違法性の有無が判断される。被害者の承諾に関するこの判断枠組みの意味を知るためには，そうではない理解と比較するとわかりやすい。それが学説で有力に主張される，自己決定権に基づいて被害者の承諾の効果を捉える見解である。

有力説は，被害者にはその自己決定権に基づき自己の法益を処分する自由があるとの理解から，被害者自身が法益の保護を放棄した場合には，その法益の法益性ないし要保護性が失われることによって，違法性（構成要件該当性）が否定される（井田・後掲190頁以下，山口・後掲5頁以下，佐藤・後掲① 43頁以下，佐伯・後掲223頁以下，小林・後掲190頁以下）。有力説では，被害者の承諾の存在それ自体によって法益の法益性ないし要保護性が否定されるのであるから，違法性の否定において被害者の承諾の存在が決定的な意味を有している。したがって，有力説に従えば，本件については，Y_1 ～ Y_3が自己に生じうる傷害に対して承諾している以上，傷害罪が成立することはない。にもかかわらず，本決定が，保険金を騙し取るという違法な目的で得た承諾であることに基づいて違法性の阻却を認めず，傷害罪の成立を認めるのであれば，被害者の承諾によって法益の法益性ないし要保護性が否定されているにもかかわらず，実質的には保険金を騙し取るという違法な目的自体が傷害罪による処罰を基礎づけていることになると有力説は批判する[12]。

もっとも，有力説も，傷害罪に関する被害者の承諾があれば常に傷害罪の成立が否定される

11） 内藤・総論中579頁参照。

12） 有力説からは，本決定の理解に従えば，詐欺の予備を傷害罪で処罰することになってしまうとの批判もある（佐伯・後掲225頁・注（6）参照）。

としているわけでもない。刑法が同意殺人未遂罪（203条，202条）において生命に対する危険がある場合にも可罰性を認めて，その場合には承諾をした被害者の意思に反しても生命・身体を保護していることからすれば，生命に対する危険のある傷害あるいは重大な傷害の場合には，被害者の承諾があっても違法性の阻却を否定し，傷害罪の成立が認められるとする。自己決定権を尊重する刑法が，自己決定の基盤を破壊するような行為をも尊重するのは自己矛盾であるからである（井田・後掲195頁以下，山口・後掲6頁以下，佐藤・後掲① 45頁以下，佐伯・後掲223頁以下，小林・後掲193頁以下参照）[13]。

(3) 社会的相当性に基づく本決定の判断枠組み

前述のとおり，本決定は，傷害罪に関する被害者の承諾について，「被害者が身体傷害を承諾したばあいに傷害罪が成立するか否かは，単に承諾が存在するという事実だけでなく，右承諾を得た動機，目的，身体傷害の手段，方法，損傷の部位，程度など諸般の事情を照らし合せて決すべき」であるとする。有力説では，被害者の承諾の存在は違法性を直ちに否定させるような効果を持つ。これと比較すれば，本決定の判断枠組みは，被害者の承諾がある場合にも直ちに傷害罪の成立が否定されるわけではなく，被害者の承諾は違法性判断の考慮要素の一つにすぎない。それ以外にも，承諾を得た動機，目的，身体傷害の手段，方法，損傷の部位，程度などを考慮して違法性の有無が判断される。この判断枠組みは，違法性の判断に際し，承諾に基づく行為の全体を社会的相当性の見地から判断するものとされる[14]。そのため，たとえ被害者の承諾があっても，行為全体を見たときにそれが社会的に相当とはいえない行為である場合には，違法性の阻却が否定される。本決定においては，被害者の承諾はあったものの，保険金を騙し取るという違法な目的で得た承諾であるために違法性は阻却されず，傷害罪の成立が肯定されるに至った。

本決定と同様の判断として，仙台地石巻支判昭62・2・18（関連判例⑥）がある。被告人が被害者から指をつめることを依頼されて，被害者の左小指の根元を釣糸で縛って血止めをした上，小指の上に出刃包丁を当て，金づちで2，3回叩いて左小指の末節を切断した事案について，同判決は，「被告人の行為は，公序良俗に反するとしかいいようのない指つめにかかわるもの」などの理由から，「このような態様の行為が社会的に相当な行為として違法性が失なわれると解することはできない」として，違法性阻却を否定し，傷害罪の成立を認めた[15]。

一方，これまでの判例において，違法性の阻却が否定される場合でも，常に目的の違法性や公序良俗に反するがゆえにそれが否定されているわけでもない。行為自体に生命に対する危険性がある場合には，被害者の承諾があるときでも，その危険性に基づいて違法性の阻却が否定されている。例えば，大阪高判昭40・6・7（関連判例②）は，被告人が妻の要求に応じ，同女の首を寝間着の紐で1回まわして交差し両手で紐の両端を引っ張って同女の首を絞めながら性交に及んだところ，同女が窒息死した事案について，「被害者の嘱託ないし承諾が行為の違法性を阻却するのは，被害者による法益の拋棄があって，しかもそれが社会通念上一般に許されるからである」としつつ，「仮令個人の法益であっても行為の態様が善良の風俗に反するとか，社会通念上相当とする方法，手段，法益侵害の限度を越えた場合も亦被害者の嘱託ないし承諾は行為の違法性を阻却しない」とする判断枠組みを示した上で，同事案の行為については，「窒息死という生命に対する危険性を強度に含んでいる」ことを考慮して，同行為の違法性の

---

13) これに対して，被害者の承諾があれば常に傷害罪の成立が否定されるとする見解として，深町晋也・注釈第1巻362頁以下。

14) 神作・後掲244頁，古田佑紀＝渡辺咲子・大コンメ(2)〔第3版〕435頁以下参照。

15) 同判決はさらに，「その方法も医学的な知識に裏付けされた消毒等適切な措置を講じたうえで行われたものではなく，全く野蛮で無残な方法」であることも認めている。

なお，有力説から，同事案については，自由な意思に基づくものではないとして，傷害罪の成立を認める見解もある（佐伯・後掲226頁参照）。

阻却を否定している[16](同様に，当該行為に対し承諾があったとしても，行為が持つ生命に対する危険性に基づいて社会的相当性を認めず，違法性の阻却を否定したものとして，東京地判昭52・6・8〔関連判例③〕，東京高判昭52・11・29〔関連判例④〕，大阪地判昭52・12・26〔関連判例⑤〕)[17]。

このように，社会的相当性に基づく判断枠組みにおいては，同じく違法性阻却が否定されるにしても，目的の違法性や公序良俗に反することに基づいて否定される場合と，生命に対する危険性に基づいて否定される場合が見られる。両要素の関係については，行為の危険性が重大で，目的の違法性がそれほどでもない場合には，行為の危険性が判断において重みを持ち，反対に，目的の違法性等が行為の危険性に対し圧倒的な重みを持つ場合には，違法性判断において目的の違法性等が重視されるものとされる（神作・後掲244頁，佐藤・後掲② 47頁参照)。本件においても，傷害の手段が自動車を衝突させるという方法であることから，傷害の部位・程度を制御することが難しいともいえるが，結果的に軽い傷害しか生じていない点で，保険金詐欺目的が違法性判断において重視されることになったのだと思われる（神作・後掲243頁以下参照)。

なお，傷害罪に関する被害者の承諾に基づく違法性阻却の判断が，被害者の承諾以外にも，承諾を得た動機・目的などをも考慮してなされるため，結果的に違法性阻却が認められる範囲が限定的になるが，これは，傷害罪に関する被害者の承諾の体系的地位が違法性の段階に位置づけられたことによるものと思われる。すなわち，構成要件該当性が認められた行為である以上，違法性阻却事由としての被害者の承諾は例外的なものとなるからである（佐伯・後掲204頁参照)。したがって，被害者の承諾以外の要素をも考慮する限定的な判断枠組みが，傷害罪以外の犯罪類型にも直ちにあてはまるとは限らない。例えば，被害者の承諾により構成要件該当性が否定されるとする器物損壊罪についていえば，保険金詐欺目的で被害者の承諾を得て被害者の自動車を損壊した場合でも，違法性は阻却され，器物損壊罪は成立しないと思われる（佐藤・後掲① 53頁，佐伯・後掲203頁参照)。

関連判例

①大阪高判昭29・7・14高刑裁特1巻4号133頁（判プラⅠ-157事件）
②大阪高判昭40・6・7下刑集7巻6号1166頁(判プラⅠ-158事件)
③東京地判昭52・6・8判時874号103頁
④東京高判昭52・11・29東高刑時報28巻11号143頁
⑤大阪地判昭52・12・26判時893号104頁
⑥仙台地石巻支判昭62・2・18判時1249号145頁（判プラⅠ-164事件)
⑦東京高判平9・8・4高刑集50巻2号130頁（判プラⅠ-160事件)

演習問題

次の事例について，X，Y，Zの罪責を論じなさい。

Xは，電器店Aから家電製品を盗み，それを転売して儲けを得ること考えた。そこで，Xは，Xの妻YとXの弟Zに協力を依頼し，Xの考えた計画を伝えた。その計画とは，まず，電器店Aの店内でXがYの髪を引っ張り，平手で顔

16) 性交中に被害者の承諾を得て素手で首を絞め，被害者が窒息死したが，死亡結果に対する未必の故意を欠く事案について，大阪高判昭29・7・14（関連判例①）は，過失致死罪（210条）の成立にとどめている（つまり傷害〔致死〕罪の成立を認めていない)。これに対し，大阪高判昭40・6・7（関連判例②）は，素手で首を絞めるより，寝間着の紐で首を絞める場合のほうが，調節が困難で，相手方の首に対する力の入り具合を知りがたいことなどを考慮して，その行為の危険性を認めている。

17) 東京高判平9・8・4（関連判例⑦）では，医師免許を持たない被告人が被害者に対し豊胸手術を行い，被害者を死亡させた事案について，同じく社会的相当性の判断枠組みのもと違法性阻却を否定したが，その際，被告人の行為が生命に対して危険な行為であることとともに，被害者は被告人が医師免許を有していると誤信して承諾をしたことをも考慮している。

なお，有力説も，生命に対する危険がある傷害行為の場合には，たとえ被害者の承諾があっても傷害罪の成立を否定しないから，結論においては大阪高判昭40・6・7（関連判例②）と変わらない。

面を叩くなどの暴行をする，そして，従業員らはその暴行をとめるために駆けつけるだろうから，従業員の注意が暴行に向けられている隙に，Zが店内の家電製品を持ち去る，その後，盗んだ家電製品を売りさばき，利益は皆で山分けする，というものであった。その計画がXからYとZに明らかにされた際，XはYに，暴行の内容として，Yの顔面が赤く腫れる程度には叩くと伝えていた。YとZは，Xが示した計画を受け入れた。そこで，Xらは計画を実行に移し，計画どおりに，電器店Aの店内で，Xは怒鳴りながらYの髪を引っ張り，顔面を平手で叩くなどし，従業員らがXの暴行をとめるために駆けつけた隙を見て，Zはドライヤーなどの家電製品合計10点を手に取り，自己の大きな袋の中に入れ，店外へと持ち去った。XのYに対する暴行は従業員らによってとめられたが，Yは左目の周辺が赤く腫れる程度の傷害を負った。

＊考え方

Yは，Xによる暴行から自己に傷害結果が生じることを承諾している。ただ，社会的相当性に基づく違法性の判断枠組みに従えば，当該行為の違法性は，被害者の承諾の存在以外にも，承諾を得た動機，目的，身体傷害の手段，方法，損傷の部位，程度などが考慮されて判断される。

設問の事例において，傷害の程度は，生命に対して危険のある程度のものではない。しかし，その承諾は，電器店Aからの窃盗を実現するため，従業員らの注意を暴行のほうに集めて，窃盗行為への警戒を緩めることを目的に得られたものである。Yは確かに自己に生じる傷害結果を承諾しているが，そのような目的で承諾を得た場合にも，Xによる傷害行為の違法性が阻却され，傷害罪の成立が否定されるのかが問題となる。

なお，家電製品の持ち去りについては，問題なく窃盗罪が成立するであろう。

〔参考文献〕

神作良二・最判解刑事篇昭和55年度235-250頁
井田良『刑法総論の理論構造』（成文堂，2005年）190-203頁
山口厚編著『クローズアップ刑法各論』（成文堂，2007年）1-31頁〔山口厚〕
佐藤陽子①「被害者の同意」松原芳博編『刑法の判例〔総論〕』（成文堂，2011年）40-54頁
佐藤陽子②・百選Ⅰ〔第8版〕46-47頁
佐伯仁志『刑法総論の考え方・楽しみ方』（有斐閣，2013年）200-235頁
小林憲太郎『刑法総論の理論と実務』（判例時報社，2018年）25-46頁，187-212頁

（松尾誠紀）

14 原因において自由な行為——酒酔い運転事件

■ **最高裁昭和43年2月27日第三小法廷決定**
■ 昭和42年(あ)第1814号
恐喝道路交通法違反被告事件
■ 刑集22巻2号67頁，判時513号83頁

〈事実の概要〉

X（被告人）は，自己所有の自動車を運転してバーに赴き，3，4時間ほどかけて20本近くビールを飲んだ。その後Xは，付近路上に駐車してあったI所有の自動車を乗り出し，そのまま運転を行った。さらにXは，途中で乗車を求めてきたVを乗せ，運転した後に，Vに対して乗車料金を請求したところVが断ったため，自分がヤクザである等と述べて畏怖させ，その鞄を奪った。

第1審（東京地八王子支判昭41・10・15刑集22巻2号70頁参照）は，窃盗罪・酒酔い運転の罪（道交法117条の2第1号[1)]）・恐喝罪の成立を認めたうえで，上記行為時にXは心神耗弱の状態にあったとして，いずれについても刑法39条2項の適用を認めた。これに対し，第2審（東京高判昭42・6・23前掲刑集74頁参照）は，窃盗罪については自己所有の車であると誤認した可能性があるとして無罪としたうえで，酒酔い運転の罪については，以下のように述べて，刑法39条2項の適用を否定した（恐喝罪については同項の適用を認めている）。「記録によればXは当時……自動車を運転して酒を飲みに前記バー……に行き……，飲み終れば酔って再び自動車を運転することを認識しながらビールを20本位飲んだ後……自動車を運転して本件犯行に至ったものと認められ……，Xが他の者に自動車の運転を代るようあらかじめ依頼してあったとか，あるいは自分の自動車の保管を依頼するなど，乗車運転しないで帰宅する考えであったことを示すものは何もない。従って，Xは，心神に異状のない時に酒酔い運転の意思があり，それによって結局酒酔い運転をしているのであるから，運転時には心神耗弱の状態にあったにせよ，刑法第39条第2項を適用する限りではない。」これに対し被告人が上告した。

〈上告審〉

■決定要旨■

上告棄却。

「上告趣意は，事実誤認，単なる法令違反の主張であって（なお，本件のように，酒酔い運転の行為当時に飲酒酩酊により心神耗弱の状態にあったとしても，飲酒の際酒酔い運転の意思が認められる場合には，刑法39条2項を適用して刑の減軽をすべきではないと解するのが相当である。）刑訴法405条の上告理由にあたらない。」

解　説

1　はじめに

(1)　問題の所在

刑法39条は「心神喪失者の行為は，罰しない。」「心神耗弱者の行為は，その刑を減軽する。」と規定しているところ，心神喪失/耗弱とは，精神の障害により弁識能力または制御能力の喪失/著しく減退した状態を指すものと解

1)　当時は「第65条（酒気帯び運転の禁止）の規定に違反した者で酒に酔い（アルコールの影響により車両等の正常な運転ができないおそれがある状態にあることをいう。）車両等を運転したもの」と規定していた。

されており（判プラⅠ-239事件），その「精神の障害」には，慢性的な障害のみならず，アルコールや薬物等による一時的な酩酊も含まれると理解されている[2)]。

責任能力は当該犯行に関する能力ないし精神状態であるから，一般的に，当該犯行の時点で存在しなければならないと解されている（行為と責任（能力）の同時存在原則）。しかし他方で，この原則を厳格に適用するならば，責任能力に全く問題のない者が，飲酒により前後不覚になった状態で車を運転するつもりで，自ら泥酔し，酒酔い運転を行った場合にも，運転時点で心神喪失の状態であれば，常に無罪と判断される結果にもなり得るが，この帰結は不当とも考えられる。

このように，行為者が，最終的な違法行為それ自体（結果行為）の時点では心神喪失/耗弱であったと認められるが，結果行為を招致する行為（原因行為）の時点では行為者の責任能力に問題がなかった（“自由”だった）場合に，心神喪失による免責や心神耗弱による減軽を否定できるか，という問題がある。一般的に，このような免責/減軽の否定が認められる場合，あるいはこれを何らかの形で認める理論を「原因において自由な行為」と呼んでいる。

⑵ 本判例の基本的意義

本判例は，酒酔いの状態での運転行為という結果行為時点では行為者は心神耗弱であったが，それを招致する飲酒という原因行為の時点では責任能力に問題がなかったところ，一定の事情を指摘し，「刑法39条2項を適用して刑の減軽をすべきではない」ことを認めた判例であり，原因において自由な行為を認めたものと理解されている。

従前の判例では，故意により結果行為が行われた場合に，そのような故意行為に至らないようにする注意義務を，結果行為以前の段階で行為者に認め，過失責任を認めたものが存在していた（最大判昭26・1・17〔関連判例①〕）。これに対し，本判例は，故意犯である酒酔い運転の罪について，その運転行為自体が心神耗弱の状態でなされれば常に刑法39条2項が適用されるという理解（浅田・総論302頁参照）を取らず，少なくとも「飲酒の際酒酔い運転の意思が認められる場合」には，その完全な責任が認められることを示したものであり，この点に本判例の一つの意義が認められよう[3)]。

本判例が判断のポイントとする「酒酔い運転の意思」は，原審の認定では，飲み終れば酔って再び自動車を運転することを認識しつつ，代行運転や保管依頼等せず飲酒した点により基礎づけられている。本判例自体は「酒酔い運転の意思」がなかった場合に刑法39条の適用が肯定されるか明らかにしていないが（桑田・後掲17頁），裁判例では，基本的に「酒酔い運転の意思」の有無で判断が分けられている（適用を否定したものとして大阪地判平元・5・29判タ756号265頁〔判プラⅠ-257事件〕。肯定したものとして高松高判昭44・11・27高刑集22巻6号901頁）[4)]。また，酒酔い運転以外の事例においても，覚醒剤使用（大阪高判昭56・9・30〔関連判例③〕）や粗暴犯（名古屋高判昭31・4・19〔関連判例②〕）について，基本的には同様の観点か

2） 原因において自由な行為の理論・事例問題では，具体的事実関係に立ち入らず，単に心神喪失/耗弱との評価のみが記されるのが一般的である。その背景には，酩酊による心神喪失/耗弱が如何なる場合に認められるか不透明であるとの事情がある。一部の見解は，学説が通常前提とする「理性的な意思の通りに，計画的に犯罪を遂行している」事例では，そもそも心神喪失/耗弱は認められないともしている（竹川俊也「自招性精神障害の刑法的評価」北大法学論集69巻6号29頁，32頁〔2019年〕）。本判例の事案についても，判文上事実関係が必ずしも明確でないが，現在でも結果行為について心神耗弱と認められるかは，なお議論の余地があろう。

3） なお，既に最決昭28・12・24（刑集7巻13号2646頁〔判プラⅠ-252事件〕）は，当時の麻薬取締法上の特殊な処罰規定に関し故意犯の原因において自由な行為を認めていたが，同規定は現在廃止されている。

4） かつては，酒酔い運転の罪を定める規定は，アルコール摂取による酩酊を原因とする酒酔い運転については刑法39条を適用しない趣旨を含意しており，刑法8条の「特別の規定」に該当するとして，そもそも刑法39条の適用が排斥されるとする裁判例も存在していたが（秋田地判昭40・7・15判時424号57頁），担当調査官は，本判例は「恐らくこれに賛しないものと解される」としている（桑田・後掲17頁）。

ら適用の可否が分けられている（判プラⅠ228頁安田解説。もっとも判プラⅠ-254事件も参照）。

しかし，特に本判例においては，なぜ原因行為時点での結果行為に及ぶ意思の有無によって，刑法39条の適用の否定を認めることができるのか，どれほど一般化可能な判断であるか明らかではない。そこで，本判例のような故意犯についての原因において自由な行為について，学説上の基本的な考え方を示し，それを基に本判例の理解について検討したい（過失犯については判プラⅠ-251事件仲道解説を参照）[5]。

2　基本的な考え方

前述のように，原因において自由な行為について，結果行為のみを問責対象行為とし，同時存在原則を厳格に適用するならば，刑法39条が適用されるはずである。それゆえ，同条の適用を否定する理論構成としては，責任能力に問題のない原因行為を問責対象とする理論構成（原因行為説）と，結果行為または結果行為を含む一連の行為を問責対象としつつ，同時存在原則を緩和する理論構成（結果行為説）があり得る。以下順に見たい[6]。

⑴　原因行為説①

結果を直接惹起する行為ではなく，その背後にある行為を捉えて正犯としての責任を認める類似の問題状況としては，他人を道具とする間接正犯がある（本書第19章も参照）。原因において自由な行為に関する伝統的な考え方は，両者を同じ構造として捉えるものである（団藤・総論160頁。以下，原因行為説①）。この考え方は，飲酒し酩酊する原因行為を「実行行為」と捉え，責任能力を失った自分を道具として利用し犯罪を実現していると理解することで，行為と責任の同時存在原則を維持しつつ完全な責任を問う考えであると理解できよう。

しかし，原因行為説①は，「実行行為」の開始時点が，未遂犯成立を認める「実行の着手」（刑法43条）の時点であると理解していた。この理解を前提とすると，飲酒の時点で「実行の着手」が認められてしまうため，例えば，酩酊状態で人を殺すつもりで飲酒した被告人が，酩酊のあまり眠ってしまい殺人行為に至らなかった場合でも，その「実行の着手」があるとして殺人未遂罪が成立し得てしまう。原因行為説①の論者も，この帰結が不当であることを手がかりに，むしろ解釈論として「原因において自由な行為」を故意犯に認めることは困難であると理解していた（団藤・総論163頁）。

⑵　原因行為説②

(a)　基本的発想　　もっとも，現在，とりわけ間接正犯の未遂犯については，問責対象行為の開始時点と実行の着手とは必ずしも連動しないとの理解が有力である（判プラⅠ-295事件佐藤解説参照）。そうすると，仮に間接正犯との類似性に依拠し，問責対象行為を原因行為としたとしても，未遂犯の成立時点を結果行為に求めることも可能であり，したがって原因行為説①のように故意犯の原因において自由な行為を否定すべき必然性もない。

こうして，原因行為を問責対象行為としたうえで，原因行為に，結果行為・結果との法的因果関係と正犯性とが認められ，それに対応する主観面も認められる場合には，「通常の構成要件該当性と同様」に（古川・注釈第1巻630頁）責任を認めることができるとの理解が提示され，現在では多数の支持を得ている（例えば井田・総論493頁，佐伯・後掲325頁，橋爪・後掲254頁。以下，原因行為説②）。

(b)　成立要件　　成立要件としては，まず客観面として，原因行為について，結果行為・結果との法的因果関係に加え，正犯性が認められる必要があるとする理解が多い。正犯性を別途検討せず，原因行為の実行行為性（一定の危

---

5)　なお，発展的な問題として，実行行為開始後に責任能力が低下した場合にも，以下の理解と同様の理解が可能であるかという問題があるが，これについては長崎地判平4・1・14（関連判例④）および判プラⅠ仲道解説を参照。

6)　同様の呼称を用いた整理として伊藤ほか・総論〔安田拓人〕228頁。教科書等では，「構成要件モデル」と「例外モデル」の二項対立を基本軸とした整理も多いが，そもそも相互排他的なモデルではないし（橋爪・後掲252頁），後述のように，後者に整理される理解の中には，同時存在原則の「例外」を認めるわけではない見解もある。

険性）と因果関係のみを要求する理解もあるが（例えば内藤・総論下（Ⅰ）871頁以下，西田・総論308頁以下），結果行為に対する教唆ではなく，正犯としての責任を原因行為に認めるためには（山口・後掲5頁参照），「結果実現意思に基づく因果の流れの主導的設定」（井田・総論501頁）等により基礎づけられる正犯性が，原因行為に認められる必要があると理解されている（正犯性の内実の多様性は中空壽雅・百選Ⅰ〔第8版〕81頁，具体的議論は橋爪・後掲256頁に詳しい）。

また，対応する主観面として，因果性・正犯性の認識が必要であると理解されている。そして，原因行為に正犯性が認められるのは，これが心神喪失 / 耗弱の状態を惹起しているからであるということを理由に（古川・注釈第1巻632頁），正犯性の認識として，結果等の惹起についての認識のみならず，心神喪失 / 耗弱の状態の惹起の認識が必要であると理解されており，このような「二重の故意」が必要とされている（井田・総論499頁，佐伯・後掲329頁，橋爪・後掲261頁。正犯性を別途要求しない西田・総論291頁は，二重の故意も不要としている）。

(c) 批判と応答　以上の理解は有力である一方，その成立範囲の限界について，大要以下3つの批判がある（原因行為説②の嚆矢となる論文を記した山口は，後に，以下の批判等を加え，後述の結果行為説①も併用すべきとの立場を示している〔山口・後掲〕）。

第一に，心神耗弱者は心神喪失者とは異なり，なお責任が認められるところ，他者利用の間接正犯の場合，心神耗弱者を利用しても間接正犯の成立は認められないというのが一般的理解であるから，本判例のように結果行為時点で心神耗弱の状態にとどまる場合は，原因行為につき正犯性は認められず，完全な責任は認められないとの批判がある（例えば山口・後掲7頁。以下，批判①）。

これに対し，原因行為説②の論者の多くは，自己の行為であることの特殊性をも強調しつつ，なお原因行為につき正犯性を認めようとしている。例えば，他者利用では他人に不法への意思決定を行わせることが困難であるため正犯性を認め難いが，「すでに犯罪への意思決定を行っている自己の事後の行為を通じて犯罪実現をはかる」場合には「より容易」に正犯性が認められるとするものがある（井田・総論501頁）。また，クロロホルム事件の最高裁判例（本書第16章）が，第二行為が予定されていても第一行為の実行行為性を肯定するものであると理解したうえで，これと同様に原因行為に正犯性等を認めることができるとするものもある（佐伯・後掲328頁，橋爪・後掲259頁）。以上の理解に対しては，幻覚妄想状態の自己が容易に利用可能といえるか疑問が呈されているほか（中空・百選Ⅰ〔第8版〕81頁参照），クロロホルム事件では第一行為（クロロホルムを吸引させる行為）の時点で「実行の着手」が認められているのだから，同事件との類似性を強調すると，原因行為時点で「実行の着手」が認められるはずであるとの批判がある（徳永元「原因において自由な行為に関する一考察」法政研究84巻3号135頁，149頁〔2017年〕）。

第二に，酒酔い運転等の自手犯では，行為者自身による行為の遂行が要求され，間接正犯形態での成立が認められないのだから，上記の理論構成は認められないとの批判がある（山口・後掲9頁。以下，批判②）。例えば本件でいえば，原因行為自体は「運転する行為」ではないのだから，問責対象行為にし得ないという批判である。原因行為説②の一部の論者は，そもそも自手犯という概念自体に批判的な立場を示し，酒酔い運転等についても間接正犯が可能であるとして，この場合にも完全な責任を問い得るとしている（橋爪・後掲255頁）。

第三に，二重の故意として心神喪失 / 耗弱となることの認識が要求されるが，「犯行の景気づけのために飲酒を行ったところ，単に心理的抑制が低下するにとどまらず，弁識・制御能力が失われる状態になることまでを予見していることが一般的であるとは思われない」として，過度な限定に至るとの批判がある（山口・後掲8頁。以下，批判③）。原因行為説②の論者は，むしろ心神喪失 / 耗弱の状態に至ることを認識していない場合に責任を認めることは「不当である」としたり（井田・総論 496 頁），要求されるのはあくまでも「意味の認識」であり，「およそ正常な判断ができなくなる」ことの「未必的認識」で足りるとしたりしている（橋爪・後掲 261 頁。もっとも，単に酩酊して不合理な行動をとっても心神喪失 / 耗弱が認められることはないため，一般的な酩酊状態を超えるほどの正常な判断能力の減弱についての認識が必要とされるように思われる）。

⑶ 結果行為説①

以上の原因行為説に対し，結果行為説は，あくまでも問責対象行為は結果行為または結果行為を含む一連の行為であるとしつつ，同時存在原則を緩和することで，一定の場合に完全な責任を認める理解である。

そのうち一つの有力な理解は，原因行為と結果行為を含む一つの「行為」を想定し，その「行為」の開始時点と責任能力とが同時存在していればよいという理解である。すなわち，そもそも責任非難は「行為者の行為への意思決定」について行われるところ，「われわれは，意思決定から予備以前の行為・予備行為・実行行為を経て結果惹起にいたる人間の態度が同一の意思に担われたものであるとき，これを行為と名づける」ように，行為は「一個の意思の実現過程として把握」されるのだから，「当該行為の最終的意思決定」（「行為の開始」）が責任能力ある状態でなされたならば，その行為は自由な意思決定に担われており，行為全体について責任能力を認めることができるという理解である（西原春夫『犯罪実行行為論』〔成文堂，1998 年〕158 頁。同様の理解として，高橋・総論 364 頁，松宮・総論 177 頁。これはむしろ「拡張モデル」である）。

また，類似の理解として，あくまでも結果行為のみが問責対象行為（実行行為）であると理解したうえで，「責任非難は犯罪的意思の実行行為への現実化に向けられるところ，原因行為時の犯罪的意思が，実行行為としての結果行為の遂行を支配し，さらには，完全な責任を問いえない結果行為を介して構成要件的結果の惹起へとそれが現実化される過程のその起点において，当該意思を現実化させたことが非難される」との理解もある（山口・後掲 11 頁。また大谷・総論 326 頁）。

いずれの理解によっても，意思の連続性に着目して完全な責任が肯定されることになり，故意・責任能力等を備えた原因行為が行われ，その時点の犯罪的意思（故意）が結果行為時における故意にまで一貫し現実化した場合には，結果行為時点において責任能力が減退していたとしても，故意犯として完全な責任を問うことができることになろう。この理解（以下，結果行為説①）の判断のポイントは，同一の犯罪的意思が原因行為・結果行為を貫いていることに求められることになるため，結果行為時に心神耗弱であったか，原因行為時に心神喪失 / 耗弱となる認識があったかにかかわらず，故意犯の成立を認めることができる（上記批判①③は問題にならない。大谷・総論 328-330 頁，松宮・総論 178 頁，山口・後掲 12 頁。西原・前掲 162 頁は二重の故意を要求していたが，原因行為説②の論者が批判するように〔井田・総論 496 頁〕，これが要求される必然性はない）。また，結果行為または結果行為を含む行為が問責対象となっているため自手犯かどうかも問題とならないといえよう（批判②も問題とならない。山口・後掲 12 頁）。

以上の理解に対しては，二つの行為が存在する以上，区別して検討するほうが誠実であるとの批判（橋爪・後掲 252 頁。拡張モデルへの批判）や，最終的意思決定の時点が不明確であり，仮に原因行為に至るまで最終的意思決定を認めないのであれば，それは原因行為説ではないかとの批判等がある（佐伯・後掲 326 頁）。

⑷ 結果行為説②

さらに，以上とは異なる観点から，結果行為のみを問責対象行為としつつ，刑法 39 条の更なる適用の否定を認める理解も存在する。この理解は，違法性の錯誤（本書第 15 章）に関する責任説を援用し，責任能力が失われまたは低下した状態が事前の努力によって回避し得た場合には，当該状態において実行された事前に予見し得た種類の故意の犯行については，当該故意犯による処罰を肯定しつつ，「責任説による刑法38条3項の解釈」を「全体として類推」する理解である（他説と併置する形であるが安田拓人「回避しえた責任無能力状態における故意の犯行について（二・完）」論叢142巻2号32頁，48頁〔1997年〕。以下，結果行為説②。同様の立場からなお原因行為に故意を要求する理解として中空壽雅「『責任能力と行為の同時存在原則』の意義について」刑雑45巻3号15頁〔2006年〕）。

結果行為説②に対しては，理論的には無限に遡及して回避可能性を認めることが可能であり，結論として妥当でないとの批判が強いが（深町晋也「原因において自由な行為」争点84頁。また橋爪・後掲264頁），(a)第一に，心神喪失/耗弱とは「精神の障害」により弁識能力または制御能力の喪失/著しく減退した状態であるところ，現在の多数説は，「精神の障害」には理論的に独自の意味がないと理解しつつ，弁識能力は違法性の意識の可能性の一事例であると理解していること（例えば井田・総論397頁），(b)第二に，違法性の意識の可能性については，行為より前の時点での調査照会等による回避可能性によって，これを認める立場があること（橋爪・後掲263頁注46）を前提にすれば，刑法39条の適用の否定も事前の回避可能性で基礎づけ得るとの理解もあり得よう。なお学説上は，前提となる(a)(b)いずれについても批判がある（それぞれ佐野文彦「刑事責任能力の判断について（1）」法協137巻9号75頁，79頁〔2020年〕，髙山佳奈子『故意と違法性の意識の可能性』〔有斐閣，1999年〕336頁を参照）。

3 本判例の理解について

以上の学説から，本判例はどのように理解されることになろうか。

一般的に本判例は結果行為説①に親和的であると評価されている（中空・百選Ⅰ〔第8版〕81頁）。同説からは，本判例は「飲酒の際酒酔い運転の意思が認められる場合」に減軽を否定しているが，これは原因行為時点の「酒酔い運転の意思」が結果行為へと実現していることを示しているものと素直に理解される。

学説上有力である原因行為説②からは，まず客観面について，本判例は，自手犯と解される酒酔い運転の罪につき，運転時点で限定責任能力であっても減軽の否定を認めているところ，批判①②を上記応答等で乗り越えた場合に初めて認めることができる。他方，主観面について，本判例は飲酒時点における「酒酔い運転の意思」のみを認定し，自らが心神喪失/耗弱に至ることの認識や予見について認定していない。原因行為説②の論者は，二重の故意が認められ得る事案であったとしているが（橋爪・後掲266頁），そのような認定は第1審・第2審でもされておらず，仮に二重の故意がない事案であれば支持できないはずであって，少なくともその認定が必要であったと批判されるべきであろう。

結果行為説②からは，原因行為時点での結果行為の回避可能性が問題となるため，本事案では，過去に同種の酒酔い運転をしていた場合等，飲酒時点で後に酒酔い運転をすることを予感する契機が十分に認められれば（酒酔い運転の意思がなくとも），減軽が認められない場合もあり得るが，本判例は，特に「酒酔い運転の意思」があったことから本事案で回避可能性が十分に存在したことを指摘していると理解されよう。

関連判例

①最大判昭26・1・17刑集5巻1号20頁（判プラⅠ-251事件）
②名古屋高判昭31・4・19高刑集9巻5号411頁（判プラⅠ-256事件）
③大阪高判昭56・9・30高刑集34巻3号385頁（判プラⅠ-255事件）
④長崎地判平4・1・14判時1415号142頁（判プラⅠ-258事件）

演習問題

Xは，普段から大量の酒を飲む癖があったほか，週に1度バーに車で赴いては，飲酒して車で帰ることを繰り返していた。ある日，Xは，普段と同じように，バーに自動車で赴き，「自分は酒に強いので，これくらい飲んでも普段と同じくらい酔っ払うだけだ」と思いながら，瓶15本程度のビールを3,4時間程度かけて飲んだ。Xは酩酊後，自己の車を運転して帰宅した（本件運転行為）。普段Xは多少ふらつく程度で自宅へと運転できていたが，本件運転行為時点では，およそ自宅とは異なる方向へと運転する等，相当合理性を欠く運転を行っていたほか，急に自動車から降りて，偶々通りかかったVを殴りつけ，全治1か月の傷害を負わせるなどしていた。本件運転行為およびVの殴打時点において，Xはアルコールの影響により正常な運転ができないおそれがある状態であったとともに，心神耗弱の状態であった。

＊考え方

本件運転行為が酒酔い運転の罪に該当することを確認し，これが心神耗弱の状態によりなされているため，刑法39条2項により必要的減軽の対象になることを指摘したうえで，自己酩酊による犯行であってなお完全な責任を問えないか，問題提起を行い，上記解説に記したポイントに留意しながら，各々の立場から事案の解決を図ることになろう。Vに対する傷害罪も同様である。

本判例と異なる点は，普段はある程度正常な運転ができており，そのような運転をする認識で飲酒をしているが，実際は心神耗弱の状態に陥り相当合理性を欠く運転を行っているという事実が認定されている点である。結果行為説①②からは，基本的に本判例同様完全な責任が認められるが，原因行為説②から，本件のような場合に（いくら意味の認識といえども）二重の故意が認められるか，筆者は疑問である。

なお，傷害罪については，従前飲酒すれば粗暴になっていた等の事情がない以上，結果行為説②からも完全な責任を肯定することは難しいだろう（安田・前掲52頁。本判例の原審も，酒酔い運転については完全な責任を認めつつ，恐喝罪には39条2項を適用している）。

〔参考文献〕

判プラⅠ-253事件仲道祐樹解説のほか，以下の文献。

桑田連平・最判解刑事篇昭和43年度14頁，佐伯仁志『刑法総論の考え方・楽しみ方』（有斐閣，2013年），中空壽雅・百選Ⅰ〔第8版〕，橋爪隆『刑法総論の悩みどころ』（有斐閣，2020年），古川伸彦・注釈第1巻，山口厚「『原因において自由な行為』をめぐって」研修708号3頁（2007年）。

（佐野文彦）

15 違法性の意識の可能性――百円札模造事件

■ **最高裁昭和 62 年 7 月 16 日第一小法廷決定**
■ 昭和 60 年(あ)第 457 号
通貨及証券模造取締法違反被告事件
■ 刑集 41 巻 5 号 237 頁，判時 1251 号 137 頁

〈事実の概要〉

X（被告人）は，自己の経営する飲食店「五十三次」の宣伝に供するため，写真製版所に依頼し，表面は，写真製版の方法により日本銀行発行の百円紙幣と同寸大，同図案且つほぼ同色のデザインとしたうえ，上下 2 か所に小さく「サービス券」と赤い文字で記載し，裏面は広告を記載したサービス券（第 1 審判示第一，一のサービス券）を印刷させた。

X はこれに先立って，製版所側から片面が百円紙幣の表面とほぼ同一のサービス券を作成することはまずいのではないかなどと言われたため，警察署の防犯課保安係に勤務している知り合いの巡査を訪ね，同人およびその場にいた同課防犯係長に相談したところ，同人らから通貨及証券模造取締法の条文を示されたうえ，紙幣と紛らわしいものを作ることは同法に違反することを告げられ，サービス券の寸法を真券より大きくしたり，「見本」，「サービス券」などの文字を入れたりして誰が見ても紛らわしくないようにすればよいのではないかなどと助言された。しかし，X としては，その際の警察官らの態度が好意的であり，同助言も必ずそうしなければいけないというような断言的なものとは受け取れなかったことや，取引銀行の支店長代理に前記サービス券の頒布計画を打ち明け，サービス券に銀行の帯封を巻いてほしい旨を依頼したのに対し，支店長代理が簡単にこれを承諾したということもあってか，同助言を重大視せず，当時（昭和 56 年）百円紙幣が市中に流通することは全くないし（百円紙幣の発行は昭和 49 年 8 月 1 日を以て停止された），表面の印刷が百円紙幣と紛らわしいものであるとしても，裏面には広告文言を印刷するのであるから，表裏を全体として見るならば問題にならないのではないかと考え，製版所側からの忠告により，表面に「サービス券」の文字を入れたこともあり，サービス券を作成しても処罰されるようなことはあるまいと楽観し，前記警察官らの助言に従わずにサービス券の作成に及んでいた。

続けて，X は，取引銀行で前記サービス券に銀行名の入った帯封をかけてもらったうえ，サービス券 1 束約 100 枚を前記警察署に持参し，助言を受けた前記防犯係長らに差し出したところ，格別の注意も警告も受けず，かえって前記巡査が珍しいものがあるとして同室者らにサービス券を配付してくれたりしたので，ますます安心し，さらに，表面は，前記サービス券と同じデザインとしたうえ，上下 2 か所にある紙幣番号を「五十三次」の電話番号に，中央上部にある「日本銀行券」の表示を「五十三次券」の表示に変え，裏面は広告を記載したサービス券（第 1 審判示第一，二のサービス券）を作成した。なお，サービス券の警察署への持参行為は，署員の来店を促す宣伝活動の点に主たる狙いがあり，サービス券の適否について改めて判断を仰いだ趣旨のものではなかった。

一方，Y（被告人）は，X が作成したサービス券を見て，自分が営業に関与している飲食店「大黒家」でも，同様のサービス券を作成したいと考え，X に話を持ちかけ，その承諾を得て，前記写真製版所に依頼し，表面は，X 作成のサービス券と同じデザインとしたうえ，上下 2 か

所にある紙幣番号を「大黒家」の電話番号に，中央上部にある「日本銀行券」の表示を「大黒家券」の表示に変え，裏面は広告を記載したサービス券を印刷させた。Yは，Xから，このサービス券は百円札に似ているが警察では問題ないと言っており，現に警察に配付してから相当日時が経過しているが別になんの話もない，帯封は銀行で巻いてもらったなどと聞かされ，近時一般にほとんど流通していない百円紙幣に関することでもあり，格別の不安を感ずることもなく，サービス券（第1審判示第二のサービス券）の作成に及んだ。しかし，Yとしては，自ら作成しようとするサービス券が問題のないものであるか否かにつき独自に調査検討をしたことは全くなく，専ら先行するXの話を全面的に信頼したにすぎなかった。

第1審（札幌地判昭59・9・3刑月16巻9・10号701頁）は，XおよびYは「本件行為が違法であるとの認識を欠いていたものであり，かつそのような認識を欠いていたことにつき相当の理由が存在したと言うべきであるから，犯罪の故意を欠き罪とならない」との主張に対して，「仮に，違法性の錯誤につき相当の理由があるときは犯罪が成立しない旨の見解を是認するとしても，違法性の錯誤につき相当の理由があると言い得るためには，確定した判例や所管官庁の指示に従って行動した場合ないしこれに準ずる場合のように，自己の行為が適法であると誤信したことについて行為者を非難することができないと認められる特段の事情が存在することが必要であると解される」として，XおよびYがサービス券作成に至った経緯を詳細に検討している。その上で，第1審は，Xは「判示第一の一の犯行に際し，違法性の意識がやや希薄であり，判示第一の二の犯行に際しては，違法性の意識が一層希薄となり，これを欠いていたとも見得るような状態にあったものとは認められるが，前記特段の事情の存在を認めることはできず，違法性の意識の可能性を有していたことはそれぞれ明らかであって，違法性の錯誤に関する相当の理由はないものと言わざるを得ない」，Yは「違法性の意識を欠いていたものとは認められるが，前記特段の事情の存在を認めることはできず，違法性の意識の可能性を有していたことは明らかであって，違法性の錯誤に関する相当の理由はないものと言わざるを得ない」と判示して，両名を通貨及証券模造取締法1条違反により有罪とした。

原審（札幌高判昭60・3・12判タ554号304頁）も，「一般に，ある行為者の行為が客観的に一定の刑罰法規の構成要件に該当するとともに，行為者がその行為の全ぼうについて認識していた場合には，たとえ行為者において自己の行為が特定の刑罰法規に触れるものであることについて法的認識がないだけでなく，なんらかの事情により，自己の行為が法的に許されたもので処罰などされることはないと信じていたとしても，そのことから直ちに犯罪の成立が否定されるものではないと解すべきである」と述べた上で，XおよびYが「サービス券を製造することが許されたものであると考えたことについて無理からぬ事情があり，法的非難を加えることができない場合に当たるということはできない」から，「違法性の意識を欠きかつそれを欠くことについて相当な理由があるとはいえ」ないとして，第1審判決を是認した。XおよびYが上告。

〈上告審〉

決定要旨

上告棄却。

「このような事実関係の下においては，Xが第1審判示第一の各行為の，また，Yが同第二の行為の各違法性の意識を欠いていたとしても，それにつきいずれも相当の理由がある場合には当たらないとした原判決の判断は，これを是認することができるから，この際，行為の違法性の意識を欠くにつき相当の理由があれば犯罪は成立しないとの見解の採否についての立ち入った検討をまつまでもなく，本件各行為を有罪とした原判決の結論に誤りはない。」

解 説

1 判例の動向

大審院以来，判例の主流は，故意の成立にとって違法性の意識は不要であるとの立場を採ってきた。例えば，大判大 13・8・5（刑集 3 巻 611 頁）は，法の不知の事案において，「被告人か本件行為の当時該勅令の発布を了知せす又了知し得へからさる状態に在りたるとするも苟も同勅令の内容に該当する行為を認識して之を実行するに於ては犯意なしと謂ふへからす」と述べて，法令違反の認識の有無は犯罪の成否に影響しないとしていた。最高裁も，最大判昭 23・7・14（関連判例①）において，被告人が，飲用に供する目的で「メチルアルコール」を所持，譲渡したが，これが法律上その所持または譲渡を禁じられている「メタノール」と同一のものであるとは知らなかったと主張したのに対して，「『メチルアルコール』であることを知って之を飲用に供する目的で所持しまたは譲渡した以上は，仮令『メチルアルコール』が法律上その所持または譲渡を禁ぜられている『メタノール』と同一のものであることを知らなかったとしても，それは単なる法律の不知に過ぎないのであって，犯罪構成に必要な事実の認識に何等欠くるところがないから，犯意があったものと認むるに妨げない。」と判示した。また，最高裁は最判昭 25・11・28（刑集 4 巻 12 号 2463 頁）でも，「所謂自然犯たると行政犯たるとを問わず[1]，犯意の成立に違法の認識を必要としないことは当裁判所の判例とするところである」として上記昭和 23 年判決を引用した上で，「被告人が所論のように判示進駐軍物資を運搬所持することが法律上許された行為であると誤信したとしてもそのような事情は未だ犯意を阻却する事由とはなしがたい」と述べている。

他方で，下級審裁判例の中には，違法性の意識を欠いたことに相当の理由がある場合には故意を阻却する，との判断を示すものも少なくなかった。例えば，東京高判昭 27・12・26（高刑集 5 巻 13 号 2645 頁）は，被告人が自己の畑のこんにゃくだまの盗難を防ぐため見張り中，深夜こんにゃくだま窃取の目的でその用具を携えて畑に近づき，人の姿を認めて逃げ出した者を窃盗の現行犯人と信じて逮捕したことについて，「本件逮捕行為は，現行犯の逮捕と解することはできない」が，被告人が「自分の行為を法律上許されたものと信じていたことについては，相当の理由があるものと解されるのであって，被告人の右所為は，罪を犯すの意に出たものと言うことはできない。」として，無罪を言い渡している。また，いわゆる黒い雪事件（東京高判昭 44・9・17 高刑集 22 巻 4 号 595 頁）でも，映倫審査を通過した映画を上映してわいせつ図画公然陳列罪に問われた被告人らについて，「本件映画の上映もまた刑法上の猥褻性を有するものではなく，法律上許容されたものと信ずるにつき相当の理由があったものというべきであ」るとして，同罪の故意が否定された。

その後，最高裁は，羽田空港デモ事件第 2 次上告審判決（最判昭 53・6・29〔関連判例②〕）において，注目すべき判断を下した。事案は，被告人が羽田空港国際線出発ロビーにおいて，公安委員会の許可を受けずに集団示威運動を指導した，というものである。原判決（東京高判昭 51・6・1 高刑集 29 巻 2 号 301 頁）は，被告人は本件集団示威運動が法律上許されないものであるとまでは考えていなかったとして違法性の意識を否定した上で，「本件の集団示威運動は，従来の慣例からいっても法律上許されないものであるとまでは考えなかったのも無理からぬところであり，かように誤信するについては相当の理由があって一概に非難することができない場合であるから，同被告人については，右違法性の錯誤は犯罪の成立を阻却すると解するのが相当である」とした。検察官の上告を受けた最高裁はこの原判決を破棄したが，その際に，「被告人は行為当時本件集団示威運動が法律上許されないものであることを認識していたと認

---

1) 学説では，自然犯（刑事犯）と法定犯（行政犯）とを区別し，前者については違法性の意識を必要としないが，後者については故意の要素としてこれを必要とする見解が主張されていた（牧野英一『刑法総論 下巻〔全訂版〕』〔1959 年〕589 頁以下等）。

められるから，被告人はそれが法律上許されないものであるとは考えなかったと認定した原判決は，事実を誤認したものであ」る，と判示したのである。しかし，故意の成立に違法性の意識を不要とする従来の最高裁の立場からは，このような認定を行う必要はないのであり，判例違反により原判決を破棄することもできたはずであると指摘されている[2]。続けて，石油カルテル価格調整事件判決（最判昭59・2・24刑集38巻4号1287頁）でも，最高裁は，被告人らに違法性の意識を認めた原判決を是認して，「記録によれば，被告人らに違法性の意識があったことはこれを否定し難い」と述べている。これらの裁判例から，最高裁が従来の判例の立場を見直して，判例変更する可能性があるのではないかと見られていた。

しかしながら，本決定はそのような期待に応えるものではなかった。「行為の違法性の意識を欠くにつき相当の理由があれば犯罪は成立しないとの見解の採否についての立ち入った検討」を行うことなく，XおよびYが違法性の意識を欠いたことにつき相当の理由はないとした原判決の判断を是認したのである。確かに，本件は，違法性の意識可能性説を採ったとしても被告人らには（故意）責任が認められる場合であるから，あえて態度決定を留保したと考えることもできる[3]。しかし，違法性の意識の欠如に相当の理由はなかったとの原判決の判断の是非を検討している以上，そもそもそのような検討が必要であることを示す必要があったのではないだろうか。残念ながら，本決定以降，最高裁が違法性の錯誤の事案を正面から取り扱った裁判例は見当たらない[4]。他方で，下級審裁判例においては，その後もいわゆる違法性の意識可能性説を前提とするものが散見される（例えば，大阪高判平21・1・20判タ1300号302頁，広島高岡山支判平28・6・1裁判所ウェブサイト，LEX/DB 25448093）。

上述のとおり，違法性の意識可能性説を採る下級審裁判例の多くは，違法性の意識を欠いたことに相当の理由がある場合に故意の阻却を認めている[5]。そのため，下級審裁判例は制限故意説を採っていると説明されることがある。また，最高裁において判例変更が行われるとすれば，「制限故意説を採用する方向ではないか」との見方も示されている[6]。しかし，羽田空港デモ事件第2次上告審判決および石油カルテル価格調整事件判決は，いずれも被告人（ら）に違法性の意識があったことが認められた事案である。また，本決定も，「行為の違法性の意識を欠くにつき相当の理由があれば犯罪は成立しないとの見解」と表現していることから，最高裁が責任説を採用する可能性はなお開かれている[7]。

2 「相当の理由」

違法性の意識可能性説からは，違法性の意識を欠いたことに相当の理由がある（すなわち，違法性の意識の可能性がない）か否かをどのように判断すべきかが問題となる。通常は，刑法が違法であると評価する事実を認識すれば，行為の違法性をも認識することができる。しかし，行為者には当該行為が違法であると知ることができなかった場合や，当該行為が適法であると信じたことにやむを得ない事情が存在する場合にまで行為者を処罰することは，明らかに責任主義に反する。

行為の違法性を知るにあたって市民が最も信

---

2) 曽根威彦・判評352（判時1269）号55頁。

3) 仙波・後掲160頁。

4) ただし，最判平8・11・18（関連判例④）。河合伸一裁判官による補足意見では，「違法性の錯誤は故意を阻却しないというのが当審の判例であるが……，私は，少なくとも右に述べた範囲ではこれを再検討すべきであり，そうすることによって，個々の事案に応じた適切な処理も可能となると考える」と述べられている。

5) 関連判例④の河合伸一裁判官の補足意見も，「自己の行為が適法であると信じたことに相当な理由のある者については，犯罪を行う意思，すなわち，故意を欠くと解する余地があると考える」とする。

6) 大塚裕史「違法性の錯誤と違法性の意識の可能性」法セミ759号115頁。

7) 小林憲太郎「違法性の意識とその可能性」判時2320号23頁は，最高裁は責任説の採用を示唆しているとする。この点については，齋野彦弥・百選I〔第7版〕99頁も参照。

頼することができるのは，当然ながら，法令である。上述の大判大13・8・5の事案は，被告人が，大正12年9月10日頃，関東大震災に際し暴利を得る目的をもって石油を不当な価格で販売したとして，大正12年勅令第405号（いわゆる暴利取締令）違反で起訴された，というものであった。同勅令は同年9月7日に発布されて即日施行されているが，弁護人の主張によれば，行為当時は震災によって交通機関が途絶しており，交通の不便な被告人の村では同月14日まで同勅令の発布を知る由がなかったようである。事実の詳細は不明であるが，被告人が（おそらく，交通機関の途絶により官報の到着が遅れたために）早くとも14日にしか勅令の発布とその内容を知り得なかったのであれば，自らの行為の違法性を知ることは不可能であるから，違法性の意識可能性説からは被告人が法を知らなかったことにつき相当の理由が認められ得る事案であろう。

判例も信頼に値する法情報のひとつである。岩手県教組事件第2次上告審事件判決（最判平8・11・18〔関連判例④〕）は，行為当時の最高裁判所の判例の示す法解釈に従えば無罪となるべき行為を処罰することは憲法39条に違反しないと判示したが，仮に，被告人が判例を信頼し，自らの行為を適法であると信頼したことに相当の理由があったとすれば，（故意）責任が否定されるべきである[8)]。

また，公的機関による法情報に対する信頼も，同様に保護されなければならない。公的機関に照会して得られた情報を信頼して行為した者を，後から実は違法であるとして訴追するのは，不意打ち処罰に他ならず，許されない。石油カルテル生産調整事件（東京高判昭55・9・26〔関連判例③〕）では，石油連盟による石油精製会社の原油処理量調整について，石油業法施行当初（昭和37年）から通産省（当時）またはその指示を受けた石油連盟による生産調整が公然と行われてきたこと等から，石油連盟会長である被告人が，「本件のような生産調整は，業界が通産省に無断で行なう場合には独占禁止法違反になるが，同被告人らは通産省に報告し，その意向に沿ってこれを行なっており，通産省の行政に協力しているのであるから，この場合には同法に違反しないと思っていた」ことは無理からぬことであるとして相当の理由を認めているが，当然であろう[9)]。

これらに対して，私的機関や私人から得られた法情報を信頼して行為した場合には，原則として，相当性はないと考えられている。上述の黒い雪事件の被告人らは，映画倫理管理委員会（当時）による審査を通過したことから，当該映画の上映がわいせつ性を帯びるものではないと信じていた。東京高裁は，同委員会制度発足の趣旨等に鑑みて，被告人らが当該映画の上映を法律上許容されていると信じたことに相当の理由があったと認めた。しかし，同事件によって，映倫の審査を通過しても刑法上のわいせつ性が否定されるわけではないことが知られるようになったのであるから，以後は，相当の理由が肯定されることはほぼないと考えられる[10)]。弁護士や大学教授の見解を信頼して行動した場合についても，相当の理由は認められないとされる。しかし，私見によれば，法的な素養を持たない人が弁護士に正式に照会して得られた回答を信頼して，自らの行為を適法であると信じた場合には，そのような信頼が保護されるべき場合があり得る。もっとも，公的機関であれ私的機関・私人であれ，得られた情報が明らかに誤りであることがわかる場合や，対象となる行為を特定しない抽象的な情報である場合には，相当性が否定されることになる。例えば，インターネット上で法律事務所のウェブサイトに掲載されているQ＆Aを読んだ行為者が，その回答を自分の行為に当てはめて適法であると信じたような場合には，相当性は認められない。

さて，本決定では，Xらが違法性の意識を欠いたことにつき相当の理由がないとされた。Xに関して考慮されうる事情としては，①製版所

8） 河合伸一裁判官の補足意見を参照。
9） 石油連盟の需給委員会委員長であったもう1名の被告人についても，相当の理由が認められている。
10） 同事件は，映倫審査制度発足以来，初めて公訴を提起された事件である。

から指摘を受けたこと，②警察署において警察官らから通貨及証券模造取締法違反の条文を示された上で，紙幣と紛らわしいものを作ることは同法に違反することを告げられ，具体的な助言を受けたこと，③取引銀行の支店長代理がサービス券に帯封を巻くことを簡単に承諾したこと，④二度目に警察署を訪れてサービス券を差し出した際の警察官らの態度が好意的であったこと，が挙げられる。Yについては，⑤Xから警察では問題ないと言っているなどと言われたこと，⑥独自に調査や検討を行わなかったこと，が考慮されよう。

Xは，①製版所から指摘を受けたことをきっかけに，②警察署において通貨及証券模造取締法違反の条文を示された上で，紙幣と紛らわしいものを作ることは同法に違反すると告げられている。したがって，第1審判示第一，一のサービス券を作成する時点で，自らの行為が違法であると知ることは十分に可能であった。しかし，第1審判示第一，二のサービス券作成については，事情が多少異なる。③取引銀行の支店長代理が第一のサービス券に帯封を巻くことを簡単に承諾したことは，一私人の態度に過ぎず，相当の理由を肯定する根拠とはなり得ない。ところが，Xが④再び警察署を訪れて第一のサービス券を差し出した際には，格別の注意も警告も受けず，かえって前記巡査が珍しいものがあるとして同室者らにサービス券を配付してくれたりしたというのである。確かに，Xはサービス券の適否について照会するために警察署を再訪したわけではないが，既に警察官らが②のような対応をとっていたという事情をも考えあわせると，このような警察官らの好意的な態度は，Xの「サービス券を作成しても処罰されるようなことはあるまい」という軽率な思い込みを強化しているのではないだろうか。第二のサービス券作成については，相当の理由を認める余地があると考える[11]。他方で，Yについては，自らの行為を適法であると信じたことにつき相当の理由は認められない。⑤Xから警察では問題ないと言っているなどと言われたことは，法律の専門家ではない私人からの情報でしかなく，⑥独自に調査や検討を行わなかったことも，相当の理由を否定する事情となる[12]。

関連判例

①最大判昭23・7・14刑集2巻8号889頁（判プラⅠ-261事件）
②最判昭53・6・29刑集32巻4号967頁（判プラⅠ-267事件）
③東京高判昭55・9・26高刑集33巻5号359頁（判プラⅠ-270事件）
④最判平8・11・18刑集50巻10号745頁（判プラⅠ-268事件）

演習問題

次の事例において，Aが①〜①′の理由から自らの行為は違法でないと考えていた場合に，Aに通貨及証券模造取締法1条違反の罪が成立するかをそれぞれ検討しなさい。

〈事例〉居酒屋を経営するAは，同店の宣伝のために，日本銀行発行の五百円紙幣（平成6年4月1日発行停止）と同じ大きさで，表面は五百円紙幣と同図案且つほぼ同色のデザインとし，その上下に赤字で小さく「割引券」と記載し，裏面には店の情報と「このチラシ持参でお会計時に100円割引」等と記載したチラシのデータをPCで作成した。

①　Aはチラシを印刷する前に，念のため，所轄の警察署に赴いて知り合いでもある防犯課防犯係長Bに相談したところ，同人から通貨及証券模造取締法の条文を示されて，紙幣と紛らわしいものを作ることは犯罪にあたることを告げられ，また，チラシの大きさを紙幣よりも大きくしたり，「割引券」の文字を大きくしたりするよう助言された。しかし，Aは，Bの助言が厳しいものとは感じられなかったことなどから，「今は五百円札を見たことがない人も多いし，すぐに本物じゃないとわかるから法律に

11)　伊東研祐・警研60巻6号59頁。もっとも，学説においては，本決定の結論を支持する論者が多い。
12)　ただし，法情報を調査・照会する法的義務があるわけではない。

は違反しないだろう」と考えて，当初に作成したデータを使用してカラープリンターでチラシ200枚を印刷した。

② ①の後，Aが作成したチラシ50枚をBの元に持参したところ，Bや他の警察官らは「本当によくできているなぁ」「他の人にも配っておくよ」と言いながらこれを受け取り，Aに対する注意などは特に行わなかった。そのため，Aは，「やっぱり何も問題なかったな」と安心して，上記データを使用してさらにチラシ300枚を印刷した。

③ Aはチラシを印刷する前に，念のため，店にやってきた常連客の弁護士Cにチラシのデータを見せて，「こんなのを作って配ろうと思うんです」と言ったところ，同人がそれをひと目見て「へぇ，五百円札なんて懐かしいですね。チラシができたら私にもくださいよ」等と答えたので，Aは安心して，当初に作成したデータを使用してカラープリンターでチラシ200枚を印刷した。なお，Cは酩酊していたこともあり，すぐには通貨及証券模造取締法違反の可能性に思い至らなかった。

①′ Aはチラシを印刷する前に，念のため，所轄の警察署に赴いて知り合いでもある防犯課防犯係長Bに相談したところ，同人から通貨及証券模造取締法の条文を示され，紙幣と紛らわしいものを作ることは犯罪にあたることを告げられ，また，チラシの大きさを紙幣よりも大きくしたり，「割引券」の文字を大きくしたりするよう助言された。しかし，Aは，「今のままでもすぐに本物じゃないとわかるから問題ないだろうし，違法だとしても，せいぜい罰金ぐらいで済むだろう」と考えて，当初に作成したデータを使用してカラープリンターでチラシ200枚を印刷した。

＊考え方

①②③では，Aはそれぞれ警察官や弁護士の態度や言葉から，自らの行為が違法でないと誤信している。したがって，Aが違法性の意識を欠いたことに相当の理由があるか否かを検討することになる。

①では，Aは警察官から通貨及証券模造取締法の条文を示された上で，行為が違法にならないための具体的な助言まで受けているのであるから，それでもなお「法律には違反しないだろう」と軽信したことに相当の理由はない。

②での2度目のチラシ印刷についても，判例を前提とする限り，やはり相当の理由は認められない。Aは既に①の時点で違法性の認識をすることが可能だったのであり，警察署の再訪も，チラシ作成が違法でないかを照会するために行ったものではないからである。しかし，当初は犯罪の可能性を示していた警察官が，特に何の注意もせず喜んでAからチラシを受け取ったことは，Aが抱き得た違法の疑いを晴らすのに十分であると考えるならば，相当の理由が肯定される余地もあろう。

③のチラシ印刷についても，Aが自らの行為を違法でないと信じたことに相当の理由はない。Aは弁護士Cに「相談」してはいるが，Cは酩酊状態でチラシのデータをひと目見ただけであり，行為の適法性を詳しく検討したわけではない。したがって，Aがそのような回答を信頼して行為したとしても，相当の理由は認められない。

①′では，Aは「違法だとしても，せいぜい罰金ぐらいで済むだろう」と考えて行為しているが，通貨及証券模造取締法違反の罪の法定刑には禁錮も含まれているから，ここでのAは法定刑について錯誤に陥っている。これは，違法性の意識にいう違法性の内容をめぐる問題である。学説では主に，違法性の意識の内容を，前法的な規範違反の認識で足るとする見解，一般的な違法性の認識であるとする見解，（可罰的）刑法違反の認識であるとする見解等が対立しているが，法定刑の認識までは不要であることについて，ほぼ一致が見られる。したがって，この場合のAは違法性の意識を有しており，違法性の錯誤は問題にならない。

〔参考文献〕

仙波厚・最判解刑事篇昭和62年度138頁
専田泰孝「違法性の錯誤」松原芳博編『刑法の判例〔総論〕』(成文堂，2011年) 120頁
大塚裕史「違法性の錯誤と違法性の意識の可能性」法セミ759号107頁
一原亜貴子・百選Ⅰ〔第8版〕98頁

（一原亜貴子）

16 実行の着手(1)——クロロホルム事件

最高裁平成 16 年 3 月 22 日第一小法廷決定

平成 15 年(あ)第 1625 号
殺人，詐欺被告事件

刑集 58 巻 3 号 187 頁，判時 1856 号 158 頁

〈事実の概要〉

X（被告人）は，夫の A を事故死に見せ掛けて殺害し生命保険金を詐取しようと考え，Y（被告人）に殺害の実行を依頼し，Y は，報酬欲しさからこれを引き受けた。そして，Y は，他の者に殺害を実行させようと考え，B，C および D（以下「実行犯 3 名」という。）を仲間に加えた。X は，殺人の実行の方法については Y らにゆだねていた。

Y は，実行犯 3 名の乗った自動車（以下「犯人使用車」という。）を A の運転する自動車（以下「A 使用車」という。）に衝突させ，示談交渉を装って A を犯人使用車に誘い込み，クロロホルムを使って A を失神させた上，M 川付近まで運び A 使用車ごと崖から川に転落させてでき死させるという計画を立て，平成 7 年 8 月 18 日，実行犯 3 名にこれを実行するよう指示した。実行犯 3 名は，助手席側ドアを内側から開けることのできないように改造した犯人使用車にクロロホルム等を積んで出発したが，A をでき死させる場所を自動車で 1 時間以上かかる当初の予定地から近くの I 港に変更した。

同日夜，Y は，X から，A が自宅を出たとの連絡を受け，これを実行犯 3 名に電話で伝えた。実行犯 3 名は，I 市内の路上において，計画どおり，犯人使用車を A 使用車に追突させた上，示談交渉を装って A を犯人使用車の助手席に誘い入れた。同日午後 9 時 30 分ころ，C が，多量のクロロホルムを染み込ませてあるタオルを A の背後からその鼻口部に押し当て，B もその腕を押さえるなどして，クロロホルムの吸引を続けさせて A を昏倒させた（以下，この行為を「第 1 行為」という。）。その後，実行犯 3 名は，A を約 2km 離れた I 港まで運んだが，Y を呼び寄せた上で A を海中に転落させることとし，Y に電話をかけてその旨伝えた。同日午後 11 時 30 分ころ，Y が到着したので，Y および実行犯 3 名は，ぐったりとして動かない A を A 使用車の運転席に運び入れた上，同車を岸壁から海中に転落させて沈めた（以下，この行為を「第 2 行為」という。）。

A の死因は，でき水に基づく窒息であるか，そうでなければ，クロロホルム摂取に基づく呼吸停止，心停止，窒息，ショックまたは肺機能不全であるが，いずれであるかは特定できない。A は，第 2 行為の前の時点で，第 1 行為により死亡していた可能性がある。

Y および実行犯 3 名は，第 1 行為自体によって A が死亡する可能性があるとの認識を有していなかった。しかし，客観的にみれば，第 1 行為は，人を死に至らしめる危険性の相当高い行為であった。

第 1 審では，量刑のみが争われ，第 1 審判決（仙台地判平 14・5・29 刑集 58 巻 3 号 201 頁参照）は，X，Y 両名に対し殺人罪（の共同正犯）の成立を認めた。これに対し，弁護人は，A の死因は，クロロホルムの吸引に基づく呼吸停止等である可能性があるところ，実行犯 3 名が A にクロロホルムを吸引させたのは A を気絶させるためであり，実行犯 3 名には殺人の故意も実行行為もないから，殺人罪は成立せず，傷害致死罪が成立するにとどまると主張して控訴した。しかし，第 2 審判決（仙台高判平 15・7・8

判時1847号154頁）は，この主張を斥け，X，Y両名に殺人罪が成立するとした。そこで，弁護人は，控訴審での主張と同様，殺人罪は成立しないと主張して上告した。

〈上告審〉

■決定要旨■

上告棄却。本決定は，殺人罪の実行の着手（判示Ⅰ），早すぎた結果発生（判示Ⅱ）の各論点について次のように述べ，実行犯3名に殺人罪（殺人既遂罪）の共同正犯が成立するとした。その上で，実行犯3名と共謀したX，Yに対し，殺人罪の共同正犯が成立するとした。

「実行犯3名の殺害計画は，クロロホルムを吸引させてAを失神させた上，その失神状態を利用して，Aを港まで運び自動車ごと海中に転落させてでき死させるというものであって，第1行為は第2行為を確実かつ容易に行うために必要不可欠なものであったといえること，第1行為に成功した場合，それ以降の殺害計画を遂行する上で障害となるような特段の事情が存しなかったと認められることや，第1行為と第2行為との間の時間的場所的近接性などに照らすと，第1行為は第2行為に密接な行為であり，実行犯3名が第1行為を開始した時点で既に殺人に至る客観的な危険性が明らかに認められるから，その時点において殺人罪の実行の着手があった」（判示Ⅰ）。「また，実行犯3名は，クロロホルムを吸引させてAを失神させた上自動車ごと海中に転落させるという一連の殺人行為に着手して，その目的を遂げたのであるから，たとえ，実行犯3名の認識と異なり，第2行為の前の時点でAが第1行為により死亡していたとしても，殺人の故意に欠けるところはなく，実行犯3名については殺人既遂の共同正犯が成立する」（判示Ⅱ）。「実行犯3名は被告人両名〔X，Y〕との共謀に基づいて上記殺人行為に及んだものであるから，被告人両名もまた殺人既遂の共同正犯の罪責を負う」。

解説

1 本決定の位置づけ

犯行計画に基づき段階的に行為を重ねて結果を生じさせようとした場合，どの行為の時点で実行の着手（刑43条本文）が認められるかが問題となることがある。また，行為者が予定していた段階的行為を全て行う前に結果が生じることがあり，この場合，早すぎた結果発生（早すぎた構成要件実現）の問題が生じる。

本件は，この両者が問題となった事案であり，本決定は，これらに関するリーディングケースとして大変重要である。

2 実行の着手

(1) 問題の所在と本決定の意義

本件では，被害者Aが死亡したことから，殺人既遂の成否が争われた。犯人の計画は，Aを第1行為で失神させた上，第2行為により死亡させるというものであったが，Aは，第2行為の前の時点で，第1行為により死亡していた可能性があった。それでも殺人既遂が成立するというために，本決定は，第1行為の開始時点で殺人の実行の着手があったかを問題にし，これを肯定した（判示Ⅰ）。本決定が実行の着手を問題にしたのは，Aを失神させる第1行為とAを海中に転落させて死亡させる第2行為とが一連の殺人の実行行為といえれば，第1行為と第2行為のいずれからAの死亡結果が生じていたとしても，殺人既遂の罪責を問えるところ，そのような一連の実行行為があったというためには，第1行為の開始時点で一連の実行行為の開始，つまり実行の着手があったといえればよいからである。

本決定の実行の着手判断における意義は，大別すれば，次の3点にある。すなわち，犯行計画を明示的に考慮した点，密接性と危険性の両方に言及した点，そして，これらを判断する際の具体的な考慮要素を示した点である（平木・後掲182頁）。

(2) 犯行計画の考慮

実行の着手の判断において行為者の主観面を

考慮するか，どのような主観面（行為意思，故意，犯行計画）を考慮するかについては，学説上争いがあったが，本決定は，最高裁として初めて，犯行計画に基づいて実行の着手を判断すべき場合があることを明らかにした。この立場は，その後の最高裁判例に受け継がれており（最判平30・3・22〔関連判例①〕，最決令4・2・14〔関連判例②〕），判例上確立されたといってよい。

犯行計画を考慮すべきなのは，そうしないと行為の意味や危険性を的確に判断できない場合があるからである。とりわけ，本件のように準備的行為（第1行為）から構成要件実現行為（第2行為）へと段階的に進むように計画された事案においては，犯行計画を考慮することが不可欠である。なぜなら，準備的行為の危険性は，その次に何をする計画であったかに左右されるからである。

⑶　密接性と危険性

本決定は，第1行為が第2行為に密接な行為であり，第1行為の開始時点で殺人に至る客観的な危険性が認められるとして，その時点で殺人の実行の着手があったとした。

密接性の基準は，大審院時代より，主に窃盗罪の実行の着手判断で用いられてきた（大判昭9・10・19刑集13巻20号1473頁）。これは，本来の実行行為である構成要件該当行為（窃盗罪であれば窃取行為）の開始を実行の着手とすると，実行の着手時期が遅くなりすぎるとの問題意識から，構成要件該当行為と密接な行為にまで着手時期を前倒ししつつ，「実行に着手して」という刑法43条の文言を重視して，着手時期をできるだけ構成要件該当行為に近い時点で認めようとしたものとされる（平木・後掲161頁）。刑法43条の文言と，そこから導かれる構成要件該当行為という形式的な観点を重視することから，形式的客観説と呼ばれる。

他方，危険性の基準は，ダンプカー引きずり込み事件（最決昭45・7・28刑集24巻7号585頁）などで用いられていた。そこでは，被告人が被害者をダンプカーの運転席に引きずり込もうとした段階においてすでに強姦に至る客観的な危険性が明らかに認められるから，その時点で強姦罪（当時。現在の強制性交等罪）の実行の着手があったとされた。これは，未遂犯の処罰根拠が既遂に至る危険性を生じさせる点にあることに注目し，そのような危険性が生じた時点を実行の着手時期とすべきだとの考えに基づくものとされる（平木・後掲162頁）。この考えは，危険性という実質的な観点を重視することから，実質的客観説と呼ばれる。

このように，判例上，密接性の基準と危険性の基準の2つの流れがあったところ，本決定は，この2つを維持・統合した（平木・後掲182頁）。これは，密接性という形式的観点と危険性という実質的観点の両方から実行の着手時期を絞り込もうとするものであり，本決定は，このような判断枠組みを明示的に採用した点に意義を有する。

もっとも，通常，密接性の基準を満たす行為は危険性の基準も満たすであろうし，危険性の基準を満たす行為は密接性の基準も満たすであろう（平木・後掲163頁）。また，両基準の具体的な考慮要素は，共通のものである（安田・後掲102頁は，両基準は表裏一体のものであると理解する）。したがって，実際の判断においては，犯罪の種類や事案に応じ，どちらか使いやすい方の基準を用いれば足りることもあるだろう。

しかし，理論的には，危険性の基準が本質的であると考えられる。なぜなら，密接性による前倒しが許される根拠（そうしないと結論が妥当でないという価値判断ではなく，理論的な根拠）もまた，既遂に至る危険性に求められるからである。したがって，理論的により重要なのは，危険性の判断であるといってよい。実際，本決定後の判例も，危険性のみに言及して実行の着手時期を判断している（関連判例①②）。それは，扱われた事案が，一連の嘘を積み重ねていく特殊詐欺の事案であり，密接性の基準に馴染まないものであった（安田・後掲107頁。なお，関連判例①では，詐欺罪の実行の着手が問題となっており，詐欺罪のように手段行為が構成要件化された犯罪については，殺人罪や窃盗罪のような単純結果犯を想定した密接性の基準は使えないとする理解もある）こともさることながら，危険性の判断こそが本質的な判断であることを示していると思われる。

⑷ 危険性の判断方法（考慮要素）と危険性の内実

そこで，危険性について掘り下げてみよう。本決定は，（密接性と）危険性を判断する際の考慮要素として，次の３つを挙げている。すなわち，①第１行為が第２行為を行うために必要不可欠なものであること，②第１行為に成功した場合，第２行為に至るまでに特段の障害がないこと，③第１行為と第２行為との間の時間的場所的近接性の３つである。そして，これらの要素は，犯行計画に基づいて考慮される。したがって，危険性の判断においては，実行の着手が問題となる行為（本件では第１行為）の開始時点に立ち，犯行計画上，これらの要素がどのように評価されるかを検討することになる（実際の経過を対象に検討するのではない）。本決定は，このような判断方法に基づき，第１行為を開始した時点で殺人に至る客観的な危険性が明らかに認められると判断した。

ここで，本決定にいう「殺人に至る……危険性」の理解について，注意すべき点が２つある。１つは，ここにいう危険性は，第１行為自体による死亡の危険性ではなく，第２行為による殺害の危険性を意味する点である。したがって，本件と異なり，失神させることはできるが死亡の危険のない薬物等を用いて第１行為をしたとしても，他の事情が同じであれば，殺人の実行の着手は肯定される（平木・後掲171頁，小池・後掲131頁）。本決定は，本件の事実関係について，第１行為自体に人を死亡させる危険性があったと摘示しているが，それは，別の論点である早すぎた結果発生について判断するための前提事実であると考えられる（平木・後掲171頁）。

もう１つは，「殺人に至る……危険性」とは，いつ死亡結果が発生してもおかしくないという時間的な切迫性を意味するのではなく，ここまでやればあとは自動的・確実に構成要件実現に至るであろうという自動性・確実性を意味すると考えられる点である。このような理解からは，危険性判断の考慮要素のうち，②は，自動性・確実性を判断する際の最も重要な要素であり，③は，時間的場所的間隔により自動性・確実性が否定されるかを問題にする要素であり（安田・後掲101頁以下），①は，自動性・確実性のスタート地点とされるべき行為を絞り込むための要素であるといえよう。本決定は，本件のように段階的な複数の行為により構成要件実現を目指す事案における実行の着手の判断について，自動性・確実性の観点から危険性を判断すべきことを示した点，そして，その際の考慮要素を具体的に示した点において，重要な意義を有するものといえる。

⑸ 本決定後の裁判例

本決定の後，そこで示された判断枠組みや考慮要素を用いて実行の着手時期を前倒しした下級審裁判例が現れた（名古屋高判平19・2・16〔関連判例③〕，仙台高判平27・2・19〔関連判例④〕）。このうち，関連判例③は，自らが一方的に好意を寄せている女性を殺害して自らも死のうと考えた被告人が，身のこなしが速い同女の動きを止めるために自動車を衝突させて転倒させ，その上で包丁で刺し殺すという計画を立て，この計画に基づき，歩行中の同女に時速約20kmで自動車を衝突させたが，被告人の思惑と異なり，同女は転倒することなく，ボンネットに跳ね上げられるなどした後，路上に落下し，その顔を見た被告人が，刺突行為に出る前に殺害を思いとどまったという事案について，被告人の「計画によれば，自動車を同女に衝突させる行為は，同女に逃げられることなく刃物で刺すために必要であり」，計画どおりに「自動車を衝突させて同女を転倒させた場合，それ以降の計画を遂行する上で障害となるような特段の事情はなく，自動車を衝突させる行為と刃物による刺突行為は引き続き行われることになっていたのであって，そこには……時間的場所的近接性が認められることなどにも照らすと，自動車を同女に衝突させる行為と刺突行為とは密接な関連を有する一連の行為」であり，被告人が「自動車を同女に衝突させた時点で殺人に至る客観的な現実的危険性も認められる」と述べ，その時点で殺人罪の実行の着手が認められるとした。

また，本決定後，特殊詐欺事案における詐欺罪の実行の着手時期について判断した最高裁判例も現れた（関連判例①）。もっとも，これと本決定との関係については理解が分かれている。すなわち，関連判例①は，（本決定の殺害行為に相当する）現金交付要求行為単体では現金交付に至る危険性が高いとはいえない詐欺罪の構成要件の特質を踏まえ，嘘を重ねて錯誤を生じさせる行為と現金交付要求行為の全体を欺罔行為として捉えた上で，被告人が現金交付要求行為に至る危険性ではなく，それに応じて被害者が現金を交付する危険性を問題にしていること，本決定が示した考慮要素①②を用いた検討を行っていないことなどから，本決定とは異なる判断枠組みに従ったとの理解がある一方（向井・後掲88頁以下），本決定から導かれる自動性・確実性の基準では，考慮要素②（特段の障害の不存在）により，既遂に達する可能性の高さが担保されており，関連判例①は，これを現金交付に至る危険性として論じたものと理解する立場もある（安田・後掲104頁）。

さらに，キャッシュカードすり替え型の特殊詐欺事案について，「本件うそが述べられ，……すり替えによってキャッシュカードを窃取する予定の被告人が被害者宅付近路上まで赴いた時点では，……被告人がキャッシュカード入りの封筒と偽封筒とをすり替えてキャッシュカードの占有を侵害するに至る危険性が明らかに認められる」として，「本件うそが述べられ，被告人が被害者宅付近路上まで赴いた時点では，窃盗罪の実行の着手が既にあった」と判断した最高裁判例も登場した（関連判例②）。これについても，電話で嘘を述べて相手の警戒心を解き，占有を弛緩させることが本質的な行為であり，その後に特段の障害は残されていないから，本決定から導かれる自動性・確実性の基準によれば，電話で嘘を述べた段階で窃盗罪の着手を認めてよいはずで（安田・後掲107頁），すり替え役が被害者宅付近路上に赴いたとの事実は決定的ではないとの理解がある一方（佐藤・後掲17頁），被告人が被害者宅付近路上まで赴いた時点で窃盗罪の実行の着手を認めたものと理解する立場もあり（前田雅英・捜査研究860号49頁，小林憲太郎『重要判例集刑法総論〔第2版〕』〔新世社，2022年〕124頁），評価が分かれている。

3　早すぎた結果発生

本決定は，早すぎた結果発生の問題についても判断した（判示Ⅱ）。本件では，被害者Aが第1行為により死亡した可能性があり，これを前提にしても殺人既遂が成立するかを検討する必要があるところ，犯人は第1行為による死亡の可能性を認識していなかったことから，早すぎた結果発生が問題とされた。

この問題について，通説的見解は，予備行為から結果が生じても予備罪と過失犯等が成立しうるにとどまるが，実行の着手が肯定され，一連の実行行為の一部となるから結果が生じれば，故意既遂犯が成立するとしている。すなわち，第1行為の開始時点で殺人罪の実行の着手が肯定された本件に即していえば，第1行為と第2行為からなる一連の殺人の実行行為，死亡結果，両者の間の因果関係が認められる上，第1行為を含む一連の実行行為により死亡結果を生じさせる認識があることから，故意も認められる。そして，第2行為の前の時点で第1行為により死亡していた（可能性がある）点は，第2行為のみによって死亡させるつもりであった犯人の認識と異なっており，ここに因果関係の錯誤があるが，この錯誤は，殺人罪という同一構成要件内の錯誤であり，かつ，第1行為が客観的に人を死亡させる危険性の相当に高い行為であったことから，故意を阻却するほど重大な錯誤とはいえない。こうして，本件の場合，殺人既遂の成立は妨げられないことになる。

本決定は，このような通説的見解を採用したものと考えられる（平木・後掲182頁，小池・後掲131頁）。

関連判例

①最判平30・3・22刑集72巻1号82頁（判プラ

Ⅰ-291 事件，本書第 17 章）
②最決令 4・2・14 刑集 76 巻 2 号 101 頁
③名古屋高判平 19・2・16 判タ 1247 号 342 頁（判プラⅠ-277 事件）
④仙台高判平 27・2・19 LEX/DB 25505914（判プラⅠ-281 事件）

演習問題

Xは，妻のAを事故死に見せ掛けて殺害しようと考え，深夜，自宅でAに睡眠薬を飲ませて眠らせた上，自宅付近の交通量の少なくない片側 2 車線の暗い直線道路上にAを運んで放置し，そこを高速で走行する自動車にAをれき過させて殺害する計画を立てた。

某日深夜，Xは，この計画に基づき，眠ったままのAを自宅から運び出すのに十分な量の睡眠薬をジュースに混入し，それをAに飲ませて眠らせたが，その直後に地震が発生し，倒れた花瓶がAの頭部に命中してAが目を覚ましたため，Xの計画は失敗に終わった。

Xに殺人未遂罪が成立するか。

＊考え方

Xに殺人未遂罪が成立するためには，睡眠薬を混入したジュースをAに飲ませて眠らせた行為（以下「第 1 行為」という）の時点で殺人罪の実行の着手があったといえなければならない。

本決定の判断枠組みによれば，まず，本来の殺人の実行行為（構成要件該当行為）を特定する必要がある。深夜，交通量の少なくない片側 2 車線の暗い直線道路上に睡眠薬の作用により眠って動けなくなった人を放置する行為（以下「第 2 行為」という）には，その人を高速で走行する自動車にれき過させて死亡させる高度の危険性があると考えれば，第 2 行為を本来の殺人の実行行為とみることができる。

このように考えた場合，次に，第 1 行為が第 2 行為に密接な行為であり，第 1 行為の段階で第 2 行為に至る危険性が認められるかを，本決定が示した 3 つの考慮要素，すなわち，第 1 行為が第 2 行為を行うために必要不可欠なものであること，第 1 行為に成功すれば，それ以降の殺害計画を遂行する上で特段の障害がないこと，第 1 行為と第 2 行為との間の時間的場所的近接性に照らして判断することになる。その結果，密接性と危険性が認められれば，第 1 行為の時点で殺人罪の実行の着手があったといえ，Xに殺人未遂罪が成立する。判断のポイントは，第 1 行為と第 2 行為との間に予定されていた，眠ったAを道路上に運ぶ行為を特段の障害とみるかどうかであろう。これを特段の障害とみれば，密接性と危険性が認められないことになるが，果たしてどうだろうか。

〔参考文献〕

平木正洋・最判解刑事篇平成 16 年度 155 頁
向井香津子・最判解刑事篇平成 30 年度 56 頁
小池信太郎・百選Ⅰ〔第 8 版〕130 頁
安田拓人「実行の着手」法教 503 号 99 頁
佐藤拓磨「すり替え事案における窃盗の実行の着手時期」研修 890 号（2022 年）3 頁

（豊田兼彦）

17 実行の着手(2)――訪問予告事件

最高裁平成30年3月22日第一小法廷判決

平成29年(あ)第322号
詐欺未遂被告事件

刑集72巻1号82頁，判時2452号90頁

〈事実の概要〉

本判決によれば事実関係は次のとおりである。

「(1) 本件の事実関係

第1審判決及び原判決の認定並びに記録によると，本件の事実関係は，次のとおりである。

ア 長野市内に居住する被害者は，平成28年6月8日，甥になりすました氏名不詳者からの電話で，仕事の関係で現金を至急必要としている旨の嘘を言われ，その旨誤信し，甥の勤務する会社の系列社員と称する者に現金100万円を交付した。

イ 被害者は，平成28年6月9日午前11時20分頃，警察官を名乗る氏名不詳者からの電話で，『昨日，駅の所で，不審な男を捕まえたんですが，その犯人が被害者の名前を言っています。』『昨日，詐欺の被害に遭っていないですか。』『口座にはまだどのくらいの金額が残っているんですか。』『銀行に今すぐ行って全部下ろした方がいいですよ。』『前日の100万円を取り返すので協力してほしい。』などと言われ(1回目の電話)，同日午後1時1分頃，警察官を名乗る氏名不詳者らからの電話で，『僕，向かいますから。』『2時前には到着できるよう僕の方で態勢整えますので。』などと言われた(2回目の電話)。

ウ 被告人〔X〕は，平成28年6月8日夜，氏名不詳者から，長野市内に行くよう指示を受け，同月9日朝，詐取金の受取役であることを認識した上で長野市内へ移動し，同日午後1時11分頃，氏名不詳者から，被害者宅住所を告げられ，『お婆ちゃんから金を受け取ってこい。』『29歳，刑事役って設定で金を取りに行ってくれ。』などと指示を受け，その指示に従って被害者宅に向かったが，被害者宅に到着する前に警察官から職務質問を受けて逮捕された。

エ 警察官を名乗って上記イ記載の2回の電話をかけた氏名不詳者らは，上記ア記載の被害を回復するための協力名下に，警察官であると誤信させた被害者に預金口座から現金を払い戻させた上で，警察官を装って被害者宅を訪問する予定でいたXにその現金を交付させ，これをだまし取ることを計画し，その計画に基づいて，被害者に対し，上記イ記載の各文言を述べたものであり，Xも，その計画に基づいて，被害者宅付近まで赴いたものである。」

第1審判決（長野地判平28・8・9刑集72巻1号132頁参照）は詐欺未遂罪の成立を認め，懲役2年4月を言い渡した。

これに対し，控訴審判決（東京高判平29・2・2前掲刑集134頁参照）は，職権で第1審判決を破棄し，無罪を言い渡した。その理由は，伝達された欺罔文言には，明示的にはもちろん，黙示的にも財物の交付を求める文言が含まれておらず，刑法246条1項の「人を欺」く行為（以下，「欺罔行為」）が認められないというものである。これに対し，検察官が上告した。

〈上告審〉

判 旨

原判決破棄，控訴棄却。

「本件における，上記(1)イ記載の各文言は，警察官を装って被害者に対して直接述べられた

ものであって，(a)預金を下ろして現金化する必要があるとの嘘（1回目の電話），(b)前日の詐欺の被害金を取り戻すためには被害者が警察に協力する必要があるとの嘘（1回目の電話），(c)これから間もなく警察官が被害者宅を訪問するとの嘘（2回目の電話）を含むものである。①上記認定事実によれば，これらの嘘（以下『本件嘘』という。）を述べた行為は，被害者をして，本件嘘が真実であると誤信させることによって，あらかじめ現金を被害者宅に移動させた上で，後に被害者宅を訪問して警察官を装って現金の交付を求める予定であったXに対して現金を交付させるための計画の一環として行われたものであり，本件嘘の内容は，その犯行計画上，被害者が現金を交付するか否かを判断する前提となるよう予定された事項に係る重要なものであったと認められる。②そして，このように段階を踏んで嘘を重ねながら現金を交付させるための犯行計画の下において述べられた本件嘘には，預金口座から現金を下ろして被害者宅に移動させることを求める趣旨の文言や，間もなく警察官が被害者宅を訪問することを予告する文言といった，被害者に現金の交付を求める行為に直接つながる嘘が含まれており，既に100万円の詐欺被害に遭っていた被害者に対し，本件嘘を真実であると誤信させることは，被害者において，間もなく被害者宅を訪問しようとしていたXの求めに応じて即座に現金を交付してしまう危険性を著しく高めるものといえる。このような事実関係の下においては，本件嘘を一連のものとして被害者に対して述べた段階において，被害者に現金の交付を求める文言を述べていないとしても，詐欺罪の実行の着手があったと認められる。」（引用文中(a)，(b)，(c)，①，②の記号は筆者。）

なお，山口厚裁判官の補足意見が付されている。そこでは，「詐欺の実行行為である『人を欺く行為』自体への着手がいまだ認められない〔としても，〕……実行行為に『密接』で『客観的な危険性』が認められる行為への着手が認められ」れば詐欺罪の実行の着手は認められるところ，「本件では，警察官になりすましたXが被害者宅において現金の交付を求めることが計画され，その段階で詐欺の実行行為としての『人を欺く行為』がなされることが予定されているが，警察官の訪問を予告する上記2回目の電話により，その行為に『密接』な行為が行われていると解することができる」として着手が肯定されている。

解　説

Ⅰ．問題の所在

本件は，前日も詐欺被害に遭っていた被害者に対し，被害金を警察が取り戻すという虚偽ストーリーを伝達して現金を詐取しようとした特殊詐欺の事案である。ただ，本件では，被害金取戻しのために口座の残額を現金化する必要があることや，被害者宅に警察官が向かうことは伝達されたものの，警察官に現金を渡す必要がある旨は伝達されていない。すなわち，嘘が積み重ねられてはいたものの，**未だ交付要求が行われていなかった点が本件の特徴**であり，本判決は，**そのような段階でも詐欺罪の実行の着手が認められる場合があることを示した事例判例**である。

Ⅱ．詐欺罪の実行の着手に関する先例

1. 詐欺罪の実行の着手時点と欺罔行為の開始時点の関係

詐欺罪の実行の着手時点と欺罔行為の開始時点の関係を見ると，「詐欺未遂ノ犯罪ヲ構成スルニハ〔中略〕單ニ人ヲ錯誤ニ陥ラシムヘキ欺罔手段ヲ用ヒシ事實アルヲ以テ足ル」としたもの[1)]が存在する一方，「實行ニ着手シタリト爲スニハ少クトモ被欺罔者タル他人ニ對シ財物騙取ノ手段タルヘキ欺罔行爲ヲ開始シタルコトヲ要ス」としたもの[2)]も存在する。これらによれば，詐欺罪の実行の着手時点と欺罔行為の開始時点は一致することになる。このような一般論は，基本的には現在でも承認されている[3)]。

ただ，こうした一般論が形成・維持される過

1） 大判大3・11・26刑録20輯2260頁。
2） 大判大14・7・6新聞2459号9頁。
3） 高橋省吾・大コンメ(13)〔第3版〕109頁以下。

程で，昨今社会問題化している特殊詐欺のように様々な嘘が積み重ねられていく場合が念頭に置かれていたかと言えば，必ずしもそうとは言えない[4]。したがって，欺罔行為の開始時点を着手とするのが判例・学説上一般的であったとは言っても，特殊詐欺のような事案で，仮に様々な嘘の途中から欺罔行為該当性が認められると判断される事案があった場合に，その欺罔行為と密接に関連する直前の嘘に前倒しして着手を認めることをおよそ許さないのがこれまでの判例・学説であったとまでは言えず，この点の判断は開かれていたと言うべきである。このため，本件で着手を認めるロジックとしても，理論上は，㋐欺罔行為が開始されているとするロジックと，㋑欺罔行為は開始されていないがその直前行為が開始されているとするロジックがあり得たことになる[5]。

2. 欺罔行為の理解

いずれのロジックによるにせよ，核となるのは欺罔行為の範囲の理解である。そこで次に，この点に関する先例を見る。ここではとくに，多数の嘘が積み重ねられる事案で欺罔行為の範囲を限定する視点が示されていないかを見たい。

限定の視点としては，第一に，詐欺罪が被害者が財物を交付する際の交付目的を達成できなくする事項について錯誤を生じさせるからこそ法益侵害が生じる犯罪類型であることから，欺罔の対象事項を交付目的に関係する一定の重要事項に限定する視点が考えられる。第二に，詐欺罪が「欺罔行為→欺罔による錯誤→錯誤による交付→財物移転」という因果経過を辿った場合を処罰対象とする犯罪類型であることから，この財物移転プロセスを一定程度進めることになる行為を欺罔行為として捕捉する視点が考えられる。

前者に関しては，他の者を搭乗させる意図を秘して搭乗券の交付を請求した行為が，「交付の判断の基礎となる重要な事項」（以下，単に「重要事項」ともいう）を偽る行為であるから欺罔行為に該当すると判断した最決平 22・7・29（刑集 64 巻 5 号 829 頁）がある[6]。この基準の下で，財物交付目的に関わる事項が偽られているか，その目的は重要なものかが判断対象とされ[7]，それが認められる場合に欺罔行為該当性を肯定する判断が積み重ねられている。

後者に関しては，本判決の原審が，単なる嘘の伝達では足りず交付要求が必要としたことが，財物移転プロセスの進捗度による限定の例と言える。しかし，このような判断は先例上一般的ではない。一般論として財物移転プロセスが一定程度進んでいることを要求した例は見当たらないうえ，具体例としても，財物移転まで多くの段階が残る時点で欺罔行為を肯定した例は多数存在する。例えば，訴訟詐欺では，提訴後にも，口頭弁論が開かれ，勝訴判決を得て，さらにそれに基づく支払を受けてはじめて財物移転が生じるにもかかわらず，不実の請求を目的として提訴した時点で既に欺罔行為の開始が認められている[8]。こうした判断傾向の下で，本件同様交付要求以前に着手を認めた例もある[9]。

Ⅲ. 本判決の判断構造

1. 実行の着手論の一般論

本判決は事例判例であるが，当てはめの部分から実行の着手論の一般論をどう捉えているかにつき一定の示唆が得られるため，まずはその点を確認したい。

実行の着手論に関しては大きく 2 つの見解が存在する。第一は，未遂犯は既遂結果発生の現

4）このような理解を示すものとして，冨川・後掲 120 頁。

5）調査官解説もこの 2 つのロジックがあり得たことを示唆する（向井・後掲 64 頁，78 頁以下）。

6）この基準を用いたその後の最高裁判例として，最決平 26・3・28 刑集 68 巻 3 号 646 頁，最決平 26・4・7 刑集 68 巻 4 号 715 頁。

7）最決平 26・4・7 前掲注 6）の調査官解説である駒田秀和・最判解刑事篇平成 26 年度 199 頁以下参照。

8）大判明 43・5・27 刑録 16 輯 960 頁，大判大 3・3・24 刑録 20 輯 336 頁，大判大 15・7・26 刑集 5 巻 334 頁等。高橋省吾・大コンメ⒀〔第 3 版〕111 頁も参照。

9）例えば，競輪選手らが八百長レースを行い賞金および払戻金を騙取した事案で，選手らがスタートラインに立った時点で着手を肯定した最判昭 29・10・22 刑集 8 巻 10 号 1616 頁。他にも，大判昭 8・11・9 刑集 12 巻 2114 頁，大判昭 9・6・11 刑集 13 巻 730 頁。

実的危険性を処罰対象とするとの理解から，ある程度高度の危険性が発生した時点で着手を認める旧来の見解である（以下，「多数説」という）。第二は，未遂処罰根拠を行為規範違反性に求め，それが認められる時点を犯行計画の進捗度に沿って判断しようとする新たな見解[10]である（以下，「有力説」という）。多数説も犯行計画の参照を否定するわけではないが，それはあくまでも危険性の程度測定の一資料とされる[11]。これに対し，有力説は着手肯定に高度の危険性は不要とし[12]，犯行計画は危険性判断の資料に過ぎないものではなく，犯行計画を既遂に近いところまで進めたことそれ自体が規範違反性を基礎付ける観点から意義を有すると位置付ける。

本判決を見ると，①の文も②の文もまず犯行計画に言及している。犯行計画に照らした分析自体は多数説も有力説も承認するところであるが，注目されるのは，犯行計画に照らした嘘の分析のみで着手が認められていることである。詐欺罪が被害者に交付行為を行わせる犯罪類型である以上，既遂結果発生の危険性の程度を測定するのであれば，伝達された嘘の内容に加えて，被害者がそれを信じたのか，信じた可能性はどの程度あったのかといった分析が不可欠である。上告趣意によれば，本件は，1回目の電話の時点では被害者は嘘を信じており，実際現金を下ろすに至っていたが，その後たまたま警察に電話が繋がったため犯行が露見し，2回目の電話の時点では騙されたふり作戦が開始されていた事案のようであり[13]，客観的には，1回目の電話の時点では交付に至る危険性がある程度存在したが，2回目の電話の時点ではほとんど存在しなかったと言えそうである。しかし，本判決はこのような分析を行っていないばかりか，被害者が嘘を信じたかに関する事実を判断の基礎に含めることすらせずに着手肯定の結論を出している。また，②の文では，「本件嘘を真実であると誤信させることは……危険性を著しく高める」ということが着手肯定の1つの根拠とされているが，ここで言われているのは，本件嘘そのものが被害者がそれを真実と誤信しかねないことも含めて危険であったということではなく，誤信させることに成功したとすれば危険であったということである。すなわち，誤信する危険性の程度はそもそも問題とされておらず，専ら犯行計画上どのような段階に位置付けられる嘘を述べたのかが分析対象とされているのである（後述Ⅲ.3.も参照）。この判断は有力説と親和的であり，**本判決は，実行の着手は既遂結果発生の現実的危険性によって基礎付けられるとする立場には立っていない**[14]。

2. 実行の着手肯定のロジック

次に，上記の基本的な考え方の下で，本判決がどのようなロジックで着手を肯定したのかを見たい。既に見たとおり，理論上は，㋐欺罔行為が行われているとするロジックと㋑欺罔行為は行われていないがその直前行為が行われているとするロジックがあり得る（Ⅱ.1.）。

(1) 原判決・山口補足意見

まず原判決は，欺罔行為肯定には交付要求が必要との立場から㋐を否定し，直前行為への着手時点の前倒し自体を消極に解して㋑も否定し，着手を否定している。しかし，先例上も着手肯定に交付要求が必須とは考えられていなかったのであり，この結論は狭きに失する。

これに対し，山口補足意見は，欺罔行為肯定に交付要求を必要とする点は原判決と同じであ

---

10) 代表的な文献として，佐藤拓磨「実行の着手について」研修838号（2018年）3頁，樋口亮介「実行の着手」東大ローレビュー第13巻（2018年）56頁。

11) 例えば，橋爪隆『刑法総論の悩みどころ』（有斐閣，2020年）277頁以下。

12) もちろん，危険性が全くなければ不能犯として不可罰となる。

13) 刑集72巻1号96頁以下。調査官解説も，本件がこのような事案であったことを前提として，「2回目の電話での嘘が述べられた時点では，被害者の置かれていた客観的状況に照らせば，被害者がだまされる可能性も，また，被告人に現金を交付する可能性も実際には，ほぼなかった」とする（向井・後掲87頁）。

14) 同旨の指摘として，冨川・後掲122頁。なお，筆者はそもそも多数説は支持できないと考えている。この点について本格的に勉強したい人は，東條明徳「実行の着手論の再検討(4)」法協136巻9号（2019年）2103-2117頁，同「実行の着手論の再検討（6・完）」法協138巻10号（2021年）1876頁以下（とくに1950-1975頁）を読んでみてほしい。

るが，クロロホルム事件を参照しつつ欺罔行為のみならずその直前行為にも実行の着手を認め得るとし，㋑によって着手肯定の結論に至っている。

(2)　法廷意見

以上に対し，**法廷意見は㋐㋑のいずれを採用したかを明らかにしていない**[15]。手掛かりとなりそうなのは，①の文で，先例で欺罔行為該当性判断に用いられていた「交付の判断の基礎となる重要な事項」との表現に類似した，「交付するか否かを判断する前提となるよう予定された事項に係る重要なもの」との表現が用いられていることであるが，あくまでも同一ではないため欺罔行為との関係は明らかでない。

両者の相違点は 2 つである。第一は，本判決では「予定された」の文言が入っていることである。ただ，この点は，本件では被害者が実際に交付の判断を行ったわけではないために，計画上「予定された」ものとの表現になったに過ぎないとも見られ，本質的な違いとは言い難い。

第二に，先例は判断の「基礎」とするのに対し，本判決は判断の「前提」とする点である。本件は，受け子が到着後になぜ口座の現金を警察に預ける必要があるのかの説明をする計画であったと見られ，被害者はその説明をも踏まえて交付の判断を行うはずであった。本件で現に伝達された嘘のみではこの最後の部分が欠けており，伝達されたのは最後の部分と一体となって虚偽ストーリーを完成させるはずであった，その前提部分のみである。このことを捉えて「前提」との表現が用いられたというのが 1 つの分析である[16]が，そうであるとして，「前提」の伝達が既に欺罔行為を構成するのかは，判決文からは明らかではない。

(3)　クロロホルム事件およびそれに言及する山口補足意見と法廷意見の関係

クロロホルム事件で殺害行為の直前行為に前倒しして着手が認められたのであるから，欺罔行為の直前行為にも着手を認め得るはずだとの理解も，本判決を離れた議論としては考えられる。しかし，殺人罪で前倒しの起点とされた殺害行為は，その行為から直接既遂結果が発生するような最終の結果惹起行為であるのに対し，欺罔行為は，少なくとも判例上は交付まで多数の段階が残存する時点でも認められるものであり，両行為は既遂結果との関係を異にしている。既遂結果との関係を重視するのであれば，詐欺罪においても，交付に向けた最後の嘘や交付要求からそれと一体性の認められる範囲まで前倒しができるに過ぎず，欺罔行為からの前倒しができるわけではないとの解釈論も考えられるのである[17]。前倒しの起点を欺罔行為と結果のいずれに設定すべきかについては必ずしも先例の立場も学説の議論も定まっておらず，本判決は，このような中でこの問題について判断することを避けるために，㋐㋑のいずれを採用するのかの判断を留保したものと見ることも可能と思われる。

山口補足意見は，クロロホルム事件に言及して欺罔行為からの前倒しを行っているが，そこでは起点とされる欺罔行為が最終の交付要求に限定されていることに注意せねばならない。すなわち，クロロホルム事件と山口補足意見は前倒しの起点となる行為を最終の結果惹起行為に限定した点で共通しているのであり，山口補足意見は欺罔行為をこのように限定したからこそ，前倒しを認めても着手時点が 2 回目の電話に限定される結論に至ったのである。しかし，先例における欺罔行為の解釈が山口補足意見のように限定されているかには疑問の余地がある。既に見たとおり，先例には裁判所に訴状が到達したことを以て欺罔を認めたものもあり，この理解と前倒しの議論が結び付いた場合，訴状作成は訴状提出に必要不可欠であるし，作成した訴状が裁判所に到達するまでに障害が介在することも想定しにくいなどとして，自宅での訴状作成に着手が認められる結論にも至りかねない。

---

15)　調査官解説は，㋐㋑の一方を明示的に採用することを法廷意見が意識的に避けた可能性もあると指摘している（向井・後掲 82 頁以下）。

16)　向井・後掲 85 頁注 9。

17)　詐欺罪における着手時点の前倒しの起点として欺罔行為と結果の 2 つがあり得ることを指摘するものとして，樋口・前掲注 10）70 頁以下。ただし，論者は欺罔行為からの前倒しを認める。

先例の状況をも踏まえれば，**本判決を根拠に，判例は欺罔行為の直前行為にも着手を肯定しているとの一般論を抽出することは，そもそもできないし，するべきでもない。**

3. 実行の着手肯定の結論を基礎付けた要素

最後に，本判決で着手肯定の結論を支える具体的な事実について分析する。

①の文では，(a)～(c)の嘘が取り上げられて，それが交付の判断の前提事項であるとされている。虚偽ストーリーが完成しなかったため判然としないものの，本件では，警察が被害金取戻作戦を遂行する中で，その完遂に口座の残額が必要である，あるいは，残額をも奪われることを防ぐために警察に預ける必要があるといった嘘が伝達されて交付に至るはずであったと見られる。こうした虚偽ストーリーからすれば，(a)口座の残額の現金化の必要性，(b)前日の詐欺被害を警察が把握しており，対処を開始することおよび被害者の協力の必要性，(c)訪問者が警察官であることといった嘘は，いずれも最終的に提示される交付目的を基礎付けるのに不可欠な前提事項である。「重要事項」に類似する表現が用いられている点や(b)が①でのみとくに取り上げられている点からしても，①においては交付目的との関連性の高さが評価されていると見られる。

②の文については，まず，ここでの「危険性」が客観的な危険性とは見られないことは既に見たとおりである（Ⅲ.1.）。ここでは犯行計画に沿って嘘の内容が分析され，嘘が交付を求める行為に直接つながることが「危険性」を基礎付けているのであるから，この「危険性」は「犯行計画をベースとした結果惹起行為に繋がる可能性」である[18]。この可能性を基礎付ける嘘の内容にさらに着目すると，多数述べられた嘘の中でも(a)と(c)がとくに取り上げられている。本件のような手渡しによる財物交付の場合，「被害者」「受け子」「財物」が同一場所に集結する必要があるところ，(a)は財物が被害者の下に来るプロセスに，(c)は受け子が被害者の下に来るプロセスおよび訪問した受け子を警察官と信じて被害者が財物を手渡すプロセスに関係している。すなわち，②で取り上げられた嘘は，取り上げられなかった(b)の嘘よりも直接的に財産移転プロセスに関係しているのである。したがって，②の文は，本件において予定された最終的な結果惹起行為（＝現金の交付を求める行為）との密接性を，詐欺罪で予定された財産移転プロセスの観点から評価したものと言える。

既に指摘したとおり（Ⅱ.2.），多数の嘘が積み重ねられていく事案で詐欺（未遂）罪の処罰範囲を限定する視点としては，詐欺罪の罪質からして，交付目的との関連性を問題とする視点と，財産移転プロセスの進捗度を問題とする視点とがあり得た。本判決には，多数の嘘が積み重ねられていく事案における処罰範囲の限界付けの枠組みが確立していない中で，**犯行計画をベースとして，交付目的との関連性と財産移転プロセスの進捗度という２つの視点を用いることが有効であることを示した事例判例としての意義がある。**

■■■■ 関連判例 ■■■■

①最判昭 29・10・22 刑集 8 巻 10 号 1616 頁
②最決平 16・3・22 刑集 58 巻 3 号 187 頁（判プラⅠ-276 事件，本書第 16 章）
③最決平 22・7・29 刑集 64 巻 5 号 829 頁
④大阪地決平 30・3・11LEX/DB25552928

■■■■ 演習問題 ■■■■

本判決の立場を前提とすると，本件の事案が次のように異なっていた場合，着手判断は変わるか。

(1)　被害者は２回目の電話を受けてもなお詐欺を看破できず，本件と無関係にパトロール中であった警察官がたまたま受け子に職務質問を行ったために犯行は失敗に終わったが，そのよ

18)　判例における「危険性」の語には，「（客観的に判断される）結果惹起行為からの直接の結果発生可能性」を意味している場合と，「犯行計画をベースとした結果惹起行為に繋がる可能性」を意味している場合があることについては，東條「実行の着手論の再検討（6・完）」前掲注 14）1912 頁以下（とくに，1926 頁以下，1947 頁以下）。

うな事情が介在しなければ確実に結果が発生したと見込まれる場合

⑵　被害者が１回目の電話で詐欺を看破し，直ちに自ら警察に通報して騙されたふり作戦への協力を開始したため，最初の嘘の時点から受け子の逮捕に至るまで一貫して結果発生の可能性がほとんど存在しなかった場合

⑶　被害者が１回目の電話で詐欺を看破し，被害金取戻作戦への協力を断ったため，２回目の電話は行われなかった場合

＊考え方

本判決が着手判断でいかなる事情を重視しているかを判断するには，まず本判決が実行の着手論の一般論に関してどのような立場に立っているかを踏まえる必要がある。⑴および⑵にとくに関係する判決文の文言としては，「本件嘘を真実であると誤信させることは」の部分を挙げることができる。この文言から本判決のどのような立場を読み取ることができるのかを押さえれば，⑴や⑵の場合に着手判断が変わるかも明らかである。

これに対し，⑶に関しては事情が異なる。ここでは本判決の射程を正確に理解することが重要である。山口補足意見は２回目の電話によってはじめて着手が認められることを明示しているが，法廷意見はこの点の判断を示していない。本判決は事例判例であって，１回目の電話と２回目の電話が行われた本件では着手が認められると判断したにとどまる。したがって，⑶は本判決の射程外である。詐欺罪の着手判断において意義を有する視点として本判決が示した２つの視点の下で，具体的にどのような段階に至っていればよいのかについては，学説の議論や裁判例の蓄積を待っている段階である。

〔参考文献〕

向井香津子・最判解刑事篇平成 30 年度 56 頁
東條明德・論ジュリ 31 号（2019 年）202 頁
安田拓人「特殊詐欺における実行の着手」法時 92 巻 12 号（2020 年）7 頁
冨川雅満・判評 748（判時 2481）号（2021 年）118 頁

（東條明德）

18　中止犯における任意性

最高裁昭和32年9月10日第三小法廷決定

昭和30年(あ)第1418号
尊属殺人未遂被告事件

刑集11巻9号2202頁

〈事実の概要〉

X（被告人）は，賭博等にのめり込んで借財がかさみ，実母A（被害者）や姉等にも心配をかけていることから自殺を決意すると同時に，自分の死後にAが悲しみつつ生き残ることがないようにしてやろうと考え，自殺に先立ってAを殺害することを思い立った。Xは，昭和28年10月18日午前0時頃自宅六畳間において電灯を消して就寝中のAの頭部を野球用バットで力強く一回殴打したところ，Aが呻き声をあげたので死亡したものと思い，バットをその場に置いたまま自己が就寝していた隣室三畳間に入った。ところが，間もなくAが自分の名を呼ぶ声を聞いたので，Xは，再び上記六畳間に戻り，Aの頭部を手探りして電灯をつけて見ると，Aが頭部より血を流し苦しんでいたので，その姿を見て俄かに驚愕恐怖し，その後の殺害行為を続行することができず，Aに全治約1週間の頭部挫創を負わせたにとどまり，A殺害の目的を遂げなかった。Xは，尊属殺人未遂罪（203条〔当時〕）で起訴された。

1審（横浜地判昭29・4・27刑集11巻9号2209頁参照）は，「Xは……就寝中の実母Aに対し，その頭部をバット……で一撃して殺害しようとしたが，同女が負傷したのをみて驚き，自ら殺害行為をなすことを中止した」と認定し，Xに対し刑の免除の判決を言い渡した[1]。

原審（東京高判昭30・3・22前掲刑集2210頁参照）は，Xがそれ以上の殺害を継続しなかったのは，Aが頭部から流血して痛苦しているのを見て事態の重大性を痛感して驚愕したのと同時に，Aを手当てする，隣家にA負傷を知らせに行く，住居に侵入され室内が荒らされた形跡を装う等のXの行動からうかがわれるように，自己の犯跡を隠蔽するためであったのであるから「Xの本件殺害行為中絶は，Xの自由意思に基く中止未遂というは正当ではなく，単に自己の予定行動の中間的事態の発生に早くも自ら驚愕恐怖に襲はれ既遂に至らしめる意力を抑圧された結果であって即ち無形の心理的強制ともいうべき客観的障碍による未遂の一態様と認めるを相当とする」とし，中止未遂の成立を否定して，1審判決を破棄してXに懲役3年6月の刑を言い渡した。Xが上告。

〈上告審〉

決定要旨

上告棄却。

「XはAに対し何ら怨恨等の害悪的感情をいだいていたものではなく，いわば憐憫の情から自殺の道伴れとして殺害しようとしたものであり，従ってその殺害方法もAにできるだけ痛苦の念を感ぜしめないようにと意図し，その熟睡中を見計い前記のように強打したものであると認められる。しかるに，Aは右打撃のため間もなく眠りからさめ意識も判然としてXの名を続けて呼び，XはそのAの流血痛苦している姿を眼前に目撃したのであって，①このような

1)　1審判決が中止未遂を認めた上で刑の免除の判決を言い渡したのは，尊属殺人未遂罪については執行猶予を付することができなかったためであると推測される（足立・後掲442頁）。

事態はXの全く予期しなかったところであり，いわんや，これ以上更に殺害行為を続行しAに痛苦を与えることは自己当初の意図にも反するところであるから，所論のようにXにおいて更に殺害行為を継続するのがむしろ一般の通例であるというわけにはいかない。すなわち②Xは，原判決認定のように，前記Aの流血痛苦の様子を見て今さらの如く事の重大性に驚愕恐怖するとともに，自己当初の意図どおりにA殺害の実行完遂ができないことを知り，これらのため殺害行為続行の意力を抑圧せられ，他面事態をそのままにしておけば，当然犯人は自己であることが直に発覚することを怖れ，原判示のように，ことさらに便所の戸や高窓を開いたり等して外部からの侵入者の犯行であるかのように偽装することに努めたものと認めるのが相当である。③右意力の抑圧が論旨主張のようにXの良心の回復又は悔悟の念に出でたものであることは原判決の認定しないところであるのみならず，前記のようなXの偽装行為に徴しても首肯し難い。そして右のような事情原因の下にXが犯行完成の意力を抑圧せしめられて本件犯行を中止した場合は，④犯罪の完成を妨害するに足る性質の障がいに基くものと認むべきであって，刑法43条但書にいわゆる自己の意思により犯行を止めたる場合に当らないものと解するを相当とする。されば，原判決が本件Xの所為を中止未遂ではなく障がい未遂であるとしたのは，以上と理由を異にするが，結論においては正当である。」（決定要旨の下線部①～④は筆者が付した。【解説】で適宜使用する。）

解　説

1　本決定の意義

(1)　中止犯の任意性

中止犯の成立には，「自己の意思により」（43条ただし書）犯罪を中止すること，すなわち，任意性が認められることが必要である。本決定は，中止犯の任意性について，最高裁として判断した現時点における最後の事案である[2]。

中止犯の任意性（以下では，単に任意性と呼ぶ）の意義については，行為者の主観を基準として「やろうと思ったらできたが，やらなかった」か「やろうと思ってもできなかった」かを基準とする主観説，未遂に終わった原因が一般人を基準とした場合に通常犯行を中止する外部的障害になるものかを基準とする客観説，広義の後悔（悔悟，慚愧，憐憫など）という正当な動機に基づいて犯行を中止したかどうかを基準とする限定主観説などが主張されている（今井ほか・総論338頁〔橋爪隆〕）[3]。

(2)　任意性の意義についての本決定の理解

本決定は，本件の事情の下における犯行継続は「一般の通例」とはいえないことを指摘し（下線部①），その理由として，Xの殺害行為続行の意力の抑圧が，流血に驚愕恐怖したことに加えて意図通りの犯行を遂行できないと認識したことから生じていること（下線部②），「良心の回復又は悔悟の念」から生じたものではないこと（下線部③）の二点を挙げる。そして，結論として，下線部②および③のような「事情原因の下にXが犯行完成の意力を抑圧せしめられて本件犯行を中止した場合は，犯罪の完成を妨害するに足る性質の障がいに基くものと認むべき」（下線部④）[4]であるから，任意性が否定されるとしている。

本決定は，任意性の意義をどのように捉えているのであろうか。下線部①において，犯行の継続は「一般の通例」であるとはいえないとしているから，本決定は客観説の基準を用いているといえる（井田・総論472頁）。また，下線部①と合わせて考えると，下線部④の「犯罪の完成を妨害するに足る性質の障がい」か否かも，一般人を基準として判断されると理解するのが自然であろう。

一方で，本決定が客観説の基準を用いていることと，下線部②③において行為者の主観的事

2)　本決定以降の中止犯の任意性をめぐる裁判例の展開について，塩見・後掲75頁，和田・後掲690頁以下参照。

3)　その他の学説および各学説の詳細な分析について，和田・後掲684頁以下，野澤・後掲140頁を参照。

4)　下線部④の直前にある「犯行完成の意力」とは，下線部②の「殺害行為続行の意力」および下線部③の「右意力」と同一であると解される。

情（「未遂に終わった原因」が行為者の意思決定に与えた具体的影響）に触れていることとの関係をどう捉えるかが問題となる。本決定は，下線部②において「未遂に終わった原因」（本件においては，被害者が流血したこと，被害者を苦しませずに殺害するという意図通りの犯行遂行が不可能になったこと）を認識したことによって行為者が意力を抑圧されたことに言及し，下線部③において意力の抑圧は「良心の回復又は悔悟の念」によるものではないとしているが，これらの判示は客観説と整合しないようにもみえる。なぜならば，客観説によれば，任意性を認めるためには，一般人の基準から見て，「未遂に終わった原因」が犯行の障害となるような外部的障害になるものでないことを確認すれば十分であるはずなのに，それが行為者の内心にどのような影響を与えて「犯行完成の意力を抑圧」するに至ったのか（下線部②），行為者が悔悟の念などによって「犯行完成の意力を抑圧」されて中止したのか（下線部③）といった行為者の主観的事情を考慮する必要はないのではないかという疑問が生じるからである[5)]。

この疑問は，「中止に至った原因である動機内容が，一般の経験上，意思決定に対して強制的影響を与えると考えられる場合を障碍未遂，その他の場合を中止未遂とする」見解（阿部・総論211頁。小林充・刑法121頁，前田・総論125頁，松原・総論383頁も参照）によって解消することができる。この見解は，任意性の判断資料を「行為者の認識した外部的事情自体ではなく，かかる認識によって生じた動機内容」であると捉え，その動機内容が行為者の意思決定に対して強制的影響を与えるものであるか否かを客観的基準により評価する[6)]。このように解すると，本決定が，「犯罪の完成を妨害するに足る性質の障がい」かどうかという客観的基準を用いつつ，行為者の意思決定に至る具体的事情（下線部②③）を判断資料に含めて任意性を判断していることを整合的に説明することが可能になるであろう。本決定の調査官解説も，本決定は関連判例①（最判昭24・7・9）と同じ系統に属するとした上で，後者について「驚愕の結果犯人がそれをどのように受け取ったか，その受け取り方をも評価の資料とすべき〔とする学説があるが,〕判文は，その点まで考慮に入れての判示と解すべきではあるまいか」としており，判例が動機内容の行為に与えた影響を判断資料としていることを示唆している（足立・後掲441頁。なお，山口・総論301頁も参照）。

(3) 本決定の検討課題

このように，本決定の意義は，未遂に終わった原因それ自体ではなく，行為者の動機内容（未遂に終わった原因を認識することによって生じた行為者の心理状態（下線部②③）が行為者の意思決定に与えた具体的な影響）を判断資料とし，これを客観的基準によって評価して（下線部①④），任意性の有無を判断しているところにあるといえる[7)]。

一方で，本決定に対しては，客観的基準の内容やその基準をどのように適用したのかについては明らかではなく，「中止の動機形成過程を洞察した具体的検討が示されるべきであった」との批判が向けられている（中谷・後掲153頁）。具体的には，驚愕恐怖するとともに犯行を計画通りに完遂できないことによって犯行完成の意力が抑圧されたこと（下線部②），犯行完成の意力の抑圧が良心の回復または悔悟の念によら

---

5) 客観説に対しては，「『自己の意思により』という主観的要件の判断にあたって，行為者の意思が度外視されることとなり，方法論的に妥当でない」との批判が向けられているが（福田・総論237頁），この批判も，客観説が行為者の意思決定に与えた具体的影響を考慮しない見解であることを前提にしている。

6) 中谷・後掲152頁はこの見解を客観説と区別して折衷説ないし新客観説と呼ぶ（大谷・総論385頁も参照）。なお，「外部的事情」「外部的障害」という用語の意義について足立・後掲440頁を参照。

7) 本決定と同じく客観説に立つとされる関連判例①（最判昭24・7・9）は，強姦（強制性交）に及ぼうとした被告人が被害者の出血に驚愕して犯行を中止したという事案において，「かくのごとき諸般の情況は被告人をして強姦の遂行を思い止まらしめる障礙の事情として，客観性のないものとはいえないのであって被告人が弁護人所論のように反省悔悟して，その所為を中止したとの事実は，原判決の認定せざるところである。」として任意性を否定しており，本決定と同じく，行為者における未遂の原因となった事情の受け止め方，中止の動機を考慮している。

ないこと（下線部③）が，どのようにして「犯罪の完成を妨害するに足る障がい」であると評価されて任意性が否定された（下線部①④）のかが検討課題となる[8]。以下では，関連裁判例を参照しつつ，任意性の判断資料について概観した上で，本決定が任意性の判断基準についてどのように判断したのかを検討してみよう。

2　任意性の判断資料

⑴　犯行中止に至る行為者の動機内容

本決定において任意性の判断資料とされているのは，行為者が外部的事情を認識したことから犯行を中止するに至るまでの動機内容（下線部②，③）である。本決定は，原審の認定を前提に，Xが犯行を決意した事情，犯行に至るまでの経緯，犯行後のXの行動などの事情を踏まえた上で，犯行中止に至る行為者の動機内容を明らかにしている。

裁判例においても，本決定と同様に，行為者が犯行中止という意思決定に至った様々な事情が任意性の判断資料とされている。例えば，被害者の様子を見たことによる犯意の減退（東京高判昭39・8・5〔関連判例②〕），被害者の流血を目の当たりにしたことによる驚愕，憐憫，反省，悔悟（福岡高判昭61・3・6〔関連判例③〕），被害者の言動等による憐憫，反省，悔悟（札幌高判平13・5・10〔関連判例④〕，東京高判平19・3・6〔関連判例⑤〕）などの事情が任意性の判断資料とされている。関連判例④は，犯人が被害者の胸部を二回刺した後，このまま被害者と心中するか，被害者を病院に連れて行くか逡巡した上で，最終的に後者を選択して被害者を救命するに至る過程を犯人の行動に即して丁寧に認定している（中桐・後掲369-370頁）。このように，それぞれの裁判例においては，行為者が認識した外部的事情だけでなく，外部的事情を認識した結果として形成された行為者の動機内容が任意性の判断資料とされているといえる。

これらの裁判例においては，行為者の憐憫，悔悟，反省といった倫理的動機（広義の後悔）も判断資料とされている。本決定も，Xは「いわば憐憫の情から自殺の道伴れとして殺害しようとした」ものの，犯行終了後に犯行を偽装しており，結局は犯行中止に至る意思決定は「良心の回復又は悔悟の念」に基づくものではないと認定しているから，広義の後悔を判断資料に（消極的な形で）含めているといえる。もっとも，このことから，本決定や関連判例が限定主観説を採用しているとは必ずしもいえない。なぜならば，1⑵で検討したとおり，客観説の基準を用いる場合でも，広義の後悔は行為者の動機内容の一つであって，任意性の判断資料とすることは可能であるからである（3⑵参照）[9]。

⑵　行為者の動機内容を推認させる事情

一般的に，行為者の動機内容を認定することは困難なことが多いといえるから，裁判所は「被告人の客観的行動に照らして，内心の動きに関する被告人の供述の信用性を吟味したり，当該具体的事情の下で，いったん犯罪の実行に着手した者が，被害者の出血などの事態に直面した場合にどのような行動を取るのが一般的かという経験則を適用したりして，外部的事情が被告人の中止行為に及ぼした影響の有無及び程度を認定」している（中桐・後掲367頁）[10]。本決定が，犯行後の行為者の犯行偽装行為から，犯行中止は広義の後悔に基づいていないことを認定しているのも，その一例である。

---

8)　金澤・後掲299頁は，「本決定は……客観的な障碍となり得る事態の存在を前提に，外部的事情が行為者の主観にいかなる影響を与えたかという主観説の判断枠組みおよび中止の動機に倫理性を要求する限定的主観説の視点も併せて考慮し，任意性判断における消極的な要素と積極的な要素とを総合判断して結論を下したものと読むことができる」とする。

9)　なお，主観説でも，行為者の犯行の中止が広義の後悔に基づいていることは，犯行を「やろうと思ったらできたが，やらなかった」といえるかを判断する際に参考になる。

10)　札幌高判平13・5・10（関連判例④）は，被告人が自らの犯行を認める旨を被害者の搬送先の病院関係者に申告している事実を判断資料として指摘しているが，これも犯行を中止した時点における被告人の意思の自発性を推認させる事情であると考えられる。

3 任意性の判断基準

(1) 客観的基準の意義

本決定は，犯行中止に至った行為者の動機内容（下線部②③）を客観的基準（下線部①④）によって評価して（行為者の意力の抑圧が「犯罪の完成を妨害するに足る性質の障がいに基く」ものであると評価して），任意性を否定している。

本決定のXは，自殺後に実母であるAが悲しんで生きていくのがかわいそうだと考えて殺害を思い立ったのであり，Aに対しては何らの悪感情を有していなかったと認定されているから，Xは，Aに対して不要な苦痛を与えることは望んでいなかったと推測するのが自然である。そうすると，本件のXが犯行継続の意欲を失った主要な原因は，Aをできるだけ苦痛なく殺害することが不可能になったという外部的事情を認識したことであると考えられる。すなわち，本決定は，行為者の動機内容における外部的事情の影響力を観察し，客観的に見て，それが犯行中止の主要な原因となっていると評価できる場合は，外部的事情により犯行が中止されたのであって，「自己の意思」による中止とはいえないと判断したものであると理解できる。

このような本決定の任意性の判断基準は，「中止行為が外部的事情からの通常の流れとして誘発された場合など行為者の認識した外部的事情の力が行為者の内心を通じて結果不発生に結実したといえるか，それとも結果不発生が行為者の主体的な意思決定によるものといえるか」（中桐・後掲366頁〔下線部は筆者〕。和田・後掲699-700頁も参照）を経験上一般の観点から判断し，後者であると評価できるときに「自己の意思により」中止したと認めるものであると一般化することができるであろう[11]。

本決定を含め，任意性の判断基準として，客観説の基準を用いる裁判例は多い（関連判例①，②，③，④など）。福岡高判昭61・3・6（関連判例③）は，犯人が殺意をもって被害者の頸部をナイフで突き刺したが，流血を見て驚愕し，悔悟の情から犯行を中止したという事案において，「『自己ノ意思ニ因リ』とは，外部的障碍によってではなく，犯人の任意の意思によってなされることをいう……外部的事実の表象が中止行為の契機となっている場合であっても，犯人がその表象によって必ずしも中止行為に出るとは限らない場合に敢えて中止行為に出たときには，任意の意思によるものとみるべきである。〔本件においては，犯人は被害者を放置したまま現場から逃走することは容易であったのであり〕通常人であれば，本件の如き流血のさまを見ると，被告人の前記中止行為と同様の措置をとるとは限らない」として任意性を肯定した。ここでも，本決定と同様に，外部的事情を行為者が認識して犯行中止という意思決定に至るまでの経過を判断資料にして，そうした経過が経験上一般的であるといえるかが判断されているといえる（その他の裁判例における判断の詳細について，中桐・後掲367頁以下を参照）。

(2) 広義の後悔の意義

本決定は，下線部③において，犯行中止に至る行為者の意力の抑圧は広義の後悔に基づくものではないと認定したが，このことはいかなる意味を持つのであろうか。本決定においては，犯行中止という意思決定に至る上で決定的であったのは，計画通りの犯行が実現不可能になったという事実であるから（3(1)参照），下線部③で中止が広義の後悔に基づかないことを認定しなくとも，任意性を否定する結論を出すことができたのではないかという疑問が生じる。

この点については，下線部③が「論旨主張のように……」と弁護人の上告趣意に答えているところに検討の手がかりがある。上告趣意にお

11） 本文の見解と，裁判例は客観説の基準を用いているようにみえるものの，「行為者の主観的な任意性を認定するための経験則（一般人にとって障害となる事情であれば，特別の事情がない限り，行為者にとっても障害となる事情であったと認定できるということ）を述べているものと理解することも可能だと思われる」（佐伯仁志『刑法総論の考え方・楽しみ方』〔有斐閣，2013年〕367頁）とする見解との差は紙一重である（小林充・刑法121頁も参照）。この見解によれば，裁判例は任意性の基準について主観説に立っており，客観説の表現を用いているように見える箇所は，経験則を述べているのであると理解することになり，本決定もそのような判例の一つとして説明されることとなろう。

いて弁護人は，「〔Xの犯行中止は〕単に自己の予定行動の中間的事態の発生に早くも自ら驚愕恐怖に襲はれ既遂に至らしめる意力を抑圧された結果であって即ち無形の心理的強制とも云うべき客観的障碍による未遂」であるとする原審の判示に対して，「Xの精神を常規に復さしめた原因は被害者である母親の流血と痛苦」であって，Aの流血痛苦を見たことによるXの「驚愕恐怖」は「眠れるXの良心が目醒め……自らの良心に叱咤され自己の行為の結果に愕然として反省するに至った」ことを示しており，現に，「犯罪の遂行に障害を与えるべき客観的原因とは認めることができない」Aの流血という事実に直面したに過ぎないのに，Xは犯意を放棄していると反論する（刑集11巻9号2207-2208頁）。すなわち，弁護人は，Xの「良心が目醒め……反省するに至った」ことから直ちに任意性が認められると主張しているのではなく，「良心が目醒め……反省するに至った」ことは犯行中止が「無形の心理的強制」ではなく自発的な意思に基づいてなされたことを示す証拠であると主張しているのである。本決定はこの主張を受けて，下線部③において「良心の回復又は悔悟の念」（弁護人の上告趣意における「良心が目醒め……反省するに至った」に対応すると考えられる）が認められないと述べたと考えられるから，犯行中止が自発的な意思決定に基づくことを示す前提事実としての「良心の回復又は悔悟の念」を否定したものであると理解できる。このように，本決定においては，広義の後悔は任意性の基準となっているのではなく，犯行の中止が行為者の意思に由来するかどうかを推認する事情の一つとして挙げられているということができる[12)]。

本決定と同様に，裁判例においても，広義の後悔は，犯行の中止が行為者の意思に由来することを示すために用いられているものがみられる。例えば，札幌高判平13・5・10（関連判例④）は，一般的に見て犯行を断念する状況になかったのに被告人が犯行を思いとどまったことに加え，「被告人は，同女の，店をやめるとか被告人のことが好きだったとかいう言葉に触発されて心を動かされたものではあるが，苦しい息の中で一生懸命訴え続けている同女に対する憐憫の気持ちなども加わって，あれこれ迷いつつも，最後には無理心中しようなどという思いを吹っ切り，同女の命を助けようと決断したと解されるのであって，このような事情を総合考慮すると，被告人は自らの意思で犯行を中止したものと認めるのが相当である」としているが，自らの意思で犯行を中止した契機であることを示すために「憐憫の気持ち」を認定しているとみることができるであろう（関連判例③も同じ）。

以上のように，裁判例において広義の後悔は補助的に機能しているといえるから[13)]，その他の事情から任意性の判断が行える場合は，広義の後悔を持ち出す必要はない。例えば，東京高判平19・3・6（関連判例⑤）は，一般的にみて犯行継続の可能性が高かったが犯行を中止したという事案において，「このような場合，被告人が姦淫を止めた主たる動機が，同女への憐憫の情や真摯な反省から出たものではなく，自らの逮捕，その後の刑務所への服役を覚悟してまで強引に犯行を継続したくないとの点にあったとしても，なお，姦淫については被告人が自らの意思によりこれを中止したと認めるのが相当である。」としている。本決定も，関連判例⑤と同様に，本来であれば，広義の後悔を持ち出すことは不要であったと考えられるが，上記

12）　任意性をめぐる裁判例については，「実務上は，行為者が自ら認識した外部的事情により中止行為を余儀なくされたのかの判断が困難であることに鑑み，倫理的な動機が，自己の意思により中止行為が行われたことを確実に推認させる要素として位置付けられているのだと理解して良いように思われるのであり，現在の判例を限定主観説だと捉えるのは必ずしも正確でないように思われる」（伊藤ほか・総論275頁〔安田拓人〕）という分析がなされているが，本決定についても，この分析が妥当するであろう。裁判例における「限定主観説的表現は，基準として示されているのではなくて『中止犯を認める』という結論を正当化するための『後づけの事情』として示されていたのである」（野澤・後掲141頁）という分析もあるが，少なくとも本決定については，「後づけ」とは言い切れないように思われる。

13）　広義の後悔のみで任意性を肯定する裁判例の理解について，中桐・後掲373頁参照。

のように弁護人の主張に答える必要があったため，下線部③の判示をしたと理解できよう。

関連判例

①最判昭 24・7・9 刑集 3 巻 8 号 1174 頁（判プラⅠ-317 事件）
②東京高判昭 39・8・5 高刑集 17 巻 6 号 557 頁（判プラⅠ-321 事件）
③福岡高判昭 61・3・6 高刑集 39 巻 1 号 1 頁（判プラⅠ-320 事件）
④札幌高判平 13・5・10 判タ 1089 号 298 頁（判プラⅠ-322 事件）
⑤東京高判平 19・3・6 高刑速（平 19）号 139 頁（判プラⅠ-318 事件）

演習問題

1　Xは，Aを殺害しようと決意して，寝室にて就寝中のAの頭部を野球用バットで一回強打したところ，Aが呻き声をあげたので死亡したものと思い，寝室の隣の部屋に移動して休憩していた。ところが，間もなく，Xは，Aが自分を呼ぶ声を聞いたので，Aを確実に殺害しようと思って寝室に向かったところ，寝室の入り口に大きな蜘蛛がいることに気付き，蜘蛛が死ぬほどきらいなXはどうしても部屋に入ることができず，Aの殺害を中止した。Xの犯行中止は「自己の意思により」なされたものであるといえるか。

＊考え方

客観説に対しては，「蜘蛛が死ぬほどきらいな窃盗犯人が，金庫の上に蜘蛛がいたので金庫を開けられなかった，という場合に，客観説から，蜘蛛は一般に犯行の障害となるようなものでないとして，任意性を認めるのは，明らかにおかしい」という批判がなされる（佐伯・前掲注 11）365 頁）。たしかに，客観説を行為者の認識した事情が一般的に見て犯行の障害となるか否かを基準とする説であると捉えれば，問題文のXには任意性が認められるという不当な結論が導かれるため，このような批判が妥当する。これに対して，本決定のように，行為者の動機内容を客観的な基準により評価するという立場からは，「蜘蛛のために犯行を中止することが一般的かどうか」ではなく，「蜘蛛が死ぬほどきらいな行為者が，蜘蛛がいるために部屋にどうしても入れずに犯行を中止することが一般的かどうか」により任意性の有無が判断されることとなり，問題文のXの任意性は否定される。

2　本決定において，下線部③の認定が異なり，Xが犯行後の偽装行為を行わずに，犯行中止が「良心の回復又は悔悟の念」によるものであるとされた場合，結論は異なるか。

＊考え方

本決定においては，下線部②が任意性を否定するという結論を導く上で決定的であり，下線部③は結論に影響するものではなかった（3⑵参照）。したがって，下線部③とは異なり，被告人が犯行を中止する際に広義の後悔を有していたとしても，本決定と結論は異ならないと考えられる。もっとも，本決定とは異なり，犯行中止の主たる動機が，計画通りの犯行が遂行できないことではなく，広義の後悔によるものであった場合は，任意性を認めることは可能であろう。

〔参考文献〕

足立勝義・最判解刑事篇昭和 32 年度 437 頁
中谷瑾子・百選Ⅰ〔第 2 版〕152 頁
塩見淳「中止の任意性」判タ 702 号 75 頁
和田俊憲・注釈第 1 巻 684 頁以下
中桐圭一「中止未遂」植村立郎編『刑事事実認定重要判決 50 選（上）〔第 3 版〕』（立花書房，2020 年）361 頁
金澤真理・判プラⅠ〔第 2 版〕319 事件
野澤充・百選Ⅰ〔第 8 版〕140 頁

（津田雅也）

19　被害者の行為を利用した間接正犯

■ 最高裁平成16年1月20日第三小法廷決定

■ 平成14年(あ)第973号
公正証書原本不実記載，同行使，殺人未遂被告事件

■ 刑集58巻1号1頁，判時1850号142頁

〈事実の概要〉

本判例は，X（被告人）が，以下のような経緯でA（被害者）に自殺的行為を強い，Aは自殺意思を抱かなかったものの，強いられた自殺的行為を遂行し（結果としてAは死亡しなかっ）たという，被害者の行為を利用した殺人未遂の（間接）正犯の事案である。

上告審が前提としている「犯行に至る経緯及び犯行の状況」（決定文2に記載）は，以下のとおりである（決定文を若干修文している）。

1)　Xは，ホストクラブのホストであり，客であったAが数か月間にたまったその遊興費を支払うことができなかったことから，Aに対し，激しい暴行・脅迫を加えて強い恐怖心を抱かせ，平成10年1月頃から風俗店で働くことを強いて，分割でその支払を行わせるようになった。

2)　Xは，Aによる支払がわずかであることに飽き足らず，Aに多額の生命保険を掛けた上で自殺させ，保険金を取得しようと企て，平成10年6月から平成11年8月までの間に，Aに計13件の生命保険に加入させた上，同月2日，婚姻意思がないのにAと偽装結婚して，保険金の受取人をXに変更させるなどした。

3)　Xは，自己の借金の返済のため平成12年1月までにまとまった資金が必要となったため，上記計画を早め，Aに対し直ちに自殺を強いる一方，Aの死亡が自動車の海中転落事故に起因するものであるかのように見せかけて，約6億円の保険金を取得しようと企てた。そこでXは，自己の言いなりになっていたAに対し，平成12年1月9日午前0時過ぎころ，まとまった金が用意できなければ，死んで保険金を払えと迫った上，Aに車を運転させ，それに別の車で追従して，同日午前3時ころ，本件犯行現場の漁港まで行かせたが，付近に人けがあったため，当日はAを海に飛び込ませることは断念した。

4)　Xは翌10日午前1時過ぎころ，Aに対し，事故を装って車ごと海に飛び込むという自殺の方法を具体的に指示し，同日午前1時30分ころ，本件漁港において，Aを運転席に乗車させて，車ごと海に飛び込むように命じた。Aは，死の恐怖のため飛び込むことができず，金を用意してもらえるのかもしれないので父親の所へ連れて行って欲しいなどと話したが，Aが以前話していたことと異なると激怒したXは，Aの顔面を平手で殴り，その腕を手拳で殴打するなどの暴行を加え，海に飛び込むよう更に迫った。Aが「明日やるから」などと言って哀願したところ，XはAを助手席に座らせ，自ら車を発進させて岸壁上から転落する直前で停止して見せ，自分の運転で海に飛び込む気勢を示した上，やはり1人で飛び込むよう命じた。しかし，Aがなお哀願を繰り返し，夜も明けてきたことから，Xは「絶対やれよ。やらなかったらおれがやってやる」などと申し向けた上，翌日に実行を持ち越した。

5)　Aは，Xの命令に応じて自殺する気持ちはなく，Xを殺害して死を免れることも考えたが，それでは家族らに迷惑がかかる，逃げてもまた探し出されるなどと思い悩み，車ごと海に飛び込んで生き残る可能性にかけ，死亡を装っ

てＸから身を隠そうと考えるに至った[1]。

6）　翌11日午前2時過ぎころ，ＸはＡを車に乗せて本件漁港に至り，運転席に乗車させたＡに対し,「昨日言ったことを覚えているな」などと申し向け，さらにドアをロックすること，窓を閉めること，シートベルトをすることなど指示した上，車ごと飛び込むよう命じた。Ｘは，Ａの車から距離を置いて監視していたが，その場にいると，前日のようにＡから哀願される可能性があると考え，もはや実行する外ないことをＡに示すため，現場を離れた。

7）　それから間もなく，Ａは，脱出に備えて，シートベルトをせず，運転席ドアの窓ガラスを開けるなどした上，車を運転して，本件漁港の岸壁上から海中に同車もろとも転落したが，車が水没する前に，運転席のドアの窓から脱出し，漁港に停泊中の漁船に泳いでたどり着き，はい上がるなどして死亡を免れた。

8）　本件現場の海は，当時，岸壁の上端から海面まで1.9m，水深3.7m，水温11度という状況にあり，このような海に車ごと飛び込めば，脱出する意図が運転者にあった場合でも，飛び込んだ衝撃で負傷するなどして，車からの脱出に失敗する危険性は高く，また脱出に成功したとしても，冷水に触れて心臓麻痺を起こし，あるいは心臓や脳の機能障害，運動機能の低下を来して死亡する危険性は極めて高いものであった[2]。

第1審（名古屋地判平13・5・30刑集58巻1号8頁参照），第2審（名古屋高判平14・4・16前掲刑集20頁参照）とも表現ぶりに相違はあるが（後述），Ｘに殺人未遂罪の成立を認めたのに対し，弁護人等が上告した。

〈上告審〉

決定要旨

最高裁は，決定文3において,「上記認定事実によれば，Ｘは，事故を装いＡを自殺させて多額の保険金を取得する目的で，自殺させる方法を考案し，それに使用する車等を準備した上，Ｘを極度に畏怖して服従していたＡに対し，犯行前日に，漁港の現場で，暴行，脅迫を交えつつ，直ちに車ごと海中に転落して自殺することを執ように要求し，猶予を哀願するＡに翌日に実行することを確約させるなどし，本件犯行当時，Ａをして，Ｘの命令に応じて車ごと海中に飛び込む以外の行為を選択することができない精神状態に陥らせていたものということができる。〔段落①：筆者付記。以下同じ〕

Ｘは，以上のような精神状態に陥っていたＡに対して，本件当日，漁港の岸壁上から車ごと海中に転落するように命じ，Ａをして，自らを死亡させる現実的危険性の高い行為に及ばせたものであるから，Ａに命令して車ごと海に転落させたＸの行為は，殺人罪の実行行為に当たるというべきである。〔段落②〕

また，前記2（5）〔＝前記「事実の概要」5）：筆者注〕のとおり，ＡにはＸの命令に応じて自殺する気持ちはなかったものであって，この点はＸの予期したところに反していたが，Ａに対し死亡の現実的危険性の高い行為を強いたこと自体については，Ｘにおいて何ら認識に欠けるところはなかったのであるから，上記の点は，Ｘにつき殺人罪の故意を否定すべき事情にはならないというべきである。〔段落③〕

したがって，本件が殺人未遂罪に当たるとした原判決の結論は，正当である。」として，Ｘに殺人未遂を認めた原判決を是認して，弁護人らの上告を棄却した。

解　説

1　決定文の構成

まず，本判例の決定文がどのような内容・構成で成り立っているかを理解しておこう。そもそも本判例は，弁護人の上告趣意のうち，ⅰ）Ａが自らの自由な意思に基づいて車ごと海に飛び込んだのであるから，それを指示したＸの行為は，殺人罪の実行行為とはいえないという主張と，ⅱ）ＸはＡに対し，その自由な意思に

1）　第1審判決では，Ａの精神状態につき医師の証言や臨床心理士の鑑定が行われている。
2）　第1審判決では，医師やスタント業者の証言をもとに同様の認定がされている。

基づいて自殺させようとの意思を有していたに過ぎないから殺人罪の故意がないという，ｉ）実行行為とⅱ）故意に関する２つの主張について，判断を示したものである。

その判断に際し，最高裁は，比較的詳細な事実関係を，「犯行に至る経緯及び犯行の状況」として決定文２（前記「事実の概要」）に掲げ，それを前提にして，上記２点の主張についての判断を，決定文３（前記「決定要旨」）において行っている。

すなわち，決定文２の１）～４）が犯行に至る経緯に該当し，その経緯を経た上でのＡの心理状態が５）に記されており，それら経緯と５）の事実から，決定文３（「決定要旨」の段落①）において，「本件犯行当時，Ａをして，Ｘの命令に応じて車ごと海中に飛び込む以外の行為を選択することができない精神状態に陥らせていた」という判断の前提となるＡの精神状態に関する評価を導いている。

その上で，ｉ）実行行為性の問題について，決定文３（「決定要旨」の段落②）で判断をしている。そこでは，前記の段落①のＡの精神状態に関する評価を前提に，決定文２の６）における犯行当日のＸの行為，同７）におけるＡの行為をあわせ，および同８）におけるそれらの行為による死亡する危険性についての評価を踏まえた上で，「Ａに命令して車ごと海に転落させたＸの行為は，殺人罪の実行行為に当たる」とし，実行行為性を肯定している。

次に，ⅱ）故意の問題について，決定文３（「決定要旨」の段落③）において，Ａの自殺意思について，Ｘの想定（Ａは自殺するつもり）と，実現事実（Ａに自殺するつもりはない）の相違を指摘しつつも，「Ａに対し死亡の現実的危険性の高い行為を強いたこと自体については，Ｘにおいて何ら認識に欠けるところはなかった」として，その点は，殺人罪の故意を否定すべき事情にはならないとしている。

以下ではそれぞれの判示事項の内容と本判例の意義について解説する。

2　殺人罪の実行行為性

(1)　被害者利用の間接正犯？

本判例について，学説上は，一般に被害者利用の間接正犯であると解している（林・後掲148頁）。しかし，他方で，判例上，第三者を利用した場合には間接正犯という表現は用いられているが（最決昭58・9・21〔関連判例①〕，最決平9・10・30刑集51巻9号816頁など），被害者を利用する場合には，これまで用いられていない（藤井・後掲13頁）。今回も，間接正犯という語は用いられておらず，その点をどのように理解するか問題となる（以下，利用する側を利用者，利用される側を被利用者と呼ぶ）。

本件の調査官解説においては，被害者の行為を利用する場合でも，①車に爆弾をしかけて被害者によるエンジン始動で爆死させる場合や，②被害者に地雷原を指示して歩かせる場合などを想定して，間接正犯とする必要はなく，行為者の行為は殺人の実行行為にあたると解する余地があるとし，本件のような場合にも同様に考える余地があるのではないかと示唆する（藤井・後掲13頁）。また，間接正犯と構成する場合も，規範に直面する第三者の利用も含めて，被害者の利用を，道具理論や行為支配で一律に説明しようとすることには無理があるとする（藤井・後掲15頁）。被害者利用の間接正犯自体について，また本件をそのように扱うことについての慎重な姿勢がみられる。

直接正犯と間接正犯の厳密な区別は難しい面があるが，前者となれば，その後の被害者や第三者の行為は，因果関係の介在事情として取り扱われることになる（本書第１章参照）。それに対して，間接正犯であれば，利用者の行為による，被利用者の行為の利用・支配の有無等が問題となるという相違が出てくる[3]。

もっとも，既遂の事案や，そうでなかったとしても被害者の行為が実際に行われた本判例のような事案で，その点を厳格に明確にすること

3)　もっとも，因果関係判断の場合にも，寄与度の大きい第三者・被害者の行為（介在事情）を実行行為が誘発したかなどが問題となり，その点をさらに突き詰めると連続性がある問題ともいえる。

の意義は乏しい。そのような問題が顕在化するのは，利用行為者の行為のみが行われ，被利用者の行為が何ら行われなかった場合であり，そのような場合でも実行行為が認められ，未遂が認められるのかという場合に問題は限られよう（後掲演習問題設例①参照）。そして，調査官のあげる前記事例①②は，事案によっては，被利用者の行為が行われていない段階でも未遂が成立する場合がありうるという限りでは正しいが，被害者を利用する場合に，常にそうなるわけでもない。その場合には，被害者の行為を併せ考えて，実行行為性，実行の着手を考える必要がある。その意味で，被害者利用の間接正犯と認めないという主張に一般性があるわけではない。

また，仮に，直接正犯と間接正犯を区別し，直接正犯として検討するとしても，本件のような被害者利用の形態の場合には，被害者と行為者の関係性や行為に至る経緯，被害者の精神状態やそれに対してなされた行為者の行為を考慮して，実行行為性を判断することとなり，そのことと間接正犯の判断にどの程度の相違があるのかという点も問題の実益を薄くしている。

そのように考えると，本判例で，被害者利用の間接正犯を否定していると解する必要はなく（2審判決は間接正犯と明示している），その一類型に関する事例判断であると整理して理解しておくことで差し支えないと思われる。本判例の決定文本文においても，Aの精神状態を前提として，Xの行為，Aの行為を摘示して，「Aに命令して車ごと海に転落させたXの行為は，殺人罪の実行行為に当たる」としており（前掲1参照），被害者の行為を含めて本事案の実行行為と構成されていると解するほうが素直であろう[4]。つまり，利用された被害者Aの行為も実行行為（の少なくとも一部）を構成しており，そのような他人の行為を実行行為に取り込んで，あわせ判断するのは間接正犯に他ならないということである（さらに後述演習問題設例①参照）。

(2) 被害者利用の間接正犯の実行行為性

本判例の判示事項の1つは，被害者に自覚的に自己の法益加害行為を行わせる場合に，背後者に（間接）正犯を認めるためには，被害者をどのような状態に，どの程度に陥れる必要があるかという点への判断である。

学説・判例上，道具として利用したことや（第三者利用の間接正犯につき前掲最決平9・10・30），絶対的強制・意思決定の自由の喪失・意思の抑圧（第三者利用の間接正犯につき前掲最決昭58・9・21）などが間接正犯においては必要であると主張されてきた。その点につき，本判例は，絶対的強制や意思決定の自由が完全に奪われた状態までは必要ではないという理解を前提としている[5]。事実の概要に見られるとおり，本判例で飛び込みを強いられたAは，かなり追い詰められていたとはいえ，Xの要求に抵抗し，かつ，最後は，指示どおりの行為は行ったものの，指示どおり死ぬつもりはなかったのであり，一定の主体的意思決定を行っていないわけではない（藤井・後掲25頁，伊東・後掲156頁）。

そのような場合であっても，間接正犯性（あるいは実行行為性）が認められるかという点につき，本判例は，本件事案の事実関係を踏まえて，肯定的な判断を示したものといえる。

より具体的には，第三者に自殺的な行為を強いた事案に関する判例として最決昭59・3・27（関連判例②）がある。同事案は，行為者ら3名は，厳寒の深夜に，酩酊しかつ暴行を受けて衰弱していた被害者を河川堤防上に連行し，着衣を脱がせた上，同人を取り囲んで殴りかかる気勢を示して脅しながら護岸際まで追い詰め，逃げ場を失った同人を川に転落するのやむなきに至らしめ，（転落後も水面をたたくなどして）溺死させた事案である。この事案では，本判例と異なり，物理的といえる直接的な強制行為も行

4） 調査官も，行為者の行為のみを実行行為と捉える可能性を示唆・保留しつつ，本決定は，（行為者の指示行為のみではなく）被害者の行為を含めて実行行為と評価したと解するのが素直であるとする（藤井・後掲23頁注10）。逆に言えば，被害者の行為を合わせて考えることが，結果発生の実質的危険性があると評価するために必要である，自然である事案では，そのように判断する（＝被害者利用の間接正犯と解する）ことが望ましいといえよう。

5） この点を問題視するのは橋田・後掲153頁ほか。

われており，被利用者に判断の余地はなく，絶対的強制・意思自由を完全に喪失している事案と評価できるものであったといえよう[6]。

それに対して，本判例の事案では，他に手段がないという認識を前提としつつも，自殺したように装って生き延びようとする主体的な意思決定があることも否定できないとし，被害者（被利用者）の意思決定の自由が完全に奪われていたとするのは実態にそぐわないとする（藤井・後掲25頁）。その結果，1審判決の用いた「意思決定の自由を欠く」という表現はやや誤解を招きやすいとして用いられていない（藤井・後掲25頁注12。それに対して2審判決は，意思決定の自由を完全に失っていなくとも，諸般の事情から被害者が他の行為を選択することが著しく困難であって，自ら死に至る行為を選択することが無理もないといえる程度の暴行・脅迫等が加えられていれば足りるとしており，その点は肯定的に評価されている）。

そうすると，本判例の1つ目の意義としては，絶対的強制や意思決定の自由を完全に喪失させる場合にはもちろん，それがなくとも，本判例のような特定の行為以外の選択を困難にして，当該選択をさせる場合にも間接正犯性が認められるとした判例であると解しておくべきであると同時に[7]，少なくとも本決定のような事案を，絶対的強制や意思決定の自由を完全に喪失していると評価して間接正犯と構成することは適切ではないという理解も，（少なくとも判例は）示しているといえよう。

その上で，本判例の2つ目の意義は，その判断の目安を具体的事例に即して示した点にある。本判例で，そのような選択困難との評価を基礎づけているのは，XとAの関係性（2年ほどの長期にわたり特殊な支配状態を形成していたこと：事実の概要1)），本件犯行に至るまでの具体的経緯（本件犯行前に2回にわたり現場付近でAに飛び込む行為を強いていること：事実の概要3) 4)），XによるAに対する行為（繰り返し暴行・脅迫が用いられていること：事実の概要1) 4)）を基礎に，もっぱらそれらにより[8]，Aにおいて他の行為を選択することができない心理状態が形成されたという事情である。かねてから不合理な服従を強いられていたところ，執拗かつ具体的に飛び込み行為を強いられ，かつ従わなければ加害を受ける状態であった点が，重視されているといえよう。

ただし，この第2の意義については，判例として，類似する事実関係においては，同様の判断が行われるべきとまではいえるが，本判例が，被害者の他の行為を選択することができない心理状態における間接正犯の限界や，それに関する一般論までを示しているわけではない点にも注意はしたい。つまり，ここまでなければ正犯は成立しないとも，ここで考慮された判断要素が常に必須であるとも言ってはいない。とはいえ，上記のような，行為者と被害者の関係性，具体的経緯，その間の行為態様などを基礎に，最終行為時の被害者の心理状態を具体的に判断するという方向性をおさえておくことで大きな誤りは生じないであろう。

もっとも，本判例は，その理論的基礎付けについて，一般論を展開しているものではなく，前掲1の間接正犯と表現するか否かの問題もあいまって，規範としてどのような立場を採用しているのか，明確でない点もある。前記のとおり，判例において，被害者利用の場合に間接正

6）松浦繁・最判解刑事篇昭和59年度253頁参照。

7）以下の裁判例の結論自体は妥当と思われるが，「絶対的強制下にあった……とは考えられない」（浦和地熊谷支判昭46・1・26刑月3巻1号39頁），「意思決定の自由を失わしむるまでには至らず」（福岡高宮崎支判昭29・6・30判特26号127頁）等の評価のみでは，強制による間接正犯を否定する判断としては不十分ということになる。なお，被害者である妻に不貞を詰り喧伝しつつ，苛烈な虐待を加え，自殺するよう仕向けた事案に「意思の自由を失わしめる程度のものであったと認むべき確証がない」として自殺教唆罪の成立にとどめた裁判例（広島高判昭29・6・30高刑集7巻6号944頁）は，本件との比較で，被害者の最終的な行為に対する利用者の直接的な干渉の度合いは低いが，その他の事情を踏まえると異なる結論もありえよう。

8）仮に，AにおいてXに由来しない当該行為を選択する事情・理由があった場合，あるいはAが自殺を決意したと仮定し，その自殺決意がXによらない事情も含む場合には，より慎重な判断が必要となる。本件では，そのような事情はない（藤井・後掲27頁）。

犯という表現が用いられておらず，本件調査官も規範に直面する第三者の利用と，被害者の利用を道具理論や行為支配で一律に説明しようとすることには無理があるとしていることは確かである（藤井・後掲 15 頁)。ただ，その後の最決令 2・8・24（関連判例③）は，第三者を強制し利用した間接正犯事例において，「被害者へのインスリンの投与という期待された作為に出ることができない精神状態に陥っていた」という評価を基礎に，第三者を「道具として利用」したとして間接正犯を認めている[9]。そこで採用されている判断は，本判例の「A をして，X の命令に応じて車ごと海中に飛び込む以外の行為を選択することができない精神状態に陥らせていた」という表現と類似したものである[10]。

つまり，令和 2 年判例によれば，道具として利用・支配していたといえるかの判断基準として，当該行為以外の選択を困難とする精神状態に陥らせ，それを利用したといえるかという（本判例と）概ね共通のものが用いられており，前記判例の用語や調査官の理解にもかかわらず，両判例において，「道具としての利用」を間接正犯の規範の基礎として，その強制による場合の判断基準として，本件のようなものがある程度一般的に採用されていると解することは，判例の立場と積極的な矛盾をきたすとまではいえないであろう。

3 殺人罪の故意

本判例の 2 つ目の判示事項は故意に関するものである。行為者の自殺意思に関する誤認は比較的大きな事実に関する誤認といえなくもない。しかし，いずれの場合でも実行行為性が認められ，故意の内容として重要な点につき事実と認識に食い違いがあるといえないから，その齟齬は，殺人罪の故意を阻却すべき事情とはならないとする（藤井・後掲 32 頁)。

この点を故意・錯誤に関する法定的符合説の立場から説明すると，以下のようになる。行為者が認識していた A に自殺意思があるという認識事実を前提としても，本件事案のような事実関係を経て，A に自殺意思を生じさせ自殺を強いた場合には，（自殺関与罪ではなく）殺人罪の間接正犯が成立しうる[11]。そうである以上，行為者の認識を基礎としても，殺人罪と評価できる事実が十分に含まれており，殺人罪の故意があるといえ，客観的には自殺意思を伴わない殺人の間接正犯が実現事実であり，主観的には自殺意思を伴う殺人の間接正犯が認識事実であり，法定的符合が認められるといえる（橋爪・後掲 52 頁。詳細は，さらに第 2 章，第 3 章参照)。行為者が，本件事実関係を認識しつつ，これは自殺関与罪であると（勝手に）評価をしていたとしても，それはあてはめの錯誤に過ぎず故意を阻却するものではない（伊東・後掲 156 頁)。

■ ■ ■ ■ 関連判例 ■ ■ ■ ■

①第三者利用の窃盗の間接正犯（最決昭 58・9・21 刑集 37 巻 7 号 1070 頁）（判プラ I -325 事件）
②被害者に川への転落を強制した殺人（最決昭 59・3・27 刑集 38 巻 5 号 2064 頁）（判プラ I -329 事件）
③第三者の不作為を利用した間接正犯（最決令 2・8・24 刑集 74 巻 5 号 517 頁）
④欺罔的威迫を用い被害者に自殺をさせた殺人の間接正犯（福岡高宮崎支判平元・3・24 高刑集 42 巻 2 号 103 頁）

■ ■ ■ ■ 演習問題 ■ ■ ■ ■

［設例 1］ 本判例においては，A は海に車で飛び込む行為を行ったが，仮に，それをせず警察に駆け込んだ場合，あるいは飛び込む前日の段階の X の指示（「事実の概要」4)）に殺人未遂罪

---

9) 民間治療を行っていた被告人が，それに盲従する者（被害児の母）に対して，被害児に対する適切な医療措置を行わないように，殺意をもって強い，その子を死亡させた事案で，殺人罪の間接正犯も認められている。

10) 小池・後掲 230 頁，十河太朗・法教 484 号 130 頁参照。ただし，被害者と第三者という相違のほか，本件では特定の行為が強いられ，令和 2 年判例では，保護行為を行わないことが強いられている点に相違はある。

11) 被害者に自殺意思があった場合には，その自殺意思が有効といえるかどうかという同意の問題も生じるが（藤井・後掲 11 頁)，有効な同意とはいえないであろう。欺罔も含む事案であるが福岡高宮崎支判平元・3・24（関連判例④）参照。

が成立するか。

＊考え方

本判例の事案と異なり，実行行為を何とみて，どの段階で着手を認めるべきであるかという点の問題（解説1参照）が，この設例では顕在化する。行為規範違反を重視して行為者の行為の完了時点（＝自己の計画によれば最終段階の行為）で実行行為および着手は認められる等の理由から，間接正犯の着手時期について，利用者基準説をとれば，設例のいずれでも着手を認める余地はあろう。それに対して，間接正犯の着手につき被利用者の行為を基準として着手を認める場合には，いずれも否定される。また，実行の着手について，形式的・外形的に実行行為に該当するとしても，一定の危険性の高まりをもって着手を認めるという理解に立つ場合にも，その危険性をどのように判断するかにより異なってきうる。

確かに，昭和59年決定（本文2(2)）の事案などでは，川に転落する行為や意思決定の以前に着手を認めて差し支えないように思われるが，本判例のような，あくまで被害者の意思決定による行為になお委ねられていた事案で同様に解してよいかは検討の余地があろう。前提として，①間接正犯の実行行為を利用者の行為のみと見るか，被利用者の行為も含めて考えるかという問題と，②実行の着手について利用者の最終行為のほか，危険性や近接性，条文所定の行為をどの程度に要求するかという問題の検討が必要となり，それぞれ学説は多岐に分かれている（橋爪・後掲284頁等参照）。

[設例2]　本判例と同様の経緯から，借金返済のため，Xが，自殺ではなくAに店舗での万引きや路上強盗を指示し，Aがそれを実行した場合に，Xにそれらの間接正犯は成立するか。

＊考え方

解説3記載のとおり，第三者に行為を強いる場合も，判例によれば，同様の選択困難な精神状態という基準が採用されている。同じ枠組みで判断をされることとなるが，間接正犯を認められるかはより慎重な検討を要しよう。本件事案は，自己の苦境を免れるため自己加害行為に及んだものであり，令和2年決定の事案では，被害児の母親が，（客観的には誤りであるが）被害児を救うために，必要な医療行為を受けさせなかったものである。それに対して，本設例のような場合には，自己の苦境を免れるため，純粋に第三者に加害を加えるという点に相違がある。

それが評価・あてはめレベルの問題なのか，理論的に相違があるとみるべきであるかは議論の余地があるが（橋爪・後掲56頁，照沼・後掲53頁等参照），少なくとも，規範意識に問題のない成人が，窃盗や強盗を実行する決定を他に選択が困難であると評価できるレベルで行ったといえるためには，より強い基礎付けが必要となるように思われる（亀井・後掲208頁参照）。なお，間接正犯が否定された場合には，まずは（教唆犯ではなく）XとAの共同正犯を検討することとなり，それは，問題なく肯定できるであろう（刑事未成年の利用の事案につき最決平13・10・25刑集55巻6号519頁参照）。

[設例3]　本判例と異なり，Xによる強制の程度が弱く，殺人罪の実行行為性は認めがたいが，Aがそれでも車両での飛び込みを行った場合には，Xの罪責はどうなるか。

＊考え方

飛び込みに至る経緯におけるXとAの間の関係がより希薄で，強制の契機が弱く間接正犯が認められない場合に問題となる。Aにおいて自殺意思があれば，自殺関与罪が成立することに問題はないが，本判例と同様に，Aに自殺意思がなかった場合の処理は検討を要する。この点は，自殺意思がなくとも，自殺関与罪を認めることができるかという，もっぱら同罪の構成要件の解釈によることとなる（藤井・後掲29頁注14，照沼・後掲56頁。肯定する林・後掲148頁）。

〔参考文献〕

藤井敏明・最判解刑事篇平成16年度1頁
伊東研祐・平成16年度重判解155頁
亀井源太郎・判時1931号205頁
小池信太郎・論ジュリ38号228頁
島田聡一郎『正犯・共犯論の基礎理論』（東京大学出版会，2002年）
照沼亮介「被害者を利用した間接正犯をめぐる議論」上智法学63巻3号（2019年）25頁
成瀬幸典・法学69巻2号（2005年）95頁
橋爪隆『刑法総論の悩みどころ』（有斐閣，2020年）48頁，284頁
橋田久・法教289号152頁
林幹人・百選Ⅰ〔第6版〕148頁
山口厚『新判例から見た刑法〔第3版〕』（有斐閣，2015年）17頁

（嶋矢貴之）

20 黙示の意思連絡による共謀共同正犯
——スワット事件

- **最高裁平成 15 年 5 月 1 日第一小法廷決定**
- 平成 14 年(あ)第 164 号
  銃砲刀剣類所持等取締法違反被告事件
- 刑集 57 巻 5 号 507 頁，判時 1832 号 174 頁

〈事実の概要〉

X（被告人）は，兵庫，大阪を本拠地とする暴力団甲組組長兼乙組若頭補佐の地位にあり，配下に約 3100 名余りの組員を抱えていた。甲組には，X を専属で警護するボディガード（「スワット」と呼ばれていた）が複数名いた。スワットは，襲撃してきた相手に対抗できるように，けん銃等の装備を持ち，X が外出して帰宅するまで終始 X と行動を共にし，警護する役割を担っていた。X とスワットらとの間には，スワットたる者は個々の任務の実行に際しては親分である X に指示されて動くのではなく，その気持ちを酌んで自分の器量で自分で責任をとれるやり方で警護の役を果たすものであるという共通の認識があった。

X は，秘書やスワットを伴って上京することも多く，その際には，東京における X の接待等の責任者である甲組丙会会長 A の指示の下，X の秘書，スワット，A の配下の者らがそれぞれ数台の車に乗り，隊列を組んで X を警護しつつ一団となって移動するのを常としていた。

平成 9 年 12 月頃，X は，遊興等の目的で上京することを決め，これを甲組組長秘書見習い B に伝えた。B は，スワットの C に上京を命じ，C と相談の上，X には組長秘書 2 名と甲組本部のスワット 4 名が随行することとなった。この上京に際し，スワットらは，同年 8 月 28 日に乙組若頭兼丁組組長が殺害される事件があったことから，X に対する襲撃を懸念していたが，甲組の地元である兵庫や大阪などでは警察の警備も厳しく，けん銃を携行して上京するのは危険と考え，X を防御するためのけん銃等は，東京側で用意してもらうこととした。そこで，B から連絡を受けた A は，A の実兄である戊組組長 D に電話をして，けん銃等の用意を含む一切の準備をするよう依頼し，また，C も，丙会組員にけん銃等の用意を依頼し，同組員は，D にその旨を伝えた。D は，戊組組員とともに，本件けん銃 5 丁を用意して実包を装てんするなどして，スワットらに渡すための準備を調えた。

同年 12 月 25 日夕方，X が上京し，これまでと同様，数台の車で隊列を組み，一体となって都内を移動した。その態勢は，1 台目（先乗り車）に各自実包の装てんされたけん銃 1 丁を携帯した甲組本部のスワット 1 名と甲組丙会のスワット 1 名，2 台目（先導車）に A ら，3 台目（被告人車）に X と B ら，4 台目（スワット車）に各自実包の装てんされたけん銃 1 丁を携帯した甲組本部のスワット 3 名，5 台目以降（雑用車）に雑用係等の者が乗車するというものであった。また，遊興先の店付近において X が車と店の間を行き来する際には，X の直近を組長秘書らがガードして，その外側を本件けん銃等を携帯するスワットらが警戒しながら一団となって移動した。店内では組長秘書らが警戒，店外ではその出入り口付近で本件けん銃等を携帯するスワットらが警戒して待機していた。

翌 26 日午前 4 時過ぎ頃，X らの車の隊列が飲食店から宿泊先へ向かう際，港区六本木の路上において，警察官らがその車列に停止を求め，各車両に対し，あらかじめ発付を得ていた捜索差押許可状による捜索差押えを実施し，被告人車のすぐ後方に続いていたスワット車の中から，

けん銃3丁等を発見，押収し，Xらは現行犯逮捕された。また，その頃，一足先に宿泊先に到着していた先乗り車のスワットは，同所に警察官が来たことを察知して，所持していた各けん銃1丁等を自らまたは他の組員を介して付近に投棄したが，まもなく警察官に発見された。

スワットらは，いずれもXを警護する目的で実包の装てんされた本件各けん銃を所持していたものであり，Xも，スワットらによる警護態様，X自身の過去におけるボディガードとしての経験等から，スワットらがXを警護するためけん銃等を携行していることを概括的とはいえ確定的に認識していた。また，Xは，スワットらにけん銃を持たせないように指示命令することもできる地位，立場にいながら，そのような警護をむしろ当然のこととして受け入れ，これを認容し，スワットらも，Xのこのような意思を察していた。

第1審の東京地裁（東京地判平12・3・6刑集57巻5号575頁参照）は，Xがスワットらと共謀の上けん銃等を所持したとして，Xにけん銃所持罪の共同正犯（60条，銃砲刀剣類所持等取締法31条の3第2項・1項・3条1項）の成立を認めた。弁護人は，事実誤認および法令適用の誤りを理由に控訴したが，控訴審の東京高裁（東京高判平13・10・16前掲刑集586頁参照）は，控訴を棄却した。そこで，弁護人が判例違反等を主張し上告したところ，最高裁は，弁護人の上告趣意はいずれも適法な上告理由に当たらないとして，上告を棄却したが，職権により次のような判断を示した。

〈上告審〉

決定要旨

「Xは，スワットらに対してけん銃等を携行して警護するように直接指示を下さなくても，スワットらが自発的にXを警護するために本件けん銃等を所持していることを確定的に認識しながら，それを当然のこととして受け入れて認容していたものであり，そのことをスワットらも承知していた……。また，前記の事実関係によれば，Xとスワットらとの間にけん銃等の所持につき黙示的に意思の連絡があったといえる。そして，スワットらはXの警護のために本件けん銃等を所持しながら終始Xの近辺にいてXと行動を共にしていたものであり，彼らを指揮命令する権限を有するXの地位と彼らによって警護を受けるというXの立場を併せ考えれば，実質的には，正にXがスワットらに本件けん銃等を所持させていたと評し得るのである。したがって，Xには本件けん銃等の所持について，B，A，D及びCらスワット5名等との間に共謀共同正犯が成立するとした第1審判決を維持した原判決の判断は，正当である。」

以下のとおり，深澤武久裁判官の補足意見がある。

「1　本件は，Xを組長とする甲組の組員3100名余の中からXの警護のために選ばれた精鋭の者が，けん銃等を所持してXを警護するために行われたものであって，Xは甲組の組長としてこれら実行行為者に対し圧倒的に優位な支配的立場にあり，実行行為者はその強い影響の下に犯行に至ったものであり，Xは，その結果，自己の身辺の安全が確保されるという直接的な利益を得ていたものである。

本件犯行について，具体的な日時，場所を特定した謀議行為を認めることはできないが，組長を警護するために，けん銃等を所持するという犯罪行為を共同して実行する意思は，組織の中で徐々に醸成され，本件犯行当時は，Xも警護の対象者として，実行行為者らがX警護のために，けん銃等を携行していることを概括的にではあるが確定的に認識して犯行場所ないしその付近に臨んでいたものである。

2　Xと実行行為者間に，上記のような関係がある場合，具体的な謀議行為が認められないとしても，犯罪を共同して遂行することについての合意が認められ，一部の者において実行行為が行われたときは，実行行為に直接関与しなかったXについても，他人の行為を自己の手段として犯罪を行ったものとして，そこに正犯意思が認められる本件のような場合には，共謀共同正犯が成立するというべきである。

所論引用の最高裁判所昭和29年（あ）第1056号同33年5月28日大法廷判決・刑集12巻8号1718頁〔関連判例②〕は，犯罪の謀議にのみ参加し，実行行為の現場に赴かなかった者の共同正犯性を判示したものであって，Xを警護するため，その身辺で組員がけん銃を所持していた本件とは，事案を異にするものである。」

解　説

1　問題の所在

判例（大判大11・2・25〔関連判例①〕），通説によると，共同正犯が成立するためには，関与者間の意思の連絡が必要である。ただ，本件では，Xがけん銃を所持するようスワットらに明確に指示したとか，Xとスワットらとの間でけん銃の所持について具体的な打ち合わせがなされたといった事実は認められず，明示的な意思の連絡があったとはいえない。Xとスワットらとの間にあったのは，黙示的な意思の連絡である。内心において，Xはスワットらがけん銃等を所持していることを認識し，スワットらもそのことを承知しており，両者は，けん銃の所持について黙示的に意思を通じ合っていた。そこで，本件では，黙示的な意思の連絡しか存在しない場合にも共同正犯が成立するかが争われた。

なお，判例によると，銃刀法における「所持」とは，銃砲等を自分の支配し得べき状態に置くことをいい[1]，これには，自ら直接に物に対する実力的支配関係を有する直接所持だけでなく，直接所持をしている他人を介して間接的な実力支配関係を有する間接所持も含まれるとされている[2]。そこで，Xがスワットらと共に行動していた点に着目して，けん銃を直接所持しているスワットらを介して間接的にけん銃を所持していたとして，X自身がけん銃所持の実行行為を担当したと解する余地もありえないわけではない。しかし，従来，間接所持が認められてきたのは，物を所有していた者が他人にその保管を委託したような場合である[3]ところ，本件では，そのような事実は見当たらず，Xに間接所持を認めることには無理があろう[4]。したがって，本件で問題となるのは，実行共同正犯ではなく共謀共同正犯の成否である。

2　黙示的な意思の連絡と共謀共同正犯

(1)　従来の判例

以前より，共同正犯の成立に必要な意思の連絡は，明示的なものである必要はなく，暗黙的なものでもよいとされてきた。もっとも，その際に，念頭に置かれていたのは，主として実行共同正犯である。本決定以前に，黙示的な意思連絡・共謀があったとして共同正犯の成立を認めた裁判例の多くは，各人が実行行為にまで及んだ実行共同正犯の事案に関するものであった[5]。

実行共同正犯の場合，各人が実行行為を分担しているのであるから，暗黙の意思連絡しかなくても，関与者が共同して犯罪を実行したといいやすいであろう。これに対し，共謀共同正犯の場合は，暗黙の了解があったというだけで，実行行為を担当していない者も含めた全員が共同して犯罪を実行したと評価してよいのかが，特に問題となる。

古い判例には，「暗に共謀」したことを理由に共謀共同正犯の成立を肯定したものが見られる[6]。しかし，共謀共同正犯に関するリーディングケースとされる練馬事件判決（最大判昭33・5・28〔関連判例②〕）は，「共謀共同正犯が成立するには，2人以上の者が，特定の犯罪を行うため，共同意思の下に一体となって互に他人の行為を利用し，各自の意思を実行に移すことを内容とする謀議をなし，よって犯罪を実行した事実が認められなければならない」と判示した。同判決が「各自の意思を実行に移すことを内容とする謀議」と述べたのは，共謀共同正

---

1)　最判昭23・9・21刑集2巻10号1213頁。
2)　最判昭24・5・26刑集3巻6号869頁。
3)　前掲・最判昭24・5・26。
4)　島田・後掲160頁。
5)　最判昭23・11・30集刑5号525頁，最判昭24・11・10集刑14号503頁，東京高判昭40・6・7判タ180号144頁。
6)　最判昭25・6・27刑集4巻6号1096頁。

犯の成立には，犯行方法の協議や犯行計画の立案といった客観的な謀議行為に基づく明示的な意思連絡が必要であるという趣旨であるとも解され[7]，仮にそうだとすれば，共謀共同正犯の成立には，黙示的な意思連絡では足りないということになる。

練馬事件判決以降，本決定に至るまで，明示的な意思連絡が存在しない場合に共謀共同正犯の成立を認めた最高裁の裁判例は見当たらず，判例の見解は必ずしも明らかでなかった。

(2) 本決定の立場

そのような状況の中で，本決定は，Xにけん銃所持罪の共謀共同正犯の成立を認め，黙示的な意思の連絡しかない場合にも共謀共同正犯の成立する余地があることを肯定した。本決定と練馬事件判決の関係が問題となるが，この点について，深澤裁判官の補足意見は，練馬事件判決は「犯罪の謀議にのみ参加し，実行行為の現場に赴かなかった者の共同正犯性を判示したものであって，Xを警護するため，その身辺で組員がけん銃を所持していた本件とは，事案を異にするものである」と述べている。学説上も，練馬事件判決では，被告人が犯行時に犯行場所におらず，事前共謀の存否のみが問題となったため，客観的な謀議行為が必要とされたのに対し，本件は，Xがスワットらと行動を共にしており，実行共同正犯に近い事案であったことから，謀議行為が要求されなかったという見方[8]が示されている。ただ，被告人が犯行現場にいない事例において共謀共同正犯の成立を認めるためには，客観的な謀議行為や明示的な意思の連絡が常に必要かは，議論の余地があろう。

学説上は，共謀共同正犯が成立するためには，「共同意思」や「相互利用関係性」が具体的な謀議行為によって形成される必要があるとして，本決定に批判的な見解[9]も存在する。しかし，多くの見解は，黙示的な意思の連絡しかない場合にも共謀共同正犯の成立を認めることは可能であると解している。黙示の方法によっても，関与者間において犯罪遂行の合意が形成され，心理的因果性が発生することはありうるからである[10]。

3 正犯性

(1) 正犯性の判断方法

もっとも，意思の連絡だけで共同正犯の成立が認められるわけではない。狭義の共犯（教唆犯，幇助犯）においても，関与者間に意思の連絡はありうる。共同正犯が成立するには，単に意思の連絡があっただけではなく，正犯としての実体すなわち正犯性が必要となる。

この点について，実務は，「当該犯罪が自己の犯罪か他人の犯罪か」を正犯と狭義の共犯との区別基準としているとされ[11]，これを前提とすると，各関与者が意思の連絡に基づいて「自分たちの犯罪」を実現したといえるときに共謀共同正犯が成立することになる。「自分たちの犯罪」を実現したかどうかは，結果の実現に向けて重大な寄与をしたか，正犯意思（共同犯行の意識）を有していたかといった点から判断されるという理解が，有力である。重大な寄与をしたかどうかは，共謀者の地位や人的関係，謀議への関与の程度，犯行全体における寄与度などの事情から判断され，正犯意思があったかどうかは，行為者の動機や意欲，利害関係の有無などから判断される[12]。

(2) 本決定の判断

本決定は，Xに共謀共同正犯の成立を認めるにあたり，XとスワットらとのJ間にけん銃等の所持につき黙示的に意思の連絡があったことだけでなく，㋐スワットらがけん銃等を所持しながら終始Xの近辺にいてXと行動を共にしていたこと，㋑Xがスワットらを指揮命令する権限

---

7) 岩田誠・最判解刑事篇昭和33年度405-406頁参照。

8) 島田・後掲158頁，井田・後掲155頁。

9) 本田・後掲118頁。

10) 亀井・後掲115頁，島田・後掲158頁，島・後掲68頁。

11) 松本時夫「共同正犯」刑法の基本判例（法教別冊）65頁以下。

12) 石井一正＝片岡博「共謀共同正犯」小林充＝香城敏麿編『刑事事実認定(上) ― 裁判例の総合的研究 ―』（判例タイムズ社，1992年）341頁以下，小林充「共同正犯と狭義の共犯の区別 ― 実務的観点から ―」曹時51巻8号19頁以下，杉田宗久ほか「共犯(1) ― 共謀共同正犯の成立要件（上）（下）」判タ1355号76頁以下，判タ1356号50頁以下など参照。

を有する地位にあったこと，ⓤXがスワットらによって警護を受ける立場にあったことも指摘している。

ⓐについては，Xがスワットらと終始行動を共にしていたことから，Xが自らけん銃を所持していたのに近い実態が認められるとともに，スワットらに対するXの事実上の影響力が強く，スワットらはXの監視下にあったとも評価しうる。また，ⓘについては，Xは組長としてスワットらに対し圧倒的に優位な立場にあり，逆にスワットらはXに服従する立場にあり，Xの指示命令に従って行動すると考えられることから，けん銃の所持を継続するか中止するかは，Xの判断次第であり，Xに実質的な決定権があったといってよい。これらの点から，Xは，スワットらのけん銃の所持について重大な寄与をしたといえる。

一方，ⓤについては，そもそもけん銃の所持はほかならぬXの警護を目的としたものであり，Xはけん銃の所持により自らの生命・身体の安全という利益を得ていた。この点から，Xは正犯意思を有していたと評価してよい。

このように，けん銃の所持はXにとって自らの犯罪であるといえることから，本決定は，Xにけん銃所持の共謀共同正犯の成立を認めたと考えられる[13]。

なお，共謀共同正犯における「共謀」の意義については様々な見解がありうるところ，判例は，「共謀」を単なる意思の連絡でなく正犯性も含む概念と捉えてきたといえよう。その場合，共謀は意思の連絡と正犯意思から成り，重大な寄与は正犯意思の存在を示す間接事実であるとする見解，重大な寄与を共謀と並ぶ独立の成立要件とする見解などがありうるが，本決定は，この点について言及しておらず，どのような理解に立っているのかは明らかでない[14]。

4　確定的認識の要否

本決定は，スワットらがけん銃を所持していることをXが確定的に認識していた点を指摘しており，共謀共同正犯の成立を認める上で，この点を重視していたように思われる[15]。最決平17・11・29（関連判例③）も，本件と同様に，組員のけん銃の所持について組長に共謀共同正犯が成立するかどうかが争われた事案において，暴力団組長が配下の組員らのけん銃等の所持を確定的に認識，認容していたことを指摘しつつ，組長における共謀共同正犯の成立を肯定している。

確かに，確定的認識があれば，意思の連絡や正犯意思を認定しやすく，共謀共同正犯の成立を認めるための積極事情にはなる。しかし，黙示的な意思の連絡しかなかった場合に共謀共同正犯の成立を認めるためには，確定的認識が不可欠であるというわけではないであろう[16]。実際，最高裁（最決平19・11・14〔関連判例④〕）は，被告人が未必の故意しか有していなかった場合にも共謀共同正犯の成立を認めている。また，本件と同様に，組員のけん銃の所持について組長に共謀共同正犯が成立するかどうかが争われた事案において，本決定後の最高裁（最判平21・10・19〔関連判例⑤〕）は，特に確定的認識の点に言及することなく，組長に共謀共同正犯の成立を認めている。

5　共謀の認定

このように，本決定は，黙示的な意思の連絡しかなかった事案において共謀共同正犯の成立を肯定したが，明確な謀議行為が認められない事案における共謀の認定は，決して容易ではない。最決平17・11・29（関連判例③）の第1審判決[17]，最判平21・10・19（関連判例⑤）の

13）芦澤・後掲295頁。この点は，深澤裁判官の補足意見においても指摘されている。末道・後掲29頁参照。これに対し，松原芳博『行為主義と刑法理論』（成文堂，2020年）195頁以下は，本決定および最決平17・11・29（関連判例③）は，行為寄与ではなく，単に関与者間の「認識」やけん銃の所持という「状態」などから共同正犯の成立を認めている疑いがあるとする。村瀬均「支配型共謀の共同正犯」植村立郎編『刑事事実認定重要判決50選（上）〔第3版〕』（立花書房，2020年）379頁以下参照。

14）大久保・後掲161頁参照。

15）芦澤・後掲305頁参照。

16）島田・後掲159頁。

17）大阪地判平13・3・14判時1746号159頁。

第1審判決[18]および破棄差戻し後の第2次第1審判決[19]は，けん銃を携行して組長の警護に専従する組織あるいは厳重な警護態勢が存在したかどうかが明確でなく，また，被告人が襲撃される可能性もさほど高くないと考えられるなどの事情から，被告人が配下の組員のけん銃所持を明確に認識していたとはいえないとして，被告人に無罪を言い渡しており[20]，共謀の認定の難しさを物語っている[21]。

6 不作為犯構成

なお，本件を共謀共同正犯ではなく，作為と不作為との共同実行と捉える見解[22]もありうる。Xの行為は，スワットらのけん銃等の所持をやめさせるべき作為義務があったにもかかわらず，これを怠ったという不作為であり，その不作為がスワットらの作為と共同して実行されたとするのである。東京高判平20・10・6（関連判例⑥）は，殺人の犯行現場に同行しながら実行行為を担当しなかった被告人について，内容の濃い共謀はないものの，共犯者の犯行を阻止すべき作為義務に違反した不作為犯としての共同正犯が成立するとしている。

もっとも，こうした見解に対しては，本件において東京に行くことの指示を作為と捉えることは可能であるとの指摘[23]，組長の地位・指揮命令権限の存在から直ちに組員の犯行を阻止すべき作為義務が認められるわけではないとの批判[24]がなされている。

■■■■ 関連判例 ■■■■

①大判大11・2・25刑集1巻79頁（判プラⅠ-383事件）
②最大判昭33・5・28刑集12巻8号1718頁（判プラⅠ-354事件）
③最決平17・11・29集刑288号543頁
④最決平19・11・14刑集61巻8号757頁（判プラⅠ-356事件）
⑤最判平21・10・19判時2063号155頁
⑥東京高判平20・10・6判タ1309号292頁（判プラⅠ-357事件）

■■■■ 演習問題 ■■■■

Xは，X宅において妻Y，その実子A（3歳）と暮らしていた。Yは，反抗的な態度をとるAに腹を立て，日頃からAを殴って怪我をさせるなどの虐待を繰り返していた。XとYは，Aへの虐待について直接話をすることはなかったが，Xは，YがAを虐待していることを認識しており，Yの虐待を止めさせることは容易だったにもかかわらず，Aを疎ましく思っていたため，Yの虐待を見て見ぬふりをしていた。Yは，XがYの虐待を見て見ぬふりをしていることに気づきながら，次第にAへの虐待をエスカレートさせていき，Aを殺したいという気持ちを抱くこともあった。Xは，Yの普段の様子から，そのうちYはAに殺意を抱いてAを殺してしまうかもしれないと思ったが，YがAを殺してくれれば好都合であるとも考えており，Yも，そのようなXの意思を察していた。

某日，Yは，X宅の居間において，おもちゃを散らかしたAを叱責し，Aの顔面を1回平手打ちにしたところ，AがYをにらみつけたことから，とっさに殺意を抱き，「どうして言うことを聞かないの」と叫び，1回ずつ間隔を置きながらAの顔面や頭部を5回にわたり手拳で殴打した。

Xは，居間の隣の寝室においてYがAを平手打ちした音や叫び声を聞き，「YはAを殺そうとしているかもしれないが，それでもかまわな

18） 大阪地判平16・3・23 LEX/DB28095404。
19） 大阪地判平23・5・24 LEX/DB25443755。
20） 関連判例⑤の第2次控訴審判決（大阪高判平25・8・30 LEX/DB 25506214）は，第1審判決を破棄差戻しし，上告審決定（最決平27・3・3 LEX/DB 25506118）も，その判断を維持し，大阪地判平29・3・24判時2364号111頁は，共謀共同正犯の成立を肯定している。
21） 西原春夫「憂慮すべき最近の共謀共同正犯実務」刑ジャ3号54頁以下は，関連判例③の判断を批判している。
22） 福田平＝大塚仁「最近の重要判例に見る刑法理論上の諸問題（5・上）」現刑64号16-17頁〔大塚発言〕。
23） 林幹人「黙示的・不作為の共謀」研修748号（2010年）4-5頁参照。
24） 島田・後掲160頁，松原・前掲注13）213-214頁。

い」と考え，Ｙの殴打を止めることなく，寝室でテレビを見ていた。Ｙも，ＸはＹが殺意を抱いてＡを殴打していることを認識しながら，あえて放置しているのだろうと考えていた。

Ａは，Ｙの５回目の殴打によって脳挫傷を負い，倒れた。騒ぎを聞きつけた隣人のＢが119番通報し，Ａは，救急車で近くの病院に搬送されて治療を受け，一命を取り留めた。

＊考え方

ＸとＹは，Ａの殺害について具体的な謀議をしたわけではなく，日常的に繰り返される虐待の中でＡの殺害について暗黙の了解が形成されていったにすぎない。この点を前提に，ＸとＹが夫婦の関係にあったこと，ＡがＸとＹの実子であったこと，Ｙの犯行時にＸが隣の部屋にいたことなどの事実に着目して，ＸとＹに殺人未遂罪の共謀共同正犯が成立するか，あるいはＸによる不作為とＹによる作為の共同正犯とすべきかを検討する必要がある。なお，子に対する虐待の事案においてその両親に暗黙の共謀による殺人罪の共同正犯の成立を認めた裁判例として，大阪高判平13・6・21（判タ1085号292頁）がある。

〔参考文献〕
芦澤政治・最判解刑事篇平成15年度295頁
安達光治・判プラⅠ〔第2版〕355事件
井田良・百選Ⅰ〔第8版〕154頁
大久保隆志・平成15年度重判解159頁
亀井源太郎・法教280号114頁
島伸一・法時78巻3号64頁
島田聡一郎・ジュリ1288号155頁
末道康之・セレクト2003年29頁
本田稔・法セミ584号118頁

（十河太朗）

21 異なる故意を持つ者の間の共同正犯
――シャクティ事件

■ **最高裁平成 17 年 7 月 4 日第二小法廷決定**
■ 平成 15 年(あ)第 1468 号
殺人被告事件
■ 刑集 59 巻 6 号 403 頁，判時 1906 号 174 頁

〈事実の概要〉

本決定は，事実関係を以下のとおりにまとめている。

「(1) 被告人〔X〕は，手の平で患者の患部をたたいてエネルギーを患者に通すことにより自己治癒力を高めるという『シャクティパット』と称する独自の治療（以下『シャクティ治療』という。）を施す特別の能力を持つなどとして信奉者を集めていた。

(2) Aは，Xの信奉者であったが，脳内出血で倒れて兵庫県内の病院に入院し，意識障害のため痰の除去や水分の点滴等を要する状態にあり，生命に危険はないものの，数週間の治療を要し，回復後も後遺症が見込まれた。Aの息子Bは，やはりXの信奉者であったが，後遺症を残さずに回復できることを期待して，Aに対するシャクティ治療をXに依頼した。

(3) Xは，脳内出血等の重篤な患者につきシャクティ治療を施したことはなかったが，Bの依頼を受け，滞在中の千葉県内のホテルで同治療を行うとして，Aを退院させることはしばらく無理であるとする主治医の警告や，その許可を得てからAをXの下に運ぼうとするBら家族の意図を知りながら，『点滴治療は危険である。今日，明日が山場である。明日中にAを連れてくるように。』などとBらに指示して，なお点滴等の医療措置が必要な状態にあるAを入院中の病院から運び出させ，その生命に具体的な危険を生じさせた。

(4) Xは，前記ホテルまで運び込まれたAに対するシャクティ治療をBらからゆだねられ，Aの容態を見て，そのままでは死亡する危険があることを認識したが，上記(3)の指示の誤りが露呈することを避ける必要などから，シャクティ治療をAに施すにとどまり，未必的な殺意をもって，痰の除去や水分の点滴等Aの生命維持のために必要な医療措置を受けさせないままAを約1日の間放置し，痰による気道閉塞に基づく窒息によりAを死亡させた。」

本件では，以下のとおり，Xの殺意の発生時期について第1審（千葉地判平 14・2・5 刑集 59 巻 6 号 417 頁参照）と控訴審（東京高判平 15・6・26 前掲刑集 450 頁参照）とで判断が分かれた。本決定がまとめた上記事実関係は，第1審を破棄し，自判した控訴審判決の認定を基礎とするものである。

第1審は，点滴装置および酸素マスクを取り外してAを病院外に連れ出し，Xが滞在中の医療設備のないホテルに運び込み，その後も点滴による水分や薬剤の投与，痰の除去等のAの生存に必要な措置を行わなかったという一連の行為が殺人の実行行為にあたるとしたうえで，BがAを病院から連れ出すことを決意した時点でXとBとの間に上記の行為を行うことについての共謀が成立したとした。そして，Xには病院からの連れ出しの時点で殺意が認められるとして殺人罪を認める一方，BにはAの生命を危険にさらすという認識はあったものの，Aの回復を強く望んでいたことから「Aの死という結果に対する予見はあったとしてもこれを認容する意思はなく，殺人の故意までは認められない」として保護責任者遺棄の故意を認め，「殺人罪の認められるXとは，保護責任者遺棄致

死の範囲内の限りで共同正犯となる」とした。法令の適用については，「Xの判示所為は刑法60条（ただし，保護責任者遺棄致死の範囲で），199条に該当する」とした。

これに対し，控訴審は，Xの殺意の発生時点は病院からの連れ出しの時点ではなく，Xがホテルに運び込まれたAの様子を自ら認識した時点だとして事実誤認を理由に第1審判決を破棄し，Aがホテルに運び込まれた以降のXの不作為（痰の除去や水分の点滴などのAの生命維持のために必要な医療措置を受けさせなかったこと）をとらえて殺人罪を認めた。Bとの関係については特に言及していないが，法令の適用は第1審と同様である。

被告人側が上告。

〈上告審〉

決定要旨

上告棄却。

「以上の事実関係によれば，Xは，自己の責めに帰すべき事由により患者の生命に具体的な危険を生じさせた上，患者が運び込まれたホテルにおいて，Xを信奉する患者の親族から，重篤な患者に対する手当てを全面的にゆだねられた立場にあったものと認められる。その際，Xは，患者の重篤な状態を認識し，これを自らが救命できるとする根拠はなかったのであるから，直ちに患者の生命を維持するために必要な医療措置を受けさせる義務を負っていたものというべきである。それにもかかわらず，未必的な殺意をもって，上記医療措置を受けさせないまま放置して患者を死亡させたXには，不作為による殺人罪が成立し，殺意のない患者の親族との間では保護責任者遺棄致死罪の限度で共同正犯となると解するのが相当である。」

解　説

1　問題の所在

本件の争点はXに不作為による殺人罪が成立するかであるが，これについては本書第4章の解説を参照されたい。本件では，Xには殺人罪の故意があるのに対し，Bには保護責任者遺棄罪の故意しかないことから，異なる故意を持つ者の間で共同正犯が成立するのか，成立するとすれば何罪の共同正犯となるのかという論点も生じる。この論点は，教科書では，「共同正犯の本質」という項目の下，犯罪共同説と行為共同説の対立として説明されることが多い[1)]。

2　学　説

犯罪共同説とは，共同正犯とは1つの「犯罪」を複数人が共同して実行することをいうとする見解である。この見解の基本線は，同一罪名についてしか共同正犯は成立しないというところにある（数人1罪）。これに対し，行為共同説は，共同正犯とは1つの「行為」を複数人が共同実行することをいうとする見解である。「犯罪」の共同を要求しないため，行為を共同した複数の者にそれぞれ異なる罪名の共同正犯が成立することを認める。

犯罪共同説を徹底すると，同一の罪の故意を持つ者の間でしか共同正犯は認められない（完全犯罪共同説）。例えば甲と乙が意思を通じ，甲が殺人の故意で，乙が傷害の故意で共同してCに暴行を加え，Cを死亡させたという事例では，傷害致死罪の共同正犯は認められないことになる。そのため，それぞれ単独犯として成立する罪を検討することになるが，死因を形成した傷害がどちらの暴行から生じたのかが不明の場合には，死亡結果を甲・乙のどちらにも帰属することができず，甲に殺人罪未遂罪，乙に傷害罪（乙の暴行との因果関係を認定できる傷害が一切ない場合には暴行罪）しか認められないことになる。しかし，この結論は不当である。そこで，甲・乙に殺人罪の共同正犯の成立を認めたうえで，乙については，38条2項により傷害致死罪の限度で処断するという見解もあるが，罪名と科刑の分離は不当だという批判が強く，支持されていない[2)]。

現在主張されている犯罪共同説は，複数の者

1）　例えば，大塚裕史ほか『基本刑法Ⅰ 総論〔第3版〕』（日本評論社，2019年）377頁〔十河太朗〕。

がそれぞれ異なる罪の故意を有していたとしても，それらの罪の構成要件が同質的で重なり合う範囲で共同正犯を認める見解である（部分的犯罪共同説）。本説を採る場合，構成要件の同質的な重なり合いをどのように判断すべきかが問題となる。教科書等では明言されることは多くないが，錯誤論のときと同様に法定的符合説の基準に従って行うことが想定されているものと思われる。すなわち，複数の構成要件が論理的包摂関係にある場合に限らず，保護法益や行為態様等の観点からこれらの構成要件が実質的に重なり合うかを判断することになろう（もっとも，犯罪共同は共同正犯の成立範囲の問題であるのに対し，錯誤は故意の問題であるから，理論的には両者は次元が異なる）。上記の例では，殺人と傷害は後者の範囲で重なり合うので，甲・乙には傷害致死罪の共同正犯が成立し，これに加えて殺意のある甲には殺人罪が成立するという処理になる。これに対しては，一部実行全部責任の法理は単独犯には及ばないため，死因を形成した傷害が乙の暴行によることが明らかである場合，および死因を形成した傷害が甲・乙のどちらの暴行によるかが不明である場合については，甲には傷害致死罪の共同正犯のほかに殺人未遂罪しか成立しないはずだという批判がある[3]。しかし，傷害致死罪の限度で共同正犯を認める以上，甲は死亡結果について正犯としての罪責を負うのであるから，このような場合であっても，殺意のある甲には殺人既遂罪を肯定することができると考えるべきであろう[4]。なお，殺人罪と傷害致死罪の共同正犯の罪数関係については観念的競合とする見解もありうるが，死の結果の二重評価を避けるという観点からは包括一罪または法条競合と解するのが妥当であると思われる[5]。

一方，行為共同説においても，実行行為の共同が必要であるとして，「共同関係が，成立するそれぞれの犯罪類型の重要部分を占めていなければ」共同正犯は認められないとする見解が主張されている（「やわらかい行為共同説」と呼ばれることがある）[6]。そのため，この見解からは，例えば殺人罪と強制性交等罪のように異質な構成要件間の共同正犯は否定されることになる。上記の例では，殺人罪と傷害致死罪は重要部分が重なり合っているため実行行為の共同が認められ，甲には殺人罪の共同正犯，乙には傷害致死罪の共同正犯が認められる。部分的犯罪共同説との違いは，関与者間で共同正犯が成立する罪名がずれることを認めるところにある。軽い罪の故意を有していた者の罪責の部分では違いは見えづらいが，重い罪の故意を有していた者の罪責の部分で違いが顕在化する。

3　本決定以前の判例

本決定以前の判例は，最決昭 54・4・13（関連判例①）の前後で区切ることができる。同事件以前の判例は，異なる罪の故意を有する複数の者が行為を共同して犯罪を実現した場合，重い罪の罰条と 60 条に当たるとしたうえで，軽い罪の故意を有していた者については 38 条 2 項により軽い罪の刑事責任を負わせるとしていた。最判昭 23・5・1（関連判例②）は，共犯者らが窃盗を行うと思いその見張りをしたところ，共犯者らが強盗を実行したという事案である。原判決は見張りをした被告人の罪責に関して「刑法第 236 条第 1 項第 60 条に当る」と記載したところ，弁護人が法令適用の誤りを主張した。最高裁は，当該記載は「『生じた結果の点からすれば本来は刑法第 236 条第 1 項第 60 条に当るべき場合なのであるが』と云う意味に過ぎないので同法条を適用した趣旨でないことは疑を容れない」とし，「被告人は軽い窃盗の犯意で重い強盗の結果を発生させたものであるが

---

2)　この見解を「かたい部分的犯罪共同説」と呼び，部分的犯罪共同説の一種に位置づける文献も多いが，本稿のように完全犯罪共同説の一種に位置づける文献もある。

3)　山口・総論 316 頁。大塚ほか前掲注 1）379 頁は，部分的犯罪共同説からはこのような処理になると説明する。

4)　井田・総論 511 頁。これは殺人罪との関係でも 60 条の効果が及んでいるという考え方にほかならないため，純然たる殺人の単独犯とは異なるという理解になろう。

5)　大塚ほか・前掲注 1）380 頁。

6)　前田・総論 350 頁。

共犯者の強盗所為は被告人の予期しないところであるからこの共犯者の強盗行為について被告人に強盗の責任を問うことはでき」ず，「原判決が被告人に対し刑法第38条第2項により窃盗罪として処断したのは正当」だとした。このほか，恐喝の共謀をして現場に臨んだところ共犯者が強盗を実行した事案について，38条2項によって「恐喝既遂の責任を負うべきは当然」とした最判昭25・4・11（集刑17号87頁），共犯者が強盗傷人を実行したが被告人は恐喝の故意だった事案について，38条2項に従い軽い恐喝の「刑責を負わせる」とした最決昭35・9・29（集刑135号503頁）がある。これらの判示からは，前記2で挙げたどの見解が採用されたのかは判然としなかった[7)]。これに対し，下級審レベルでは，完全犯罪共同説のうち罪名と科刑を分離する見解を採用したもの（長野地諏訪支判昭37・6・2下刑集4巻5・6号503頁），部分的犯罪共同説を採用したもの（福岡地飯塚支判昭45・3・25刑月2巻3号292頁，鹿児島地判昭52・7・7判タ352号337頁），行為共同説を採用したと思われるもの（東京高判昭27・9・11判特37号1頁，東京地八王子支判昭33・12・26一審刑集1巻12号2158頁）が見られた。

このような状況の中，完全犯罪共同説を採らないことを明らかにしたのが，最決昭54・4・13（関連判例①）である。事案の内容は，被告人丙がほか6名と暴行ないし傷害を共謀したが，現場において共犯者の1人である丁が殺意を生じ，被害者を殺害したというものであった。第1審判決は，被告人丙を含む共犯者全員について60条，199条に該当するとしたうえで，丁以外の6名については，38条2項により60条，205条1項（当時）の罪の刑で処断する旨の法令適用をし，原判決もこれを是認した。最高裁はこの法令適用について職権判断を行い，次のように述べた。

「殺人罪と傷害致死罪とは，殺意の有無という主観的な面に差異があるだけで，その余の犯罪構成要件要素はいずれも同一であるから，暴行・傷害を共謀した被告人丙ら7名のうちの丁が……未必の故意をもって殺人罪を犯した本件において，殺意のなかった被告人丙ら6名については，殺人罪の共同正犯と傷害致死罪の共同正犯の構成要件が重なり合う限度で軽い傷害致死罪の共同正犯が成立するものと解すべきである。すなわち，丁が殺人罪を犯したということは，被告人丙ら6名にとっても暴行・傷害の共謀に起因して客観的には殺人罪の共同正犯にあたる事実が実現されたことにはなるが，そうであるからといって，被告人丙ら6名には殺人罪という重い罪の共同正犯の意思はなかったのであるから，被告人丙ら6名に殺人罪の共同正犯が成立するいわれはなく，もし犯罪としては重い殺人罪の共同正犯が成立し刑のみを暴行罪ないし傷害罪の結果的加重犯である傷害致死罪の共同正犯の刑で処断するにとどめるとするならば，それは誤りといわなければならない。」

以上のように述べたうえで，第1審の法令適用は殺人罪の共同正犯の成立を認めているものではないとし，これを維持した原判決の判断に誤りはないとした。殺人罪の共同正犯を認めるのは誤りとしていることから完全犯罪共同説が否定されていることがわかる。しかし，この事件では被告人が軽い罪の故意を有していた者であったことから，重い罪の故意を有していた者についての法令適用には言及されておらず，部分的犯罪共同説と行為共同説のどちらを採用したのかは不明であった（「殺人罪の共同正犯と傷害致死罪の共同正犯の構成要件が重なり合う限度で軽い傷害致死罪の共同正犯が成立する」という記載は部分的犯罪共同説を彷彿させるが，実行行為の重要部分の共同が必要だとするやわらかい行為共同説とも矛盾しない）。

4 本決定の意義

本件は，最決昭54・4・13（関連判例①）とは逆に，被告人が重い罪の故意を有する者であった事案である。本決定は，Xの罪責について，「不作為による殺人罪が成立し，殺意のない患

7） 同様の理解として，佐藤文哉＝横山泰造・大コンメ(5)〔第3版〕527頁。

者の親族との間では保護責任者遺棄致死罪の限度で共同正犯となると解するのが相当である」とした。共同正犯の成立範囲を軽い罪の限度にしていることから，部分的犯罪共同説を採用したものと見るのが自然であろう。もっとも，解説の冒頭で述べたとおり，本件の争点は不作為による殺人の成否であり，共同正犯の成立範囲の問題ではない。そのため，本決定に判例としての拘束力があるかということについては，慎重に考えるべきであるという指摘がある（藤井・後掲 206 頁）。

5　補　足――Bの罪責について

本件はBの罪責は審判対象ではないため，Bの行為のどの部分が 218 条に該当するのかについては言及がない。ただ，学修者視点からはこれも関心の対象となると思われる。そのため，蛇足ではあるが，若干の検討をしたい。そこで，まず控訴審の「罪のなるべき事実」8)を見ると，Aがホテルに運び込まれた時点で共謀を認めている。次に，本決定を見ると，「未必的な殺意をもって，上記医療措置を受けさせないまま放置して患者を死亡させたXには，不作為による殺人罪が成立し，殺意のない患者の親族との間では保護責任者遺棄致死罪の限度で共同正犯となる」という表現がある。これは放置行為を共同対象と理解していると読むことができる。そのため，BがAの生存のために必要な保護をしなかったこと（不保護）が 218 条に該当し，これが不作為による殺人罪と重なり合うと考えられているのではないかと思われる。もっとも，藤井・後掲 200 頁では，「ことここに至っては，被告人とBらの関係およびそれまでの経緯からして，被告人の指示や同意がなければ，Bらが独自の判断でAに医療措置を受けさせることとは想定し難い状況となっていたと考えられる」とされていることから，保護義務の履行可能性（作為可能性）があったのかは問題となりうる。

控訴審や本決定の判示を離れて純粋に理論的に見た場合，Aを病院から連れ出して医療設備を備えていないXの滞在先ホテルに運び込んだ行為を遺棄ととらえる考え方もありうる（大塚・後掲 99 頁参照）。この行為の時点から共同正犯を認めようとする場合，同時点でXとBに保護責任者遺棄の故意があったことを認定することが必要となる。これに加え，同時点でXに保護責任者としての地位が認められるかも問題となろう。

関連判例

①最決昭 54・4・13 刑集 33 巻 3 号 179 頁（判プラⅠ-337 事件）
②最判昭 23・5・1 刑集 2 巻 5 号 435 頁（判プラⅠ-336 事件）

演習問題

⑴　XとYは，一人暮らしの高齢者から現金を詐取することを計画した。具体的な手口は，XがAの息子に成りすましてAに電話をし，会社の金を横領したことが発覚して会社から 100 万円を請求されているので肩代わりをして欲しいという趣旨の嘘を言ってだまし，後日，Aの息子の会社の同僚になりすましたYがA宅を訪問して同金額の現金を受け取るというものであった。

⑵　令和 3 年 9 月 28 日午前 11 時頃，Xは，

---

8)「Xは，平成 11 年 7 月 2 日午前 5 時ころ，Bらに指示して，脳内出血により……病院に入院し，意識障害の状態にあり，痰の除去や薬剤および水分の点滴等の治療を受けていたA（当時 66 歳）を，その身体に装着されていた点滴装置等を取り外すなどさせた上，車いすに乗せて同病院から連れ出させ，同日午前 10 時ころ，……ホテル……号室に運び込ませ，さらに，同日午前 10 時 30 分ころ，同人を同ホテル……号室に運び込ませた際，同人に対し，直ちに痰の除去や水分の点滴等，その生命維持のために必要な医療措置を受けさせるべき義務を負っていたのに，これを怠り，同人が死亡するおそれがあることを認識していながら，それもやむを得ないと決意し，Bらと共謀の上，そのころから，同月 3 日午前 6 時 35 分ころまでの間，上記Aに対し，痰の除去や水分の点滴等，その生命維持のために必要な医療措置を受けさせないまま，同人を放置し，よって，そのころ，同所において，同人を粘稠化した痰による気道閉塞に基づく窒息により死亡させ，もって同人を殺害したものであるが，上記Bらにおいては保護責任者遺棄致死の故意を有するにとどまっていた。」

Aに電話をかけて前記趣旨の嘘を言い，翌日に会社の同僚がA宅を訪れるのでお金を渡してほしいと伝えた。Aはこれを信じ，現金100万円を用意した。

(3) 同月29日午後1時頃，YはA宅を訪問して玄関内に立ち入り，Aの息子の会社の同僚を名乗って現金を受け取ろうとしたが，AがYに対して名刺を渡すことを求めたため，成りすましを続けることが面倒になり，とっさにAが手に持っていた100万円入りの封筒を奪って逃走した。

Xの罪責について論じなさい。

＊考え方

本問では，当初，XとYは1項詐欺罪を共謀していた。(2)におけるXの嘘は欺罔行為に該当するので，この時点で詐欺未遂罪の共同正犯が成立する。しかし，(3)におけるYの行為は窃盗にあたることから，Xが窃盗罪の共同正犯の罪責を負うのかという問題が生じる。

異なる故意を持つ者の間の共同正犯の成否が問題となる事例には，当初から関与者間で何罪を行うかについての認識が食い違っていたパターンと，当初は認識が合致していたがその後に一部の者が予定とは異なる犯罪を行ったパターンがある。本問は後者にあたるが，この場合，犯罪共同説・行為共同説の問題に入る前に，共謀の射程の論点が発生することに注意したい[9]。本問ではYの行った窃盗は当初の共謀の射程内といえるため，次に，詐欺罪の故意を有していたXと窃盗罪の故意を有していたYとの間で共同正犯が成立するかが問題となる。部分的犯罪共同説に従えば，窃盗罪と詐欺罪の構成要件が同質的で重なり合うかを検討することになる。窃盗罪と詐欺罪は被害者の意思に反した占有取得か瑕疵ある意思に基づく交付行為を通じた占有取得かという点が異なるものの，不法領得の意思に基づいて財物の占有を移転させる財産罪というレベルでは共通しているため，軽い窃盗の限度で重なり合っていると評価することが可能である。そのため，Xの行為は客観的に窃盗罪の共同正犯に該当する。Xは詐欺罪の故意で窃盗罪の共同正犯を実現したことになるが，上記のとおりの理由から，詐欺罪の構成要件と窃盗罪の構成要件は軽い窃盗罪の限度で実質的に重なり合うといえるので，窃盗罪の故意も認められる。詐欺未遂罪の共同正犯と窃盗罪の共同正犯は，包括一罪になろう。なお，以上のような2段階的な処理ではなく，端的にXの故意だけに焦点を当てて同様の結論を導く処理もありうる。すなわち，詐欺罪の構成要件と窃盗罪の構成要件は軽い窃盗罪の限度で実質的に重なり合うためXには窃盗罪の故意が認められるとし，ここからXとYは窃盗罪を共同したといえることを導き，同罪の共同正犯の成立を肯定するという処理である。学説上，どちらの処理が正しいのかについて定まった見解があるわけではない。どちらを採ったとしても誤りとはいえないであろう。

〔参考文献〕

藤井敏明・最判解刑事篇平成17年度184頁以下
豊田兼彦・判プラI〔第2版〕338事件
鎮目征樹・百選I〔第8版〕14頁
塩見淳・平成17年度重判解160頁
大塚裕史「犯罪共同説と行為共同説」法セミ745号93頁以下

（佐藤拓磨）

9) 共謀の射程内か否かを判断する際の考慮事情としては，①当初の共謀と実行行為の内容との共通性（被害者の同一性，行為態様の類似性，侵害法益の同質性），②当初の共謀による行為と過剰結果を惹起した行為との関連性（機会の同一性，時間的・場所的近接性など），③犯意の単一性，継続性，④動機・目的の共通性が挙げられる（大塚ほか前掲注1）383頁）。実行者が当初の共謀の射程内とはいえない行為をした場合は，共同正犯は否定される。

22 過失の共同正犯――明石市歩道橋事故強制起訴事件

最高裁平成 28 年 7 月 12 日第三小法廷決定

平成 26 年(あ)第 747 号
業務上過失致死傷被告事件

刑集 70 巻 6 号 411 頁，判時 2372 号 126 頁

〈事実の概要〉

1　本件は，平成 13 年 7 月 21 日兵庫県明石市の大蔵海岸公園と最寄り駅とを結ぶ歩道橋上で発生した雑踏事故に関するものである。X（被告人）は，当時兵庫県明石警察署副署長であった者であり，平成 22 年 4 月 20 日に検察審査会のいわゆる強制起訴により業務上過失致死傷罪で起訴された。本件事故については，最終の死傷結果が生じた平成 13 年 7 月 28 日から公訴時効が進行し，公訴時効停止事由がない限り，同日から 5 年の経過によって公訴時効が完成していることになる。したがって，X は平成 22 年 4 月 20 日に起訴されたので，公訴時効期間が経過した後に，起訴されている。

もっとも，本件事故については，当時明石警察署地域官であった B が平成 14 年 12 月 26 日業務上過失致死傷罪で起訴され，平成 22 年 6 月 18 日に B 地域官に対する有罪判決が確定した（最決平 22・5・31 刑集 64 巻 4 号 447 頁)。

このため，検察官の職務を行う指定弁護士は,「共犯の一人に対してした公訴の提起による時効の停止は，他の共犯に対してその効力を有する」と規定した刑訴法 254 条 2 項に基づき，X は同法 254 条 2 項にいう「共犯」に該当し，X に対する関係でも公訴時効が停止していると主張した。このように X に公訴時効の停止が認められるかという観点から，X と B 地域官とに業務上過失致死傷罪の共同正犯が成立するかが争点となった。

2　本件の事実関係は，次のとおりである。

(1)　平成 13 年 7 月 21 日午後 7 時 45 分頃から午後 8 時 30 分頃までの間，大蔵海岸公園において，第 32 回明石市民夏まつりの行事である花火大会等が実施されたが，その際，最寄りの西日本旅客鉄道株式会社朝霧駅と同公園とを結ぶ本件歩道橋に多数の参集者が集中して過密な滞留状態となった上，花火大会終了後朝霧駅から同公園へ向かう参集者と同公園から朝霧駅へ向かう参集者が押し合ったことなどにより，強度の群衆圧力が生じ，同日午後 8 時 48 分ないし 49 分頃，同歩道橋上において，多数の参集者が折り重なって転倒し，その結果，11 名が全身圧迫による呼吸窮迫症候群（圧死）等により死亡し，183 名が傷害を負うという本件事故が発生した。

(2)　当時明石警察署署長であった C（以下「C 署長」という）は，同警察署管轄区域内における警察の事務を処理し，所属の警察職員を指揮監督するものとされており，同警察署管内で行われる本件夏まつりにおける同警察署の警備計画（以下「本件警備計画」という）の策定に関しても最終的な決定権限を有していた。

B 地域官は，地域官として，明石警察署の雑踏警備を分掌事務とする係の責任者を務めていたところ，平成 13 年 4 月下旬頃，C 署長に本件警備計画の策定の責任者となるよう指示され，これを受けて，明石市側との 1 回目および 2 回目の検討会に出席し，配下警察官を指揮して本件警備計画を作成させるなどした。B 地域官は，C 署長の直接の指揮監督下にあり，本件警備計画についても具体的な指示を受けていた。

X は，明石警察署副署長として，同警察署内の警察事務全般にわたって，C 署長を補佐する

とともに，その命を受けて同警察署内を調整するため配下警察官を指揮監督する権限を有していた。Xは，本件警備計画の策定に当たって，いずれもC署長の指示に基づき，B地域官の指揮下で本件警備計画を作成していた警察官に助言し，明石市側との3回目の検討会に出席するなどした。また，Xが同警察署の幹部連絡会において，本件警備計画の問題点を指摘し，C署長がこれに賛成したこともあった。

(3) 本件事故当日，C署長は，明石警察署内に設置された署警備本部の警備本部長として，雑踏対策に加え，暴走族対策，事件対策を含めた本件夏まつりの警備全般が適切に実施されるよう，現場に配置された各部隊を指揮監督し，警備実施を統括する権限および義務を有していた。C署長は，本件事故当日のほとんどの場面において，自ら現場の警察官からの無線報告を聞き，指示命令を出していた。

Xは，本件事故当日，署警備本部の警備副本部長として，本件夏まつりの警備実施全般についてC署長を補佐する立場にあり，情報を収集してC署長に提供するなどした上，不測の事態が発生した場合やこれが発生するおそれがあると判断した場合には，積極的にC署長に進言するなどして，C署長の指揮権を適正に行使させる義務を負っており，実際に，署警備本部内において，現場の警察官との電話等により情報を収集し，C署長に報告，進言するなどしていた。

なお，署警備本部にいたC署長やXが本件歩道橋付近に関する情報を収集するには，現場の警察官からの無線等による連絡や，テレビモニター（本件歩道橋から約200メートル離れたホテルの屋上に設置された監視カメラからの映像を映すもので，リモコン操作により本件歩道橋内の人の動き等をある程度認識することはできるもの）によるしかなかった。

一方，B地域官は，本件事故当日，大蔵海岸公園の現場に設けられた現地警備本部の指揮官として，雑踏警戒班指揮官ら配下警察官を指揮し，参集者の安全を確保すべき業務に従事しており，現場の警察官に会って直接報告を受け，また，明石市が契約した警備会社の警備員の統括責任者らと連携して情報収集することができ，現場付近に配置された機動隊の出動についても，自己の判断で，C署長を介する方法または緊急を要する場合は自ら直接要請する方法により実現できる立場にあった。

3 検察官の職務を行う指定弁護士は，本件事故当日の本件歩道橋への流入規制に関する注意義務違反を本位的訴因として，準備段階における雑踏事故の発生を未然に防止する体制の構築に関する注意義務違反を予備的訴因とした。

第1審判決（神戸地判平25・2・20刑集70巻6号483頁参照）は，刑訴法254条2項にいう「『共犯』には，共同正犯，教唆犯，幇助犯などの刑法総則上の共犯のみならず，いわゆる必要的共犯も含まれるが，単に犯罪が同時に行われたというだけで，法律上も共犯の例によるとされていない場合は，たとえこれらの犯罪に密接な関係があるとしても，同項の『共犯』に含まれないと解するのが相当である」として，過失の競合も「共犯」に含まれるとする指定弁護士の主張を排斥した。その上で，第1審判決は，事故当日，Xに本件事故の予見可能性を認めることには合理的な疑いがあるとして，事故当日の過失（本位的訴因）を否定し，また，準備段階においては本件事故の具体的予見可能性を否定するとともに，雑踏警備計画策定に関する権限行使と本件事故との間の因果関係を否定することにより，準備段階における過失（予備的訴因）をも否定した。以上のことから，Xには業務上過失致死傷罪が成立しないことから，XとB地域官との同罪の共同正犯は成立しないとして，時効停止の効果を認めず，Xを免訴とした。

これに対して，指定弁護士は控訴した。原判決（大阪高判平26・4・23前掲刑集544頁参照）は，第1審判決の事故当日の過失（本位的訴因）に関する判断に誤りはなく，準備段階の過失（予備的訴因）に関する予見可能性および因果関係の判断に関しては誤りがあるものの，Xが実際に行使し得る権限には限度と制約があったことから，刑法上の義務違反といえるほどの権限不行使があったと評価することは困難であるので，業務上過失致死傷罪が成立しないという判断は結論において正当であるとした。そこで，原判決は，本位的訴因についても予備的訴因についても，Xに過失が認定できず，業務上過失致死傷罪は成立しないのであるから，第1審判決の刑訴法254条2項についての解釈の当否を検討するまでもなく，B地域官に対する公訴の提起がXについての公訴時効の進行を停止させることはなく，Xについては公訴時効が完成しているので，免訴を言い渡すべきことになるので，免訴を言い渡した第1審判決は正当であるとして，控訴を棄却した。

これに対して，指定弁護士は，原判決には，判例違反，法令違反および事実誤認があるとして上告した。

〈上告審〉

■決定要旨■

上告棄却。

「本件において，XとB地域官が刑訴法254条2項にいう『共犯』に該当するというためには，XとB地域官に業務上過失致死傷罪の共同正犯が成立する必要がある。

そして，業務上過失致死傷罪の共同正犯が成立するためには，共同の業務上の注意義務に共同して違反したことが必要であると解されるところ，以上のような明石警察署の職制及び職務執行状況等に照らせば，B地域官が本件警備計画の策定の第一次的責任者ないし現地警備本部の指揮官という立場にあったのに対し，Xは，副署長ないし署警備本部の警備副本部長として，C署長が同警察署の組織全体を指揮監督するのを補佐する立場にあったもので，B地域官及びXがそれぞれ分担する役割は基本的に異なっていた。本件事故発生の防止のために要求され得る行為も，B地域官については，本件事故当日午後8時頃の時点では，配下警察官を指揮するとともに，C署長を介し又は自ら直接機動隊の出動を要請して，本件歩道橋内への流入規制等を実施すること，本件警備計画の策定段階では，自ら又は配下警察官を指揮して本件警備計画を適切に策定することであったのに対し，Xについては，各時点を通じて，基本的にはC署長に進言することなどにより，B地域官らに対する指揮監督が適切に行われるよう補佐することであったといえ，本件事故を回避するために両者が負うべき具体的注意義務が共同のものであったということはできない。Xにつき，B地域官との業務上過失致死傷罪の共同正犯が成立する余地はないというべきである。

そうすると，B地域官に対する公訴提起によって刑訴法254条2項に基づきXに対する公訴時効が停止するものではなく，原判決がXを免訴とした第1審判決を維持したことは正当である。」

■■■■ 解説 ■■■■

1 本決定の意義

過失犯の共同正犯を肯定することには，①共同行為者の個々の過失と結果との間の因果関係は特定できないが，いずれかの過失と結果との間の因果関係が明らかである場合，過失犯としての処罰が可能であること，②事件の実体を反映した法的評価をし，適切な量刑判断をなし得ること，③公訴時効（刑訴法254条2項）や告訴の効力（同法238条）など訴訟法上の意義もあることなどの実益がある（三上・後掲156頁）。

ところで，過失犯の共同正犯に関しては，①そもそも過失犯の共同正犯が認められるか否か，②過失犯の共同正犯を肯定するとしても，その要件をどのように解するか，③共同義務の共同違反説を採った場合，共同義務をどのように解するか，④過失犯の共同正犯と過失の競合（過失同時犯）をどのように区別するかなどの問題が議論されている。

そのようななかで，本決定は，過失犯の共同正犯肯定説を前提として，過失犯の共同正犯が成立するためには，共同の注意義務に共同して違反したことが必要であるとの見解（共同義務の共同違反説）を採ることを明示した。その上で，本件XとB地域官が負うべき具体的注意義務が共通のものであったということはできないとして，業務上過失致死傷罪の共同正犯の成立を否定した。

2 判例・裁判例

最判昭28・1・23（関連判例①）は，共同して飲食店を経営していた被告人AとBが，Cから仕入れたウイスキーと称する液体（法定除外量以上のメタノール含有）を，メタノール含有の有無を，何ら検査することなく，法定除外量以上のメタノール含有をしないものと軽信して客に販売したという有毒飲食物取締令違反被告事件（有毒飲食物の過失による販売の罪）において，「右飲食店は，被告人両名の共同経営にかかるものであり，右の液体の販売についても，被告人等は，その意思を連絡して販売をしたというのであるから，此点において被告人両名の間に共犯関係の成立を認めるのを相当とするのであって原判決がこれに対し刑法60条を適用したのは正当であ」るとして，被告人両名について過失犯の共同正犯の成立を認めた。最判昭28・1・23（関連判例①）は，過失犯の共同正犯が成立することを示した点で，重要な意義をもつが，過失犯の共同正犯の成立要件に関しては何ら言及していない。その後本決定に至るまで，過失犯の共同正犯に関する最高裁判例はなかった。

下級審においては，過失犯の共同正犯を肯定し，その要件を示す裁判例が現れている。例えば，名古屋高判昭61・9・30（関連判例②）は，同じ鉄工所の従業員である被告人AとBが，旅館の食堂拡張工事において鋼材の電気溶接作業を行う際，あらかじめ不燃物で溶接箇所と可燃物とを遮へいする措置を講じないまま溶接作業に取りかかり，被告人のうちの一方が庇の上で溶接する間，他方が地上で火花の飛散状況を監視し，途中で各人の役割分担を交替するという方法で溶接作業を実施した結果，発生した輻射熱または火花などによって可燃物を発火させ，現住建造物を焼損した事案において，「⑴被告人両名の行った本件溶接作業（電気溶接機を用いて行う鋼材溶接作業）は，まさに同一機会に同一場所で前記H鋼梁とH鋼間柱上部鉄板とを溶接固定するという一つの目的に向けられた作業をほぼ対等の立場で交互に（交替して）一方が，溶接し，他方が監視するという方法で二人が一体となって協力して行った（一方が他方の動作を利用して行った）ものであり，また，⑵被告人両名の間には，あらかじめ前説示の遮へい措置を講じないまま本件溶接作業を始めても，作業中に一方が溶接し他方が監視し作業終了後に溶接箇所にばけつ一杯の水を掛ければ大丈夫である（可燃物への着火の危険性はない）からこのまま本件溶接作業にとりかかろうと考えていること（予見義務違反の心理状態）についての相互の意思連絡の下に本件溶接作業という一つの実質的危険行為を共同して（危険防止の対策上も相互に相手の動作を利用し補充しあうという共同実行意思の下に共同して）本件溶接作業を遂行したものと認められる。つまり，被告人両名は，単に職場の同僚としてあらかじめ前記措置を講ずることなくして前記危険な溶接作業（実質的危険行為）をそれぞれ独立に行ったというものではない。このような場合，被告人両名は，共同の注意義務違反行為の所産としての本件火災について，業務上失火の同時犯ではなく，その共同正犯としての責任を負うべきものと解するのが相当である。」として，業務上失火罪の共同正犯の成立を肯定した。名古屋高判昭61・9・30（関連判例②）は，共同義務の共同違反説に立ったと解することもできる（村上・後掲202頁）。

東京地判平4・1・23（関連判例③）は，2名の通信工事会社作業員が，地下洞道においてトーチランプを各自が使用して作業中，一時洞道外に退出するに当たり，2個のトーチランプの消火を十分確認することなく現場を立ち去った結果，洞道壁面等を焼損するなどした事案において，「本件の解鉛作業の場合等のように，数名の作業員が数個のトーチランプを使用して共同作業を行い，一時，作業を中断して現場から立ち去るときには，作業慣行としても，各作業員が自己の使用したランプのみならず共同作業に従事した者が使用した全てのランプにつき，相互に指差し呼称して確実に消火した点を確認し合わなければならない業務上の注意義務が，共同作業者全員に課せられていたことが認められる……被告人両名においては，冷静に前記共同の注意義務を履行すべき立場に置かれていたにも拘らず，これを怠り，前記2個のトーチランプの火が完全に消火しているか否かにつき，なんら相互の確認をすることなく，トーチランプをIYケーブルの下段の電話ケーブルを保護するための防護シートに近接する位置に置いたまま，被告人両名が共に同所を立ち去ったものであり，この点において，被告人両名が過失行為を共同して行ったことが明らかであるといわなければならない」として，業務上失火罪の共同正犯の成立を肯定した。なお，東京地判平4・1・23（関連判例③）は，「本件のごとく，社会生活上危険かつ重大な結果の発生することが予想される場合においては，相互利用・補充による共同の注意義務を負う共同作業者が現に存在するところであり，しかもその共同作業者間において，その注意義務を怠った共同の行為があると認められる場合には，その共同作業者全員に対し過失犯の共同正犯の成立を認めた上，発生した結果全体につき共同正犯者としての刑事責任を負わしめることは，なんら刑法上の責任主義に反するものではない」として，共同義務の共同違反説を一般論として展開した。

3 具体的注意義務の意義

判例実務において過失犯の中核が注意義務違反と理解されていること，および共同義務の共同違反説に立つ下級審裁判例が存在することから，本決定は共同義務の共同違反説を採用したと考えられる（三上・後掲164頁）。

本決定は，「具体的注意義務」という表現を用い，注意義務の内容が具体的に共通のものであることを要求している。具体的注意義務が共通していることを要求すると，過失犯の共同正犯の成立範囲は限定される。具体的注意義務の共通性を要求した理由としては，複数の関係者が事故にかかわった事案について，過失の競合で処理する一連の判例（最決平17・11・15刑集59巻9号1558頁，最決平19・3・26刑集61巻2号131頁，最決平20・3・3刑集62巻4号567頁，最決平21・12・7刑集63巻11号2641頁，最決平22・5・31刑集64巻4号447頁，最決平22・10・26刑集64巻7号1019頁など）が存在していることから，過失の競合と過失犯の共同正犯のいずれでも処理可能な事例が存在し得るとしても，過失の競合で処理する事例と過失犯の共同正犯で処理する事例を区別する必要があるところ，具体的注意義務の内容が共通している場合には，複数の関与者間に一体性が認められることから，過失犯の共同正犯で処理し得る一方，具体的注意義務が異なる場合は，関与者が個別に注意義務を負っているので，過失の競合で処理すべきであることなどが考えられる。

4 具体的注意義務の判断方法

本決定では，①警備計画の策定段階，②本件事故当日午後8時頃の時点のそれぞれの段階における具体的注意義務の内容が検討されている。本決定は，B地域官は，本件警備計画の策定の第一次的責任者ないし現地警備本部の指揮官という立場であったのに対し，Xは，副署長ないし署警備本部の警備本部副部長として，C署長が同警察署の組織全体を指揮監督するのを補佐する立場にあったとして，組織内での立場が異なることを指摘している。その上で，①警備計画の策定段階では，B地域官の具体的注意義務は，自ら警備計画を適切に策定することであったのに対して，Xのそれは，C署長への進言によって，B地域官らに対する指揮監督が適切に行われるよう補佐することであったとする。②本件事故当日午後8時頃の時点では，B地域官の具体的注意義務は，C署長を介しまたは自ら直接機動隊の出動を要請して歩道橋内への流入規制を実施することであったのに対して，Xのそれは，C署長への進言によって，B地域官らに対する指揮監督が適切に行われるよう補佐することであったとする。以上のことから，①警備計画の策定段階，②本件事故当日午後8時頃の時点のいずれの段階においても，B地域官とXの具体的注意義務の内容が異なるとして，共同義務が否定された。

なお，本決定は，明石警察署の職制および職務執行状況等を踏まえつつ，XとB地域官の立場，役割，要求され得る行為が異なることを指摘して，両者の具体的注意義務が異なることを導いている。本決定に関して，関与者が同一の法的地位に立つ場合に限り，過失犯の共同正犯の成立を認める見解を採用したと解する余地はある。この見解によると，関与者の地位や立場が異なる場合には，過失犯の共同正犯は成立し得ないことになる。しかし，本決定は，XとB地域官の具体的注意義務が異なることを導くために，関与者の立場などを指摘したにすぎず，関与者の地位や立場が異なる場合には，およそ具体的注意義務が共通することはあり得ないとまで判示したものではない（橋爪・後掲140頁）。

5 残された問題

本決定は，共同の注意義務を否定することにより，本件について過失犯の共同正犯を否定したにとどまる。そのため，本決定が，Xに注意義務違反があったどうかについては判断していない。そこで，どのような場合に共同違反が認められるかについては，今後に残された問題である（嶋矢・後掲161頁）。

関連判例

①最判昭28・1・23刑集7巻1号30頁（判プラI-342事件）
②名古屋高判昭61・9・30高刑集39巻4号371頁（判プラI-344事件）
③東京地判平4・1・23判時1419号133頁（判プラI-345事件）

演習問題

A市では，花火大会が予定されていたところ，A警察署の警備課長甲および地域課長乙が，花火大会の警備担当の責任者となった。甲は，花火大会当日の交通量の予測，当日の警備担当者の警察官の訓練，A市が契約した警備会社との打合せなどの業務を担当し，乙は，市の担当者，花火大会の主催者や地域の町内会との調整業務を担当した。警備計画を策定するに際しては，甲と乙は，市長，警察署長，主催者や町内会長などの関係者から構成される会議に出席し，花火大会当日の警備計画を策定した。

花火大会当日は，甲と乙は，会場となった公園に設けられた現地警備本部において，現場責任者として，配下警察官を指揮し，観覧者の安全を確保する業務に従事するとともに，A市が契約した警備会社の警備員と連携して情報収集にあたっていた。また，甲と乙は，観覧者の統制が難しくなったり，雑踏事故が起こりそうになったりしたときは，警察署長を介する方法，または緊急を要する場合には両者相談の上，直接現場付近に配置された機動隊の出動を要請する権限が与えられていた。

ところで，当日，花火大会は午後7時45分に開始予定であったところ，午後7時頃には，最寄り駅と公園とを結ぶ歩道橋上に，公園に入りきれなかった観覧者が多数集まり過密な状態になっていた。花火大会は午後8時30分に終了したが，その頃には，公園から最寄り駅に向かう観覧者と，最寄り駅から公園に向かう観覧者が押し合う状態になり，午後8時50分頃に，歩道橋上において，観覧者が折り重なって転倒し，多数の死傷者が出た。

ところで，花火大会当日の実際の観覧者数は，警備計画の策定段階で予想していた観覧者数よりも大幅に多かった。仮に観覧者数を適切に予測した上で，それに対応した警備計画を策定していれば，本件事故を回避することは可能であった。また，甲と乙が，本件事故当日遅くとも午後8時頃までに，機動隊の出動を要請し，歩道橋内への流入規制を実施していれば，本件事故を回避することは可能であった。

甲および乙の罪責を論じなさい。

＊考え方

甲および乙に関して，業務上過失致死傷罪の成否が問題となるところ，両者を共同正犯として処理するか，それとも過失の競合として同時犯として処理するかが問題となる。

過失犯の共同正犯否定説からは，甲および乙それぞれについて業務上過失致死傷罪の単独犯が成立するか否かを検討する。その際，甲および乙が，本件事故を回避するために，どの時点でどのような結果回避措置をとることが可能であり，かつとるべき義務があったかを確定する必要がある。

これに対して，過失犯の共同正犯肯定説からは，どのような要件の下で，過失犯の共同正犯を肯定し得るかを示す必要がある。共同義務の共同違反説に立った場合，抽象的なレベルでの注意義務が共通していれば足りるのか，それとも具体的なレベルでの注意義務が共通している必要があるのかを検討することになる。

具体的な注意義務が共通していることを要求した場合，関与者の注意義務の内容を確定する際に，どのような事情を考慮すべきかが問題となる。特に，組織内での地位をどの程度重視するかについては検討が必要である。

共同の注意義務が認められたとして，共同違反の有無を判断することになる。その場合，意思連絡の要否，および意思連絡を必要と解した場合にはその内容を検討する必要がある。

〔参考文献〕

嶋矢貴之・百選Ⅰ〔第8版〕160頁以下
橋爪隆「共同正犯をめぐる問題(5)」警論70巻12号121頁以下
三上潤・最判解刑事篇平成28年度139頁以下
村上光鵄・大コンメ（5）〔第3版〕187頁以下

（宮川　基）

23 承継的共同正犯

■ **最高裁平成 29 年 12 月 11 日第三小法廷決定**

■ 平成 29 年(あ)第 1079 号
詐欺未遂被告事件

■ 刑集 71 巻 10 号 535 頁，判時 2368 号 15 頁

〈事実の概要〉

⑴　氏名不詳者Yは平成 27 年 2 月下旬頃，Aに電話を掛け，ロト 6 に必ず当たる特別抽選にAが選ばれたが，参加するためにはD銀行の審査に通る必要がある旨を告げた。その後，D銀行の審査担当を名乗る氏名不詳者がAに電話を掛け，審査に通った旨をAに伝えた。さらにYがAに電話を掛け，特別抽選参加のために必要だと告げて，Aに，指定した送付先宛に現金 50 万円，100 万円をそれぞれ宅配便で送付させた。

⑵　その後Yは，Aに対し電話で，いずれもそのような事実はないのに「Aさんの 100 万円が間に合わなかったので，立て替えて 100 万円を私が払いました」「Aさんじゃない人が送ったことがD銀行にばれてしまい，今回の特別抽選はなくなりました。不正があったので，D銀行に私とAさんで 297 万円の違約金を払わないといけなくなりました。違約金を払わないと今度の抽選にも参加できないので，半分の 150 万円を準備できますか」などと告げた（以下，「本件欺罔行為」とする）。

⑶　Aは息子に詐欺に遭っていると言われ，警察署に赴いて相談した結果，だまされていたことが判明した。その上で警察官がAに対し犯人を捕まえるため引き続きだまされたふりをして欲しいと依頼したところ，Aはこれに応じた。

⑷　3 月 24 日，YはAに電話を掛け，送付先を指定し，宛名をEとして現金を入れた荷物を宅配便で送付するよう伝え，Aはだまされたふりをしてこれに応じた（これ以降，YらがAに対して連絡等をした事実は認められない）。

⑸　Aは手持ちの箱に現金は入れずに荷物を作り（以下，「本件荷物」とする），同日午後 0 時 40 分頃，コンビニから指定された場所に宛て発送した。

⑹　Xは同月 24 日以降，だまされたふり作戦が開始されたことを認識せずに，Yから報酬約束の下に荷物の受領を依頼され，詐欺の被害金を受け取る役割である可能性を認識しつつこれを引き受けた。

⑺　同月 25 日，配達員を装った警察官が本件荷物を持って指定された空き部屋に赴いたところ，同所で応対したXはEを名乗り，受取りサイン欄に「E」とサインして本件荷物を受け取った（以下，「本件受領行為」とする）。

⑻　検察官は本件欺罔行為開始以前にYとXらとの間に事前共謀が成立していたとし，それが認められないとしても本件受領行為までの間にはYとXとの間に共謀が成立しているので，Xには詐欺未遂罪の共同正犯が成立する旨主張した。これに対して弁護人は，事前共謀は成立しておらず，Xが荷物の受取りを依頼された段階ではAは嘘であることを見破って本件荷物を発送していたのであり，Xに共同正犯は成立しないことなどを主張した。

⑼　1 審判決（福岡地判平 28・9・12 判時 2363 号 133 頁）は，事前共謀の成立を否定した上で，本件欺罔行為後に共謀が成立したことは認めたものの，以下の理由からXを無罪とした。すなわち，①「共謀加担前の先行者の行為により既に生じた犯罪結果については，後行者の共謀

やそれに基づく行為がそれに因果性を及ぼすことはありえないから，後行者が共同正犯としてそれに責任を負うことはない」。しかし詐欺罪については「未だ詐欺の犯罪行為が終了していない段階で，後行者が，共謀加担前の先行者の行為の効果を利用することによって犯罪の結果に対して因果関係を持ち，その結果犯罪が成立する場合が想定できるから，そのような場合には，承継的共同正犯の成立を認めることができる」。本件ではXが「詐欺の結果が生じる危険性を発生させることについて，何らかの因果性を及ぼした（寄与があった）といえるか否かが問題の核心である」。②Aが本件荷物を発送したのは「専ら，警察官の犯人逮捕に協力するという意図から行ったものであるから，詐欺罪の成立に必要な因果関係が切断されている」。したがって本件受領行為は詐欺罪の実行行為ではない。③検察官の主張によれば，結果発生の現実的危険は「行為当時，行為者が特に認識した事情及び一般人に認識可能な事情を基礎とし，客観的な事後予測として」判断されるが，本件ではAが現金を入れずに本件荷物を発送したという事情は判断の基礎事情から除外されるので危険性が認められるとされる。しかし，ここで仮定されるべき一般人は「犯人側の状況と共に，それに対応する被害者側の状況をも観察し得る一般人でなければならない」。そのような一般人を前提とすれば，Aがだまされたふりをして発送したという事実経過は「特段の科学的知見などを用いることなく認識しうる」のであり，本件受領行為は「詐欺罪の結果発生の危険性を有しないものであるとの判断がなされることは明らか」である。

⑽　検察官が控訴したところ，控訴審判決（福岡高判平29・5・31〔関連判例④〕）は，事前共謀の成立を否定しつつ，Xには以下の理由から詐欺未遂罪の共同正犯が成立するとして1審判決を破棄し，Xを懲役3年，執行猶予5年に処した。①交付のみに加担した場合でも，先行する「欺罔行為と相俟って，財産的損害の発生に寄与しうることは明らかである。また，詐欺罪における本質的な保護法益は個人の財産であって，欺罔行為はこれを直接侵害するものではなく，錯誤に陥った者から財物の交付を受ける点に，同罪の法益侵害性があるというべきである」。財物交付の部分のみに関与した者も「本質的法益の侵害について因果性を有する以上，詐欺罪の共犯と認めてよい」。そして「その役割の重要度等に照らせば正犯性も肯定できる」。②Xが加担した段階での法益侵害の危険性の判断に際しては，「当該行為時点でその場に置かれた一般人が認識し得た事情と，行為者が特に認識していた事情とを基礎とすべきである」。そして，「一般人が，その認識し得た事情に基づけば結果発生の不安感を抱くであろう場合には，法益侵害の危険性があるとして未遂犯の当罰性を肯定してよく」，「敢えて被害者固有の事情まで観察し得るとの条件を付加する必然性は認められない」。そうすると，本件でだまされたふり作戦が行われていることは「一般人において認識し得ず，Xないし本件共犯者も認識していなかったから，これを法益侵害の危険性の判断に際しての基礎とすることは許されない」。本件受領行為を「外形的に観察すれば」既遂に至る現実的危険性があったといえる。

⑾　弁護人は控訴審判決が最決平24・11・6（関連判例③），最判昭37・3・23（刑集16巻3号305頁）にそれぞれ違反することなどを主張して上告した。

〈上告審〉

決定要旨

上告棄却。

上告趣意のうち「判例違反をいう点は，事案を異にする判例を引用するものであって，本件に適切でな」い。控訴審判決の認定した事実関係によれば，「Xは，本件詐欺につき，共犯者による本件欺罔行為がされた後，だまされたふり作戦が開始されたことを認識せずに，共犯者らと共謀の上，本件詐欺を完遂する上で本件欺罔行為と一体のものとして予定されていた本件受領行為に関与している。そうすると，だまされたふり作戦の開始いかんにかかわらず，Xは，その加功前の本件欺罔行為の点も含めた本件詐欺につき，詐欺未遂罪の共同正犯としての責任を負うと解するのが相当である。」

解　説

1　従前の判例

先行行為者が犯罪の一部に着手した後に，後行行為者がこれと意思を通じて以後の犯行に加担した場合を承継的共犯と呼ぶ。この種の事案につき，大審院は後行行為者にも先行行為者と同様の罪責について共犯関係の成立を認めていたが（例えば詐欺罪に関する大判明44・11・20〔関連判例①〕を参照），大判昭13・11・18（関連判例②）は強盗殺人罪という結合犯の場合においても関与以前の部分を含めた犯罪全体について幇助犯が成立するとしており，その理由として，240条後段の罪は強盗と殺人若しくは傷害致死という複数の部分から成り立っているものの，それらが結合されて単純一罪を構成しているのであって，その一部が実現されたことを知りながら以後の行為に関与した場合には，単純一罪全体について共犯が成立する，という理解を示した。これは「単一不可分の一罪性」というわば形式的な理由から先行する罪責の承継を広く肯定するものであるが，以後の裁判例では，結論として「承継」を認めるのであってもこのような理由付けに依拠するものは次第に減っていくことになる。それは学説上の多数説が，共犯であっても自ら影響を及ぼした範囲の事実についてのみ責任を負うべき（個人責任原理に基づくべき）であるとする前提に立つようになったことと無関係とはいえないであろう。

その後，承継的共同正犯に関する初の最高裁判例となった最決平24・11・6（関連判例③）は，加担以前に先行者が既に生じさせていた傷害結果につき，後行者の行為が「これと因果関係を有することはないから，傷害罪の共同正犯としての責任を負うことはなく」，加担後の暴行によって傷害の発生に寄与したことについてのみ傷害罪の共同正犯としての責任を負うとした。さらに，被害者が負傷し逃亡や抵抗が困難になっている状態を利用して暴行に及んだという事情があったとしても，それは「加担後に更に暴行を行った動機ないし契機にすぎず，共謀加担前の傷害結果について刑事責任を問い得る理由とはいえない」と述べているが，これは，加担以前の状況を単に認識・認容するだけにとどまらずこれを「積極的に利用した」ことを根拠として承継を認める見解（いわゆる限定肯定説）を採用しないという趣旨に解されるものであって，注目された。もっとも補足意見では，強盗，恐喝，詐欺等に関しては「結果について因果関係を持」つ場合があり，その場合には承継的共同正犯の成立を認め得るとされていたため，その意義をめぐって多くの議論がなされることになった。他方において，この間，だまされたふり作戦が実施された事案における「受け子」の罪責をめぐり下級審裁判例の蓄積がなされつつあったが（名古屋高判平28・9・21〔関連判例⑤〕，名古屋高判平28・11・9〔関連判例⑥〕など），そのような中で登場した本決定は受け子に詐欺未遂罪の共同正犯が成立することを認めており，結論的に承継的共同正犯の成立を肯定したと考えられる。もっとも本決定は極めて簡素な内容であり，その論理を正確に把握することは容易でない。

2　本決定の検討

(1)　問題の所在

従来この種の事案をめぐっては(A)中途から加担した受け子に承継的共同正犯が成立するかという点と(B)だまされたふり作戦と不能犯の成否という点とが議論されてきたが，本件調査官によれば，本決定は(A)については結論として肯定するが，特定の立場を採ることを明らかにしたものではないとされ，(B)についても，事情を認識していない後行者からすれば「遂行中」であることに変わりはなく，受領行為が「欺罔行為と一体のものとして予定されていた」という事情に着目するならば，不能犯論が結論を導く上で必須かどうかは検討の余地があることから言及を避けたと説明されている（川田・後掲）。しかしこれらの論点は本件における各審級において一貫して争点とされてきた問題であり，少なくとも理論的にはこれらの検討は本件を分析する上で必須の作業であるといえよう。以下，便宜上(B)，(A)の順に検討を加える。

(2) 危険性判断――Yの不法とXの不法

まず(B)につき本件調査官は上述したとおり，ひとたびYにより犯罪が遂行中の状態となった以上，そこに関与した者の罪責を判断する上では不能犯論に依拠する必然性はないと解している。この点に関し，ここではYの詐欺未遂の「終了」時期が問題となっているが，これは未遂犯に限らず犯罪一般に共通する問題であるとした上で，結論的には行為者が犯意を保持し犯行計画を実現しようとしている限りは原則として終了せず，その間は共犯が成立し得るとする主張がある。しかしこの見解も，犯意が継続しているならば「犯罪実現の可能性」が依然として残っているということに言及しており，結果発生の危険性の存否を問題とする見解との間にどれだけ差異があるのかは明らかでない。また「終了」という概念は極めて多義的であるところ，本件における論点とかかわりのない問題まで含んでいる概念を共犯処罰の可否の基準とするのはいたずらに議論を混乱させるおそれがある（例えば，正犯の行為が実質的にいつ「終了」したと評価されるのかは必ずしも文言上明確に把握できないため，いかなる場面で共犯が成立し得るのか，罪刑法定主義との関係で問題が生じるということが既に繰り返し指摘されている）。むしろ，既に不法の促進が不可能となった段階においては以後因果性を及ぼし得ない，すなわち共犯行為足り得ないのであるから，共犯の成否もこうした見地から判断されるべきであろう。

具体的には，まず第1にXが関与する時点において，関与・加担の対象となる先行者Yの行為に「（正犯）不法」としての実質がなお残存しているといえるか（Y自身の不法），第2に，それが充足されたとしても後行者X自身が「詐欺未遂」の共同正犯・幇助犯としての成立要件を充足したといえるか（X固有の不法）が問われる。したがってまず第1の点の評価を確定させ，次いで第2の点を検討する際に関与の時点においてXの行為が「不能犯」といえるかについても判断するという手順を踏むことになる。

本件では第1の点に関しては，Yによる実行の着手以降，Y自身の未遂犯としての不法の存在を消滅させるような事情は認められない。途中からだまされたふり作戦が開始されたにせよ，それは後発的な事情により既遂結果への到達が不可能になったというに過ぎず，Yの行為に「詐欺未遂」の不法としての実質が備わっていることに変わりはない。第2の点に関しては，いわゆる具体的危険説に立脚した場合，本件控訴審判決をはじめとする肯定例と同様の帰結に至ることが既に指摘されている。これに対して1審判決は(9)③において「被害者側の状況をも観察し得る一般人」という基準を用いることにより危険性を否定しているが，具体的危険説と前提を共有しつつこのような限定を付すことが可能となる理論的根拠は明らかでない。さらに，いわゆる修正された客観的危険説に立脚する場合においても，行為者の犯行計画に取り込まれた限度において結果発生を生じさせ得る仮定的な事情が存在し得た可能性を考慮することにより結果発生の危険性を肯定し得ることが指摘されており，これに従えばいずれの立場からもXの行為は不能犯とは評価されないことになろう。以上に加え，不能犯の問題に対する判例の理論的立場が必ずしも明確でないことを踏まえるならば，本件の解決に際し不能犯論に関する特定の立場の採用が不可避であったとはいい難く，本決定がこの点に踏み込まなかったことにも一応の理由があったように思われる。

(3) （広義の）共犯の成否

(A)の判断に際しても，本決定ではXの行為が欺罔行為と一体のものとして予定されていたという点が重要であるということが指摘されている。ただ，1審判決における(9)②の内容をみても分かるとおり，本件欺罔行為と本件受領行為が一体のものと評価できるかという問題と，これに中途から加担したXにいかなる範囲で共犯が成立し得るかという問題とは別個のものである。そして後者の問題を考える上では，X自身が結果発生に対して（因果的）影響を及ぼしたか否かという点の検討を避けて通ることはできない。

仮に「一体性の認められる行為」に加担すればそれだけでX自身も「欺罔行為を行った」と評価され，自身が促進した範囲の有無・程度を問わず常に全体につき罪責を問われるというのであれば，それは単に「従属性」を強調するにとどまらず，例えば共同意思主体説のような集団責任論，すなわち，広義の共犯一般についてまず「集団」を主体とする行為を想定し，その後，各「個人」に責任が配分／帰属されるとする思考法に親和的であると思われる。しかし個別行為責任の原則を踏まえた因果的共犯論からは，加担の対象となる「行為が一体であること」は後行者における共犯成立の前提に過ぎず，直ちに帰責を根拠付けるものではない。特に，因果性の有無を基準とする関連判例③の内容との整合性をも考慮するなら，本決定がこうした集団責任論まで採用しているとみることには疑問がある。なお，「全体行為」を観念しさえすれば承継が可能になるとする見解も見受けられるが，このような説明はそもそも各個人への「帰責」を根拠付けるものではない。また，正犯性についても後述の通り通常の共同正犯と同等であるとする説明が必要になるところ，上記見解もこの点を明確にできておらず，支持し難い。

少なくとも控訴審判決⑽①が前提としていたように，自らが法益侵害との関係で因果性を有する範囲についてのみ共犯が成立する（自身の加担以降に惹起したといえる部分についてのみ罪責を負う）という前提は維持されなければならない。この前提を放棄すれば共犯処罰の「特殊性」を口実として無制限に処罰範囲の拡張が可能になってしまうからである。例えば，本決定が詐欺を「完遂」する上で予定されていた行為という表現を用いている点を捉えて，「既遂後」の関与についても共同正犯の成立を認める余地があるとする見解があるが，上記表現はあくまで既遂成立を基礎付ける受領行為に関与した点を強調する趣旨に過ぎないと解される。仮に既遂後の関与も財産犯の共犯として扱うのであれば，それは承継を全面的に肯定する見解の帰結であって判例理論の内在的理解としても問題があるばかりか，盗品等関与罪との区別が不可能になってしまう（後行者につき詐欺共犯の成立を否定し盗品関与罪の余地のみを認めるものとして，東京高判平30・11・27〔関連判例⑦〕がある）。

こうしてみると，1審判決⑼②が言及していた，Xの関与により（Yの不法を介して）新たな危険性を生み出したといえるかという点についてはもう少し掘り下げて検討する余地があったように思われる。学説では，後行者が先行者と意思を通じただけで常に処罰されるとするのは妥当でなく，少なくとも先行者の生じさせた効果を「促進」したといえるだけの行為を行う必要があることを指摘する見解があり，傾聴に値する。もっとも，さらに進んで個人責任原理を徹底する見地から，本件のような場合を含め一切の共犯成立を認めない立場（承継的共犯に関するいわゆる全面否定説）も有力に主張されているが，正犯不法の実現が継続している限り，これに加担することによって「正犯行為を介して結果発生を促進する」という内容の処罰根拠を充足することは可能といえよう（近年では，共同正犯は関与者が一体となって不法を実現するものであるから各人が不法の全体について因果性を有している必要はないとして，詐欺罪については加担以前の欺罔行為の部分から因果性を及ぼしている必要はないとする見解も有力に主張されている）。本件においても現実に受領行為まで行われている以上，加担後に事態を進展させ結果発生に向けてYの行為を促進したと評価することは可能であると思われる。

⑷　正犯性の有無

もっとも，以上のような処罰根拠論（混合惹起説）により不法内容の説明が可能であるのは，正犯不法への「従属」を前提とした狭義の共犯に限られる。問題となるのは，そこから一気に，自身の寄与それ自体に基づいて正犯性が基礎付けられるべき共同「正犯」の成立まで肯定し得るかという点である。本件における正犯性に関しては本決定は何も述べておらず，控訴審判決が⑽①でわずかに「役割の重要性等」を掲げているにとどまっている。しかし，判例における一般的な判断基準を前提としたとしてもなお，犯行計画の具体的な内容をそもそも把握しておらず，受領行為の段階で初めて関わったに過ぎず，さして多い分け前に与るわけでもない後行者につき，犯行計画全体との関係で「重要な役割」を果たしたといえるのかについては疑問も示されている。この点に関し，ある見解は受領行為を「実行行為」の一部とした上で，原則としてこれを分担している以上は正犯性が肯定されると説明している。しかし，Xのように中途から加担した者の行為は，当初から意思連絡に基づいて分担している場合とは異なり，加担以前の行為との関係においては何ら影響を及ぼしていない以上，詐欺罪の「不法全体」との関係では重要な役割を果たしたとはいえないとする評価も可能である。結局この問題は，「一部」の役割を分担することによってなぜ不法「全体」に対する正犯性を獲得し得るのかという共同正犯の基本的な構造に遡って解明されなければならないと思われる。

関連判例

①大判明44・11・20刑録17輯2014頁
②大判昭13・11・18刑集17巻839頁（判プラⅠ-387事件）
③最決平24・11・6刑集66巻11号1281頁（判プラⅠ-389事件）
④福岡高判平29・5・31判時2363号131頁（判プラⅠ-307事件）
⑤名古屋高判平28・9・21判時2363号120頁
⑥名古屋高判平28・11・9 LEX/DB25544658
⑦東京高判平30・11・27高刑速（平30）号257頁

演習問題

1　XはYらと共にA方に赴き，まずYがAに対しナイフ様のものを突きつけるなどの暴行・脅迫を加えたのち，さらに同人に対し灰皿で後頭部を殴りつけたり熱した包丁の刃を両腕部に接触させるなどの暴行を加えた。その後，Yの指示を受けたXはこの時点で同人と意思を通じた上で，Aの両手首を粘着テープで緊縛するとともに居室内を物色して腕時計，キャッシュカード等を見つけてこれらをYに手渡した（その後，Xはこれらのうち一部をYから受け取った）。これらの結果，Aは傷害を負った。Xの罪責について検討しなさい。

＊考え方
Xが意思連絡に基づく因果的影響を及ぼしたのはいかなる範囲であるかについて検討する必要がある。東京高判平24・11・28（東高刑時報63巻1～12号254頁）（判プラⅠ-392事件）を参照のこと。

2　例えば窃盗犯人Yが逮捕を免れる目的でAに暴行を加えたが，偶然その場に出くわした後行者Xが，暴行の段階で初めてYと意思を通じ共にAに対して暴行を加えたとする。このような事後強盗罪に中途から加担した者の罪責に関し，近年では本罪を結合犯と解した上で，後行者については承継的共犯の問題として解決を図ろうとする見解が有力である（なお，裁判例は少ないが，この問題に関しては共犯と身分の問題として処理している。大阪高判昭62・7・17判時1253号141頁〔判プラⅠ-423事件〕参照）。このような見解に立脚した場合，上記のXはいかなる範囲で罪責を負うことになるか，検討しなさい。

＊考え方
最決平24・11・6（関連判例③）の補足意見や本決定の考え方に立った場合，(A)事後強盗罪についても，常に加担以降の暴行の部分を先行する窃盗の部分と「一体」となっていると評価することが可能だろうか。(B)先行する窃盗部分が未遂にとどまった場合にもそのような評価は可能か。(C)事後強盗罪としてでなく2項強盗罪の成否の問題として考えた場合にはどのような点が問題となり得るか。
以上に対して，承継的共犯に関する異なった考え方に立った場合には，これらにつきそれぞれどのような帰結が導かれることになるか。

〔参考文献〕
川田宏一・最判解刑事篇平成29年度228頁
照沼亮介・判評721（判時2392）号167頁
伊藤嘉亮・法時91巻11号67頁
豊田兼彦・百選Ⅰ〔第8版〕166頁（82事件）
深町晋也・論ジュリ36号231頁

（照沼亮介）

24 共犯関係からの離脱——おれ帰る事件

最高裁平成元年6月26日第一小法廷決定

昭和63年(あ)第948号
傷害致死，死体遺棄被告事件

刑集43巻6号567頁

〈事実の概要〉

Y（第1審相被告人）は暴力団構成員であり，X（被告人）は，Yと知り会って以来，Y方に出入りし，Yの舎弟分の立場で債権取立てやノミ行為等の手伝いをしていた。XとYは，某日深夜，Aおよびその知人Vらとともにスナックで飲んでいたところ，Vの酒癖が悪く，再三たしなめるうちVが逆に反抗的な態度を示したことに憤慨し，Vに謝罪をさせるべく，Vを車でY方に連行した。

Xは，Yとともに，1階8畳間において，Vに謝ることを強く促したが，Vが頑としてこれに応じないで反抗的な態度をとり続けたことに激昂し，翌日午前3時30分頃から約1時間ないし1時間半にわたり，竹刀や木刀でこもごもVの顔面や背部等を多数回殴打し負傷させた。Xは，同日午前5時過ぎにY方を立ち去ったが，その際「おれ帰る」と言っただけで，「自分としてはVに対しこれ以上制裁を加えることを止めるという趣旨のことを告げず，Yに対しても，以後はVに暴行を加えることを止めるよう求めたり，あるいは同人を寝かせてやってほしいとか，病院に連れていってほしいなどと頼んだりせずに，現場をそのままにして立ち去った」(最高裁決定より引用)。

Vは，その頃から同日午後1時頃までの間に，Y方において甲状軟骨左上角骨折に基づく頸部圧迫等により窒息死した。

第1審（東京地判昭62・7・27刑集43巻6号575頁参照）は，傷害致死罪の成立を認め，本件犯行後の死体遺棄罪との併合罪として，X・Y両名をそれぞれ懲役6年に処した。その「量刑の理由」中では次のとおり判示されている。

「被告人Xの弁護人において，同被告人が犯行現場から立ち去り共犯関係が解消された後，被告人Yが単独でVに致命傷の暴行を加えた旨主張するが，関係証拠に徴して，被告人Xが犯行現場から立ち去った後に，被告人YにおいてVに致命傷となる暴行を加えた事実を認めることができず，また，被告人Xが前記の共犯関係から離脱したことを認めることができないことも明らかであって，同被告人においても傷害致死の共同正犯としての責任を認めざるを得ない」。

Xが控訴し，第1審におけるのと同様の主張をした。控訴審（東京高判昭63・7・13高刑集41巻2号259頁）は，犯行当時Y方に居合わせたBの供述をもとに，「XがY方を立ち去った後にYがVに対しその顔を木刀で突くなどの暴行を加えた可能性のあることが否定でき」ず，この「暴行によって同人に死の結果をもたらした可能性のあることも否定することができない。すなわち，Vの死の結果はXがY方を立ち去る前にXおよびYがこもごも加えた暴行によって生じたものと断定するにはなお合理的な疑いが残る」と認定した上で，次のとおり判示して控訴を棄却した。

「本件のように二人以上の者が他人に暴行を加えることを共謀し，かつ，共同してこもごも被害者に暴行を加えたようなときに，共犯者の一人あるいは一部の者の離脱ないし共犯関係の解消が認められるのは，①離脱しようとした者がまず自己において被害者に暴行を加えることを止め，かつ，②自分にはもはや共謀に基づいて暴行を加える意思がなくなったこと，すなわち共犯関係から離脱する意思のあることを他の共犯者らに知らせるとともに，他の共犯者らに対してもこれ以上暴行を加えないことを求めて，現に加えている暴行を止めさせたうえ，③以後は自分を含め共犯者の誰もが当初の共謀に基づく暴行を継続することのない状態を作り出している場合に限られ，このような場合でなければ，仮に共犯者の一人が自分としては共犯関係から離脱する意思を抱いて自ら暴行を加えることを止めたとしても，その後に他の共犯者らのいずれかが引き続いて暴行を加え，その結果被害者が死亡するに至ったときには，離脱しようとした者を含め共犯者全員が傷害致死の共同正犯として責任を負わなければならないものと考えられる〔①～③の番号は引用者付記〕。そして，本件の場合，関係各証拠によれば，Xは，Y方を立ち去る少し前ころ，VとAを並ばせてそれぞれの頭部を木刀で軽く叩き，謝罪する趣旨のことを言わせたことは窺えるものの，その際，Yを始めその場に居る者らに対し自分としてはVに対しこれ以上制裁を加えることを止めるという趣旨のことを告げたりしてはおらず，また，Y方を立ち去るにあたっても，玄関先で『おれ帰る』などと言っただけで，Yに対し，以後はVに暴行を加えることを止めるよう求めたり，同人を寝かせてやって欲しい，あるいは病院に連れて行って欲しいなどと頼んだりしていないことが明らかである。更に，Xが，それまでVに暴行を加えていた場所すなわち1階8畳間から出て行った時，同室内の様子は，Vがその場に座ったままであり，Yも同室から立ち出ず，暴行を加えるのに用いた竹刀（但し，途中で壊れている。）や木刀も同室内に置かれているなど，それまでとほとんど変らない状況であったことが認められる。また一方，YがXの立ち去った後にVに暴行を加えたことが認められるものとすれば，Bの司法警察員に対する前記供述中で，Yが右暴行を加えるにあたり，Vに向かって，『まだシメ足りないか』などと怒鳴っていたことが述べられており，したがって，Yがその際Vに加えた暴行は，それまでXとともにいわゆる制裁として同人に加えて来ていた暴行と一体をなすものと認められるべきものである。そうすると，Xにおいては，Y方を立ち去る際，自分の気持としてはこれでYとともにVに対し暴行を加えることは終わったつもりでいたとしても，本件の場合，前示のような共犯関係からの離脱ないし共犯関係の解消の認められる事情が存在せず，ないしは，離脱あるいは解消したといいうるような状態に達していなかったものというほかなく，したがって，XがY方を立ち去った後に，Yが，XとともにそれまでVに加えていた制裁をなおも引き続いて加える意思で，同人に対し加えた暴行については，Xも，Yと共犯関係にあるものというべきである。すなわち，Vの死亡の結果がXの立ち去った後にYの加えた暴行によって生じたとしても，Xは共同正犯として傷害致死の責任を負わなければならないと考えられるのである。」

これに対してXが上告し，VとAを並ばせてそれぞれの頭部を木刀で軽く叩き，Vに謝罪のようなことを言わせたことで，Vに制裁を加えるというYとの共謀の意思は実現されて終了し，共犯関係は解消していたと主張した。

〈上告審〉

決定要旨

上告棄却。

「右事実関係に照らすと，Xが帰った時点では，Yにおいてなお制裁を加えるおそれが消滅していなかったのに，Xにおいて格別これを防止する措置を講ずることなく，成り行きに任せて現場を去ったに過ぎないのであるから，Yとの間の当初の共犯関係が右の時点で解消したということはできず，その後のYの暴行も右の共謀に基づくものと認めるのが相当である。そうすると，原判決がこれと同旨の判断に立ち，かりにVの死の結果がXが帰った後にYが加えた暴行によって生じていたとしても，Xは傷害致死の責を負うとしたのは，正当である。」

解 説

1 問題の所在

本件の問題は，Yとの共同暴行により傷害罪としては既遂に達した後にY方を立ち去ったXにつき，その共同暴行だけでなく，立ち去った後にYが単独で加えた暴行についても共犯として帰責されるかである。第1審は，Xの離脱後にYが致命傷となる暴行を加えた事実は認められないと判断しているが，控訴審は，X離脱後のYの単独暴行によってVの死亡結果が惹起された可能性を否定することはできないと認定している。この認定のもとでは，離脱によって共犯関係が解消されたとすれば，「疑わしきは被告人の利益に」の原則により，Xの罪責は傷害罪にとどまるのに対して，共犯関係が解消していないとすれば，本件犯行全体につき傷害致死罪として帰責されるため，共犯関係の解消の肯否が重要な問題となる[1)]。

2 本決定の判断内容とその理解

本決定は，①「Yにおいてなお制裁を加えるおそれが消滅していなかった」ことを前提に，②「Xにおいて格別これを防止する措置を講ずることなく，成り行きに任せて現場を去ったに過ぎない」ことを指摘して，共犯関係の解消を否定している。この判示はあくまで本件「事実関係に照ら」した事例判断ではあるが，①共犯者においてなお制裁を加えるおそれが消滅しているかどうか，②そのおそれが消滅していない場合にはこれを防止する措置を講じたかどうかという，ある程度一般性を持ちうる基準を読み取ることができる。

共犯関係の解消の肯否は，それ以後の共犯関係の存否の問題にほかならないから，その判断基準は，共犯の処罰根拠ないし成立要件の理解如何を反映すると考えられる。現在，共同正犯を含む広義の共犯の処罰根拠について通説的地位にあるのは，法益侵害結果に対して因果的影響を及ぼしたことに求める因果的共犯論である。共犯の因果的影響は，他人の行為を介して間接的に及ぼされるという面があることから，結果発生に対する物理的因果性のほか，他人の犯意を惹起・維持・強化することを内容とする心理的因果性も含まれ，また，結果との条件関係（結果回避可能性）は不要であり，正犯の行為ないし結果発生を容易にしたという促進関係があれば足りる。このように因果性の内容につき単独犯の場合とは異なるところがあるものの，共犯も，自己の行為と因果性がある事実についてのみ責任を負うという点では，個人責任原理に依拠しているといえる。この因果的共犯論からすると，共犯関係からの離脱のケースでは，離脱以前の離脱者の加功と離脱以後の他の共犯者の行為ないし結果との間の因果関係が遮断されれば，離脱後の事実につき離脱者は共犯責任を負わないとの帰結が導かれる（因果関係遮断説）。このように，共犯でも自己の行為と無関係の事実については帰責されないとの点に関する限り，現在では広く一致があるといってよい[2)]。

こうした見方をもとに本決定の上記基準を分析すれば，①は，Xによりもたらされた物理的・心理的効果が残存し，Yがこれを利用して犯行を継続する危険を表すものであり，②は，その危険が現実化することを防止する措置をとることにより，因果的影響を遮断することを求める趣旨であると解される。また，本決定は客観的な犯行継続のおそれを問題にしているよう

---

1) 「離脱」および「解消」の語は，区別されずに互換的に用いられることも多いが（本件控訴審判決参照），近時は，「離脱」はその場から離れるという事実行為を，「解消」は共犯関係の否定という法的評価を加えた場合をいうとの用法が広まりつつある（任介辰哉・最判解刑事篇平成21年度172頁）。本決定のいう「解消」をこの用法で理解しても意味は通るので，以下の解説でもこれに従うこととする。なお，他の用法として原田・後掲178頁参照。

2) 島田聡一郎「共犯からの離脱・再考」研修741号（2010年）5頁によれば，因果関係遮断説は，共犯の処罰根拠に関する異なる理解からも支持されるべき，より普遍的な学説である。もっとも，共同正犯に関しては，各行為者の個別行為と結果の因果関係を要求しない見解も最近有力に主張されており，議論の動向を注視する必要がある。安田・後掲93頁以下参照。

にも読めるが，因果的共犯論が個人責任原理に依拠していることからすれば，自己が与えた因果的影響が切断されれば足りると解される（以上につき原田・後掲182頁以下参照）。学説において因果関係遮断説が有力に主張されていた状況のもと[3]，本決定が同説に親和的な判断を示し[4]，しかも担当調査官が同説をベースにして本決定を解説したこともあって，因果関係遮断説は確固たる地位を得たのである。

本件で共犯関係を解消するためにXがどのような措置をとるべきであったかは，離脱前の寄与の内容を踏まえて判断されるところ，本決定が事実関係をまとめる中で「暴行を加えることを止めるよう求めたり，あるいは同人を寝かせてやってほしいとか，病院に連れていってほしいなどと頼んだり」しなかったことに言及している点を，講じるべき措置の具体的内容を示唆するものと読むこともできるであろう（原田・後掲182頁，橋爪・後掲363頁）。Xは，Vに制裁を加える旨の意思をYと通じた上で，YとともにV相当激しい暴行を加えてVを痛めつけたことにより，Yの犯意を強化するとともに，さらなる暴行を加えやすい客観的状況を作出したといえる。「おれ帰る」と言って成り行きに任せて立ち去るだけでは，こうした物理的・心理的効果は遮断されておらず，Yによる暴行の継続・再燃を防止するための上記のような積極的措置が要求されるのである。

なお，控訴審は，共同暴行という本件事案に即した形で，共犯関係の解消が認められるための要件を前掲下線部①〜③に整理している。その内容は因果関係遮断説から理解可能であるが，解消の肯否は離脱者の加功態様等の具体的事実関係に大きく依存するため，因果関係の遮断という基準をさらに具体化して細かく要件を定めることには難があると考えられる。本決定が控訴審の3要件を採用していないのは，それを具備しない場合でも共犯関係の解消を認める余地を残す趣旨であると解される（原田・後掲185頁）。

3　中止犯（刑法43条ただし書）との関係

実行着手後の離脱の事案について，かつての判例では中止犯の成否が問題とされ，共犯関係の解消の問題との混同があった。例えば，住居侵入強盗において共犯者とともに脅迫を行ったものの，被害者から差し出された金を取らずに外に出た被告人につき，最高裁は，中止犯が成立するとの弁護人の主張に応じる形で，共犯者が「金員を強取することを阻止せず放任した以上，所論のように，被告人のみを中止犯として論ずることはできない」として，強盗既遂の共同正犯の罪責を認めている（最判昭24・12・17〔関連判例①〕）。そこには，共同正犯者全員の行為を一体視しつつ，中止犯は未遂罪の成立を前提とすることから，他の共犯者の犯行を阻止しなければ中止犯を認めないとの理解を見て取ることができる。

しかし，共犯関係の解消は，離脱後の事実について共犯責任を負うかを，中止犯は，未遂罪が成立する場合に必要的減免の効果を与えるかを問うものであって，両者は異なる問題である。行為者ごとに因果的寄与を問う因果的共犯論のもとでは，一部の共犯者に離脱があった場合，まずは因果関係遮断の観点から共犯関係の解消があるかを検討して共犯の成立範囲を明らかにした上で，解消が肯定されて離脱者の罪責が未遂罪にとどまる場合には，その離脱が刑法43条ただし書にいう任意の中止に当たるかをさらに検討することになる。

本決定では，未遂罪規定のない傷害の事案ということもあってか，かつての判例のように中止犯の成否という形での争点化はなされておら

3）　平野・総論Ⅱ 383頁以下，西田典之「共犯の中止について」同『共犯理論の展開』（成文堂，2010年）240頁以下（初出は法協100巻2号221頁以下）。

4）　他の学説として，共同正犯における行為性は意思の連絡によってのみ性格づけられるとの理解のもと，犯行途中で意思の連絡が欠ければ，それ以後は各人の行為はもはや全体の行為とは評価できなくなるとの見解もあったが（井上正治「共犯と中止犯」平野龍一ほか編『判例演習刑法総論〔増補版〕』〔有斐閣，1969年〕212頁），本決定が犯行継続のおそれを防止する措置をとらなかったことを指摘している点は，この見解からは説明困難である。

ず，端的に共犯関係の解消の肯否が問われている。最高裁は，Yにおいて制裁を加えるおそれを防止する措置をXが講じたか否かを問うており，犯行の阻止までは要求していない（原田・後掲182，184頁）。例えば，Yを説得して制裁をやめる旨合意しVを連れ出すなどの措置をとった場合には，共犯関係は解消し，その後にYが合意を反故にしてVに暴行を再開したとしても，Xには帰責されないのである。犯行の阻止を要求していたかつての判例は，因果関係が遮断されておらず，離脱後の事実にも共犯が成立する場合において，中止犯の主張に対して判断を示したものにすぎないと理解されることになる（原田・後掲186頁，190頁。これに対して，関連判例①の事案で因果関係の遮断を認めるものとして，西田・前掲注3）266頁）。

4　実行着手前の離脱

共犯の処罰根拠から説き起こして共犯関係の解消の基準を導く因果関係遮断説は，離脱時期が実行着手の前後いずれであるかを問わず妥当する。従前の裁判例や学説でも，着手前の離脱に関しては，離脱者による離脱の意思表示と残余共犯者による了承によって，比較的広く共犯関係の解消が認められていた。こうした解消判断は，因果関係遮断説のもとでは，離脱の意思表示とその了承によって心理的因果性が遮断されており，構成要件実現の危険が現実化していない着手前の段階ではこれで足りることが多いといった形で，因果関係遮断の観点から捉え直される[5)]。

このように，離脱の意思表示とその了承を因果関係遮断の考慮事情にすぎないと見れば，それらを常に要求する理由はない。例えば，強盗を共謀しその予備をなした者が着手前に離脱意思を告げることなく現場を立ち去った事案につき，離脱の黙示の意思表示を残余共犯者が受領したと認めて，離脱者を強盗予備罪にとどめた裁判例がある（福岡高判昭28・1・12〔関連判例②〕。ただし，被告人は押込先の情報を提供していたことなどから，因果関係の解消を疑問視する見解が多い。原田・後掲189頁，西田・前掲注3）253頁など）。その一方で，着手前の離脱でも，事案によっては犯行防止のための積極的措置が要求されることがある。例えば，犯行計画に強く関与した首謀者の場合には，共謀関係がなかった状態に復元することが必要だとされ（松江地判昭51・11・2〔関連判例③〕），また，着手が目前に迫っている場合にも，犯行防止のための積極的措置が要求されうる。本決定後の最高裁判例は，共犯者が既に被害者宅に侵入しており，強盗着手前とはいえ，行為者のそれまでの寄与が強盗を容易に開始できる状況へと客観化していた段階で離脱した事案につき，本決定と同じく，「格別それ以後の犯行を防止する措置を講ずることなく」離脱したにすぎないと判示して強盗既遂の共同正犯の成立を認めており（最決平21・6・30〔関連判例④〕），共犯関係の解消の判断基準が着手前後で区別されるわけではないことを明らかにしている。

5　因果関係遮断の規範的把握

近時の学説では，事実的には因果的影響が残存していたとしても法的には因果関係の遮断を認めるべき場合があり，その意味で因果関係の遮断は規範的に判断されるべきことが強調されている[6)]。例えば，因果性をゼロにする必要はなく，結果を帰責する必要はないという程度に因果性を弱化させれば足りるとの説明がそれである[7)]。こうした説明は，判例上明示的に与えられているわけではないが，事実レベルで見た場合，いったん与えた因果的影響を事後的に完

5）着手前の離脱によって共犯関係の解消が認められた場合，未遂罪は成立しないので，43条ただし書の適用問題は生じない。ただし，強盗のように予備罪が存在すればその成立がありえ，この場合，有力説によれば43条ただし書の準用が認められるが，判例は準用を否定している（最大判昭29・1・20刑集8巻1号41頁）。

6）問題となる事例類型を整理・検討するものとして，塩見・後掲135頁以下のほか，齊藤彰子「共犯からの離脱と解消」刑ジャ44号（2015年）19頁，小林憲太郎「共犯関係の解消について」川端博ほか編『理論刑法学の探究⑨』（成文堂，2016年）191頁参照。因果関係の遮断とは別の問題として説明されることも多い。

7）前田雅英・判評373（判時1333）号226頁。

全に消失させることは極めて困難であること（本決定の事案でも，前述2ないし3で例示したような積極的措置を講じたとしても，事実的に見れば，Xの離脱前の寄与がYの再度の暴行に全く影響していないわけではないであろう），また，単独犯における因果関係判断も事実的判断に尽きるわけではないことからすれば，否定されるものではないと思われる。

規範的判断の文脈で挙げられる事例として，共犯者間の仲間割れによって強制的に離脱させられるケースがある。本決定後の裁判例にも，暴行・傷害の犯行中に共犯者に殴られて失神した事案につき，「共犯関係は，被告人に対する暴行とその結果失神した被告人の放置……によって一方的に解消され」たと判断したものがある（名古屋高判平14・8・29〔関連判例⑤〕）。この事案では，被告人は他の共犯者と共謀の上で暴行を開始しており，これによって与えた因果的影響は小さくないと見られることから，仲間割れがあってもその因果的影響が遮断されるわけではなく，共犯関係の解消は認められるべきでないという批判もあるが（橋爪・後掲371頁），裁判例の結論を支持する見解も多い。これを支持するのであれば，事実的には因果的影響が残存していたとしても，共犯者によって一方的に犯人側から排除された点にそれ以後の共犯責任を否定する規範的意味を認めることになる（照沼・後掲284頁，塩見・後掲136頁参照）。

6 正犯性の解消

共同正犯としての処罰を基礎づける事情には，広義の共犯一般に共通する処罰根拠である因果性のほか，狭義の共犯とは異なって第1次的処罰類型としての重い評価を根拠づける正犯性がある。因果関係遮断説は前者に着目するものであり，因果関係の遮断は，共同正犯だけでなく狭義の共犯としての可罰性をも否定する。これに対して，後者に着目し，因果関係の遮断には至らなくても正犯性が解消されたといえる場合には，不可罰にはならないが，共同正犯から狭義の共犯（とりわけ幇助犯）にいわば格下げして処罰されることになる。

どのような場合に正犯性の解消が認められるかは，正犯性を基礎づける事情（正犯と共犯の区別基準）の理解如何に左右される。例えば，実行行為ないしそれに準じる重要な役割を果たしたか否かを正犯性の基準とするのであれば，離脱によって役割の重要性が否定される場合には，共同正犯から幇助犯に格下げされる（他の説明も含めて照沼・後掲284頁以下，橋爪・後掲367頁以下，成瀬・後掲141頁以下，十河・後掲393頁以下参照）。本件事案のXは，犯行の大部分をYと共同実行し，離脱も成り行きに任せてその場を立ち去ったにすぎないことからすれば，正犯基準をどのように理解しても正犯性は否定されないであろう。これに対して，例えば，強盗の着手前に他の共犯者の了承を得て離脱したが，貸し与えたナイフを回収しておらず，残余共犯者がそのナイフを用いて脅迫を行ったために物理的因果性が遮断されなかった場合には，共同正犯の成立を否定しつつ幇助犯の成立を認める可能性がある[8)]。

もっとも，裁判例では，正犯性の解消のみを認めて幇助犯を成立させるものはほとんど見当たらない[9)]。この状況をどのように理解すべきかは定かでないものの（1つの理解として小池・後掲118頁参照），理論的に幇助犯の成立可能性があることは，既に本決定の調査官解説でも言及され（原田・後掲187頁），現在では広く認められているところである。

関連判例

①最判昭24・12・17刑集3巻12号2028頁（判プラⅠ-397事件）
②福岡高判昭28・1・12高刑集6巻1号1頁（判プラⅠ-400事件）
③松江地判昭51・11・2刑月8巻11・12号495頁
④最決平21・6・30刑集63巻5号475頁（判プラⅠ-405事件）
⑤名古屋高判平14・8・29判時1831号158頁（判

8) 他に関連判例⑤の事案について正犯性の解消を認めるものとして，山口・総論380頁。

9) 裁判例の分析として，豊田兼彦「共犯からの離脱と幇助犯の成否」立命館法学375=376号（2018年）245頁参照。

プラⅠ-403事件）

演習問題

1　次の事例におけるX，Y，Zの罪責を論じなさい。（特別法違反の点を除く。）

遊び仲間のX，Y，Z（いずれも男性，20歳）は，遊興費を得るためにA（女性，75歳）が独居する住宅に強盗に入ることを計画し，A宅付近に集まった。その際，Zはバタフライナイフ（刃体の長さ12cm）を持参し，Xに手渡した。その後，Xらは，A宅の周囲を下見した上で侵入口や逃走方法を相談していたところ，Zが「強盗はさすがにまずいからやめておこう。俺は帰る。」と告げて帰ってしまった。XとYはこれを認識したが，2人でも強盗を遂行できると判断してA宅に入り，XがAにバタフライナイフを示しながら，「有り金を全部出せ。10万くらいあるだろう。」と要求した。ところが，Aが年金暮らしで貧しいことを訴えながらわずかに現金5000円を差し出すのを見たYは，憐憫の情を催し，「そんな金はいらない。」と言いながらAの手を押し戻した上で，Xに「この家はやめよう。帰るぞ。」と言ってA宅を出て行った。残されたXは，Aがまだ金を隠していると思ったものの，Aから上記5000円だけを奪って，A宅の外でYと合流した。

＊考え方

YとZの離脱時期は異なるが，離脱によって自己の与えた因果的影響が遮断されて共犯関係が解消されたか，あるいは，因果的影響は残っているとしても正犯性が解消されたかを検討すべきことに変わりはない。Yについては最判昭24・12・17（関連判例①）が，Zについては福岡高判昭28・1・12（関連判例②）が参考になる。もし共犯関係の解消が認められるとすれば，さらに，強盗未遂罪にとどまるYにつき中止犯規定の適否が，強盗予備罪にとどまるZにつきその準用の肯否が問われる。

2　次の事例は上記1の続きである。Zに対するX，Yの罪責を論じなさい。

翌日，XとYは，先に帰ってしまったZを懲らしめることとし，ZをY宅に呼び出した上で，Zの頭部や腹部にこもごも殴る蹴るの暴行を加えた。しかし，Yは，途中からXの暴行をやり過ぎではないかと感じ，ぐったりしたZに対して「大丈夫か。」と声をかけた。これを見たXは激怒し，「そういえばお前も土壇場で弱腰になったな。お前もZと同じだ。」と言いながらYの顔面を手拳で強打した結果，Yは倒れて失神した。Xは，Zを車に乗せて近くの公園に連れ出し，Zに対してさらに頭部を殴打する暴行を加えた。Zは頭部および腹部に傷害を負い，頭部の傷害が原因となって死亡したが，その致命傷を生じさせた暴行を特定することはできなかった。

＊考え方

仲間割れにより犯行から離脱させられたYにつき，同じく因果関係遮断説のもとでも共犯関係の解消を認めるべきかに見解の相違があることを踏まえつつ，傷害罪の共同正犯にとどまるのか，それとも傷害致死罪の共同正犯（または幇助犯）が成立するのかを検討する必要がある。また，共犯関係の解消を肯定するとしても，本問のように一部に共犯関係がある場合にも同時傷害の特例（刑法207条）が適用されるかがさらに問題となり，これを積極に解すれば，結局Yにも傷害致死罪が成立する（名古屋高判平14・8・29〔関連判例⑤〕。途中関与の事案に関する最決令2・9・30刑集74巻6号669頁も参照）。本章の論点からは外れるが，併せて検討しておく必要がある。

〔参考文献〕

原田國男・最判解刑事篇平成元年度175-197頁
照沼亮介「共犯からの離脱」松原芳博編『刑法の判例〔総論〕』（成文堂，2011年）268-287頁
小池信太郎「共犯関係の解消」法教469号112-119頁
橋爪隆『刑法総論の悩みどころ』（有斐閣，2020年）353-374頁
塩見淳『刑法の道しるべ』（有斐閣，2015年）125-139頁
成瀬幸典「共犯関係からの離脱について」立教法務研究7号（2014年）117-150頁
十河太朗「共謀の射程と共同正犯関係の解消」同志社法学67巻4号（2015年）369-414頁
安田拓人「共同正犯関係の解消」法教508号（2023年）91-99頁

（田中優輝）

25 共犯と身分

■ **最高裁昭和32年11月19日第三小法廷判決**
■ 昭和30年(あ)第3640号
業務上横領被告事件
■ 刑集11巻12号3073頁

〈事実の概要〉

下記の判旨で紹介する事実関係について，1審（水戸地土浦支判昭29・9・30刑集11巻12号3091頁参照）は，被告人両名（X，Y）の判示所為を刑法253条に該当するとし，原審（東京高判昭30・10・21）もこれを是認した。しかし，最高裁は判示所為について，次のように述べて判断に違法があるとして，刑を軽くする方向に破棄自判した。

〈上告審〉

■判　旨■

「原審の是認した第1審判決の認定した判示第一事実は，被告人Xは元I郡S村村長及び同村新制中学校建設工事委員会の工事委員長，同Yは元同村助役及び同工事委員会の工事副委員長として右Xを補佐していたものであるが，当時同村収入役として出納その他の会計事務を掌り，傍ら前示中学校建設委員会の委託を受け同校建設資金の寄附金の受領，保管その他の会計事務を管掌していたZと共謀の上，同人が昭和24年4月10日頃から同年10月11日頃までの間I郡S村A外190余名から学校建設資金として前記工事委員会又はS村に対する寄附金として合計金231,550円を受け取りこれを業務上保管中，該金員中から合計金81,647円を別表記載の如く昭和24年7月23日頃から同年12月頃までの間ほしいままにI郡S村O方外1個所において，同人外1名から酒食等を買い入れてこれが代金として支払い，もってこれを費消横領したというのであり，挙示の証拠によると，右Zのみが昭和24年4月10日頃より同年8月30日までの間右中学校建設委員会の委託を受け同委員会のため，昭和24年8月31日より同年12月頃までの間S村の収入役として同村のため右中学校建設資金の寄附金の受領，保管その他の会計事務に従事していたものであって，被告人両名はかかる業務に従事していたことは認められないから，刑法65条1項により同法253条に該当する業務上横領罪の共同正犯として論ずべきものである。しかし，同法253条は横領罪の犯人が業務上物を占有する場合において，とくに重い刑を科することを規定したものであるから，業務上物の占有者たる身分のない被告人両名に対しては同法65条2項により同法252条1項の通常の横領罪の刑を科すべきものである。しかるに，第1審判決は被告人両名の判示第一の所為を単に同法253条に問擬しただけで，何等同法60条，65条1項，2項，252条1項を適用しなかったのは違法であり，この違法は原判決を破棄しなければ著しく正義に反するものと認められる（なお，原判決は，所論判例違反の点につき何ら判示をしていないこと判文上明らかであるから，論旨援用の判例と相反する判断をしたものということはできない。）。」

■■■■ 解　説 ■■■■

1 「共犯と身分」という論点の特徴

「共犯と身分」は，刑法65条という条文の形式的な解釈（刑法学も実定法学である以上，条文の文言は基本的に重要な意味を持つ）と，実質的な解釈（刑法総論は体系性を重んじるところ，ときに，体系的に得られた法理を条文の文言解釈として採用可能か否かが問題になる）の対立をもっとも鮮明に映し出す論点の1つである。この論点においては，共犯論における大きな考え方である，違法の連帯性，責任の個別性を共犯と身分の文脈でも徹底させる形で条文を（場合によって規定じたいの文言からは導けなさそうな程度にまで）実質的に「解釈」するのか（ただし，非身分者はそもそも行為規範の名宛人ではないがゆえに，同人の行為には行為規範違反性がないので，共犯固有の違法がないことになり，違法の連帯性によって，非身分者の違法を説明するのは難しい，という指摘もある（高橋・総論536頁）），規定文言をそのまま形式的に適用するのかが，大きな対立軸となる。一見相矛盾するともいわれる連帯作用を規定する1項と個別作用を規定する2項の使い方を，判例の議論を中心に追っていきたい。

なお，本判決は，共同正犯の場合に刑法65条の規定の適用があることを前提として議論を進めている。刑法65条は教唆・幇助（狭義の共犯）にしか適用されず，共同正犯には適用されない，という考え方もある。共同正犯も正犯であるから，単独正犯と同じだとすると，（当該犯罪の実行ができない等の理由で）身分がない者に身分犯の成立は認められないという理屈である。しかし，実務においては，同条は共同正犯，教唆・幇助の全ての共犯類型（広義の共犯）に適用される。共同正犯は正犯であるが，同時に共犯でもあることを根拠に共同正犯への適用を正当化できよう（山口・総論351頁）。以下では学習の便宜のため，必要に応じて，狭義の共犯（教唆・幇助）の場合についても述べていく。

2 刑法65条の要件論

(1) 刑法65条における身分の意義

まず，刑法65条の適用の前提になる「身分」とは，構成要件要素たる主体に対して一定の限定がかけられている場合のその限定要素のことである。ここでいう身分とは，必ずしも国語辞典的な意味に捉えられるわけではなく，判例によれば，「男女の性別，内外国人の別，親族の関係，公務員たるの資格のような関係のみに限らず，総て一定の犯罪行為に関する犯人の人的関係である特殊の地位又は状態」のことである（最判昭27・9・19刑集6巻8号1083頁等）。文言解釈として無理があるので，身分という文言の代わりに「一身的な事由」の語を使えるかもしれない，という立法論もある（平場安治＝平野龍一『刑法改正の研究1概論・総則』231頁〔東京大学出版会，1972年〕〔内藤謙〕）。

目的等の行為者の主観も，（身分という文言から継続性を要求する見解もあるが）その継続性を問わず，身分に含まれる，と解されている（継続性を要求する学説に例えば高橋則夫「共犯と身分」阿部純二ほか編『刑法基本講座 第4巻―未遂，共犯，罪数論』〔法学書院，2010年〕163頁，172頁）。営利目的誘拐罪の営利の目的についてそもそも刑法65条の身分ではないとする判例（大判大14・1・28刑集4巻14頁）があったが，当該判例は，最判昭42・3・7（関連判例③）（ただし別罪）によって変更されたと評価されている（前掲高橋則夫「共犯と身分」165頁）。

条文上の主体の表記が身分にあたるか否かは，刑法各論にいう各刑罰規定の解釈による。大きな問題として，事後強盗罪における「窃盗」を身分と捉えるべきか否かについては，肯定説と（事後強盗罪を結合犯と捉える）否定説がある。

(2) 刑法65条1項と2項の区別

刑法65条は，1項において構成的身分犯について，2項において加減的身分犯について，定めている，と読める。ここで，その身分に該当することで初めて犯罪を構成するような身分を構成的身分と，その身分がなくても犯罪が成立するような身分を加減的身分と理解できる。

論理的には，ある犯罪について，身分の要件を取り除いたその他の構成要件要素全てに該当する場合を仮定し，別の犯罪が成立するのであれば加減的身分であり，別の犯罪が成立しないのであれば構成的身分だということになる。この論理則は条文内容にのみ基づいており，機械的に結論を導けるから，解釈コストは低い。

一方で，なぜ，条文内容にのみ基づく形式論理により，身分の連帯 / 個別作用を決定できるのか，と批判される。例えば，同じ「保護責任者」という身分について，遺棄を教唆した場合には，単純遺棄罪が存在するから加減的身分である，として刑法 65 条 2 項により単純遺棄罪の教唆が，不保護を教唆した場合には，単純不保護罪は存在しないから構成的身分であるとして刑法 65 条 1 項により保護責任者不保護罪の教唆が成立する，とするのであれば，実質的に同程度の当罰性を有する共犯の関与行為を別異に取り扱うことになり，不都合である（十河太朗『身分犯の共犯』〔成文堂，2009 年〕17 頁)。批判説からすれば，実質的な理由付けに基づいた身分の法的性質論により連帯 / 個別作用の振分けを決定すべきだということになる。

身分の法的性質を重視する上記の批判説の立場からは，行為の法益侵害性を基礎付け，または加重する違法身分と，責任要素に過ぎない責任身分とを分けた上で，前者を刑法 65 条 1 項の身分とし，後者を 65 条 2 項の身分とする考え方が主張される。ある身分が違法身分なのか責任身分なのかは，個別の規定の解釈の結果として決まる。例えば，被拐取者が未成年である場合の営利目的拐取罪（刑法 225 条）と未成年者拐取罪（刑法 224 条）の関係を考えると，この場合の「営利の目的」は加減的身分である。もっとも，これは刑法 65 条 1 項の適用を受けるべき違法身分だとされる。なぜなら，被拐取者の自由という法益侵害の拡大の可能性に影響を与えるからである（西田・後掲 172 頁)。

論理的には構成的身分≠違法身分であって加減的身分≠責任身分であるから，解釈適用上の帰結も異なり得る。つまり，概念の相対性を視覚化しようとすれば，右上のマトリックスを作成可能である。それぞれのマトリックスにどんな身分が入るかは，各自で文献を見ながら埋めていってほしい。もっとも，どのマトリックスに入れればよいかがわからなくなる場合もある。それは，学説上，どちらに該当するかわからない等として批判されている身分かもしれないので，大きな論点になり得る。

	構成的身分	加減的身分
違法身分	構成的違法身分	加減的違法身分
責任身分	構成的責任身分	加減的責任身分

ここで，構成的身分 / 加減的身分は，元来条文に忠実であり，違法身分 / 責任身分は必ずしもそうではない。つまり，構成的違法身分および加減的違法身分に刑法 65 条 1 項を，構成的責任身分および加減的責任身分に刑法 65 条 2 項を適用しようとすると，（ア）構成的責任身分の個別化（非身分者＝犯罪不成立)，（イ）加減的違法身分の連帯という条文の文言との乖離が生じると批判される（高橋・総論 535 頁)。

（ア）について，構成的責任身分とは，責任要素であるが，その要素を取り払うと犯罪が成立しなくなるような身分のことをいう。暴力行為等処罰法 2 条 2 項の常習者がこれにあたるとされる。この場合，構成的身分 / 加減的身分の形式的区別に基づけば，刑法 65 条 1 項が適用されることになり犯罪が成立することになるが，違法身分 / 責任身分の実質的区別に基づくと，（刑法 65 条 2 項が準用されることになるに過ぎず,）刑法 65 条 1 項を適用できないから，非身分者は不可罰という帰結になる。

（イ）について，加減的違法身分に被告人に不利益な形で刑法 65 条 1 項を適用するのは国民の予測可能性を害するので，罪刑法定主義の制約から刑法 65 条 2 項を適用すべきだとする考え方がある（松原・総論 472 頁)。この考え方によると，被告人に不利な方向への作用については，形式的な区別（構成的身分 / 加減的身分）が優先することになる。

もっとも，違法身分 / 責任身分振分け説において，構成的身分＝違法身分，加減的身分＝責任身分と理解（解釈）できるのであれば（山口・総論 347 頁等)，実質的な振分けと条文の文言とが整合することになる。この場合，上記のマトリックスのうち，構成的責任身分と加減的違法身分のところが空集合になる。

3 刑法 65 条の効果論

刑法 65 条 1 項と 2 項は条文の述部が異なる。1 項は「身分のない者であっても，共犯とする」

と，2項は「身分のない者には通常の刑を科する」と規定する。1項は犯罪の成否を決めた規定であり，2項は科刑の調整規定だと考えることは，文理解釈としては成立する（井田・総論567-568頁）。学説上，1項を構成要件段階における共犯の成立の問題とし，2項を共犯の成否ではなく法定刑の加重・減軽の問題だとする考え方もある（十河・前掲252頁以下，356頁以下）。なお，1項の構成的身分の場合における非身分者についても非難の程度はどうしても変わり得ると考えると（川端博・大コンメ⑸〔第3版〕788-789頁），1項に科刑の調整規定が置かれていないことを不合理と解する余地もある。この立論は，例えば改正刑法草案31条のように，構成的身分を定める同条1項に裁量的減軽を認める規定を新設する立法論につながる。

⑴ 従属性と刑法65条2項

刑法65条2項を共犯の従属性とは独立に捉えるのであれば，賭博罪の正犯の賭博行為に対して常習者がこれを教唆・幇助した場合，常習賭博罪の幇助が肯定されることになる。教唆行為や幇助行為の常習性の発露が問題となっているのではなく，行為者の常習性が，教唆・幇助を介して発現しているとしてこの帰結が説明される（西田典之『共犯理論の展開』〔成文堂，2010年〕384-385頁）。責任の個別性に着目していることを断言するわけではないが，判例も同様の帰結を採る（大連判大3・5・18〔関連判例②〕参照）。この考え方は，刑法65条2項の適用の文脈において，共犯の従属性原理を緩和ないし一部否定するものであるが，これに対しては，それが可能な理由が明らかでないという批判がなされている。（罪名）従属性を堅持すべきだとする批判説からは，狭義の共犯については，その者が常習者であったとしても，単純賭博罪の狭義の共犯の成立が認められるにとどまることになる。

なお，共同正犯の場合には共犯の従属性の議論自体が妥当しないので，常習者には常習賭博罪の，非常習者には賭博罪の共同正犯が成立すると解することができる。

本判決の事案も共同正犯であったから，従属性の議論を意識する必要は大きくない。

⑵ 刑法65条1項と2項の使い方

次に問題となるのが刑法65条1項と2項の使い方である。本判決は，刑法65条1項により業務上横領罪を「成立」させつつ，刑法65条2項により単純横領罪の「刑を科す」とする。

本判決の論理を一般化すれば，共同正犯か教唆・幇助かを問わず，身分なき共犯が，身分者の所為に加功した場合，身分者なき共犯について，刑法65条1項により共犯の規定（刑法60条，61条，または62条1項），身分ある者の犯罪（通常，重い犯罪）の規定を適用し，当該犯罪が成立するとしつつ，刑法65条2項により，共犯の規定，身分なき者でも成立する犯罪（通常，軽い犯罪）の規定を適用して，当該犯罪の限度で科刑する，という判断をすることになる。身分なき共犯に対して，刑法65条1項も2項も適用される点，および「刑法65条2項により，○条の刑を科す」という判断をする点が重要である。業務上横領罪についての本判決はこの点について目新しい判断をしたものではなく，同様の判断をした判例が既にある（大判昭15・3・1刑集19巻63頁等）。類似の適用法を採用する判例に例えば，不正融資に借り手側が加功するケースについて，借り手側の罪責を論じるにあたり，取締役等の特別背任罪の共同正犯（刑法65条1項，60条，特別背任罪（現行の会社法960条1項）の規定）に該当するとした上で，身分なき借り手について，刑法65条2項，刑法247条により背任罪の刑を科すとした判断を是認している判例（最判平20・5・19刑集62巻6号1623頁）がある。学説上も刑法65条各項の法律効果を意識しつつ，1項は構成的身分，加減的身分を通じて共犯の成立の問題を，2項は加減的身分について科刑の問題を定めたものとする説（団藤・総論418頁）があり，この説からすれば，この判例の処理は妥当なものになろう。

一方で，別の条文適用方法を採用する判例もある。刑法65条2項の規定により，営利の目的を持つ者に対しては麻薬取締法64条2項の刑を科すべきものとする最判昭42・3・7（関連判例③）がそれである（刑法65条2項は，非身分者に対する法律効果のみを規定しているようにも読めるが，同項の効果として，身分のある者についてその身分に応じた刑を科すことまでも含むものと解することが前提）。この判例は，「被告人の所為（ただし，被告人に営利の目的があったとの部分を除く。）は，麻薬取締法64条1項，12条1項，刑法60条に該当する」と述べており，営利の目的をもたない者に対して，麻薬取締法64条1項の罪の「成立」を認めているように読めるから，本判決と処理が異なる。

本判決と同様に考えるのであれば，身分者に対して，刑法65条1項により麻薬取締法64条2項の罪が成立するとして，刑法65条2項により麻薬取締法64条1項の罪で科刑すべきことになるだろうし，昭和42年判例に沿って本判決の事案を考えると，被告人らには刑法65条1項により単純横領罪の共同正犯が成立し，刑法65条2項により業務上横領罪の刑を科すべきだともいえそうである（坂本武志・最判解刑事篇昭和42年度48頁，52頁）。このように，判例の条文処理は一枚岩だともいえないところ，本判決の事案で昭和42年判例と異なった処理が行われた理由としては，複雑な処理を嫌ったのではないか，という指摘がなされている（坂本・前掲52頁）。

以上に対し，科刑は犯罪が成立する限度で正当化される，という観点から罪名（犯罪の成立）と科刑を分離させること自体への批判がある（山口・各論314-315頁等）。本判決の事例でいえば，最高刑を5年とする「業務上」横領罪は存在しない，という批判だともいえよう。分離を認めるか否かで公訴時効や親告罪性について差異が生じ得，擬律が不安定になる（柏木千秋「共犯と身分」第1期法教1号48頁，49頁等）と考えると，この批判には理由がある。例えば，業務上の占有者には刑法253条の罪が成立し，単なる占有者または非占有者には刑法65条2項により刑法252条の罪が成立するという構成も提案されている（前田雅英「共犯と身分」芝原邦爾ほか編著『刑法理論の現代的展開―総論II』245頁，257頁〔日本評論社，1990年〕。ただし，後述するように，単なる占有者の加功と非占有者の加功は分けて論じられていることに注意）。それでも，本件と同様の事案において公訴時効について実際に法適用上の争いが生じたのであるが，最判令4・6・9（裁判所ウェブサイト〔関連判例⑤〕）は，業務上占有者としての身分のない非占有者である被告人には刑法65条2項により同法252条1項の横領罪の刑を科するという，本判例の法適用と同じ判断を堅持しつつ，公訴時効制度の趣旨等に照らすと，被告人に対する公訴時効の期間は，単純横領罪の法定刑である5年以下の懲役について定められた5年（刑訴法250条2項5号）であると解すべきだとした。

4　業務上横領罪の各論的な解釈

翻って本件の解決を考える。違法身分／責任身分の実質的振分説からすれば，各論の規定の個別解釈を経て，身分に該当する構成要件要素が違法身分なのか責任身分なのかを考えることになる。ここで重要になるのが刑法252条から刑法254条に規定されている横領三罪の性質決定である。具体化すれば，「業務上」の「占有（委託に基づく占有）」者について，「業務上」と「占有」者の2つの身分が存在しており，これらをどう捉えるかが問題となる。

古い判例は，刑法65条1項につき「業務上ノ占有者タル身分ヲ以テ犯罪ノ特別構成要件ト爲セル刑法第253條ノ罪ヲ實行シタル……」と，刑法65条2項につき「業務上ノ占有者タル身分ニ依リ特ニ刑ノ加重ヲ來ス場合ナルヲ以テ其身分ナキ被告ニハ普通ノ横領罪タル刑法第252條ノ刑ヲ科スヘキ……」としており，「業務」と「占有」とを区別して分析的に検討してはいなかった（大判明44・3・16〔関連判例①〕）。

ただし，前掲最判昭27・9・19が，物の占有者が刑法65条1項の身分にあたらないという主張に対し，「刑法252条においては，横領罪の目的物に対する犯人の関係が占有という特殊の状態にあること，即ち犯人が物の占有者である特殊の地位にあることが犯罪の条件をなすものであって，刑法65条にいわゆる身分に該る」と応えたので，判例の規範をより具体化できそうである。

すなわち，判例は①委託に基づく占有者であることについて構成的身分，②「業務上の」占有者であることについて加減的身分と解しているといえる。

これを前提に，2つの事案を分けて考える。1つ目は占有者が業務上占有者に加功する場合（占有者加功事例）であり，2つ目が，非占有者が業務上占有者に加功している場合（今回の検討対象である非占有者加功事例）である。

占有者加功事例においては，業務上占有者には刑法253条を適用して業務上横領罪を成立させた上で，②の理解を用いて，占有者には65条2項，刑法252条1項を適用して単純横領罪を成立させればよい（前掲最判令4・6・9〔山口厚裁判官補足意見〕）。

一方で，非占有者加功事例の場合，もし業務上占有者を構成的身分犯だと理解すると（大判昭15・3・1は，業務上横領罪を業務上の占有者という身分によって構成される犯罪類型だとする。ただし，この判例も，65条2項について本判例と同じ処理を行う），①を超えて，業務上占有者であることについて65条1項を適用すべきことになる。ただ，ここで，65条1項のみを適用すると，占有者加功事例では単純横領罪が，非占有者加功事例では業務上横領罪が関与者に成立することになるが，それは不均衡だと指摘される（内田・後掲191頁）。

それゆえ，本判例も含む判例は65条2項を使って単純横領罪の科刑にとどめるとしてきたわけである。ここで，減じる対象がなぜ単純横領罪なのであり，遺失物等横領罪ではないのかが問題となる。つまり，①の点については，委託に基づく占有者でなくとも，占有離脱物横領罪が成立し得る以上，形式論理的に①について構成的身分と断言できず，加減的身分といっても間違いではないことになってしまうから，実質的な理由付けが必要になると批判される（山口・総論344頁）。確かに，単純横領罪の背信的性格を強調して，同罪と遺失物等横領罪との間には罪質に差があるとして物の受託者を構成的身分と捉えることが可能かもしれないが（松宮・各論279頁），形式論理を突き詰める限り，「委託に基づく占有者」につき，構成的違法身分なのか加減的違法身分なのかを断言できない。もっとも，単純横領罪と占有離脱物等横領罪の性質の差異（法定刑の差分の理由といってもよい）を考えるとき，それは委託関係という（違法性に直結する）法益の侵害の有無にあるといえる。違法身分/責任身分に基づいて1項2項を振り分ける説だと，委託に基づく占有者を刑法65条1項にいう違法身分であると把握しやすくなる。そして，業務者についてそのことを理由に重い責任非難が基礎付けられていると解することができれば，業務者は責任身分である。そうすると，業務上占有者と非占有者の双方を刑法65条1項により単純横領罪の共犯とした上で，業務上占有者について刑法65条2項（の反対解釈〔小林憲太郎・注釈第1巻966頁〕）により業務上横領罪の成立を認めることになる（西田・後掲174頁，井田・総論571頁等。参考図参照）。しかし，業務者についても違法身分と評価する説もある（小林憲太郎『重要判例集 刑法総論〔第2版〕』〔新世社，2022年〕200頁）。この場合には，非占有者に対して刑法65条1項を適用して業務上横領罪が成立するだけにとどまるという構成になる（町野・総論409頁）。法益侵害の激化を生じやすいことを理由にできるなら，多くの身分が違法（増加）身分になりかねず，違法身分と責任身分の分水嶺が不明確になるかもしれない。この部分については身分を解釈する基準の具体化が要求される。

以上のように，業務上横領行為に非身分者として加功する者の罪責を論じるにあたっては，遺失物等横領罪の存在により，構成的身分/加減的身分の形式的振分論では一義的な結論を得られないがゆえに，違法身分/責任身分の実質的振分説のエッセンスも借りながら論じていくのがよい。条文適用方法については，罪名と科刑の分離という内在的な問題を孕んではいるものの，まずは，業務上横領罪についての判例による条文の使い方（非身分者にも刑法65条1項により業務上横領罪が成立するが，刑法65条2項により単純横領罪の限度で科刑されること）を知っておくべきである。

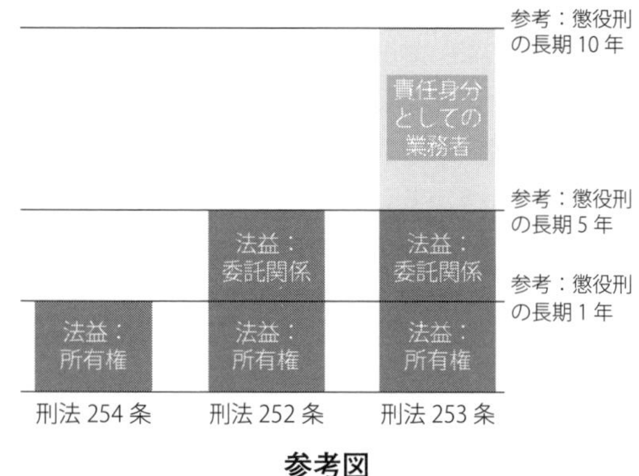

参考図

関連判例

①大判明44・3・16刑録17輯405頁
②大連判大3・5・18刑録20輯932頁（判プラⅠ-416事件）
③最判昭42・3・7刑集21巻2号417頁（判プラⅠ-420事件）
④最判昭32・11・19刑集11巻12号3073頁（判プラⅠ-419事件）（本判決）
⑤最判令4・6・9裁判所ウェブサイト

演習問題

次の事案における甲，乙の罪責を論じなさい。大判大15・4・20（刑集5巻136頁）の事案との異同に気をつけつつ考えなさい。

寺院Aは先の大震災によって倒壊し，破損した仏像を所有している。Aの代表役員である住職甲は常日頃から，この仏像をなんとかして修復したいと考えていた。しかし，Aの財政状況は悪く，檀家たちから寄付を募ったものの，依頼を断られたり，微々たる資金しか得られなかったりしたことから，修復計画は頓挫しそうになっていた。檀家の中には，「仏像を修復するのに勝手にお寺のお金を使わないでくださいよ」，「修復するか否かは檀家たちで決めることなんですからね」などと釘を刺してくる者もいた。甲は，檀家総代（檀家の代表者）であるBからも「もしお寺の資産やお金を使う場合には事前に相談して下さい」と言われていた。

一方で，檀家の中には，Aの窮状を知っている者もいた。乙もその一人であった。乙は，しばしばAについての物資の調達の相談に乗るなどしていた檀家であり，Aの財産を預かっていたわけではなかった。そのような中，乙は，Cから，A所有の日本絵画αを500万円で購入したい，という申出を受けた。これを聞いて乙は，甲に上記の旨を伝えた。仏像の修復には100万円かかることが見込まれていたので，甲はこれで仏像を修復することができる，と考えた。しかし，乙を除く檀家たちはAゆかりの絵画αを売却することについては反対するだろうと考えたので，檀家たちには黙っていることにした。そして，甲としてもAのためにというよりはむしろ，αを手放してしまい，現金を自分のものにしたほうがよいと考えた。乙も，檀家たちが反対するだろうことは知っていたが，これを意にかけることなく，甲に成功報酬として30万円を要求し，その承諾を取り付けた。

甲は，1週間後に乙の紹介でCと会い，αを500万円でCに売却する売買契約を，Aを代表して，Cとの間で締結し，この契約に基づき，引渡しを終えた。

＊考え方
既に述べたとおり，判例の条文適用法は，犯罪類型によって一様ではない。それゆえ，ひとまず，ある者の業務上横領に該当する行為に対して非身分者が加功するという，本判例と同じ，しばしば発生する事案の起案をできるようになることが求められる。

〔参考文献〕
西田典之『新版 共犯と身分』（成文堂，2003年）
吉川由己夫・最判解刑事篇昭和32年度579頁
内田幸隆・百選Ⅰ〔第8版〕190頁

（西貝吉晃）

26 不作為による作為犯への関与

■ **札幌高裁平成 12 年 3 月 16 日判決**

■ 平成 11 年(う)第 59 号
傷害致死(変更後の訴因傷害致死幇助)被告事件

■ 高刑速(平 12)号 227 頁，判時 1711 号 170 頁

〈事実の概要〉

X（被告人）は，平成 9 年 6 月ころ，先に協議離婚したAと再び同棲を開始するに際し，当時自己が親権者となっていた，元夫Bとの間にもうけた長男Cおよび二男D（当時 3 歳）を連れてAと内縁関係に入った。その後，AはXに暴行したり，Dらに，平手や手拳で顔面や頭部を殴打するなどの激しいせっかんを繰り返したりするようになった。

平成 9 年 11 月 20 日，AとX（Aとの間の第二子を妊娠中）がAの友人宅に向かう際に，AはDらに留守番をさせて，Dには立っているよう命じ，CにはDを見張っているよう命じた。Aらが帰宅したとき，子供部屋のおもちゃが移動していたことから，Aが，Cに誰が散らかしたのかと尋ねたところ，CがDと答えたことから，Aは隣の寝室で立っていたDのほうに向かった。

Aは寝室でのDとのやりとりの中で苛立ちを募らせて，Dの顔面や頭部を多数回にわたり殴打し，転倒させるなどの暴行を加え，よって，Dに傷害を負わせ，死亡させた。

Xは上記暴行の際，AとCとのやりとりを聞き，AがDにいつものようなせっかんを加えるかも知れないと思ったが，これに対しては何もせず，数メートル離れた場所で，Aの行動に対しては無関心を装っていた。また，Xは，Aが寝室でDを大きな声で問い詰めるのを聞くとともに，頬を叩くようなぱしっという音を 2，3 回聞いて，やはりいつものせっかんが始まったと思ったものの，これに対しても何もせず，Aの行動に無関心を装っていたが，これまでにないDの悲鳴を聞き，慌てて寝室に行ったところ，既にDは身動きしない状態になっており，その後Dは死亡した。

以上の事実関係に基づき，XがAの犯罪を阻止しなかったことについて，不作為による傷害致死幇助罪の成否が問題となったのが本件である。

原審（釧路地判平 11・2・12 判時 1675 号 148 頁）は，さらなる事実として，Xがもはや Aに愛情を抱いておらず，しかし，酷い暴行を受けることを恐れて，Aのもとから逃げ出せずにいたことや，Aに逆らえば，酷い暴行を受けるのではないかと恐ろしかった上，Aが逆上してCやDに更に酷いせっかんを加えるのではないかと思い，日頃からCやDを助けることができなかったことなどを認定した。

その上で，一般論として「不作為による幇助犯が成立するためには，他人による犯罪の実行を阻止すべき作為義務を有する者が，犯罪の実行をほぼ確実に阻止し得たにもかかわらず，これを放置しており，要求される作為義務の程度及び要求される行為を行うことの容易性等の観点からみて，その不作為を作為による幇助と同視し得ることが必要と解すべきである」と述べて，本件においては次のように評価した。

まず，❶作為義務の有無および程度については，㋐Xは，Dの唯一の親権者であったこと，㋑Dは極度のるい痩状態にあったこと，㋒AがCやDに対して毎日のように激しいせっかんを繰り返していたこと，㋓Xは，本件せっかんの直前，AがDに暴行を加えるかもしれないこ

とを認識していたこと，㋔Ａが本件せっかんに及ぼうとした際，それを阻止しうる者はＸ以外存在しなかったことを挙げて，作為義務を肯定した。他方で，Ｘは，Ａに酷い暴行を受けることを恐れ，Ａのもとから逃げ出せずにいたことから，その作為義務の程度は極めて強度とまではいえないとした。

その上で，❷Ｘに具体的に要求される作為義務の内容については，「罪刑法定主義の見地から不真正不作為犯自体の拡がりに絞りを掛ける必要がある上，不真正不作為犯を更に拡張する幇助犯の成立には特に慎重な絞りが必要であることにかんがみると，Ａの暴行を阻止すべき作為義務を有するＸに具体的に要求される作為の内容としては，Ａの暴行をほぼ確実に阻止し得た行為，すなわち結果阻止との因果性の認められる行為を想定するのが相当」であるとして，ⓐＡの暴行を実力をもって阻止する行為だけを挙げた。

なお，作為義務の内容として検察官が挙げたⓑＡとＤの側に寄ってＡがＤに暴行を加えないように監視する行為，ⓒＡの暴行を言葉で制止する行為については，いずれもＡの暴行をほぼ確実に阻止し得たといえないとして，Ｘに要求される作為から除外している。

そして，❷′作為の可能（容易）性については，ＸがＡから激しい暴行を受けて負傷していた相当の可能性があったこと，場合によっては胎児の健康にまで影響の及んだ可能性もあったことから，ⓐを行うことは著しく困難な状況にあったとして，否定した。

以上のことから，釧路地裁は，Ｘの不作為を作為による傷害致死幇助罪と同視できないとして，幇助犯の成立を否定している。これに対して，検察官が控訴したのが本判決である。

〈控訴審〉

判　旨

破棄自判（確定）。

札幌高裁は，原審の認定とは異なり，Ｘは自らの意思でＡのもとを出て行かなかったこと，ＡがＤらに激しいせっかんをしているのを見ても，これを制止せず，かえってＡのせっかんに加担するような態度をとっていたことなどを認定し，Ｘが本件でＡの暴行を制止しなかったのは，当時なおＡに愛情を抱いており，Ａへの肉体的執着もあり，かつ，Ａとの間の第二子を懐妊していることもあって，Ｄらの母親であるという立場よりもＡとの内縁関係を優先させ，ＡのＤに対する暴行に目をつぶっていたものであると判断した。

その上で，一般論として，「原判決が掲げる『犯罪の実行をほぼ確実に阻止し得たにもかかわらず，これを放置した』という要件は，不作為による幇助犯の成立には不必要というべきである」とし，「不作為による幇助犯は，正犯者の犯罪を防止しなければならない作為義務のある者が，一定の作為によって正犯者の犯罪を防止することが可能であるのに，そのことを認識しながら，右一定の作為をせず，これによって正犯者の犯罪の実行を容易にした場合に成立し，以上が作為による幇助犯の場合と同視できることが必要」であると述べて，本件においては，次のように評価した。

まず，❶作為義務の有無および程度については，原審の挙げた㋐〜㋔の事情に加えて，㋕Ｘは，Ａの短気な性格や暴力的な行動傾向を熟知しながら，Ａとの同棲期間中常にＤらを連れ，Ａの下に置いていたことを挙げて，作為義務を肯定した。また，上記㋐〜㋕の作為義務を基礎付ける諸事実に鑑みると，上記作為義務の程度は極めて強度であったと評価した。

さらに，❷Ｘに具体的に要求される作為の内容については，原審の挙げたⓐに加えて，ⓑおよびⓒも挙げて，❷′作為の可能性もそれぞれ肯定した上で，「Ｘが，本件の具体的状況に応じ，以上の監視ないし制止行為を比較的容易なものから段階的に行い，あるいは，複合して行うなどしてＡのＤに対する暴行を阻止することは可能であった」と述べ，❸Ｘの不作為の結果，ＡのＤに対する暴行が容易になったことは疑いがないとした。

以上のことから，札幌高裁は，ＸにＡの傷害致死罪に対する幇助犯の成立を認めた。

解　説

1　不作為による関与

本判決は，Xと内縁関係にあったAが，Xの3歳の息子Dに対して暴行を加え，よって死亡させた（傷害致死）際に，XがAの暴行を阻止せず，Dを保護しなかった行為につき，不作為による幇助犯（刑法62条1項）の成立を認めた事案である。

(1)　議論の前提

他人の故意作為犯が存在する場合，それに関与する形態としては，まず共謀共同正犯が考えられる。

例えば，大阪高判平13・6・21（関連判例②）は，母親が殺意をもって1歳の娘をこたつの天板に叩きつけ，よって死亡させた事案において，「止めへんかったらどうなっても知らんから。」と申し向けられ，母親の殺害の意図を認識したにもかかわらず，黙ったまま顔を背けた夫について，母親との共謀を認め，殺人罪の共同正犯の成立を肯定している。

この事案においては，夫が，制止して欲しいという母親の気持ちを知りながら自ら殺意をもって母親の行為を止めなかったこと（積極的な結果の受け入れ），および顔を背けたことが最終的に母親の犯行の引き金になったこと（実行行為への強い影響）などが，共謀を肯定する要素となっている[1]（広島高判平17・4・19高刑速（平17）号312頁も参照）。

共謀共同正犯の場合には，犯罪を阻止しなかった者の作為義務を検討する必要がない。なぜなら，共同正犯の「一部実行の全部責任」の原則により，犯罪を阻止しなかったことではなく，当該犯罪行為について重要な役割を果たしたこと（作為）が，刑事責任を負う根拠となるからである〔本書第20章を参照〕。

(2)　不作為による関与——正犯か共犯か

故意作為犯の共謀共同正犯が認められない場合，当該犯罪を阻止しなかった者については不作為犯の成立が問題となりうる。もちろん，あらゆる犯罪の不阻止が不作為犯として処罰の対象になるわけではない。作為義務があるにもかかわらず，その義務に反して犯罪を阻止しなかった場合のみが対象となる（→解説2）。

ここでまず検討すべきは，このような不作為が正犯として評価されるか，幇助犯として評価されるかである[2]。

学説上は，①原則として正犯とする見解（井田・総論548頁）や②原則として幇助犯とする見解（橋本・後掲149頁，安達・後掲173頁，佐伯仁志『刑法総論の考え方・楽しみ方』〔有斐閣，2013年〕432頁など）がある。①説は，同じ保障人的地位にある者の不作為であるのに，自然現象や被害者自身の行為により結果発生の危険が生じた場合には正犯，第三者の犯罪行為から同様の危険が生じた場合には共犯と区別することに理由がないとの理解に基づくものであり，②説は，第三者の故意作為犯が存在する場合には，結果を直接的に惹起した作為行為者が第一次的な責任を負うとの理解に基づくものである。さらに，③正犯が成立する場合と共犯が成立する場合とを区別する見解もある。③については，作為義務の違い（法益に対する保護的保障義務か，危険源の管理・監督的保障義務か）によって区別する見解（中義勝「不作為による共犯」刑雑27巻4号〔1987年〕783頁以下）や，作為がどの程度結果の発生を困難にしたかによって区別する見解（西田・総論390頁）などがある。

判例は一般的に②に立つとされており（安達・後掲172頁），例えば，最判昭29・3・2（集刑93号59頁）は，劇場責任者たる被告人が，同劇場での演技者のわいせつな演技を目撃しながら，微温的な警告を発するに止め，公演を継続させた行為に公然わいせつ罪の幇助犯を認めている（それ以外にも，大判昭3・3・9刑集7巻172頁，高松高判昭40・1・12下刑集7巻1号1頁などがある）[3]。本判決もAの傷害致死罪に対する幇助犯の成否が争われた点で，このよう

---

1)　ただし，当該判決の被告人は夫ではなく，母親であったことに注意が必要である。

2)　なお，不作為の教唆犯というのは，教唆の性質上考えることは難しい。

な判例の傾向と一致しているといえよう。

2 不作為による幇助の成立要件

次に問題になるのは，犯罪の不阻止について，どの範囲で幇助犯が成立するかである。

幇助犯は処罰拡張事由であり，幇助行為として多様なものが考えられる上に，不作為による幇助はそれをさらに不真正不作為犯の方向に拡張するものであるから，裁判例においても，「その成立の根拠となる法的作為義務の認定は特に慎重でなければなら〔ない〕」と理解されるところである（大阪高判平 2・1・23 高刑集 43 巻 1 号 1 頁）。

本判決の原審が，「不作為による幇助犯が成立するためには，他人による犯罪の実行を阻止すべき作為義務を有する者が，犯罪の実行をほぼ確実に阻止し得たにもかかわらず，これを放置し」たことが必要であると判示したのは，この特性を踏まえたものといえよう。

しかし，原審の限定方法には根拠がない。なぜなら，本来的に従犯である幇助犯は結果との因果関係を要求されるものではなく，心理的または物理的に犯罪を促進するもので十分だからである。そうすると，不作為による幇助においても，犯罪の実行をほぼ確実に阻止し得たことまでは要求できない（橋本・後掲 149 頁，高橋・後掲 102 頁）。本判決も，原審のこのような考えを否定し，「不作為による幇助犯は，正犯者の犯罪を防止しなければならない作為義務のある者が，一定の作為によって正犯者の犯罪を防止することが可能であるのに，そのことを認識しながら，右一定の作為をせず，これによって正犯者の犯罪の実行を容易にした場合に成立し，以上が作為による幇助犯の場合と同視できることが必要」と判示している。

本判決によれば，不作為による幇助の客観的な成立要件は，❶作為義務があること，❷一定の作為による犯罪防止の可能性があること，❸当該不作為により犯罪を容易にしたこと[4)]である[5)]。これらの要件の中には，不作為による幇助の成立範囲を特別に限定するための要素は含まれていない。この傾向は，他の多くの裁判例においても同様であり（関連判例③～⑤も参照），不作為による幇助の処罰範囲を限定すべきとの要請は，作為義務の認定を慎重に行うという形で実質的に行われているに過ぎないといえよう（横浜地判平 23・9・22〔関連判例④〕を参照）。

3 不作為による幇助における作為義務（❶）

(1) 作為義務の発生根拠

本判決が挙げた❶❷の要件はいずれも満たされなければ，実際に人に作為義務を課すことはできない。❷犯罪防止の可能性のない作為（→解説 5）を，刑法的に義務付けることは無意味だからである。そうすると，❶作為義務というのは，実際に人に課される作為義務のことではなく，そもそも作為義務が問題になりうるような特別な立場（＝保障人的地位）のことを意味している。不作為による幇助において，この特別な立場としての作為義務は，法益保護義務に基づく場合と，犯罪阻止義務に基づく場合があるとされるが（東京高判平 11・1・29〔関連判例①〕），その区別はそれほど明確ではなく，互いに排他的な関係でもない（平山・後掲 26 頁）。むしろ重要なのは，具体的な作為義務の発生根拠であるといえよう。

不作為による幇助における作為義務の発生根拠については，不作為正犯の基準と同じものが妥当すると解するのが一般的である（平山・後掲 26 頁，齊藤・後掲 293 頁）。具体的には，法律・契約に基づく保護関係の存在や，先行行為等に由来する危険の創出，保護の引き受けや（密室的環境等による）依存関係等が挙げられるところであるが〔本書第 4 章〕，判例・裁判例は，これらを単独で用いることはほとんどなく，諸

---

3) ただし，わずかながらではあるが犯罪の不阻止に不作為正犯（作為犯との共同正犯）を認めた裁判例もある（東京高判平 20・10・6 判タ 1309 号 292 頁を参照）。

4) ❶❷の要件が満たされる場合には，通常は❸の要件も満たされる。

5) 本判決は，これらの要件に加えて❹作為による幇助犯の場合と同視できること（同価値性）を挙げているが，実質的に，❶～❸の要件は同価値性を導くための要件であるから，さらなる検討は不要であろう（齊藤・後掲 297 頁，橋本・後掲 149 頁）。

事情を列挙して，積み上げることによって作為義務を基礎づける傾向にある（鎮目征樹・百選Ⅰ〔第８版〕14 頁以下）。

本判決も，㋐Xが D の唯一の親権者であったこと（法律に基づく保護関係），㋔犯行を阻止し得る者がXしかいなかったこと（密室的環境による依存関係），㋕Aの暴力的な行動傾向を熟知しながら，D らを A の下に置いていたこと（先行行為に由来する危険の創出およびその維持）を挙げた（齊藤・後掲 293 頁も参照）。これらの要素は，児童虐待の場面における作為義務の発生根拠としてよく用いられるものである（関連判例③～⑤）。

なお，本判決はそれ以外にも，㋑被害者が衰弱状態にあったこと，㋒XがAの日常的な虐待行動を認識していたこと，㋓本件暴行行為が行われる可能性も認識していたことを挙げている。㋑は作為の必要性を高める要素であり，㋒㋓はXの義務の認識に関わる要素といえよう。㋒㋓は，幇助の故意との関係が問題になりうるが，少なくとも正犯行為が行われる可能性を認識していなければ，作為を実際に義務付けることは不当であろう。

(2) 作為義務の程度

本判決と原審の大きな差異は，㋕XがAの暴力的な行動傾向を熟知しながら，DらをAの下に置いていたことを，作為義務の発生根拠として認定したか否かにある。原審が，AのDV行為ゆえに，XがAのもとから逃げ出せずにいたことを指摘し，作為義務の程度は極めて強度とはいえないとしたのに対し，本判決はこのような認定を否定し，逆に（㋐～）㋕を認定することで，作為義務の程度は極めて強度であったと述べている。この作為義務の強度は，❷′作為による犯罪防止の可能性判断に影響を与え得るものである（→解説 5）。

4 作為義務の内容（❷「一定の」作為）

不作為による幇助における作為義務は，「なんやかんや頑張って犯罪を阻止する義務」では不十分であり，期待された作為の内容を明確にしなければならない[6)]。期待された作為とは，具体的に言えば，「通常であれば行われるであろう正犯の犯行を防止し得る作為，すなわち，正犯が犯行を行う状況を観察する通常人であれば，保護義務者〔筆者注：作為義務者〕が当然行うであろうと想定する作為」（横浜地判平 23・9・22〔関連判例④〕）である。

本判決は，そのような作為として，ⓐAの暴行を実力をもって阻止する行為，ⓑAとDの側に寄ってAがDに暴行を加えないように監視する行為，ⓒAの暴行を言葉で制止する行為を挙げた。これらの具体的な作為の内容を対象に❷′の検討がなされることになる。

また，本判決は，Xは具体的状況に応じて，ⓐ～ⓒを「比較的容易なものから段階的に行い，あるいは，複合して行うなどして」制止すべきであったと述べていることから，ⓐ～ⓒはそれぞれ密接に結びついていると解することができる（関連判例④も参照）。例えば，ⓑ単独ではそれほど効果が見込まれなかったとしても，連続的な阻止行為の開始点として，それを作為の内容に含めることができる。逆に，ⓑだけを履行しても，作為義務を果たしたことにはならず，効果がなければ，次の作為に移行する必要がある（大阪高判平 30・3・22〔関連判例⑤〕）。

5 作為による犯罪防止の可能性（❷′）

最後に，❷で具体化された作為の内容（→解説 4）を，犯行当時の具体的な状況下で実際に義務付けることができたかが検討されることになる。課すべきでない場合としては２つの類型が考えられる。第１に，作為義務者による作為が困難な場合（法は不可能を要求しない）であり，第２に，作為に犯罪防止の効果がない（幇助の因果性がない）場合である。いずれも作為による犯罪の防止が困難な場合といえる。

本判決における原審は，前者を根拠にⓐの義務を否定し，後者を根拠にⓑⓒの義務を否定したのに対し，本判決はいずれの義務も肯定した。

---

6) 作為義務の具体化は，保護責任者不保護罪や業務上過失致死罪においても要求されている（最判平 30・3・19 刑集 72 巻 1 号 1 頁や東京高判令 2・7・28 判時 2471 号 129 頁を参照）。

ⓑⓒに関する結論の相違は，不作為による幇助の成立要件に関する解釈の差に由来する（→解説 2）。原審が，「ほぼ確実な」犯罪阻止の効果がある場合にのみ作為義務を認めようとしたのに対して，本判決は，正当にも，そのような限定を不要とした。それゆえ，本判決によれば，ある程度犯罪阻止効果が見込まれる作為であれば，人に義務付けることが可能となる。

ⓐに関する結論の相違は，事実認定の差に由来する。原審は，XがAから激しいDVを受けていたことを認定したが，本判決は，そこまでのDVを認定せず，むしろ，XがAへの愛情および肉体的執着からAのもとに留まり続け，Aの日ごろの暴行および本判決における犯行に目をつぶっていた事実を認定した。結果として，Xがⓐを行った際の，Xおよびその胎児へのリスク評価に差が生じ，ⓐに関する結論も変化したといえよう。

とはいえ，本判決も，仮にXがⓐの作為に出た場合には，「Aの反感を買い，自らが暴行を受けて負傷していた可能性は否定し難い」ことは認めている。それにもかかわらず，作為が著しく困難な状況にあることを認めていないのは，本判決が，Xの作為義務の程度を極めて強度だと考えていたからだと思われる（→解説 3 (2)）。母親であれば，（例えば，見知らぬ強盗を相手にしても）常に子どもを身を挺して庇うべきとは言えないことから，ここでは，Xが自らの利益を優先し，事前にAのもとを去るなどの予防策をとらなかったことが考慮されたものといえよう。例えば，同じく児童虐待の場面における，不作為による幇助が問題となった名古屋高判平 17・11・7（関連判例③）は，被告人が，被告人と被害者が生活する自宅に作為行為者たる交際相手を引き入れ，その状況を解消しなかったこと（危険な因子の持ち込みと維持）を理由に，暴行を阻止しなかった被告人の不作為は，単なる強盗犯人の襲撃に対して幼児を守らなかった場合とは異なること，犯罪の阻止にある程度犠牲を払うべきことを述べている。

関連判例

①東京高判平 11・1・29 判時 1683 号 153 頁（判プラⅠ-414 事件）
②大阪高判平 13・6・21 判タ 1085 号 292 頁
③名古屋高判平 17・11・7 高検速報（平 17）号 292 頁
④横浜地判平 23・9・22 LLI/DB 06650566
⑤大阪高判平 30・3・22 裁判所ウェブサイト（LEX/DB25449403）（判プラⅠ-412 事件）

演習問題

［設問］ Xは，自らが唯一の親権者であるA（2歳）を連れて，交際相手であるBと同棲を開始した。ところが，Bは，機嫌が悪いときにXに暴行をふるうようになり，Aに対してもしつけと称して，殴ったり蹴ったりを繰り返すようになった。Xは，何度か実家に戻ることも考えたが，Bへの愛情や肉体的執着もあって，Bのもとを去ることができないでいた。

ある日，XがAおよびBと同じ部屋で寝ていたところ，Aがおねしょをした。このことでBは激怒し，Aの頭部や腹部を手拳で複数回殴打した。Xは下手に介入してBの機嫌を損ねれば，今度は自分が殴られるかもしれないと考え，無関心を装って，洗面所で汚れた布団の処理を行った。その後も，BがAを怒鳴る声や殴る音は聞こえていたが，Xは無関心を装い続けた。やがて，Xが寝室に戻ったところ，Aは頭から血を流し，意識を失っていた。Xは救急車を呼んだが，AはBの上記暴行を理由とする脳機能障害により，死亡した。

その後，裁判の過程で，BはXの教育方針をある程度尊重していたこと，それゆえ普段から，Aに関してはXの言い分を一定程度は聞き入れていたことが明らかになっている。

〈問題 1〉［設問］におけるXの罪責を論じなさい。なお，Bに殺意はなかったものとする。

〈問題 2〉下線部（無関心を装って／装い続けた）の部分に代えて，「Bに対して，『あまり叩かないでよ』と声をかけて／声をかけた」という事実があったものとする。Xの罪責はどのようになるか論じなさい。

＊考え方

〈問題１〉を解く際には，まず，正犯者たるBの罪責を確定しなければならない。次に，XにBの実行した犯罪の共謀共同正犯が成立するかを検討することになるだろう。共謀共同正犯が否定された後に，XによるBの犯罪の不阻止に不作為犯が成立するかが問題となる。犯罪の不阻止が，そもそも不作為正犯になるか，不作為幇助になるかを定めてから，不作為犯の成立要件を検討するといいだろう。不作為による幇助の成立要件は，解説２を参照。本判決の解説とは微妙に異なるが，❷作為の内容を特定する際に，❷′のうち幇助の因果性（犯行をある程度阻止できるか）をあわせて考慮し，❷′では，作為の容易性だけ論じることも可能である（し，多くの裁判例では実際にそのように行われている）。

〈問題２〉は，Xが，期待された作為の一部を履行している場合に，Xの罪責がどう変わるのかを問う趣旨である。ここでは，❷作為義務の内容を，丁寧に認定できていることが重要となる。Bに対して，「叩かないでよ」と声をかける行為が，Bの犯罪を阻止する最も効果的な行為であるのならば，これ以上の作為は要求されないだろう。これに対して，より効果的な作為が他にあるのであれば，Xの犯罪阻止義務はなお履行されていないことになる。

〔参考文献〕

安達光治・百選Ⅰ〔第８版〕172頁
齊藤彰子「不作為による共犯」松原芳博編『刑法の判例〔総論〕』（成文堂，2011年）288頁
平山幹子「児童虐待と刑法理論」刑ジャ12号23頁
橋本正博・平成12年度重判解148頁
高橋則夫「不作為による幇助犯の成否」現刑14号101頁

（佐藤陽子）

27 共同正犯と過剰防衛——フィリピンパブ事件

■ **最高裁平成4年6月5日第二小法廷決定**

■ 平成2年(あ)第788号

殺人，出入国管理及び難民認定法違反，外国人登録法違反被告事件

■ 刑集46巻4号245頁，判時1428号144頁

〈事実の概要〉

被告人X・Y（いずれもフィリピン国籍を有する者）は，同国人の友人を集めてニューイヤーズパーティーを開くことにし，昭和64年1月1日午前4時頃，Xが，パーティーに参加予定であったA（Xの恋人）の勤務するフィリピンパブB店に電話をかけ，Aと話をしたところ，B店の店長Cに「まだ仕事が終わっていないから駄目。」と言われて一方的に電話を切られた。Xは，繰り返し電話をかけてAと話そうとしたが，Cに取次ぎを拒否され，侮辱的な言葉で怒鳴られるなどしたため，憤激して「殺してやる」という意味の言葉を怒鳴り返すなどした。Xは，B店に押しかけることを決意し，Yに同行を強く求め，Yも仕方なくそれに応じた。その際，Xは，台所の流し台の棚の上にあった包丁（刃体の長さ約14.5cm）を持って行くことをYに指示し，Yはズボンのベルトに包丁を差して隠し持った。

X・Yは，路上でタクシーを拾い，B店に向かったが，タクシーがB店に近づくと，XはYに対して「店に着いたらお前が先に行ってくれ。俺は顔が知られているから。」と言い（しかし実際には，XもCとの間に面識がなかった），Yが「もしけんかになったら放っておかないでくれよ。」と言うと，Xは「心配するな。もしけんかになったらお前を放っておくわけないよ。」「もしお前がやられたら，ナイフを持っているんだからそれを使えよ。」と言い，更にYが「本当はドキドキしているんだ。できれば行きたくないんだ。」と不安な気持ちを吐露すると，Xは「なぜ怖いのか。意気地なし。友達じゃないのか。男じゃないのか。」と言ってYに一人で先に行くことを強く求め，Yは断り切れずにこれを承諾した。

B店に到着すると，Xは，Yに「Aに話があるから呼んでくれ。」と頼む一方，タクシーの運転手にそのまま待っているよう指示し，自分もその場に残った。ちょうどその頃，B店での勤務を終えたAが出てきて，Yに「離れて。マスター〔C〕が来るから。」と言った。Yは，Cが出て来たら面識のあるXが知らせてくれるだろうし，Cとけんかになってもが助けてくれるだろうなどと考えながら，B店入口から約3m離れた路上に立っていた。その間，Xは，B店から少し離れた道路向かい側の場所で，Aと立ち話をしていた。その直後，CがB店から出て来て，Yを電話の相手（X）と取り違え，Yに足早に近づき，無言のまま，いきなりYのえり首をつかみ，引きずり回した上，立て続けにYの顔面を平手や拳で数回殴打して路上に転倒させた。Yは，立ち上がる際にベルトに隠し持っていた包丁を取り出してCの左胸部を力一杯刺したが，CがなおもYの顔面などを殴りつけてきたため，Cの左胸部を更に数回包丁で刺した。Cは，同日午前7時頃，心臓刺傷および肝刺傷による急性失血で死亡した。XとYは殺人罪の共同正犯で起訴された。

第1審判決（東京地判平元・7・13刑集46巻4号256頁参照）は，XとYは，遅くともタクシー内で話し合った時点で，殺傷能力の高い包丁を用いてCを殺害することについて共謀を遂げたものと認められるとして，両名に殺人罪の

共同正犯の成立を認めた。弁護人が過剰防衛の成立を主張したが，裁判所は，Ｙは，上記の共謀の下，包丁を携帯して現場に赴きＣが出て来るのを待っていたのであるから，Ｃによる暴行はＸ・Ｙにとって予期されたものであり，かつＸ・Ｙはその機会にむしろ積極的にＣに対し攻撃を加える意思（積極的加害意思）で本件現場に臨んだものと認められるとし，侵害の「急迫」性を否定して過剰防衛の主張を退け，Ｘに懲役７年，Ｙに懲役８年を言い渡した。そこで，Ｘ・Ｙが事実誤認などを主張して控訴した。

控訴審判決（東京高判平２・６・５前掲刑集264頁参照）は，Ｘは，タクシー内でＹに包丁の使用を指示した時点で，Ｃに対する未必の殺意を抱いていたものと認められるが，他方，Ｙは，予想に反してＣからいきなり一方的な暴力を振るわれ，頼みとするＸが助けに来なかったことから，それ以上の危害を防ぐために包丁でＣに反撃することを決意したものであって，この反撃決意の時点で初めてＣに対する殺意を抱いたものと認められるとし，Ｘ・Ｙ間におけるＣ殺害の共謀も，Ｙの反撃決意の時点で初めてその成立が認められるものとした。そして同判決は，第１審判決のうちＹに関する部分を破棄し，Ｙは，Ｃの侵害を事前に予期した上で積極的加害意思をもって侵害に臨んだものとは認められない，として侵害の「急迫」性を認め，しかし，その反撃行為は防衛に必要な程度を逸脱していたとして，Ｙについて過剰防衛の成立を認めた（刑の減軽を認め，Ｙに懲役５年を言い渡した）。他方，同判決は，Ｘは，Ｃの侵害を予期した上で積極的加害意思をもって侵害に臨んだものと認められるとし，「事前共謀の認められない本件においては，積極的加害の意思ないし侵害の急迫性の有無は，行為者にとって各個別的に判断されるべき」であるから，Ｘについては侵害の「急迫」性が否定され，過剰防衛の成立も否定されるとして，Ｘの控訴を棄却した。

そこで，Ｘが上告し，実行行為者であるＹに過剰防衛が成立する以上，その共謀者であるＸにも過剰防衛の効果を及ぼすべきである，などと主張した。

〈上告審〉

決定要旨

上告棄却。

「所論は，Ｙに過剰防衛が成立する以上，その効果は共同正犯者であるＸにも及び，Ｘについても過剰防衛が成立する旨を主張する。

しかし，共同正犯が成立する場合における過剰防衛の成否は，共同正犯者の各人につきそれぞれその要件を満たすかどうかを検討して決するべきであって，共同正犯者の一人について過剰防衛が成立したとしても，その結果当然に他の共同正犯者についても過剰防衛が成立することになるものではない。

原判決の認定によると，Ｘは，Ｃの攻撃を予期し，その機会を利用してＹをして包丁でＣに反撃を加えさせようとしていたもので，積極的な加害の意思で侵害に臨んだものであるから，ＣのＹに対する暴行は，積極的な加害の意思がなかったＹにとっては急迫不正の侵害であるとしても，Ｘにとっては急迫性を欠くものであって（〔最決昭52・7・21＝関連判例①〕……参照），Ｙについて過剰防衛の成立を認め，Ｘについてこれを認めなかった原判断は，正当として是認することができる。」

解　説

1　問題の所在

本件で問題となったのは，共謀に基づいて実行行為に出た実行分担者（Ｙ）に過剰防衛の成立が認められた場合に，この実行分担者と共謀を遂げていた共謀共同正犯者（Ｘ）にも過剰防衛の成立が認められるか，という点である。Ｃから急迫不正の侵害を受けて反撃行為に出たのはＹであり，Ｘ自身はＣから侵害を受けておらず，反撃行為の実行も分担していないので，このような背後の共謀者Ｘについて，どのようにして過剰防衛の成否を判断すればよいのかが問題となるのである。

本決定は，Ｙには過剰防衛が成立するが，Ｘには過剰防衛が成立しない，という結論を認めた。このような結論を導く理論構成は一体どのようなものなのだろうか。この点について本決定は詳しく述べていない。さらに，実は学説においても，このような結論を導く理論構成がどのようなものなのかについて，理解の一致が見られないというのが議論の現状である。本決定をどのような理論構成によって説明するかによって，本決定の射程についての理解も違ったものになる。以下では，本決定の結論を説明できるとされてきた理論構成を3つ取り上げ（後述の**説明**①，②，③)，その内容を順に検討していくことにしたい。

⑴ 検討の前提——侵害の「急迫性」が否定される場合

まず，本件の問題を検討するためには，その前提として，正当防衛に関して「**積極的加害意思**」論と呼ばれるルールが最高裁判例として確立している，という点を踏まえておかなければならない。これは，反撃行為者が相手の侵害を事前に「予期」しており，かつ，その予期された侵害を受ける「機会を利用し積極的に相手に対して加害行為をする意思で侵害に臨んだとき」は，その反撃行為者にとっては**侵害の「急迫性」**が認められず，正当防衛は成立しない（最決昭52・7・21〔関連判例①〕。本決定もこれを明示的に引用している。上記の決定要旨を参照)，というルールである。反撃行為者が積極的加害意思をもって侵害に臨んだと認められれば，侵害の「急迫性」が欠けることになるから，その場合には，正当防衛だけではなく，過剰防衛も成立し得ないことになる。「相手の侵害に対して反撃したのだから正当防衛である」と主張できる状況を悪用して，相手に対して加害行為に及ぶという自分自身のもともとの狙いを実現しようと待ち構えているような行為者には，正当防衛・過剰防衛を主張する資格はおよそ認められない，というのがこのルールの背後にある考え方である[1]。

その後，最高裁は，最決平29・4・26（関連判例②）において，行為者に「急迫性」を認めるか否かは，行為者が相手から侵害を受けた状況に「先行する事情を含めた行為全般の状況に照らして検討すべきである」という，より包括的なルールを提示するに至った（本書第8章を参照）[2]。この新しいルールは，行為者が侵害状況に臨むまでの事前の経緯を包括的に考慮に入れ，行為者がそのような侵害状況に巻き込まれるのを自ら回避すべきであったかを問題にする（事前に回避すべき侵害であったのにそれを回避しなかったという場合には，行為者に急迫性を否定する)，という考え方に立つものである。「行為者が事前の予期と積極的加害意思をもって侵害に臨んだ」というケースも，この新しい包括的ルールの下で，「急迫性」が否定される「一つの下位事例」として位置づけ直されることになる。したがって，この新しい最高裁判例の下でも，本件のようなケースが生じた場合には本決定と同様の処理がなされることになる。また，本件の事案を少し変えて，「積極的加害意思までは認められないが，平成29年決定の基準に照らして，なお侵害を事前に回避すべきだったといえるような経緯が，背後の共謀者Xについてだけ認められた（実行分担者のYにはそのような事情が認められなかった)」というケースが生じた場合も，やはり本件と同じように，Yに過剰防衛の成立が認められても，Xの過剰防衛の成立は否定される，という結論になるだろう。

⑵ 考え方の出発点

実行分担者Yについて過剰防衛が成立した場合に，実行を分担していない背後の共謀者

1) 香城敏麿・最判解刑事篇昭和52年度247頁は，このような行為者が“反撃”と称してやっている行為は，「通常の暴行，傷害，殺人などの加害行為とすこしも異なるところはない」と評している。

2) 同決定は，「具体的には，事案に応じ，〔①〕行為者と相手方との従前の関係，〔②〕予期された侵害の内容，〔③〕侵害の予期の程度，〔④〕侵害回避の容易性，〔⑤〕侵害場所に出向く必要性，〔⑥〕侵害場所にとどまる相当性，〔⑦〕対抗行為の準備の状況（特に，凶器の準備の有無や準備した凶器の性状等)，〔⑧〕実際の侵害行為の内容と予期された侵害との異同，〔⑨〕行為者が侵害に臨んだ状況及びその際の意思内容等を考慮」して，「刑法36条の趣旨に照らし許容されるものとはいえない場合には，侵害の急迫性の要件を充たさない」，とする（詳細は，本書第8章を参照)。

(X) にも過剰防衛が成立するか，という問題をめぐっては，結論を導くためのアプローチとして，大きく分けて２つのものがある。

第１に，実行分担者Ｙに成立した過剰防衛を，実行を分担していない共謀者Ｘにもそのままスライドする形で（連動して）成立させてよいか否か，という問題を立てるやり方がある。これは，実行を分担していないＸ自身については独自に過剰防衛の成否を問題にする余地はなく，ひとえに「Ｙについて成立した過剰防衛が共謀者Ｘにも連動するか否か」ということ（だけ）が問題となる，という考え方である（これについては**2**で検討する)。

第２に，実行分担者Ｙの過剰防衛の成否とは別個に，共謀者Ｘ自身について過剰防衛の成否を検討することによって結論が決まる，というアプローチがある（これについては**3**，**4**で検討する)。

以下では，それぞれのアプローチにおける理論構成がどのようなものになるかを，具体的に見ていくことにする。

2　共謀者（X）自身の過剰防衛の成否を問題にしないアプローチ（説明①）

第１に，実行を一切分担していない背後の共謀者Ｘについては，Ｘ独自の過剰防衛の成否を問題にする余地はなく，「実行分担者（Y）における過剰防衛の成否（またはその法的効果）が，そのまま背後の共謀者にも連動するか」ということが問題となる（だけである)，とするアプローチがこれまで有力に主張されてきた。

(1)　考え方

このアプローチをとる見解は，本件における共謀者Ｘの罪責は，**共犯者間における違法評価の連帯性・責任評価の個別性**の原則に従って決まることになる，と考える。この原則は，意思連絡を通じて最終的に一個の法益侵害結果を惹起した共犯者らの間では，その違法評価は「連帯」(すなわち一致）するが，その責任評価は各人につき「個別」に行われる，というものである。この考え方の根底には，「法益侵害という事態の惹起」に関わる「違法」の評価については，共犯者の間でくい違いが生じることは（原則として）あり得ないが，法益侵害に出たことについての「個人的な非難可能性」を問題とする「責任」の評価は，共犯者一人一人の事情に基づいて個別に下されるものである，という違法評価・責任評価の本質についての理解がある。例えば，「甲・乙間の殺人の事前共謀に基づき，乙が丙を刺殺したが，乙はこの実行に及んだ時点で心神耗弱状態に陥った」という場合に，丙の死亡結果（殺人罪の法益侵害結果）は甲・乙の共謀に基づく刺突行為から因果関係を介して惹き起こされているから，この「法益侵害結果の惹起」(違法な事態）それ自体は甲・乙のいずれにも帰属されるが（**違法評価の連帯性**)，責任減少事由である「心神耗弱」(刑法39条２項）の評価は，その事情が認められた乙にだけ妥当する性質のものであるから，「甲も一緒に責任減少が認められて刑の減軽を受ける」ということにはならないのである（**責任評価の個別性**)[3]。

このような考え方を本件の事案に当てはめると，実行分担者であるＹについて認められた過剰防衛（刑法36条２項）という刑の任意的減免事由を違法減少事由と解するか，責任減少事由と解するか，違法・責任減少事由と解するか（すなわち**過剰防衛の法的性質**をどのように考えるか）によって，Ｘにも過剰防衛の成立（ひいてはその法的効果としての刑の任意的減免）が認められるか否かが決まる，という考え方が出てくることになる[4]。過剰防衛の場合には，防衛の程度は超えてしまっているとしても，正当防衛状況は客観的に存在していたのであり，反撃行為によって防衛効果が生じたことは事実であるから，その分だけ**違法減少**が認められる，と考える立場からすれば，そのような事態の惹起に因果的に寄与したＸにも過剰防衛の成立が認められることになる[5]。これに対して，過剰防衛の場合に刑の任意的減免が認められることの理論的根拠を，専ら，「正当防衛状況に陥った行為者は恐怖・驚愕等の心理状態に陥っているので，過剰防衛行為に及んでしまっても強く非難できない」という**責任減少**に求めるならば，責任評価の本質からして過剰防衛の成否はＸ・

Yにつき個別に判定されることになり，Yについて成立した過剰防衛（の法的効果）はXには及ばない，ということになる。

そこで，本決定の結論を説明する理論構成の1つ目として，本件のようなケースにおいては，実行分担者（Y）について成立した過剰防衛が背後の共謀者（X）にも連帯的に成立するか否かという点が問題であるところ，過剰防衛は責任減少事由であるから，責任評価の個別性からいってXには過剰防衛は成立しない，という論理が考えられることになるのである（**説明①**）。

(2) 問題点

この説明①は，これまで有力に主張されてきたものであるが，しかし，本件における問題の核心を捉え損なっているように思われる。本決定がXに過剰防衛の成立を認めなかったのは，X個人は積極的加害意思をもって侵害に臨んでいるから，「CのYに対する暴行はXにとっては急迫性を欠く」，という点にあった（決定要旨を参照）。つまり本決定は，X個人について，正当防衛，過剰防衛に共通した成立要件である「急迫性」を否定したことから，Xの過剰防衛の不成立という結論を導いているのであり，Yに成立した過剰防衛の法的性質が「責任減少」であるから，その成立は個別化する，という理由でこの結論を導いているわけではないのである[6)]。したがって，本決定の判示内容からすれば，本件事案を修正して，仮に本件におけるYの反撃行為が必要最小限度のものに止まり，Yには正当防衛が成立するという場合であったとしても，個人的に「急迫性」が認められないXだけは殺人罪（の共謀共同正犯）に問われるものと考えられる[7)]。説明①の論理からすれば，この場合には，「正当防衛は違法阻却事由だから，Yの違法阻却がXにも連動する」という結論が導かれることになるが，そのような処理が本決定の判示内容と整合するとは思われない[8)]。

それとは逆に，説明①の論理によると，例えば，「Xが，友人YがCに突然襲撃されたところを見て，Yに対して正当防衛で自分の身を守るように叫び（ここで反撃行為に出ることにつきX・Yの間に共謀が成立），YがCに反撃して自

---

3) およそ「狭義の共犯」が成立するためには，それが加担している正犯者の行為が，犯罪成立要件（構成要件該当性，違法性，責任）のうちのどこまで充足しているものでなければならないか，という問題が，これまで，共犯における**要素従属性**の問題として議論されてきた。そして，正犯者の行為が「構成要件に該当し，違法な行為である」ならば，正犯者に「責任」が備わっていなかったとしても，その正犯者の行為に対する（狭義の）共犯の成立を認めることができる，という考え方（**制限従属性説**）が通説的な地位にあった。この「制限従属性説」と，上で述べた「違法評価の連帯性・責任評価の個別性の原則」とは，同一の原則であるかのように論じられることもあるが（小川・後掲35頁以下など），厳密には，これらは別個の原則である。「違法評価の連帯性」という考え方は，法益侵害（違法な事態）は共犯者全員にとって存在している事実であり，その存否が人によって変わることはないから，正犯者が違法な事態を惹起したならば，原則としてその共犯者も一緒に違法な事態を惹起したことになる（正犯者に対する違法評価が，共犯者に対する違法評価の「十分条件」である），と主張するものであるが，制限従属性説は，およそ（狭義の）共犯が成立し得るためには正犯者が「違法」でなければならない，と主張する見解であって，正犯者に対する違法評価が共犯成立の「必要条件」であると主張しているにすぎない（正犯者が違法と評価された場合には，それに連動して共犯者も違法評価を受ける，という主張ではない）。松本・後掲82頁は，「違法評価の連帯性」原則の意味するところを（共犯者間の）「違法性の積極的連帯性」，制限従属性説の意味するところを（共犯者間の）「違法性の消極的連帯性」と呼んで区別している。

4) 小川・後掲43頁，岡野・後掲7頁，大善・後掲123頁など参照。

5) 曽根・後掲223頁，橋田・後掲110-112頁。なお小川・後掲41，43頁は，違法評価に関わる事情であっても，それが違法の「存否」ではなく違法の「程度」に関わる事情である場合には，共犯者間でその評価が個別化する余地がある，という見方を示している。

6) 岡野・後掲4-5頁，曽根・後掲220頁。照沼・後掲266頁は，過剰防衛の法的性質（違法減少か責任減少か）に関する議論は，「まず過剰防衛の成立が認められた後に，いかなる程度において減免が可能であるかを判断する場面において参照される性質の議論であって，過剰防衛の『成否』それ自体の根拠を直接に提供する議論ではない。」と指摘する。

これに対し，本決定の調査官解説は，刑法36条の「急迫性」という一個の要件が，正当防衛の場合には「違法阻却事由」を基礎づける事情に当たるが，過剰防衛の場合には専ら「責任減少事由」を基礎づける事情に当たるとして，あくまで説明①の論理を介して本決定の結論を説明しようと試みているが（小川・後掲45-46頁），説明として技巧的に過ぎると思われる。

分の身を守ったが，その際に防衛の程度を超えてしまった」（XにもYにも積極的加害意思で侵害に臨んだという事情は認められない），というケースにおいても，Yには過剰防衛が成立するが，Xには過剰防衛が成立しない（責任評価の個別化），という結論が導かれることになる[9]。しかし，この結論も妥当でないだろう。

以上からすれば，説明①は，本決定を説明する理論構成としては不適切であるように思われる。

3 共謀者（X）自身について過剰防衛の成否を検討するアプローチ・その1（説明②）

そこで第2に，X自身について（Yとは別個に）過剰防衛の成否を検討する，というアプローチが考えられ，それによって本決定を説明する方法が模索されることになる。

(1) Xについて過剰防衛の成否を考える際の前提問題

本件において，Xは，Yを（Cによる）不正の侵害に巻き込んだ張本人ではあるが，X自身は不正の侵害を受けていないし，Cに対する反撃行為を実行したわけでもない。不正の侵害を受けて反撃行為に出たのはYである。このような場合に，（Cによる）不正の侵害に「急迫性」が欠けることになるのは，一体誰に積極的加害意思が認められた場合なのだろうか[10]。この問題をめぐっては，一方で，積極的加害意思の存否は，「防衛行為者」について問題となる（防衛行為に出た者に積極的加害意思があった場合に，侵害の急迫性が欠けることになる）とする立場，他方で，積極的加害意思の存否は，「被侵害者」について問題となる（不正の侵害を受けた者に積極的加害意思があった場合に，侵害の急迫性が欠けることになる）とする立場があり得る。橋爪・後掲① 640頁は，前者の考え方を**防衛行為者基準説**，後者の考え方を**被侵害者基準説**と呼んでこれらを区別している。X自身の過剰防衛の成否を検討するにあたっては，このどちらの考え方を前提にするかによって，理論構成の仕方（場合によっては，結論）が変わってくるのである。

(2) 防衛行為者基準説に基づく理論構成

防衛行為者基準説に立って考える場合，本件において防衛行為を実行分担しているYには積極的加害意思が認められないから，Cによる侵害の「急迫性」は否定されない（したがってXも過剰防衛となり得る），という結論になりそうである。しかし，これでは本決定の結論に合致しない。

そこで，防衛行為者基準説からは，次のような理論構成が考えられることになる。Yは，Xとの共謀に基づいて防衛行為に出ている。つまり，Yによる防衛行為は「Xと共同で」行われたのであり，Yによる刺突行為は，その瞬間にXもYに（いわば）「乗り移って」いて，XとYの2人の共同作業としてなされたものと言える（これが，刑法60条の「共同正犯」という制度の趣旨である）。したがって，本件では，XもYも同時に「防衛行為者」の立場にあると言えるのであり，積極的加害意思の存否は「防衛行為者」であるX，Yそれぞれについて問題とされることになる。そうすると，積極的加害意思のないYには過剰防衛が成立するが，積極的加害意思をもって侵害に臨んだXには，急迫性が否定されて過剰防衛が成立しないことになる。

こうして，本決定を説明する理論構成の2つ目として，X自身の過剰防衛の成否を問題とした上で，「防衛行為者基準説」に立って背後者X自身についての積極的加害意思の存否を問題にすることで，Xの過剰防衛の成立を否定する，という論理が考えられることになる（**説明②**）。

---

7) 曽根・後掲220頁，大善・後掲125頁，橋爪・後掲② 405頁。

8) 元裁判官による論説である安廣文夫「正当防衛・過剰防衛」法教387号22頁は，このような場合にXに殺人罪が成立するという結論は「実務感覚からすれば絶対に動かないと思われる」と述べている。

9) この場合には，Yとは別個に，X自身についての正当防衛・過剰防衛の成否を検討すればよい，とする考え方もあり得るが，そうすると今度は，叫んで共謀を遂げただけのXについて，一体どのようにして正当防衛・過剰防衛の成否を検討すればよいのか，という点が問題となる。

10) この問題につき，橋爪・後掲① 639頁以下を参照。

(3) 問題点

この説明②の論理こそが，本決定の判示が意図した理論構成なのではないかと思われる。しかし，この説明②の理論構成にも問題がある。問題は，説明②の前提となっている防衛行為者基準説にある。

防衛行為者基準説によると，例えば，「Xが，積極的加害意思をもってCを挑発し，Cが第三者Yの生命・身体に対して不正の侵害に及ぶという事態を招いた」というケースにおいて，X自身がYの生命・身体を防衛するためにCに対する反撃行為に出た場合には，防衛行為者であるXに積極的加害意思が認められるから，Xにはおよそ正当防衛・過剰防衛が認められないことになる。しかし，そうするとYは，Cからの侵害に自力で対抗しなければならないことになる（Xの助力は期待できない）。このように，Xの積極的加害意思が理由で，何ら落度のないYの保護が薄くなるのはおかしい[11]。またXとしても，いったん急迫性が否定されるような形でCによる不正の侵害を自招してしまった以上，その段階では，自分でYを助けてCに反撃すると（正当防衛が認められず）犯罪となり，逆に，Yを助けないと（場合によっては）Yに対する不正の侵害を招いた行為を実行行為として処罰される可能性が残り[12]，何をしてももはや処罰を免れない「進退両難」の立場に陥ってしまう。Xをこのような境遇に置くのは，刑法のあり方として妥当でない。

このように，説明②は，それが前提としている防衛行為基準説に難点があるのである。

4 共謀者（X）自身について過剰防衛の成否を検討するアプローチ・その2（説明③）

(1) 被侵害者基準説に立つ場合の問題の所在

最後に残るのが，**被侵害者基準説**からの理論構成である。この考え方によれば，本件においてCから不正の侵害を受けているのはYであるから，被侵害者であるYに積極的加害意思が認められない以上，Cによる不正の侵害には「急迫性」が認められることになる。つまり，Cによる侵害に「急迫性」が認められるか否かを考えるにあたって，被侵害者ではないXの積極的加害意思の存否は問題とならないのである。そうすると，Xにとっても「YがCから急迫不正の侵害を受けている」という事情は存在するのであり，Xにも過剰防衛が認められる，という結論になる[13]。しかし，これは本決定の結論と合致しない。

(2) 理論構成の可能性

そこで，被侵害者基準説に立って考える場合には，本決定を説明する論理として，次のようなものが考えられることになる。

①XをYと同時に「被侵害者」と見る可能性　　まず，XとYは共同正犯の関係にあるのだから，両者は一心同体であって，Yが不正の侵害を受けたならば，同時にXも不正の侵害を受けたことになる，という見方があり得るかもしれない。もしこのように言えるのであれば，Yと同時に，Xも，Cから不正の侵害を受けた「被侵害者」であることになるから，Yとは別個に，被侵害者Xについて積極的加害意思の存否を考えればよいことになる[14]。

しかし，この論理にはやはり無理がある。共同正犯の関係にあるYが共謀に基づいて防衛行為に出た場合，「XもYと一緒に防衛行為に出ている」ということまでは言えるとしても（上記の**3**(1)を参照），共同正犯の関係にあるYがCから不正の侵害を受けた場合に，その場にいないXもCから自分の法益に対する不正

11) 橋爪・後掲① 664頁，小林・後掲 221頁，松原芳博「刑事判例を読んでみよう」法教 461号 41頁。

12) YがCに殺害された場合には，いわゆる**原因において違法な行為**の理論構成によって，XがCの侵害を招いた行為を実行行為と見て，Yの死亡結果を惹き起こしたことにつきXに犯罪の成立が認められる余地がある（小林・後掲 221頁参照)。これに対し，被侵害者基準説からは，Xが自分でYを助けてCに反撃すれば，正当防衛となりうる。橋爪・後掲① 644頁参照。

13) この点につき，伊藤・後掲 70頁。また，町野朔「惹起説の整備・点検」内藤謙先生古稀祝賀『刑事法学の現代的状況』（有斐閣，1994年）123-124頁も参照。

14) 橋爪・後掲① 650頁，同・後掲② 408頁は，このような論理をXとYの立場の仮定的な「置き換え」と呼び，このような構成は「フィクション」にすぎないと批判している。

の侵害を受けたことになる，ということまでは到底言えないだろうからである。

②XはYに成立した過剰防衛を「援用できない」とする理論構成　そうすると，被侵害者基準説に立って考える以上，X・Yの共謀に基づいてYがした反撃行為につき，Yと同時に，Xもまた過剰防衛の成立要件を充足すること自体は否定できないように思われる。

そこで，有力な学説は，この場合のXは，「理論上はそれ自体成立していると言える過剰防衛の抗弁を，援用することができない」という理論構成を試みて，本決定の結論を説明しようとしている。橋爪・後掲① 652-654頁は，本件においては，背後の共謀者であるXにつき独自に過剰防衛の成否を問題にする意味はなく，実行分担者Yについて成立する過剰防衛が「背後者Xにも連帯的に作用するか」という点だけが問題であるとした上で，積極的加害意思をもって臨んだXは，Yに成立する過剰防衛を援用することができない，とする理論構成を提案している[15]。また，島田・後掲53頁は，背後者が自分で正当防衛状況（法益衝突状況）を作り出し，それを掌中に収めていた場合には，背後者は「行為媒介者の違法性阻却事由を自己の有利に援用することはでき」ない，というルールが妥当すべきだと主張している。このルールを本件に当てはめると，YとCとの法益衝突状況を作り出したXが，Yに成立した過剰防衛の抗弁を援用して「自分も過剰防衛に寄与しただけだ」と主張することは許されない（そんな主張は盗人猛々しい），ということになる。

この見解は，Xの過剰防衛の成立それ自体を否定しようとしている（Xに積極的加害意思が認められることを理由に，侵害の「急迫性」それ自体を否定しようとしている）のではない。Xが因果的に惹起した（それ自体は成立している）「Yの過剰防衛」を，Xが抗弁として援用することは認められない，という主張なのである（**説明③**）。つまりこの見解は，「悪意でもって自分自身の抗弁事由（違法阻却事由・責任阻却事由など）を作り出した者には，その抗弁事由が成立した場合であってもその援用を許さない（そのような主張は抗弁権の濫用に当たる）」と言っているのであり，**「権利濫用排除」という一般原理**を持ち出してきて，Xの過剰防衛を否定するものに他ならない。橋爪・後掲② 412頁が，「この議論は正当防衛の要件論ではなく，違法性阻却の一般原理にかかわる問題である。」と述べているのも，このことを表している[16]。

説明②と説明③は，実質的に見れば主張しようとしている事柄もほとんど変わらないのに，それにも拘らずこんなに細かな理屈を争うことに一体何の意味があるのか，と思われるかもしれない。しかし，直観的に正しいと思われた結論であっても，「一本の筋の通った理屈」によって理論的に説明されなければ「正当化」することはできないのであって，本決定は，そのような理論的説明を試みるのが（実は）非常に骨の折れる判例なのである。

関連判例

①内ゲバ事件（最決昭52・7・21刑集31巻4号747頁）（判プラⅠ-183事件）
②侵害の予期と急迫性（最決平29・4・26刑集71巻4号275頁）（判プラⅠ-184事件，本書第8章）

演習問題

本決定の事案を修正し，

[1]「Cが刃物でYを襲って来たので，Yの

15) 松本・後掲116-119頁も，違法の「存否」（過剰防衛の成否）と，その「帰属」（過剰防衛の抗弁を援用できるか否か）とを分け，積極的加害意思をもって臨んだXは（「帰属」のレベルで）過剰防衛の援用が許されない，という理論構成を提示している。

16) 小林・後掲680-681頁も同旨。これに対して，松本・後掲118-119頁は，この判断はあくまで，「急迫性」という正当防衛の要件解釈の問題として位置づけるべきだとする。もっとも，「急迫性」を否定するための「積極的加害意思」論それ自体が，権利濫用排除の一般原理と同じ発想に立つものだと考えられることから（橋爪・後掲② 412頁），この議論を「正当防衛・過剰防衛の要件論」（「急迫性」の要件充足の問題）として位置づけるか，「成立した正当防衛・過剰防衛の援用を許すか否か」というレベルの議論として位置づけるかは，純粋に理論構成上の違いにすぎないとも言える。

包丁での刺突行為も必要最小限度の防衛行為と認められ，Yに正当防衛が認められた」という場合，

[2]「XとYが，両者ともCから殴りかかられたので，両者で一緒になってCに対して刺突行為に出た」という実行共同正犯のケースを考えた場合，

Xの罪責は，それぞれどうなるか。

＊考え方

ケース［1］について。

本決定それ自体は，実行分担者Yに過剰防衛が認められた場合についての判断を示したものであり，Yに正当防衛が認められた場合については直接何も述べていない。しかし，本決定の根底にある考え方・論理がどのようなものであるか（上記の説明①，説明②，説明③のいずれが妥当か）を考えてみることによって，ケース［1］においてどのような論理・結論が下されることになるか（また，下されるべきか）をシミュレーションすることができる。

ケース［2］について。

このケースでは，本決定の事案とは異なり，X自身もCに襲われ，かつ，X自身も防衛行為を分担している。上記の説明②の理論構成に立って考える場合には，本決定の事案とケース［2］との間で論理・結論に大きな違いは出ないかもしれないが，説明③の理論構成に立って考える場合には，ケース［2］においてはXも被侵害者であるから，その論理・結論は本決定の事案と異なったものになり得る[17]。

〔参考文献〕

伊藤嘉亮「共犯論における違法の従属性・相対性」刑雑60巻1=2=3号62-74頁

岡野光雄「過剰防衛の連帯性と個別性」研修584号（1997年）3-12頁

小川正持・最判解刑事篇平成4年度29-50頁

小林憲太郎「正当防衛（上）」,「共同正犯の諸問題（下）」同『刑法総論の理論と実務』（判例時報社，2018年）213-238頁，660-682頁

島田聡一郎「適法行為を利用する違法行為」立教法学55号（2000年）21-89頁

曽根威彦・判評410（判時1445）号219-223頁

大善文男「正当防衛と共同正犯」池田修＝杉田宗久編『新実例刑法［総論］』（青林書院，2014年）120-131頁

照沼亮介「共同正犯と正当防衛」慶應法学37号（2017年）249-267頁

橋田久・甲南法学35巻1号（1994年）103-115頁

橋爪隆①「正当防衛状況における複数人の関与」『神山敏雄先生古稀祝賀論文集 第一巻』（成文堂，2006年）635-668頁

橋爪隆②『刑法総論の悩みどころ』（有斐閣，2020年）401-419頁

松本圭史『刑法における正当化と結果帰属』（成文堂，2020年）第3章，第4章（74-151頁）

（杉本一敏）

17）　橋爪・後掲① 646-648頁を参照。

28 幇助の因果関係──板橋宝石商殺し事件

■ **東京高裁平成2年2月21日判決**

■ 平成元年(う)第554号

強盗殺人幇助，死体遺棄，銃砲刀剣類所持等取締法違反，火薬類取締法違反被告事件

■ 東高刑時報41巻1～4号7頁，判タ733号232頁

〈事実の概要〉

Aらは，宝石商である被害者を殺害して同人から預かっていた宝石類等の返還を免れようと企て，高速道路を走行中のA所有の自動車内で同人をけん銃で射殺して宝石類等の返還を免れるとともに，同人の携帯していた現金を強取したという強盗殺人事件等で起訴され，有罪とされた。

そして，X（被告人）は，⑴当該強盗殺人等の正犯である前記Aが，当初，殺害場所としてAの経営する会社の事務所ビルの地下室を予定していたため，けん銃の音が外部に洩れないように，地下室の入口の戸の周囲のすき間等をガムテープで目張りしたり，換気口を毛布で塞ぐなどした。しかしその後，犯罪の実行計画が変更され，前記自動車内で宝石商を殺害することとなったため，Xは，Aから暗に同行を求められるや，Aと行動を共にすることはAの強盗殺人の実行を助けることになるのではないかと認識しながら，⑵高速道路上でAの自動車に追従し，群馬県山中の犯行現場に至るなどし，AもXが追従して来ることを認識し，心強く感じていた。

以上の事実に関して，第1審判決（東京地判平元・3・27判時1310号39頁）は，⑴のXの目張り行為につき，この行為が現実のAの強盗殺人の実行行為との関係では役に立たなかったものであることを認めながらも，「Aがその後たまたま地下室においての実行計画を発展的に変更し，車中でこれを実行したものではあるが，結局は，当初の意図どおり，Aが強盗目的によりけん銃で被害者を射殺するという，被侵害利益や侵害態様など，構成要件上重要な点を共通にする行為が，前の計画と同一性を保って，時間的にも連続する過程において遂行されたものであるから，Xの右目張り行為等は，Aの同日の一連の計画に基づく被害者の生命等の侵害を現実化する危険性を高めたものと評価できるのであって，幇助犯の成立に必要な因果関係において欠けるところはない」と判断して因果関係を認めた。また，⑵のXの追従行為についても，「Xらの乗った車が追従していること，すなわち，XらがAの思惑どおりAと行動を共にしたということは，Aの抱いていた強盗殺人の意図を強化したと評価できるのであって，その間に，幇助犯の成立に必要な因果関係を認めることができる」として，結論として，Xの⑴⑵の行為に関して強盗殺人幇助の成立を認めた。

これに対して，被告人側は，⑴の目張り行為に関して，「Aの本件強盗殺人の実行行為とは，その場所を，距離的にも，また，形態的にも，全く異にする地下室の目張り行為をしたからといって，その行為をもってAの実行行為を現実化する危険性を高めたものと評価することは到底できないから，Xの地下室の目張り行為は幇助行為に該当しないものとされるべきであるのに，原判決が幇助行為に当たるとしたのは，法令の適用を誤ったものである」などと主張して，幇助行為の因果関係を争うなどして控訴した。

〈控訴審〉

判 旨

一部破棄自判（Xの上告取下げにより確定）。

東京高裁は，⑴目張り行為の因果性に関して，以下のように判示した。

「Aは，現実には，当初の計画どおり地下室で本件被害者を射殺することをせず，同人を車で連れ出して，地下室から遠く離れた場所を走行中の車内で実行に及んだのであるから，Xの地下室における目張り等の行為がAの現実の強盗殺人の実行行為との関係では全く役に立たなかったことは，原判決も認めているとおりであるところ，このような場合，それにもかかわらず，Xの地下室における目張り等の行為がAの現実の強盗殺人の実行行為を幇助したといい得るには，Xの目張り等の行為が，それ自体，Aを精神的に力づけ，その強盗殺人の意図を維持ないし強化することに役立ったことを要すると解さなければならない。しかしながら，原審の証拠及び当審の事実取調べの結果上，AがXに対し地下室の目張り等の行為を指示し，Xがこれを承諾し，Xの協力ぶりがAの意を強くさせたというような事実を認めるに足りる証拠はなく，また，Xが，地下室の目張り等の行為をしたことを，自ら直接に，もしくはCらを介して，Aに報告したこと，又は，Aがその報告を受けて，あるいは自ら地下室に赴いてXが目張り等をしてくれたのを現認したこと，すなわち，そもそもXの目張り等の行為がAに認識された事実すらこれを認めるに足りる証拠もなく，したがって，Xの目張り等の行為がそれ自体Aを精神的に力づけ，その強盗殺人の意図を維持ないし強化することに役立ったことを認めることはできないのである。」

「以上のとおりであるから，原判決が指摘しているような，Aとしては，Cばかりでなく，Bにも地下室における準備を期待し，Bも，右地下室でのAとの会話などからその意図を理解し，目張り等の行為をしたものと推認できないわけではないこと，さらに，Aが当初強盗目的により地下室で本件被害者をけん銃で射殺しようとしたことと，同じ目的により走行中の車内で同人をけん銃で射殺した行為とは，被侵害利益や侵害態様など構成要件上重要な点を共通にしており，現実の実行行為が前の計画と同一性を保って時間的にも連続する過程において遂行されたものであることなどを考慮しても，Xの地下室における目張り等の行為が，それ自体，Aの同日の一連の計画に基づく被害者の生命等の侵害を現実化する危険性を高めたものと評価することはできないものというべきであり，結局，Xの右目張り等の行為が，それ自体，Aを精神的に力づけ，その強盗殺人の意図を維持ないし強化することに役立ったことを認めるに足りる証拠はないのである。したがって，Xの右目張り等の行為がAの本件強盗殺人の行為に対する幇助行為に該当するものということはできず，これに当たるとした原判決は，その前提となる事実関係を誤認し，ひいて法令の適用を誤ったものというほかはな」い。

また，⑵追従行為の因果性に関して，以下のように判示した。

「しかしながら，Xに追従行為に際しAの強盗殺人を幇助する故意があった……。そして，……Aも，Xが自己の後から追従して来ることを心強く感じていたことが認められ，この点をも考慮すれば，原判決が，『本件各証拠によれば，Aは，新庄ビル前を出発した後に一度，後続するはずのBMWと離れてしまったため，わざわざ速度を緩めてこれを待ち，同車を発見して合流した後に本件強盗殺人の実行行為に移ったというのであるから，BらがAの思惑どおり同人と行動を共にしていたということは，Aの抱いていた強盗殺人の意図を強化した』と認めたのは正当というべきである。

このように，XがAらの車に追従すること自体がAの強盗殺人を幇助することになるとの故意をもって車に乗り込んで発進し，Aらの車に追従して殺害現場に至った以上，Xの強盗殺人幇助罪は成立し，発進後かりにXが車内で寝入った事実があったとしても……，その事実は同罪の成立を妨げるものではなく，また，その事実をもってXが途中で下車してしまい，したがって追従の外形的事実すらなくなった場合と同視することのできないことは多言を要しないところである。」

解　説

1　本判決の意義

正犯を幇助する者は幇助犯となる（刑法62条1項）。本件は，この幇助犯の成立に必要とされる，いわゆる幇助の因果性について論じた下級審裁判例である。より具体的には，①幇助の因果性に関する理論的理解のあり方，また②具体的な事実関係に即した判断のあり方について，重要な判断を下している。特に②に関しては，本件の一連の事象における，幇助の因果性の肯定的要素と否定的要素に関して，原審と本件東京高裁との間で判断が分かれており，これらの問題を考えるうえで興味深い事案である。

以下で，その内実を考察していくことにしよう。

2　幇助の因果性

(1)　幇助の処罰根拠と因果性

幇助とは，「他人の犯罪に加功する意思をもって，有形，無形の方法によりこれを幇助し，他人の犯罪を容易ならしむるもの」である（最判昭24・10・1刑集3巻10号1629頁，最決平25・4・15刑集67巻4号437頁）。

この幇助犯を含めた（狭義の）共犯の処罰根拠としては，①共犯者が正犯者を堕落させ，有責で処罰される状態に陥れたことに求める責任共犯論や，②共犯者が正犯者を介して，犯罪結果を惹起したことに求める因果的共犯論（惹起説）などの見解の対立がある。そして，現在では，刑法は法益保護を目的とするものと理解され，いわゆる法益保護機能が重視されることの帰結として，②因果的共犯論が通説的見解となっている。さらに，因果的共犯論の内部では，㋑共犯者が自ら結果を惹起したことを重視する純粋惹起説，㋺共犯者が正犯者の法益侵害行為に加担したものと捉える修正惹起説，および㋩共犯者が正犯者を介して間接的に法益侵害したことを処罰根拠とする混合惹起説との対立があるが，現在のわが国では，共犯者のみを独立に処罰する必要はないとの価値判断（共犯従属性説）のもと，正犯者の実行行為を経由することが必要との観点から，㋩混合惹起説が最も有力な見解となっている。

このような見解に立てば，幇助犯の処罰には，「他人の犯罪を容易ならしむる」という幇助行為と正犯の惹起した構成要件該当結果との間に何らかの因果性が認められることが必要となる。その因果性としては，正犯者に犯行に使う道具を提供することで物理的に犯行を容易にするような物理的因果性と，道具が提供されたことにより，すでに生じていた犯意が強まるといったような心理的因果性とが考えられる。

(2)　幇助の因果性に関する見解

もっとも，幇助の処罰根拠として，結果との因果性を強調しすぎると，正犯との区別が困難になる。他人である正犯の犯罪を容易ならしめる行為というのは，結果に対して，「行為のもつ危険の現実化」という結果帰属を認めるべき強い因果関係が認められる場合には必ずしも限られないからである。さらにいえば，正犯の場合において，正犯の実行行為と結果との因果関係を認める前提である条件関係ですら，幇助犯の場合には不要と解される。それは，例えば，よくある講壇設例であるが，正犯者が侵入窃盗をする際，幇助犯が，当該建物外部で見張りをしていたが，誰もそこを通ることがなく，結果的に当該見張りは不要であったという場合にも，幇助犯としての可罰性は認められると考えられているからである。

以上の理解を前提にしつつ，幇助犯の因果性をどのように考えるべきかに関して，いくつかの見解が主張されている。

一方では，(a)幇助犯を抽象的危険犯・挙動犯と解し，幇助行為は一般的に正犯行為の実行を容易ならしめるものであれば足り，具体的な事案で現実に容易ならしめたことは不要と解する危険犯（因果関係不要）説も主張される（野村）。

その対極として，(b)幇助の因果関係に関しても条件関係の存在が必要であると解しつつ，結果発生の態様を具体的・個別的に分析して理解することで，幇助の因果性を根拠づける条件関係の存在を明らかにしようとする正犯結果惹起説がある。この見解では，例えば，正犯者が侵入窃盗をしようとした際，鍵をこじ開けて侵入することもできたが，幇助犯から合鍵を渡されていたため，容易に侵入できたといった場合にも，幇助行為により早められ強化された正犯結果が認められ，それとの間に条件関係を肯定できるとする（大越，曽根，高橋，山中，浅田など）。

現在多数説となっているのが，(c)幇助行為が正犯結果の促進・容易化したことをもって幇助の因果性を認める促進的因果関係（促進公式）説である（団藤，平野，大塚（仁），大谷，西田，前田など）。それによれば，正犯による結果を可能にした，あるいは，その実現を早めた場合はもちろんのこと，結果を発生させる正犯の行為を物理的・心理的に促進した場合にも，幇助犯としての可罰性が認められると解することになる。

(3)　判例の見解

では，判例では，どのような見解がとられているのだろうか。

大判大2・7・9（関連判例①）は，賭場開帳の事情を知りながら家を賃貸したという事案に関して，犯罪の幇助行為を認めるには，犯罪があることを知り，犯人に犯罪遂行の便宜を与え，これを容易ならしめたことのみをもって足り，その遂行に必要不可欠な助力を与えることは必要ではないとして，賭場開張罪の幇助の成立を認めた。また，最決平25・4・15（刑集67巻4号437頁）は，「アルコールの影響により正常な運転が困難な状態である」正犯者について，そのことを認識しながら，正犯者運転の車両発進に了解を与え，その運転を制止することなくそのまま当該車両に同乗してこれを黙認し続けたという行為について，「〔正犯者〕の運転の意思をより強固なものにすることにより，〔正犯者〕の危険運転致死傷罪を容易にした」ことを根拠として，危険運転致死傷幇助罪の成立を認めている。これらは，(c)促進的因果関係説の立場に立ったものと理解することができる。

これら判例の見解の当否を検討する前提として，まず前掲の学説について考察することにしよう。(a)危険犯説（因果関係不要説）は，およそ犯罪が行われる際にその実行を容易ならしめる行為を行うこと自体が危険な行為であり，その際に正犯が行われることの認識さえあれば，幇助の処罰根拠が認められるとする見解であった。だが，もともと幇助行為が，非常に多様なものを含みうることをも考えれば，処罰に値する幇助行為の範囲の適正な画定が可能であるかは疑問である。

他方で，(b)正犯結果惹起説は，幇助行為によってもたされた正犯結果発生の態様について，「法的に重要な具体的結果の変更」を要するとするが，具体的に，どの程度までの変化があれば，幇助犯としての条件関係を肯定できる変化なのかは必ずしも明確ではない。「合鍵を用いたことで住居侵入が10秒早まった」といったような場合にまでも幇助の条件関係が認められるとするならば，あまりにも形式的な議論に至ってしまう。判例・下級審裁判例では，大判大4・8・25（関連判例②）が，正犯が強盗を行うに際して，鳥打帽子（ハンチング帽）や足袋を提供するだけでは，強盗罪の幇助をしたものとはいえないとされており，また下級審裁判例であるが，名古屋地判昭33・8・27（関連判例④）が，賭博場で景気づけの塩まきをしたという行為について，単に縁起のものであって，その行為が直ちに賭博開帳図利行為を容易ならしめるものとは到底認めがたいとされているが，いずれも妥当な結論であると解される。これらも踏まえると，(b)正犯結果惹起説も，必ずしも合理的な見解であるとはいいがたい。

幇助が，「他人の犯罪に加功する意思をもって，有形，無形の方法によりこれを幇助し，他人の犯罪を容易ならしむるもの」であるとするならば，幇助の因果性に関しても，(c)促進的因果関係説が最も適切な見解であるといえよう。それゆえ，判例の見解も妥当なものと解することができる。

(4)　物理的因果性と心理的因果性

また，(c)促進的因果関係説の立場によるとしても，物理的因果性と心理的因果性のいずれの側面を重視すべきであるのかが，さらに問題となりうる。日本の判例・実務では，共謀共同正犯論に象徴されるように，物理的因果性よりも心理的因果性が重視される。正犯者に犯行道具を提供する事例でも，提供行為により物理的に犯行を容易にしたという側面もあるが，場合によっては，武器を提供されたから，すでに生じていた犯意が強まったという心理的因果性が，幇助としての当罰性をより基礎づける場合も考えられる。

もっとも，心理的因果性が認められなくても，物理的因果性の存在のみで幇助が認められる場合もありうる。正犯者が認識しないまま，幇助者が一方的に幇助行為を行う片面的幇助も，当該の幇助行為が物理的に犯行を容易にしていたような場合，幇助としての当罰性を認めるべき場合は考えられる（東京地判昭63・7・27判時1300号153頁）。幇助の成否を認定するにあたっては，これらの点にも留意しながら，事実関係を評価していく必要がある。

3 本件事実関係の評価

本件での正犯行為は強盗殺人罪であり，それを幇助したとして起訴されたXの行為は，(1)被害者の殺害行為として当初予定された場所であるビルの地下室の防音等のために，入口の戸の周囲の隙間等を目張りするなどした行為（「目張り行為」）と，犯行計画が途中で変更され，自動車内で被害者を殺害することになったため，(2)Xが高速道路上で正犯者Aの自動車に追従し，殺害現場に至るなどした行為（「追従行為」）の2つである。それぞれに関して検討することにしよう。

(1) 目張り行為について

正犯者Aは，実際には，当初予定された場所では被害者を射殺することがなかったため，Xの目張り行為が，現実の強盗殺人の実行行為との関係でまったく役に立っていない。このこと自体には，争いの余地はない。ところが，原審判決は，「Aが強盗目的によりけん銃で被害者を射殺するという，被侵害利益や侵害態様など，構成要件上重要な点を共通にする行為が，前の計画と同一性を保って，時間的にも連続する過程において遂行されたものであるから，Xの右目張り行為等は，Aの同日の一連の計画に基づく被害者の生命等の侵害を現実化する危険性を高めたものと評価できる」ことから，「幇助犯の成立に必要な因果関係において欠けるところはない」として，強盗殺人幇助の成立を認めた。これは，「当初の計画と実際の実行との間の同一性，連続性」を重視するという，やや独自の観点に基づく判断であるようにも思われる。

しかし，「当初の計画と実際の実行との間の同一性，連続性」によって，「幇助行為が正犯結果を促進・容易化した」とただちに評価できるかは疑問である。また，本件では，Aが目張り行為をするようXに指示したという事実，あるいは，そもそも，Aが目張り行為を認識していたという事実すら認定されていない。

そのことも併せ考えると，本件目張り行為については，Aの正犯行為との間に，結果を促進・容易化したという意味での物理的因果性も心理的因果性も認めることはできない。それゆえ，目張り行為に関して幇助犯の成立を否定した本件東京高裁の判断は，理論的にも事実関係の評価としても妥当である。

(2) 追従行為について

これに対して，追従行為に関しては，正犯者Aが，それをXに暗に求めており，またXが実際に追従していることを認識して，それを心強く思っていたという事情がある。そうであれば，「Aの抱いていた強盗殺人の意図を強化した」という心理的因果性は，(c)結果の発生を促進・容易化したという促進的因果関係説の観点から，十分に認めることができる。また，Xとしても，自らの追従行為がAの強盗殺人を幇助することを認識していたのであるから，幇助の故意も認められ，幇助犯の成立を肯定することができる。

(3) 本判決の意義

以上にみたように，本件では，Xの行った幇助に該当しうる行為に関して，幇助犯の成立に必要な因果性が認められるか否かの限界事例であり，肯定例と否定例とがともに含まれているという興味深い事案である。

関連判例

①大判大 2・7・9 刑録 19 輯 771 頁（判プラⅠ-373 事件）
②大判大 4・8・25 刑録 21 輯 1249 頁（判プラⅠ-370 事件）
③大判昭 7・6・14 刑集 11 巻 797 頁（判プラⅠ-371 事件）
④名古屋地判昭 33・8・27 一審刑集 1 巻 8 号 1288 頁（判プラⅠ-374 事件）
⑤大阪地判平 6・3・8 判時 1557 号 148 頁

演習問題

1　X は，Y から「A を殺害したいので，何か凶器になるものを貸してもらえないか」と頼まれたため，殺傷能力のあるサバイバルナイフを Y に提供した。Y は，当該サバイバルナイフを持参して A 宅に赴き，殺意をもって，最初に A を数回殴打したところ，それによって転倒した A が頭蓋骨骨折により死亡したため，結局，Y は，当該サバイバルナイフを用いることはなかった。X に殺人幇助は成立するか。

2　X は，友人の Y がスーパーマーケットで商品を万引きしようとしている場面に偶然遭遇し，Y の万引きを助けようとひそかに思い，別の陳列棚にいた当該スーパーの保安警備員 A の注意を X に引かせるため，店内でわざと転倒して保安警備員に助けを求め，A はその対応をした。しかし，X が転倒した際，A は，別の顧客 B の対応をしており，X が転倒しなければ，その顧客対応を続けるつもりであったため，Y に気づくことなく，Y も，これらの騒動にまったく気づくことなく商品を万引きしてスーパーを立ち去った。X に窃盗幇助は成立するか。仮に，X が転倒しなければ，A は，Y の不審な振る舞いに気づいていた，という場合であればどうか。

〔参考文献〕

駒田秀和・最判解刑事篇平成 25 年度 129 頁
西田典之「幇助の因果関係⑴⑵」同『共犯理論の展開』（成文堂，2010 年）189 頁
高橋則夫・争点 96 頁
奥村正雄・百選Ⅰ〔第 5 版〕172 頁
橋本正博・百選Ⅰ〔第 6 版〕178 頁
林幹人・百選Ⅰ〔第 7 版〕174 頁

（星周一郎）

29 中立的行為と幇助――Winny 開発者事件

■ **最高裁平成 23 年 12 月 19 日第三小法廷決定**
■ 平成 21 年(あ)第 1900 号
著作権法違反幇助被告事件
■ 刑集 65 巻 9 号 1380 頁，判時 2141 号 135 頁

〈事実の概要〉

X（被告人）は，個々のコンピュータが，中央サーバを介さず，対等な立場にあって全体としてネットワークを構成する P2P 技術を応用した送受信用プログラムの機能を有するファイル共有ソフトで，情報発信主体の匿名性を確保する機能（匿名性機能）とともに，ファイルの検索や送受信を効率的に行うための機能を備えており，それ自体は多様な情報の交換を通信の秘密を保持しつつ効率的に行うことを可能とし，様々な分野に応用可能なソフトであるが，著作権を侵害する態様で利用することも可能なソフトである Winny を開発し，その改良を繰り返しながら順次ウェブサイト上で公開し，インターネットを通じて不特定多数の者に提供していたところ，正犯者 2 名が，Winny を利用して著作物であるゲームソフト等の情報をインターネット利用者に対し自動公衆送信し得る状態にして，著作権者の有する著作物の公衆送信権（著作権法 23 条 1 項）を侵害する著作権法違反の犯行を行った。このため，正犯者らの各犯行に先立つ X による Winny の最新版の公開，提供行為が，正犯者らの著作権法違反罪の幇助に当たるとして起訴された。

第 1 審（京都地判平 18・12・13 判タ 1229 号 105 頁）は，「X がいかなる目的の下に開発したかにかかわらず，技術それ自体は価値中立的であること，さらに，価値中立的な技術を提供すること一般が犯罪行為となりかねないような，無限定な幇助犯の成立範囲の拡大も妥当でないことは弁護人らの主張するとおりである」としつつも，「本件では，インターネット上において Winny 等のファイル共有ソフトを利用してやりとりがなされるファイルのうちかなりの部分が著作権の対象となるもので，Winny を含むファイル共有ソフトが著作権を侵害する態様で広く利用されており，Winny が社会においても著作権侵害をしても安全なソフトとして取りざたされ，効率もよく便利な機能が備わっていたこともあって広く利用されていたという現実の利用状況の下，X は，そのようなファイル共有ソフト，とりわけ Winny の現実の利用状況等を認識し，新しいビジネスモデルが生まれることも期待して，Winny が上記のような態様で利用されることを認容しながら」，Winny の改良版を自己の開設したホームページ上に公開し，不特定多数の者が入手できるようにしたことが認められ，これによって Winny の改良版を用いて 2 人の正犯者が，「それぞれ Winny が匿名性に優れたファイル共有ソフトであると認識したことを一つの契機としつつ，公衆送信権侵害の各実行行為に及んだことが認められるのであるから，X がそれらのソフトを公開して不特定多数の者が入手できるように提供した行為は，幇助犯を構成すると評価することができる」と述べ，有罪とし，罰金 150 万円の刑を言い渡した。これに対して，検察は，量刑不当で，被告人弁護人は，事実誤認で控訴した。

第 2 審（大阪高判平 21・10・8 刑集 65 巻 9 号 1635 頁参照）は，「価値中立のソフトをインターネット上で提供することが，正犯の実行行為を容易ならしめたといえるためには，ソフトの提供者が不特定多数の者のうちには違法行為を

する者が出る可能性・蓋然性があると認識し，認容しているだけでは足りず，それ以上に，ソフトを違法行為の用途のみにまたはこれを主要な用途として使用させるようにインターネット上で勧めてソフトを提供する場合に幇助犯が成立すると解すべきである」と指摘したうえで，「Xは，価値中立のソフトである本件Winnyをインターネット上で公開，提供した際，著作権侵害をする者が出る可能性・蓋然性があることを認識し，それを認容していたことは認められるが，それ以上に，著作権侵害の用途のみにまたはこれを主要な用途として使用させるようにインターネット上で勧めて本件Winnyを提供していたとは認められないから，Xに幇助犯の成立を認めることはできない」として，原判決を破棄し，無罪を言い渡した。

これに対して，検察が，判例違反，法令適用の誤り，および判決に影響を及ぼす事実誤認を理由に上告した。

〈上告審〉

決定要旨

上告棄却。

「幇助犯は，他人の犯罪を容易ならしめる行為を，それと認識，認容しつつ行い，実際に正犯行為が行われることによって成立する。原判決は，インターネット上における不特定多数者に対する価値中立ソフトの提供という本件行為の特殊性に着目し，『ソフトを違法行為の用途のみにまたはこれを主要な用途として使用させるようにインターネット上で勧めてソフトを提供する場合』に限って幇助犯が成立すると解するが，当該ソフトの性質（違法行為に使用される可能性の高さ）や客観的利用状況のいかんを問わず，提供者において外部的に違法使用を勧めて提供するという場合のみに限定することに十分な根拠があるとは認め難く，刑法62条の解釈を誤ったものであるといわざるを得ない。」

「Winnyは，1，2審判決が価値中立ソフトと称するように，適法な用途にも，著作権侵害という違法な用途にも利用できるソフトであり，これを著作権侵害に利用するか，その他の用途に利用するかは，あくまで個々の利用者の判断に委ねられている。また，Xがしたように，開発途上のソフトをインターネット上で不特定多数の者に対して無償で公開，提供し，利用者の意見を聴取しながら当該ソフトの開発を進めるという方法は，ソフトの開発方法として特異なものではなく，合理的なものと受け止められている。新たに開発されるソフトには社会的に幅広い評価があり得る一方で，その開発には迅速性が要求されることも考慮すれば，かかるソフトの開発行為に対する過度の萎縮効果を生じさせないためにも，単に他人の著作権侵害に利用される一般的可能性があり，それを提供者において認識，認容しつつ当該ソフトの公開，提供をし，それを用いて著作権侵害が行われたというだけで，直ちに著作権侵害の幇助行為に当たると解すべきではない。かかるソフトの提供行為について，幇助犯が成立するためには，一般的可能性を超える具体的な侵害利用状況が必要であり，また，そのことを提供者においても認識，認容していることを要するというべきである。すなわち，ソフトの提供者において，当該ソフトを利用して現に行われようとしている具体的な著作権侵害を認識，認容しながら，その公開，提供を行い，実際に当該著作権侵害が行われた場合や，当該ソフトの性質，その客観的利用状況，提供方法などに照らし，同ソフトを入手する者のうち例外的とはいえない範囲の者が同ソフトを著作権侵害に利用する蓋然性が高いと認められる場合で，提供者もそのことを認識，認容しながら同ソフトの公開，提供を行い，実際にそれを用いて著作権侵害（正犯行為）が行われたときに限り，当該ソフトの公開，提供行為がそれらの著作権侵害の幇助行為に当たると解するのが相当である。」

「Xによる本件Winnyの公開，提供行為は，客観的に見て，例外的とはいえない範囲の者がそれを著作権侵害に利用する蓋然性が高い状況の下での公開，提供行為であったことは否定できない」。しかし，本件の事実関係の下では，「いまだ，Xにおいて，本件Winnyを公開，提供した場合に，例外的とはいえない範囲の者がそれを著作権侵害に利用する蓋然性が高いことを認識，認容していたとまで認めることは困難であ」り，「X は，著作権法違反罪の幇助犯の故意を欠くといわざるを得ず，X につき著作権法違反罪の幇助犯の成立を否定した原判決は，結論において正当である」。

大谷剛彦裁判官反対意見

「私は，本件において，X に侵害的利用の高度の蓋然性についての認識と認容も認められると判断するものであり，多数意見に反対する理由もここに尽きるといえよう。」

「まず，侵害的利用の蓋然性について，このソフト自体の有用性の反面としての侵害的利用の容易性，誘引性があることや，また提供行為の態様として対象が広汎，無限定であることについては，開発者として当然認識は有していると認められる。また，客観的な利用状況については，多数意見が理由」として挙げる〔1〕開発宣言をしたスレッドへの侵害的利用をうかがわせる書き込み，〔2〕本件当時の Winny の侵害的利用に関する雑誌記事などの情報への接触，〔3〕X 自身の著作物ファイルのダウンロード状況などに照らせば，「X において，もちろん当時として正確な利用状況の調査がなされていたわけではないので 4 割が侵害的利用などという数値的な利用実態の認識があったとはいえないにしても，Winny がかなり広い範囲（およそ例外的とはいえない範囲）で侵害的に利用され，流通しつつあることについての認識があったと認めるべきであろう」。

「多数意見の指摘する X の侵害的利用状況の認識・認容に関わる諸事情は，その蓋然性の認識の判断に当たり消極に働く事情として慎重に検討すべき点ではあろう。しかし，これらの事情を考慮し，また，X の研究開発者としての志向，すなわち有用性というプラス面の技術開発への傾倒，没頭と，一方で副作用ともいうべき侵害的利用というマイナス面への関心，配慮の薄さという面を考慮しても，侵害的利用についての高度の蓋然性の認識を否定するには至らないと思われる。そして，通常は，このような侵害的利用の高度の蓋然性に関する客観的な状況についての認識を持ちながら，なお提供行為を継続すれば，侵害的利用の高度の蓋然性についての認容もまた認めるべきと思われる。」

解　説

1　問題の所在

(1)　幇助犯の成立要件

幇助犯とは，「正犯を幇助した者」（刑法 62 条 1 項），つまり，実行行為を行う以外の方法で，正犯者の実行行為を容易にした者をいう。幇助犯の成立要件は，①幇助者による正犯への幇助行為，②幇助を受けた正犯者による犯罪行為という客観面と③幇助の故意という主観面で構成される。このうち，幇助行為の方法に限定はなく，物理的（有形的）方法でも，精神的（無形的）方法でも，正犯者の実行行為を容易にすれば幇助に当たる。しかも，そこで，「容易にした」と言えるために，「幇助がなければ，結果は発生しなかった」ことまでは要されず，正犯者の実行行為を物理的・精神的に促進したと評価できれば足りると解されている（第 28 章参照）。

(2)　中立的行為による幇助犯

そうすると，幇助犯は，理論上，かなり緩やかに成立することになりかねない。そうした危惧が顕在化する場面の 1 つが，中立的行為（日常的行為）のケースである。例えば，金物屋で，包丁を購入した少年が，その包丁を使って，強盗を働いたとしても，金物屋が包丁を売る行為自体は，何ら違法性のない価値中立的な行為であるから，その包丁を売った金物屋の店主を，常に強盗の幇助とするのは妥当でない。そこで，こうした価値中立的な行為（その性質上，犯罪とは限らない行為）について幇助の成立を制限すべきとの議論が，学説上，活発に論じられてきた。

(3)　本件のポイント

本件では，X が，ファイル共有ソフトという，それ自体は何ら違法ではないものを開発し，インターネットを通じて多数の者に提供したところ，提供を受けた者が，そのソフトを用いて，ゲームソフトや映画のデータファイルが保存されていたハードディスクに接続したPCにアクセスしてきた不特定多数の者に，データを自動公衆送信できる状態にし，著作物の公衆送信権を侵害したという著作権法違反について，Xを著作権法違反の幇助の罪（刑法62条1項）に問うことができるかが問題となった。

2　判例と学説の概要

⑴　裁判例

本決定以前に，中立的行為による幇助犯の成否について正面から論じた判例は見当たらないが，そうした性質を含んだ事案の裁判例としては，①鶏販売業者の被告人が，闘鶏賭博に使うことを知りながら，闘鶏賭博開帳者に，2度にわたって軍鶏を販売した行為に，賭博開張罪等図利の幇助の成立を認めた大判昭7・9・26（関連判例①），②農協の出納事務担当者として，預金の払出し業務に従事していた被告人が，預金者である農業共済組合の組合長が払戻金を横領する意図であることを知りながら，預金の払戻し請求に応じた行為に，業務上横領の幇助を認めた高松高判昭45・1・13（関連判例②），③広告代理店経営者であった被告人が，売春クラブの経営者からの注文で，情を知りながら，売春の客寄せ用チラシを販売し，客寄せ広告を新聞紙上に掲載させた行為に，売春周旋目的誘引の幇助を認めた大阪高判昭61・10・21（関連判例③），④印刷業者であった被告人が，「ホテトル」の経営者の頼みで，宣伝用小冊子を印刷・販売した行為に，売春周旋の幇助を認めた東京高判平2・12・10（関連判例④），⑤信用金庫の支店長であった被告人が，売春営業を行っている業者に融資した行為に，売春防止法上の資金提供（独立共犯）を認めた大阪高判平7・7・7（関連判例⑥），⑥自動車用品等の製造・販売会社の代表取締役であった被告人が，オービス（速度違反自動監視装置）による写真撮影を困難にする「ウィザード」と称されるナンバープレートカバーを制作し，顧客2名に販売し，顧客2名が，ウィザードを自動車に付けて公道を走行し，制限速度を超過したのに対して，道交法違反（速度超過罪）の幇助を認めた大阪地判平12・6・30（関連判例⑦）などがある。これらの裁判例では，いずれも行為（①軍鶏の販売，②預金の払戻し，③チラシの販売・広告の掲載，④小冊子の印刷・販売，⑤融資，⑥ナンバープレートカバーの販売）が中立的である点が，幇助の成立を否定する根拠とされることはなかった。

これに対して，熊本地判平6・3・15（関連判例⑤）は，被告人が，軽油引取税不納入の手助けになることを知りながら，軽油を安く購入した行為について，「売買の当事者たる地位を超えるものではない」等の理由を示して，軽油引取税不納入の幇助の成立を否定した（豊田・後掲② 53-55頁，亀井・後掲 14-16頁，矢野・後掲 374-376頁）。

⑵　学説

学説上，中立的行為の幇助犯については，その成立に一定の制限をかけるべきとする見解が有力に唱えられているが，その方法としては，①故意の成立に，確定的な認識を要求する説，②通常業務の範囲内であれば，幇助犯は成立しないとする説，③幇助行為が，正犯行為の結果発生の危険性を一定程度高めた場合にのみ幇助犯の成立を認める説，④許されない危険が創出された場合に，幇助犯の成立を認める説，⑤幇助行為の危険性と社会的な有用性を比較衡量して，有用性が上回った場合には，幇助犯は成立しないとする説など，多岐にわたる主張が展開され，収斂される気配は見られない（豊田・後掲① 150-166頁，豊田・後掲② 55-56頁，矢野・後掲 377-383頁）。

3　本決定の判断枠組み

⑴　第1審と原審の判断枠組み

本件の第1審と原審も，ソフトそのものは違法ではなく，価値中立的なものであり，その開発や提供に，広く幇助犯の成立を認めることは望ましくないとの認識では一致している。そのうえで，第1審は，① Winny 等のファイル共有ソフトを利用してやりとりがなされるファイルのうちかなりの部分が著作権の対象であること，② Winny を含むファイル共有ソフトが著作権を侵害する態様で広く利用されていること，③ Winny が社会においても著作権侵害をしても安全なソフトとして取りざたされ，広く利用されていたこと，④ X は，そのようなファイル共有ソフト，とりわけ Winny の現実の利用状況等を認識し，新しいビジネスモデルが生まれることも期待して，Winny が上記のような態様で利用されることを認容しながら，Winny を開発し，不特定多数の者が入手できるようにしたことなどの事情をふまえて，著作権法違反の幇助の成立を肯定した。

これに対して，原審は，価値中立的なソフトの開発・提供が，著作権法違反の幇助となるのは，「ソフトの提供者が不特定多数の者のうちには違法行為をする者が出る可能性・蓋然性があると認識し，認容しているだけでは足りず，それ以上に，ソフトを違法行為の用途のみにまたはこれを主要な用途として使用させるようにインターネット上で勧めてソフトを提供する場合に」限定されるべきと指摘し，そうした場合とは認められない X に幇助犯の成立を認めることはできないとの結論を導き出した。

(2) 原審の判断枠組みに対する評価

このように第１審と原審で異なる結論に至った本件において，最高裁は，まず，原判決が示した「ソフトを違法行為の用途のみにまたはこれを主要な用途として使用させるようにインターネット上で勧めてソフトを提供する場合に幇助犯が成立すると解すべきである」との基準について，「十分な根拠があるとは認め難く，刑法 62 条の解釈を誤ったものであるといわざるを得ない」と述べ，こうした用途による成立範囲の限定を否定した。

(3) 中立的行為への考慮の必要性

他方において，中立的行為への考慮を完全に否定したわけではなく，① Winny は，適法・違法いずれの用途にも利用できるソフトで，これを著作権侵害に利用するかどうかは，利用者の判断に委ねられていること，②開発途上のソフトをインターネット上に公開し，不特定多数の者に無償で提供することは，ソフトの開発方法として特異なものではなく，合理的なものであること，③新たなソフトの開発には迅速性が要求されることなどを考慮すれば，そうしたソフトの開発に対する過度の萎縮効果を生じさせないためにも，「単に他人の著作権侵害に利用される一般的可能性があり，それを提供者において認識，認容しつつ当該ソフトの公開，提供をし，それを用いて著作権侵害が行われたというだけで，直ちに著作権侵害の幇助行為に当たると解すべきではない」とのスタンスを明らかにした。

(4) 最高裁の判断枠組み

そして，その上で，そうしたスタンスを前提にした具体的な幇助犯の成立範囲の限定について，こうしたソフトの提供行為について，幇助犯が成立するためには，「一般的可能性を超える具体的な侵害利用状況が必要であり，また，そのことを提供者においても認識，認容していることを要するというべきである」と判示し，具体的に，①ソフトの提供者において，当該ソフトを利用して現に行われようとしている具体的な著作権侵害を認識，認容しながら，その公開，提供を行い，実際に当該著作権侵害が行われた場合か，②当該ソフトの性質，その客観的利用状況，提供方法などに照らし，同ソフトを入手する者のうち例外的とはいえない範囲の者が同ソフトを著作権侵害に利用する蓋然性が高いと認められる場合で，「提供者もそのことを認識，認容しながら同ソフトの公開・提供を行い，実際にそれを用いて著作権侵害（正犯行為）が行われたときに限り，当該ソフトの公開，提供行為がそれらの著作権侵害の幇助行為に当たると解するのが相当である」として，具体的な著作権侵害の蓋然性と故意の厳格な認定によって，幇助犯の成立範囲を適正な範囲に画すことを支持した。

(5) 当てはめ

その上で，最高裁は，具体的な事案の当てはめを行い，「X による本件 Winny の公開，提供行為は，客観的に見て，例外的とはいえない範囲の者がそれを著作権侵害に利用する蓋然性が高い状況の下での公開，提供行為であったことは否定できない」としつつも，本件の事実関係の下では，「いまだ，Xにおいて，本件Winnyを公開，提供した場合に，例外的とはいえない範囲の者がそれを著作権侵害に利用する蓋然性が高いことを認識，認容していたとまで認めることは困難であ」るとして，幇助犯の成立を否定したのである。

このように，本決定は，中立行為に対する幇助犯の成否について，新たな要件や基準を追加するのではなく，あくまで幇助犯の成立要件の範囲内で，その認定を事例に則して厳格に行うことによって結論を導いていたことは留意すべきであろう。

(6) 概括的認識と幇助の故意

ただし，こうした本決定の認定やそうした認定に基づく判断は幇助の成立が認められてもおかしくない難しいものであったと思われる。とくに，①開発宣言をしたスレッドへの侵害的利用をうかがわせる書き込み，②本件当時のWinnyの侵害的利用に関する雑誌記事などの情報への接触，③X自身の著作物ファイルのダウンロード状況などの点は，著作権侵害に利用される高度の蓋然性を肯定する方向に作用する事実と位置づけることが可能であろう（判例250〔第12版〕93頁）。現に，本決定に付された大谷裁判官の反対意見では，多数意見と同じ判断枠組みを用いることを支持した上で，上記①〜③の点に照らせば，Xに，Winnyがかなり広い範囲（およそ例外とはいえない範囲）で侵害に利用され，流通しつつあることについての認識があったと認められるとして，幇助犯の成立を肯定する反対の結論が導き出されている。

このように本件の事実関係は，幇助が成立するかどうか，評価の分かれる微妙なものであったといえるが，その微妙さを引き立たせているのが，本件が，「不特定多数の者にソフトを提供し，その中で，違法に利用する者もいる」という点である。学説上，不特定多数への幇助の成立を否定する見解も存在するが（大谷・総論445頁），多数は，これを肯定している（佐久間・後掲36-37頁）。判例も，金地金を甲に売却した被告人が，その金地金がいずれ廻り廻って海外に密輸出されるものではないかと推知していたところ，甲から金地金を購入した乙が密輸出した事案につき，「間接に正犯を幇助する場合，幇助者に於て正犯が何人に依り実行せらるるかを確知するの要なきものと解せざるべからず」（読点，濁点は筆者）と判示して，外国為替管理法違反の幇助の成立を認めた大判昭10・2・13（刑集14巻83頁）など，古くからこれを認めてきた。

本決定は，こうした従来の判例を踏襲し，不特定多数者への幇助犯を肯定し，その成立には，概括的な幇助の認識で足りることを前提としているといえよう。ただし，このように正犯者が，不特定多数にわたる可能性がある場合には，そうした中で，著作権侵害に利用される高度の蓋然性の認識・認容を認めることは容易でない。本決定は，間接事実を積み重ねることによって，故意の存否を検討し，原審が認定した事実では，なお合理的な疑いを超えて，Winnyが著作権侵害に利用される高度の蓋然性の認識・認容の存在は立証されておらず，著作権法違反の幇助の故意があるとはいえないとして，「疑わしきは，被告人の利益に」の原則に従い，故意を否定し，Xに無罪を言い渡したのである。

関連判例

①大判昭7・9・26刑集11巻1367頁
②高松高判昭45・1・13判時596号98頁
③大阪高判昭61・10・21判タ630号230頁
④東京高判平2・12・10判タ752号246頁
⑤熊本地判平6・3・15判時1514号169頁
⑥大阪高判平7・7・7判時1563号147頁
⑦大阪地判平12・6・30高刑集53巻2号103頁

演習問題

Xが，盗撮方法を多数紹介した書籍『盗撮防止マニュアル』を作成し，HP上に公開したところ，多数の者が閲覧し，そのうちの1人であったYが，マニュアルの中で紹介されていた「黒いメッシュ生地のスニーカーの甲の部分のメッシュ生地に，小型カメラを埋め込み，前に立った女性のスカートの中を撮影する」という方法を用いて，デパートのエスカレータでY

の前に立っていたVのスカートの中を盗撮した。このためYがA県の迷惑防止条例違反（盗撮罪）で起訴されるとともに（公判は分離して行われ，有罪が確定），Xが盗撮罪の幇助で起訴された。

取調べに対して，Xは，「HPに，盗撮方法を紹介したのは，盗撮への注意を喚起したり，被害を防いだりするためで，盗撮を促す意図はなかった」と主張した。また，公判で，被告人弁護人は，XのHPを，「盗撮への注意を喚起するにあたって，参考になるHP」とし，URLを紹介していた女性対象のセミナーが開催されていた事実を示した。他方，Xは，友人とのeメールで，「HPを見たら，盗撮者は新しい盗撮方法を知れて大喜びする」，「かえって，盗撮が増えるかもしれない（笑）」などと書いていた。また，『盗撮防止マニュアル』を掲載したHPには，盗撮に使われるのに適したワイヤレス機能付小型カメラが具体的に紹介されており，『盗撮防止マニュアル』の公開後，そのカメラの売上げは，倍増した。Xは，カメラ会社からのお礼の連絡で，その事実を知っていた。Xの罪責を述べよ。

＊考え方

不特定多数の者に対する中立的行為が，幇助に当たるかどうかの判断が，故意の存否にかかっている場合，どのような認識・認容が必要で，その認識・認容を認定するためには，どのような事実が重要になるのか？

〔参考文献〕

佐久間修・NBL979号（2012年）30-39頁
豊田兼彦①『共犯の処罰根拠と客観的帰属』（成文堂，2009年）
豊田兼彦②・刑ジャ22号（2010年）51-58頁
亀井源太郎・法学研究87巻3号（2014年）1-32頁
矢野直邦・最判解刑事篇平成23年度344頁

（川崎友巳）

30 包括一罪

■ **最高裁平成 26 年 3 月 17 日第一小法廷決定**

■ 平成 23 年(あ)第 1224 号
死体遺棄，傷害致死，傷害，殺人被告事件

■ 刑集 68 巻 3 号 368 頁，判時 2229 号 112 頁

〈事実の概要〉

1 A 事件

X（被告人）は，以前から，知人の A を威迫して自己の指示に従わせた上，同人に対し支給された失業保険金を自ら管理・費消するなどしていたが，①平成 14 年 1 月頃から同年 2 月上旬頃までの間，当時の A 方等において，多数回にわたり，その両手を点火している石油ストーブの上に押し付けるなどの暴行を加え，その結果，A に全治不詳の右手皮膚剥離，左手創部感染の傷害を負わせ，また，② B と共謀の上，平成 14 年 1 月頃から同年 4 月上旬頃までの間，上記 A 方等において，多数回にわたり，その下半身を金属製バットで殴打するなどの暴行を加え，その結果，A に全治不詳の左臀部挫創，左大転子部挫創の傷害を負わせた。なお，上記の各暴行は，憂さ晴らしや面白半分という共通の動機に基づき行われたものであった。また，上記の個々の暴行と各傷害結果との対応関係は特定し難いものの，個々の暴行により各傷害を発生させた上で，拡大ないし悪化させたものであった。

2 C 事件

以前から C に自己の自動車の運転等をさせていた X は，D，E および F と共謀の上，平成 18 年 9 月中旬頃から同年 10 月 18 日頃までの間，走行中の普通乗用自動車内，駐車中の普通乗用自動車内およびその付近の路上等において，①多数の機会に，X が C の頭部や左耳を拳やスプレー缶で殴打することを主とする暴行を加えて，左耳挫・裂創，頭部打撲・裂創の傷害を負わせ，②特定の機会に，X が C の顔面をプラスチック製の角材で殴る暴行を加えて，三叉神経痛等の傷害を負わせ，③多数の機会に，X または X から命じられた上記共犯者らが，C に対し，下半身に燃料をかけライターで点火して燃やし，下半身を蹴り付ける暴行を加えて，臀部から両下肢の一部範囲の熱傷や両膝部への傷害を負わせた。なお，このうち①および③については，上記の個々の暴行と各傷害結果との対応関係は特定し難いものの，個々の暴行により各傷害を発生させた上で，拡大ないし悪化させたものであり，結局，②の点を含め，入院加療約 4 か月間を要する左耳挫・裂創，頭部打撲・裂創，三叉神経痛，臀部から両下肢熱傷，両膝部瘢痕拘縮等の傷害を負わせた。なお，上記の各暴行は，自己の力の誇示，配下の者に対するいたぶりや憂さ晴らしという共通の動機に基づき行われたものであった。

3 第 1 審（大阪地判平 22・1・25 刑集 68 巻 3 号 393 頁参照）および第 2 審（大阪高判平 23・5・31 前掲刑集 449 頁参照）は，A 事件・C 事件ともに，一連の暴行によって各被害者に傷害を負わせたという事実関係全体を包括的に評価して一個の傷害罪の成立を認めた。

〈上告審〉

■決定要旨■

上告棄却。

「検察官主張に係る一連の暴行によって各被害者に傷害を負わせた事実は，いずれの事件も，①約 4 か月間又は約 1 か月間という一定の期

間内に，Xが，②被害者との上記のような人間関係を背景として，③ある程度限定された場所で，④共通の動機から繰り返し犯意を生じ，⑤主として同態様の暴行を反復累行し，その結果，個別の機会の暴行と傷害の発生，拡大ないし悪化との対応関係を個々に特定することはできないものの，結局は⑥一人の被害者の身体に一定の傷害を負わせたというものであり，そのような事情に鑑みると，それぞれ，⑦その全体を一体のものと評価し，包括して一罪と解することができる」。[1)]（丸数字および下線は引用者）

解 説

1 問題の所在

本決定は，Xが一連の暴行によって各被害者に傷害を負わせた事実それぞれについて，その全体を一体のものと評価して，傷害罪の包括一罪と解することができるとした。包括一罪とは，複数の犯罪が成立するように見えるが，事象全体を包括的に評価することにより，全体を一罪として処理する場合を指す概念であり，刑法典上，それに関する規定はないが[2)]，古くから判例・学説上，認められてきたものである。もっとも，包括一罪については，その本質（本来的一罪と見るべきか，科刑上一罪と見るべきか）[3)]，その範囲（包括一罪に含まれる類型）[4)]，その判断方法（包括一罪と評価することの可否を判断する際に重視すべき観点）等について激しい学説の対立があり，包括一罪という概念は「形成途上にあり，発生する事案に即して発展して（いる）」との評価[5)]もある。実際，包括一罪の類型として挙げられるものには，単純一罪に近いものから，科刑上一罪に近いものまで多様なものが含まれており[6)]，「（包括一罪とは）数個の構成要件に該当する事実が，全体として一罪と認められる犯罪形態一般を指すものというほかない」ともいえる[7)]。

このように包括一罪という概念の内容は不明確で，その範囲も十分に明らかにされているとはいえないが，本件のように，一定の期間にわたって反復された，同一の構成要件に該当する複数の行為から法益侵害結果が発生した事案の中には，一連の行為全体を包括して一罪と評価すべき（包括一罪と認めるべき）場合があるということについては，学説・判例上，一致があるといってよい。しかし，一連の行為全体を包括して一罪と評価するための要件は明らかにされているとはいいがたく，それを明示した判例も存在しない。本決定も，包括一罪と認めるための一般的な要件を示すことはせず，下線①から下線⑥の事情を列挙したうえで，それらを総合的に考慮して[8)]，一連の暴行によって各被害者に傷害を負わせた事実を「包括して一罪と解することができる」としたにとどまる。以下では，同一の構成要件に該当する行為が複数回に

1）本決定は，引用した判示部分の直後において，「そして，いずれの事件も，（…）訴因における罪となるべき事実は，その共犯者，被害者，期間，場所，暴行の態様及び傷害結果の記載により，他の犯罪事実との区別が可能であり，また，それが傷害罪の構成要件に該当するかどうかを判定するに足りる程度に具体的に明らかにされているから，訴因の特定に欠けるところはない」として，訴因の特定に関する判示も行っているが，この点は刑事訴訟法に関する問題であるので，本章では扱わない。この点に関しては，辻川・後掲99頁以下等の本決定に関する評釈を参照。

2）改正刑法準備草案は71条に「同一の罪名に触れる数個の行為であっても，日時及び場所の近接，方法の類似，機会の同一，意思の継続その他各行為の間における密接な関係から，その全体を一個の行為として評価することを相当とするときは，これを包括して，一個の罪として処断する」という規定を置き，包括一罪の立法化を試みた。しかし，その後の改正刑法草案においては，同種の規定は設けられず，立法化は見送られた。以上に関して，佐伯・後掲27頁，中山・後掲206頁等参照。

3）この点については，佐伯・後掲40頁等を参照。

4）例えば，小林・後掲4頁は，包括一罪の類型として，①集合犯，②接続犯，③（新）連続犯，④狭義の包括的一罪，⑤観念的競合類似の包括的一罪，⑥混合的包括一罪，⑦吸収一罪を挙げるが，①・⑥・⑦については包括一罪とすることに反対する見解も有力である。また，それ以外の類型についても，どのような場合に包括一罪と評価することが可能であるかについて議論がある。

5）只木誠「包括一罪の現状と課題」刑ジャ48号10頁。

6）この点に関し，小林・後掲4頁，只木・前掲注5）4頁等。

7）虫明・後掲301頁。

8）本決定における「そのような事情に鑑みると」という言葉は「そのような事情を総合的に考慮・検討すると」という意味であろう。

わたって行われた事案に関する学説・判例の検討を通じて，下線①から下線⑥の各事情が，行為全体を包括して一罪と評価することの可否の判断にとって有する意義を明らかにし，それを踏まえて，本決定の当否について考察を加える。

2　同一の構成要件に該当する行為が複数回にわたって行われた事案に関する学説・判例

(1)　罪数決定の基準に関する通説としての構成要件基準説とその帰結

罪数の問題とは，成立する犯罪の個数を扱うものであるが，その決定の基準について，現在の通説・判例は，問題となる事象に関する構成要件的評価の回数を基準とする構成要件基準説を支持している[9)]。構成要件は行為と結果（法益侵害）を中心に構成されているから，同説を前提にして罪数を検討する場合，行為と結果（法益侵害）の個数が重要な意義を有することになる[10)]。すなわち，一つの行為から一つの結果が生じた場合（以下「一行為・一結果」という），例えば，XがVを1回殴打し，傷害を負わせた場合などが，一罪の典型と解される一方で，数個の行為から数個の結果が生じた場合（数行為・数結果）には，各行為について構成要件該当性が肯定され，原則として，数罪として処理されることになる。例えば，Vと口論になったXがVを1回殴打し，顔面に傷害を負わせた（第1行為）が，その3日後に，別の場所で，たまたまVと遭遇し，第1行為とは別の動機に基づき，Vを1回殴打し，腹部に傷害を負わせた（第2行為）場合（以下「事例1」という），被害者は同一であるが，3日という時間的間隔が認められ，主観面での連続性も認められない2つの暴行（行為）とそれに起因する各結果は別個独立の事象として，それぞれが構成要件的評価を受ける（2回の構成要件的評価を受ける）ため，第1行為と第2行為は併合罪の関係に立つ（両行為を包括して評価することはできない）ことになる。

(2)　接続犯

では，Vと口論になったXが，Vに対して連続して2回殴打し，Vに傷害を負わせた場合（以下「事例2」という）はどうであろうか。この場合，通説的見解は，一連の暴行によって傷害結果を発生させたものとして一回の構成要件的評価がなされる，つまり，全体が包括的に評価されて傷害罪一罪が成立するとする。同一構成要件に該当する数個の行為が時間的・場所的に接着して行われた場合を「接続犯」といい，これが包括一罪に当たることについてはほぼ争いがないが，事例2は接続犯の典型だからである[11)]。なお，事例2において，1回目の殴打で顔面に，2回目の殴打で腹部に傷害を負わせたことが明らかになった場合でも，傷害罪一罪が成立するという結論は変わらないと考えられるが，この場合，事例1と結果（法益侵害）の面では異なるところがない。したがって，接続犯の場合，被害者の同一性や被侵害法益の同質性という結果の単一性（一結果性）を前提に，各行為の時間的・場所的接着性や犯意の同一性・継続性という行為の一体性（準一行為性）が重視されて包括的な評価（包括一罪としての評価）が認められているといえよう。

このような行為の一体性の重視は，接続犯に関する判例からもうかがうことができる。すなわち，最判昭24・7・23（関連判例①）は，2時間余りの間に米俵を3俵ずつ3回にわたって計9俵を倉庫から持ち出したという事案に関して，「一罪と認定するのが相当であって独立した3個の犯罪と認定すべきではない」としたが，その際，各行為の時間的・場所的近接性（「右3回における窃盗行為は僅か2時間余の短時

9)　小林・後掲4頁，中山・後掲172頁以下，村瀬均「包括一罪の判断の在り方」刑ジャ48号11頁等参照。

10)　ただし，行為と結果のいずれを重視すべきかについては見解が分かれている。行為を重視する見解として，中野次雄『刑法総論概要〔第3版補訂版〕』（成文堂，1997年）173頁，小林充「罪数論の基本」現刑60号43頁等，結果を重視する見解として，中山・後掲175頁以下等，事案に応じて異なるとする見解として，村瀬・前掲注9）12頁。

11)　事例2については，連続した2発の殴打を一連の一個の行為と捉え，一行為・一結果としての単純一罪であるとみることも不可能ではない。このように一連の一個の行為とみることができるほどに各行為の事実的緊密さが認められることが，接続犯の特徴といえる。

間のうちに同一場所で為されたもので同一機会を利用したもの」）と単一の犯意に基づく一連の動作（「いずれも米俵の窃取という全く同種の動作であるから単一の犯意の発現たる一連の動作であると認めるのが相当[12)]」）という行為の一体性に関する事実を，一罪としての評価を基礎づける事情として指摘したのである。

なお，事例2と比べると，関連判例①の3回の窃取行為の時間的近接性は弱いが，「構成要件は社会的に『一つのできごと』（一つの社会的事象）とみられる犯罪事実を予定している」と解されるので[13)]，「行為がいくつか行われたときでも，それが社会的にみて一つの具体的な目的を達成するためになされたものであれば，これらを包括してここにいう一個の社会的な意味をもった行為」[14)]と見ることができる。関連判例①の被告人の一連の行為は，同一場所で，同一機会を利用したものであることに加え，単一の犯意の発現たる一連の動作と見ることができるものであるから，包括して一個の社会的な意味を持った行為，すなわち，全体として一行為，あるいは，少なくともそれに準じる性格を備えた行為といえるであろう。そして，その一行為あるいはそれに準じる性格を備えた一連の行為によって，同一場所にあった米俵に関する同一人の占有の侵害という一結果を惹起したのであるから，関連判例①の事案は一行為・一結果あるいはそれに準じる事案といえる。各行為の時間的場所的近接性が極めて強い事例2は，もちろん一行為・一結果あるいはそれに準じる事案といえるのであり，結局，接続犯が包括一罪とされるのは，一行為・一結果という単純一罪の典型事例としての性格，あるいは，少なくともそれに準じる性格が認められるためだといえる[15)]。

(3) 連続的包括一罪

本件の場合，A事件・C事件ともに，各暴行は時間的・場所的に近接しているとはいえず，また，犯意・動機についても，各暴行の都度生じたもので，連続性・単一性があるとはいいがたいため，接続犯の事案と見ることは困難である。もっとも，接続犯が包括一罪の一種とされる根拠が，一行為・一結果という単純一罪の典型に近い性格を備えていることに求められるのであれば，接続犯とはいえない場合であっても，各行為が主観的・客観的に密接に関連しているために，一連の行為全体を特定の構成要件によって包括的に評価することが可能で（行為の一体性〔準一行為性〕），かつ，その一連の行為に起因して構成要件的観点から同質的といえる結果が発生した場合（結果の単一性〔準一結果性〕）には，一行為・一結果に準じる性格を備えていることを根拠に，全体を包括して，一回の構成要件的評価を行えば足りると解する（＝一罪と評価する）ことは可能であると思われる[16)]。実際，実務家を含む多くの論者は，接続犯ほどは各行為の時間的・場所的近接性が認められないものの，同一構成要件に該当する数個の行為が連続して行われた事案について，「行為の一体性」と「結果の単一性」という2つの観点を基礎に，それらに関する諸事実・諸事情を総合的に考慮した結果として，全体を包括して一罪と評価することができる場合がある[17)]とし，このような場合を「連続的包括一罪（連続一罪，連続型包括一罪，（新）連続犯[18)]）」と呼んでいる[19)]。具体的には，行為の一体性に関する事実・事情であるⓐ各行為の時間的・場所的近接性，ⓑ各行為の態様の同一性・類似性，ⓒ犯意の同一性と，結果の単一性に関する事情である

12） このように，関連判例①は行為の同種性を犯意の単一性を肯定するための判断資料としている。

13） 中野・前掲注10）173頁。

14） 中野・前掲注10）174頁。

15） 小林・後掲5頁。虫明・後掲304頁も参照。

16） 小林・後掲6頁，同・前掲注10）50頁参照。

17） 接続犯や連続的包括一罪と認めることの可否の判断において問われているのは，一行為・一結果という単純一罪の典型を出発点に，問題の事象が，それに準じる場合（準一行為・準一結果）といえるか否かである。この意味では，接続犯と連続的包括一罪の間に質的な相違はない。ただ，接続犯の場合，事実的観点から一行為・一結果に準じる性格を認めることが比較的容易であるのに対し，連続的包括一罪の場合，事実的観点からは，一行為・一結果に準じる性格を認めることが難しく，構成要件的観点からの評価が不可欠かつ重要になるという相違があるため，両者は区別して論じるべきであろう。

ⓓ被害法益の同一性等を総合的に考慮して[20]，複数の行為を包括して一罪と評価すべきか否かを判断すべきだとしているのである[21]。

判例も連続的包括一罪と評価すべきか否かを同様の立場から判断している[22]。例えば，最判昭 31・8・3（関連判例②）は，昭和 23 年 6 月 15 日頃から同年 9 月 30 日頃までの間に 54 回（第 1 行為），また，昭和 26 年 8 月 10 日頃より同年 10 月 16 日頃までの間に 35 回（第 2 行為）にわたって，自宅診療所において麻薬中毒患者に対し，中毒症状を緩和する目的で麻薬 89 本を施用したという事案に関して，第 1 行為と第 2 行為に含まれる個々の麻薬施用行為は「包括一罪であると解するのが相当であり，独立した各個の犯罪と認定すべきではない」としたが[23]，その際，各施用行為の間に時間的連続性があること，同一の場所で一人の麻薬中毒患者に対しその中毒症状を緩和するため麻薬を施用するという同一事情の下において行われたものであること（上記ⓐ・ⓑ），また，いずれも同一の犯罪構成要件に該当し，その向けられている被害法益も同一である（上記ⓓ）から，単一の犯意にもとづくもの（上記ⓒ）と認められることを包括一罪と解すべき根拠として指摘したのである。ただ，関連判例②は，結果の単一性を，犯意の単一性を肯定するための資料（考慮要素）としており，行為の一体性（準一行為性）という観点を，重視しているといえるように思われる。このように行為の一体性という観点を重視する立場は，最決平 22・3・17（関連判例④）からもうかがえる。関連判例④は，街頭募金を装って通行人から金をだまし取ろうと企て，平成 16 年 10 月 21 日頃から同年 12 月 22 日頃までの間に，関西一円の通行人の多い路上に，事情を知らない募金活動員らを配置し，それらの者に不特定多数の通行人に対して募金活動をさせ，錯誤に陥った多数の通行人に，それぞれ 1 円から 1 万円までの現金を寄付させて，総額約 2480 万円の現金をだまし取ったという詐欺の事案につき，法益主体（被害者）が複数であり，結果の単一性が認められないにもかかわらず，㋐行為の態様（「個々の被害者ごとに区別して個別に欺もう行為を行うものではなく，不特定多数の通行人一般に対し，一括して，適宜の日，場所において，連日のように，同一内容の定型的な働き掛けを行って寄付を募るという態様」），㋑一個の意思・企図に基づいて継続的に行われた行為であること，㋒街頭募金の特徴（「被害者は，比較的少額の現金を募金箱に投入すると，そのまま名前も告げずに立ち去ってしまうのが通例であり，募金箱に投入された現金は直ちに他の被害者が投入したものと混和して特定性を失うものであって，個々に区別して受領するものではない」）という行為の一体性に関する諸事情（特に，上記ⓑ・ⓒ）を指摘して，「これを一体のものと評価して包括一罪と解した原判断は是認できる」としたのである[24]。

18）　昭和 22 年の刑法改正によって削除された旧 55 条（「連続シタル数個ノ行為ニシテ同一ノ罪名ニ触ルルトキハ一罪トシテ之ヲ処断ス」）に当たる場合を，当時は，「連続犯」と呼んでいた。それと区別するために，（新）という言葉が付されている。科刑上一罪と解されていたことを含め，連続犯については，佐伯・後掲 24 頁以下参照。

19）　辻川・後掲 83 頁以下とそこに挙げられた文献を参照。

20）　なお，これらの事情は，連続的包括一罪と認めるための要件ではなく，重要な考慮要素にとどまると解する見解が多い（辻川・後掲 94 頁，村瀬・前掲注 9）12 頁等）。

21）　虫明・後掲 306 頁等。本決定に関する評釈では，岡田志乃布・捜査研究 776 号 7 頁，吉川崇・警論 68 巻 3 号 185 頁等。

22）　下級審の裁判例を含め，判例については，佐伯・後掲 28 頁以下の分析が教示に富む。辻川・後掲 85 頁以下も参照。

23）　最判昭 32・7・23（関連判例③）は，医師で法定の麻薬施用者としての免許を受けている被告人が，麻薬中毒患者に対し，その中毒の治療の目的で昭和 29 年 9 月 4 日から同 30 年 1 月 12 日までの間に 38 回にわたって数日おきに麻薬を交付した事案に関して，関連判例②を引用したうえで，「このような態様の所為はこれを包括一罪として麻薬取締法 27 条 3 項，65 条 1 項の罪に当るものと解するのが相当である」としたが，関連判例②を引用していることから，それと同様の判断枠組みによって，包括一罪としたものと考えられる。

3 本決定の意義とその当否

(1) 本決定の意義

本決定は，2(3)で見た連続的包括一罪に関する判例や多数説と同様の判断枠組みを前提にしていると考えられる。本決定はXの行為全体を一体のものと評価し，包括一罪とするにあたって，下線①から下線⑥の事情を挙げているが，このうち①から⑤は行為の一体性（準一行為性）に関する事情と，⑥は結果の単一性（準一結果性）に関する事情といえる上，行為の一体性に関する①および③は各行為の時間的・場所的近接性を，⑤は行為態様の同一性・類似性を，④は犯意の同一性を示すもので，行為の一体性評価に関する上記の諸事情ⓐからⓒに対応しており，これらの諸事情を総合的に考慮して，包括一罪と解することができるとの結論を導いているからである。本決定の意義は，連続的包括一罪に関する判例・多数説の判断枠組みを用いて，傷害罪に関して包括一罪と認めうる事案を示した点にある[25]。特に，本件と同様の事態が生じやすい，DV事案や児童虐待事案が社会問題化している現状に鑑みると，最高裁として，この種の事案について傷害罪の包括一罪と認めうる場合があることを示した意義は大きいといえよう[26]。

(2) 本決定の当否

本件は，AやCという特定の被害者の，特定の法益（身体の安全）の侵害に関わるものであるので，結果の単一性（準一結果性）については特に問題なく肯定できる[27]。したがって，行為の一体性（準一行為性）が肯定できれば，（連続的）包括一罪とすることに大きな問題はないと考えられるが，本件の場合，行為の一体性（準一行為性）の判断に関する諸事情，すなわち，各行為の時間的・場所的近接性，各行為の態様の同一性・類似性，犯意の同一性は，一体性（一行為に準じる性質）を肯定するには弱いようにも思える。実際，最高裁自体，期間は一定の幅に収まるにすぎず（下線①），場所もある程度限定されているのみで（下線③），動機は共通であるが，犯意は継続しているわけではなく，その都度繰り返し生じており（下線④），態様も「主として」同様であるにすぎない（下線⑤）としているのである。これらの事情を踏まえて，本件を事例1および事例2と比較した場合，併合罪事例である事例1に近く，包括一罪とすることは困難であるようにも思われる。そこで，改めて決定文を見てみると，期間に関する事情以外の，行為の一体性に関する上記の諸事情を指摘する直前に，Xと被害者の人間関係が指摘されていること（下線②）が目を惹く[28]。行為者と被害者の特定の人間関係を基礎として「共通の動機から繰り返し犯意を生じ」た場合，各犯意の間には一定の共通性・継続性を認めることができること，また，そのような人間関係とそれに起因する一定の継続性を持った意思に基づき，「その関係性にかかわる日常的な行動圏内の各場所で」[29]，主として同種・同態様で繰り返し行われた各行為は，当該人間関係によって覆われた一連の関連性ある行為と評価できると考えられることから，それらを包括して一個の社会的な意味を持った行為[30]と解し，一回の構成要件的評価に服せしめることは十分に可能であると思われる。本決定の結論は妥当であったといえよう。ただし，

24） 連続的包括一罪の一罪性を，一行為・一結果に準じる性格を持つことに求める場合，結果の単一性（一結果性）を欠く関連判例④の事案について包括一罪と認めることができるのかは一個の問題である。この点に関して，後記「演習問題」を参照。

25） 本決定以前に，ある程度の間隔をおいて暴行が反復された事案について傷害罪の包括一罪の成立を認めた最高裁判例は存在しなかった（辻川・後掲88頁によると，高裁の裁判例もなかったようである）。

26） 辻川・後掲90頁以下は，DV事案や児童虐待事案等を「特殊連続的傷害事案」とし，この種の事案に関して「『個別に暴行の日時，場所，方法等を特定し，傷害結果を書き分けなければならない。』というのは，実際上，無理を求めるものであり，被害者の置かれた立場等を踏まえると，合理的な解釈とはいえない」とする。佐伯・後掲45頁，村瀬・前掲注9）15頁も参照。さらに，岡田・前掲注21）2頁，10頁，吉川・前掲注21）191頁，西山卓爾・研修800号88頁等。

27） 辻川・後掲91頁以下，吉川・前掲注21）186頁等参照。

28） 辻川・後掲92頁以下，西山・前掲注26）83頁，吉川・前掲注21）186頁以下等，多くの論者がこの点を指摘している。

29） 辻川・後掲93頁。

本件のような事案を包括一罪と評価することに関しては，併合罪加重がされず，処断刑の長期が短くなる（刑法 47 条）という被告人に有利な面があるものの，公訴時効との関連では，期間の初めの頃の行為について公訴時効期間が経過しても，最終行為につき同期間が経過しない以上，時効が完成せず，不当ではないかとの疑問が示されている[31]ことには注意する必要がある。一連の行為全体を包括して一罪と評価すること（連続的包括一罪とすること）の可否は，具体的な事実関係を踏まえつつ，慎重に判断されなければならないであろう。

関連判例

①最判昭 24・7・23 刑集 3 巻 8 号 1373 頁（判プラⅠ-427 事件）
②最判昭 31・8・3 刑集 10 巻 8 号 1202 頁
③最判昭 32・7・23 刑集 11 巻 7 号 2018 頁
④最決平 22・3・17 刑集 64 巻 2 号 111 頁（判プラⅠ-431 事件）

演習問題

X は，街頭募金を装って通行人から金をだまし取ろうと考え，綿密な計画を立てたうえで，それに従って，約 2 か月間にわたって，人通りの多い複数の路上に，多数の事情を知らない募金活動員を配置し，それらの者をして，不特定多数の通行人に対する募金活動を行わせ，錯誤に陥った多数の通行人から，それぞれ 1 円から 1 万円までの現金を寄付させて，総額 2000 万円の現金をだまし取った。X の罪責について論じなさい。

＊考え方

本件は，関連判例④を基にした事案である。すでに検討したように，連続的包括一罪と認めうるか否かは，「行為の一体性」と「結果の単一性」という 2 つの観点を基礎に，それに関わる諸事実（ⓐ各行為の時間的・場所的近接性，ⓑ各行為の態様の同一性・類似性，ⓒ犯意の同一性，ⓓ被害法益の同一性）等を総合的に考慮して，一行為・一結果に準じる性格が認められるか否かによって判断すべきである。本件の場合，多数の募金活動員を利用した計画的な犯行であり，ⓑ・ⓒが強く認められるため，行為の一体性は比較的容易に認められるであろう。しかし，被害者は募金に応じた多数者であり，結果の単一性を認めることはできないため，包括一罪とすることはできないように思われる（結果の単一性の重要性を強調するものとして，虫明・後掲 306 頁，松澤伸・判評 679〔判時 2262〕号 16 頁等参照）。これに対して，連続的包括一罪を科刑上一罪に近いものと捉えた上で，結果の単一性は連続的包括一罪を認めるための考慮要素の一つにすぎず，不可欠の要件ではないとし，行為の一体性が強固で，個々の被害法益が軽微である本件のような事案の場合，連続的包括一罪とすることも可能であるとする見解もある（佐伯・後掲 47 頁以下等）。

〔参考文献〕

辻川靖夫・最判解刑事篇平成 26 年度 75 頁
佐伯仁志「連続的包括一罪について」「植村立郎判事退官記念論文集」編集委員会編『植村立郎判事退官記念論文集　現代刑事法の諸問題（第 1 巻　第 1 編）』（立花書房，2011 年）23 頁
小林充「包括的一罪について」判時 1724 号 3 頁
中山善房・大コンメ(4)〔第 3 版〕166 頁
虫明満「包括的一罪」阿部純二ほか編『刑法基本講座（第 4 巻）』（法学書院，1992 年）298 頁

（成瀬幸典）

30）　中野・前掲注 10）174 頁。
31）　辻川・後掲 97 頁。同 96 頁以下では，他にも二つの疑問・懸念がありうることが示されている。また，佐伯・後掲 41 頁以下の指摘も重要である。村瀬・前掲注 9）15 頁も参照。

判例索引

＊ゴチックのものは本書表題判例を指す。
＊数字は本書ページを指す。
＊「判プラⅠ」は成瀬幸典・安田拓人編『判例プラクティス刑法Ⅰ総論〔第2版〕』（信山社，2020年）を，「判プラⅡ」は成瀬幸典・安田拓人・島田聡一郎編『判例プラクティス刑法Ⅱ各論』（信山社，2012年）を指す。「百選Ⅰ」は佐伯仁志・橋爪隆編『刑法判例百選Ⅰ〔第8版〕』（有斐閣，2020年）を，「百選Ⅱ」は佐伯仁志・橋爪隆編『刑法判例百選Ⅱ〔第8版〕』（有斐閣，2020年）を指す。それらの数字はとおし番号を指す。

〈大審院，最高裁判所〉

大判明43・5・27刑録16輯960頁　112
大判明44・3・16刑録17輯405頁　168，170
大判明44・11・20刑録17輯2014頁　153，156
大判大2・7・9刑録19輯771頁【判プラⅠ-373】　190，192
大判大3・3・24刑録20輯336頁　112
大連判大3・5・18刑録20輯932頁【判プラⅠ-416】　167，170
大判大3・11・26刑録20輯2260頁　111
大判大4・8・25刑録21輯1249頁【判プラⅠ-370】　190，192
大判大7・11・16刑録24輯1352頁【判プラⅠ-295，百選Ⅰ-65】　92
大判大7・12・18刑録24輯1558頁　23，26
大判大11・2・4刑集1巻32頁【判プラⅠ-89】　10，13
大判大11・2・25刑集1巻79頁【判プラⅠ-383】　133，136
大判大13・3・14刑集3巻285頁【判プラⅠ-30】　25
大判大13・8・5刑集3巻611頁【判プラⅠ-263】　99，101
大判大14・1・28刑集4巻14頁　165
大判大14・7・6新聞2459号9頁　111
大判大15・4・20刑集5巻136頁【判プラⅡ-351】　170
大判大15・7・26刑集5巻334頁　112
大判昭2・12・20評論全集17巻刑18頁【判プラⅠ-207】　63，67
大判昭3・3・9刑集7巻172頁【判プラⅠ-385】　173
大判昭6・12・3刑集10巻682頁【判プラⅠ-239】　91
大判昭7・6・14刑集11巻797頁【判プラⅠ-371】　192
大判昭7・9・26刑集11巻1367頁　196，198
大判昭8・6・29刑集12巻1001頁　80
大判昭8・11・9刑集12巻2114頁　112
大判昭9・6・11刑集13巻730頁　112
大判昭9・10・19刑集13巻20号1473頁　106
大判昭13・11・18刑集17巻839頁【判プラⅠ-387】　153，156
大判昭15・3・1刑集19巻63頁　167，169
最判昭23・5・1刑集2巻5号435頁【判プラⅠ-336】　140，142
最大判昭23・7・7刑集2巻8号793頁【判プラⅠ-179】　50，54，57，61
最大判昭23・7・14刑集2巻8号889頁【判プラⅠ-261】　99，102
最判昭23・9・21刑集2巻10号1213頁　133
最判昭23・10・23刑集2巻11号1386頁【判プラⅠ-97】　18，20
最判昭23・11・18刑集2巻12号1614頁【百選Ⅱ-38】　19
最判昭23・11・30集刑5号525頁　133
最判昭24・4・5刑集3巻4号421頁【判プラⅠ-211】　80，81
最判昭24・5・26刑集3巻6号869頁　133
最判昭24・7・9刑集3巻8号1174頁【判プラⅠ-317】　119，123
最判昭24・7・23刑集3巻8号1373頁【判プラⅠ-427，百選Ⅰ-100】　202，203，206
最判昭24・8・18刑集3巻9号1465頁【判プラⅠ-170】　63，67
最判昭24・10・1刑集3巻10号1629頁【判プラⅠ-435】　189
最判昭24・11・10集刑14号503頁　133
最判昭24・12・17刑集3巻12号2028頁【判プラⅠ-397】　160，162，163
最判昭25・3・31刑集4巻3号469頁【判プラⅠ-42】　3
最判昭25・4・11集刑17号87頁　141
最判昭25・6・27刑集4巻6号1096頁　133
最判昭25・11・28刑集4巻12号2463頁【判プラⅠ-264】　99
最大判昭26・1・17刑集5巻1号20頁【判プラⅠ-251，百選Ⅰ-37】　91，92，95
最決昭27・2・21刑集6巻2号275頁【判プラⅠ-153】　85

最判昭 27・9・19 刑集 6 巻 8 号 1083 頁【判プラⅠ-418】　165，168

最判昭 28・1・23 刑集 7 巻 1 号 30 頁【判プラⅠ-342】　147，149

最決昭 28・12・24 刑集 7 巻 13 号 2646 頁【判プラⅠ-252】　91

最大判昭 29・1・20 刑集 8 巻 1 号 41 頁【百選Ⅰ-72】　161

最判昭 29・3・2 集刑 93 号 59 頁　173

最判昭 29・10・22 刑集 8 巻 10 号 1616 頁　112，115

最判昭 30・10・25 刑集 9 巻 11 号 2295 頁【判プラⅠ-181】　54

最判昭 31・8・3 刑集 10 巻 8 号 1202 頁　204，206

最判昭 32・1・22 刑集 11 巻 1 号 31 頁【判プラⅠ-180】　50，54，57，61

最判昭 32・7・23 刑集 11 巻 7 号 2018 頁　204，206

最決昭 32・9・10 刑集 11 巻 9 号 2202 頁【判プラⅠ-319】　117

最判昭 32・11・19 刑集 11 巻 12 号 3073 頁【判プラⅠ-419，百選Ⅰ-94】　164，170

最判昭 33・4・18 刑集 12 巻 6 号 1090 頁【判プラⅡ 47】　45，48

最大判昭 33・5・28 刑集 12 巻 8 号 1718 頁【判プラⅠ-354，百選Ⅰ-75】　133，136

最判昭 33・11・21 刑集 12 巻 15 号 3519 頁【判プラⅠ-156，判プラⅡ-2，百選Ⅱ-1】　85

最判昭 34・2・5 刑集 13 巻 1 号 1 頁【判プラⅠ-209】　73，75

最判昭 34・7・24 刑集 13 巻 8 号 1163 頁【判プラⅡ-63】　22，26

最決昭 35・9・29 集刑 135 号 503 頁　141

最判昭 37・3・23 刑集 16 巻 3 号 305 頁【判プラⅠ-299，百選Ⅰ-66】　152

最決昭 39・1・28 刑集 18 巻 1 号 31 頁【判プラⅡ-9，百選Ⅱ-3】　82

最決昭 41・7・7 刑集 20 巻 6 号 554 頁　77，78，80，81

最判昭 42・3・7 刑集 21 巻 2 号 417 頁【判プラⅠ-420，百選Ⅰ-93】　165，167，170

最決昭 42・5・25 刑集 21 巻 4 号 584 頁　38，40，45，48

最決昭 42・10・24 刑集 21 巻 8 号 1116 頁【判プラⅠ-45，百選Ⅰ-9】　3，5

最決昭 43・2・27 刑集 22 巻 2 号 67 頁（酒酔い運転事件）【判プラⅠ-253，百選Ⅰ-39】　90

最判昭 44・12・4 刑集 23 巻 12 号 1573 頁【判プラⅠ-200】　63，64，65，67

最決昭 45・7・28 刑集 24 巻 7 号 585 頁【判プラⅠ-287，百選Ⅰ-62】　106

最判昭 46・6・17 刑集 25 巻 4 号 567 頁【判プラⅠ-43，百選Ⅰ-8】　3

最判昭 46・11・16 刑集 25 巻 8 号 996 頁【判プラⅠ-175，Ⅰ-182，Ⅰ-195】　50，51，53，54，58，66，67

最決昭 49・7・5 刑集 28 巻 5 号 194 頁【判プラⅠ-44】　3

最判昭 50・11・28 刑集 29 巻 10 号 983 頁【判プラⅠ-196，百選Ⅰ-24】　51

最決昭 52・7・21 刑集 31 巻 4 号 747 頁【判プラⅠ-183】　50，51，52，54，54，57，58，61，179，180，185

最判昭 53・6・29 刑集 32 巻 4 号 967 頁【判プラⅠ-267】　99，102

最判昭 53・7・28 刑集 32 巻 5 号 1068 頁（新宿びょう打銃事件）【判プラⅠ-91】　7

最決昭 54・3・27 刑集 33 巻 2 号 140 頁【判プラⅠ-95】　14，16，20

最決昭 54・4・13 刑集 33 巻 3 号 179 頁【判プラⅠ-337，百選Ⅰ-92】　140，141，142

最決昭 54・11・19 刑集 33 巻 7 号 728 頁【判プラⅠ-104】　32，33

最決昭 55・11・13 刑集 34 巻 6 号 396 頁【判プラⅠ-159，百選Ⅰ-22】　83

最決昭 58・9・21 刑集 37 巻 7 号 1070 頁【判プラⅠ-325，百選Ⅰ-74】　126，129

最判昭 59・1・30 刑集 38 巻 1 号 185 頁　54

最判昭 59・2・24 刑集 38 巻 4 号 1287 頁　100

最決昭 59・3・27 刑集 38 巻 5 号 2064 頁【判プラⅠ-329，判プラⅡ-6】　127，129，130

最判昭 60・9・12 刑集 39 巻 6 号 275 頁【判プラⅠ-197】　51

最決昭 61・6・9 刑集 40 巻 4 号 269 頁【判プラⅠ-96，百選Ⅰ-43】　14

最決昭 62・3・26 刑集 41 巻 2 号 182 頁（英国騎士道事件）【判プラⅠ-216，百選Ⅰ-29】　76

最決昭 62・7・16 刑集 41 巻 5 号 237 頁（百円札模造事件）【判プラⅠ-262，百選Ⅰ-48】　97

最決昭 63・1・19 刑集 42 巻 1 号 1 頁【判プラⅡ-58，百選Ⅱ-8】　23，26

最決平元・3・14 刑集 43 巻 3 号 262 頁【判プラⅠ-103，百選Ⅰ-52】　12，13

最決平元・6・26 刑集 43 巻 6 号 567 頁（おれ帰る事件）【判プラⅠ-402，百選Ⅰ-96】　157

最判平元・11・13 刑集 43 巻 10 号 823 頁【判プラⅠ-201，百選Ⅰ-25】　62

最決平元・12・15 刑集 43 巻 13 号 879 頁【判プラⅠ-39，百選Ⅰ-4】　23，26

最決平 2・2・9 判時 1341 号 157 頁【判プラⅠ-73，百選Ⅰ-40】　16，20

最決平 2・11・16 刑集 44 巻 8 号 744 頁【判プラⅠ-127】　46，48

最決平 2・11・20 刑集 44 巻 8 号 837 頁【判プラⅠ-46，百選Ⅰ-10】　3，5，47，48

最決平 2・11・29 刑集 44 巻 8 号 871 頁【判プラⅠ-128】　39，40，41

最判平 3・11・14 刑集 45 巻 8 号 221 頁【判プラⅠ-130】

39, 40
最決平4・6・5刑集46巻4号245頁（フィリピンパブ事件）【判プラⅠ-406, 百選Ⅰ-90】 178
最決平5・11・25刑集47巻9号242頁【判プラⅠ-129, 百選Ⅰ-58】 46, 48
最判平8・11・18刑集50巻10号745頁【判プラⅠ-268】 100, 101, 102
最判平9・6・16刑集51巻5号435頁【判プラⅠ-171】 65, 67, 72, 74
最決平9・10・30刑集51巻9号816頁【判プラⅠ-333】 126, 127
最決平12・12・20刑集54巻9号1095頁【判プラⅠ-105, 百選Ⅰ-53】 32, 33, 46, 48
最決平13・10・25刑集55巻6号519頁【判プラⅠ-327】 130
最決平15・5・1刑集57巻5号507頁（スワット事件）【判プラⅠ-355, 百選Ⅰ-76】 131
最決平15・7・16刑集57巻7号950頁（高速道路進入事件）【判プラⅠ-53, 百選Ⅰ-13】 1
最決平16・1・20刑集58巻1号1頁【判プラⅠ-328, 判プラⅡ-4, 百選Ⅰ-73】 85, 124
最決平16・2・17刑集58巻2号169頁【判プラⅠ-54】 3, 5
最決平16・3・22刑集58巻3号187頁（クロロホルム事件）【判プラⅠ-29, Ⅰ-276, 百選Ⅰ-64】 104, 115
最決平17・7・4刑集59巻6号403頁（シャクティ事件）【判プラⅠ-33, Ⅰ-338, 百選Ⅰ-6】 21, 45, 48, 138
最決平17・11・15刑集59巻9号1558頁【百選Ⅰ-55】 148
最決平17・11・29集刑288号543頁 135, 136
最決平19・3・26刑集61巻2号131頁【判プラⅠ-117】 148
最決平19・11・14刑集61巻8号757頁【判プラⅠ-356】 135, 136
最決平20・3・3刑集62巻4号567頁【判プラⅠ-110, 百選Ⅰ-56】 24, 26, 45, 48, 148
最決平20・5・19刑集62巻6号1623頁【判プラⅡ-380】 167
最決平20・5・20刑集62巻6号1786頁（ラリアット事件）【判プラⅠ-185, 百選Ⅰ-26】 50, 54, 56, 58, 61
最決平20・6・25刑集62巻6号1859頁【判プラⅠ-210, 百選Ⅰ-27】 69
最決平21・2・24刑集63巻2号1頁【判プラⅠ-212】 74
最決平21・6・30刑集63巻5号475頁【判プラⅠ-405, 百選Ⅰ-97】 161, 162
最判平21・10・19判時2063号155頁 135, 136
最決平21・12・7刑集63巻11号2641頁（明石人工砂浜陥没事件第一次上告審）【判プラⅠ-106】 28, 46, 48, 148
最決平22・3・17刑集64巻2号111頁【判プラⅠ-431, 百選Ⅰ-102】 204, 206
最決平22・5・31刑集64巻4号447頁（明石歩道橋群衆なだれ事件）【判プラⅠ-113】 35, 144, 148
最決平22・7・29刑集64巻5号829頁 112, 115
最決平22・10・26刑集64巻7号1019頁【判プラⅠ-51】 47, 48, 148
最決平23・12・19刑集65巻9号1380頁（Winny開発者事件）【判プラⅠ-372, 百選Ⅰ-89】 193
最決平24・2・8刑集66巻4号200頁（三菱ハブ破損事件）【判プラⅠ-123】 42
最決平24・11・6刑集66巻11号1281頁【判プラⅠ-389, 百選Ⅰ-81】 152, 153, 156
最決平25・4・15刑集67巻4号437頁【百選Ⅰ-84】 189, 190
最決平26・3・17刑集68巻3号368頁【判プラⅠ-432, 百選Ⅰ-101】 200
最決平26・3・28刑集68巻3号646頁 112
最決平26・4・7刑集68巻4号715頁 112
最決平26・7・22刑集68巻6号775頁【判プラⅠ-112】 30, 32, 38, 40
最決平27・3・3LEX/DB25506118 136
最決平28・5・25刑集70巻5号117頁【判プラⅠ-114】 46, 48
最決平28・7・12刑集70巻6号411頁（明石市歩道橋事故強制起訴事件）【判プラⅠ-348, 百選Ⅰ-79】 144
最決平29・4・26刑集71巻4号275頁【判プラⅠ-184, 百選Ⅰ-23】 49, 55, 57, 58, 59, 61, 180, 185
最決平29・6・12刑集71巻5号315頁【判プラⅠ-107, 百選Ⅰ-57】 46, 48
最決平29・12・11刑集71巻10号535頁【判プラⅠ-394, 百選Ⅰ-82】 151
最判平30・3・19刑集72巻1号1頁【百選Ⅱ-9】 175
最判平30・3・22刑集72巻1号82頁（訪問予告事件）【判プラⅠ-291, 百選Ⅰ-63】 106, 108, 110
最判平30・12・11刑集72巻6号672頁 19
最判平30・12・14刑集72巻6号737頁 19
最判令元・9・27刑集73巻4号47頁 19
最決令2・8・24刑集74巻5号517頁 129, 130
最決令2・9・30刑集74巻6号669頁 163
最判令3・1・29刑集75巻1号1頁 11, 13
最決令4・2・14裁判所ウェブサイト 106, 109
最判令4・6・9裁判所ウェブサイト 168, 169, 170

〈高等裁判所〉

東京高判昭27・9・11判特37号1頁 141
東京高判昭27・12・26高刑集5巻13号2645頁【判プラⅠ-265】 99
福岡高判昭28・1・12高刑集6巻1号1頁【判プラ

Ⅰ-400】　161，162，163
広島高判昭 29・6・30 高刑集 7 巻 6 号 944 頁【判プラⅡ-5】　128
福岡高宮崎支判昭 29・6・30 判特 26 号 127 頁　128
大阪高判昭 29・7・14 高刑裁特 1 巻 4 号 133 頁【判プラⅠ-157】　88
東京高判昭 30・3・22 刑集 11 巻 9 号 2210 頁（参照）　117
名古屋高判昭 31・4・19 高刑集 9 巻 5 号 411 頁【判プラⅠ-256】　91，95
大阪高判昭 31・4・26 高刑集 9 巻 3 号 317 頁　14，18，20
東京高判昭 35・2・17 下刑集 2 巻 2 号 133 頁　25
広島高判昭 35・6・9 高刑集 13 巻 5 号 399 頁【判プラⅠ-213】　80，81
東京高判昭 39・8・5 高刑集 17 巻 6 号 557 頁【判プラⅠ-321】　120，123
高松高判昭 40・1・12 下刑集 7 巻 1 号 1 頁　173
札幌高判昭 40・3・20 高刑集 18 巻 2 号 117 頁　39
東京高判昭 40・6・7 判タ 180 号 144 頁　133
大阪高判昭 40・6・7 下刑集 7 巻 6 号 1166 頁【判プラⅠ-158】　87，88
東京高判昭 42・6・23 刑集 22 巻 2 号 74 頁（酒酔い運転事件の 2 審）　90
東京高判昭 44・9・17 高刑集 22 巻 4 号 595 頁【判プラⅠ-269】　99
高松高判昭 44・11・27 高刑集 22 巻 6 号 901 頁　91
高松高判昭 45・1・13 判時 596 号 98 頁　196，198
名古屋高判昭 45・8・25 刑月 2 巻 8 号 789 頁　81
札幌高判昭 51・3・18 高刑集 29 巻 1 号 78 頁【判プラⅠ-102，百選Ⅰ-51】　31，32，46，48
東京高判昭 51・6・1 高刑集 29 巻 2 号 301 頁　99
東京高判昭 52・3・8 高刑集 30 巻 1 号 150 頁（新宿びょう打銃事件の 2 審）　7
東京高判昭 52・11・29 東高刑時報 28 巻 11 号 143 頁　88
東京高判昭 53・3・28 刑集 33 巻 7 号 748 頁（参照）　33
広島高岡山支決昭 55・6・25 刑集 34 巻 6 号 406 頁（参照）　83
東京高判昭 55・9・26 高刑集 33 巻 5 号 359 頁【判プラⅠ-270】　101，102
大阪高判昭 56・1・20 判タ 441 号 152 頁　51
大阪高判昭 56・9・30 高刑集 34 巻 3 号 385 頁【判プラⅠ-255】　91，95
東京高判昭 59・11・22 高刑集 37 巻 3 号 414 頁（英国騎士道事件の 2 審）　77
札幌高判昭 60・3・12 判タ 554 号 304 頁（百円札模造事件の 2 審）　98
東京高判昭 60・6・20 高刑集 38 巻 2 号 99 頁　57
福岡高判昭 60・7・8 判タ 566 号 317 頁【判プラⅠ-188】　57
東京高判昭 60・8・20 判時 1183 号 163 頁　51
福岡高判昭 61・3・6 高刑集 39 巻 1 号 1 頁【判プラⅠ-320，百選Ⅰ-69】　120，121，123
札幌高判昭 61・3・24 高刑集 39 巻 1 号 8 頁　17
大阪高判昭 61・6・13 刑集 43 巻 10 号 835 頁（参照）　62
名古屋高判昭 61・9・30 高刑集 39 巻 4 号 371 頁【判プラⅠ-344】　147，149
大阪高判昭 61・10・21 判タ 630 号 230 頁　196，198
大阪高判昭 62・7・17 判時 1253 号 141 頁【判プラⅠ-423，判プラⅡ-256，百選Ⅰ-95】　156
東京高判昭 63・7・13 高刑集 41 巻 2 号 259 頁（おれ帰る事件の 2 審）　157
福岡高宮崎支判平元・3・24 高刑集 42 巻 2 号 103 頁　129
大阪高判平 2・1・23 高刑集 43 巻 1 号 1 頁【判プラⅠ-413】　174
東京高判平 2・2・21 東高刑時報 41 巻 1 ～ 4 号 7 頁（板橋宝石商殺し事件）【判プラⅠ-376，百選Ⅰ-88】　187
東京高判平 2・6・5 刑集 46 巻 4 号 264 頁（参照）（フィリピンパブ事件の 2 審）　179
東京高判平 2・12・10 判タ 752 号 246 頁　196，198
大阪高判平 7・7・7 判時 1563 号 147 頁　196，198
東京高判平 8・2・7 判時 1568 号 145 頁　58
東京高判平 9・8・4 高刑集 50 巻 2 号 130 頁【判プラⅠ-160】　88
大阪高判平 10・3・25 刑集 54 巻 9 号 1206 頁（参照）　33
東京高判平 11・1・29 判時 1683 号 153 頁【判プラⅠ-414】　174，176
札幌高判平 12・3・16 高刑速（平 12）号 227 頁【判プラⅠ-410，百選Ⅰ-85】　171
大阪高判平 12・6・22 判タ 1067 号 276 頁【判プラⅠ-187】　60
大阪高判平 13・1・30 判時 1745 号 150 頁　51
札幌高判平 13・5・10 判タ 1089 号 298 頁【判プラⅠ-322】　120，122，123
大阪高判平 13・6・21 判タ 1085 号 292 頁　25，137，173，176
東京高判平 13・10・16 刑集 57 巻 5 号 586 頁（参照）（スワット事件の 2 審）　132
名古屋高判平 14・4・16 刑集 58 巻 1 号 20 頁（参照）　125
名古屋高判平 14・8・29 判時 1831 号 158 頁【判プラⅠ-403】　162，163
大阪高判平 14・9・4 判タ 1114 号 293 頁【判プラⅠ-215，百選Ⅰ-28】　12，13
東京高判平 14・11・14 高刑集 55 巻 3 号 4 頁（高速道路進入事件の 2 審）　2
東京高判平 14・12・25 判タ 1168 号 306 頁【判プラⅠ-92】　12，13

東京高判平 15・6・26 刑集 59 巻 6 号 450 頁（参照）（シャクティ事件の 2 審） 21，138
仙台高判平 15・7・8 判時 1847 号 154 頁（クロロホルム事件の 2 審） 104
広島高判平 17・4・19 高刑速（平 17）号 312 頁 25，173
名古屋高判平 17・11・7 高検速報（平 17）号 292 頁 176
東京高判平 18・11・29 刑集 62 巻 6 号 1802 頁(参照)(ラリアット事件の 2 審) 56
名古屋高判平 19・2・16 判タ 1247 号 342 頁【判プラⅠ-277】 107，109
東京高判平 19・3・6 高刑速（平 19）号 139 頁【判プラⅠ-318】 120，122，123
東京高判平 19・12・25 刑集 62 巻 6 号 1879 頁（参照） 69
大阪高判平 20・7・10 刑集 63 巻 11 号 2794 頁(参照)(明石人工砂浜陥没事件〔第一次〕の 2 審) 29
東京高判平 20・10・6 判タ 1309 号 292 頁【判プラⅠ-357】 136，174
大阪高判平 21・1・20 判タ 1300 号 302 頁【判プラⅠ-271】 100
東京高判平 21・2・2 刑集 66 巻 4 号 371 頁（参照）（三菱ハブ破損事件の 2 審） 42
東京高判平 21・10・8 判タ 1388 号 370 頁【判プラⅠ-176】 51
大阪高判平 21・10・8 刑集 65 巻 9 号 1635 頁（参照）(Winny 開発者事件の 2 審) 193
大阪高判平 23・5・31 刑集 68 巻 3 号 449 頁（参照） 200
東京高判平 24・11・28 東高刑時報 63 巻 1 ～ 12 号 254 頁【判プラⅠ-392】 156
札幌高判平 25・7・11 高検速報（平 25）号 253 頁
東京高判平 25・8・28 高刑集 66 巻 3 号 13 頁【判プラⅠ-99】 16
大阪高判平 25・8・30LEX/DB25506118 136
大阪高判平 26・4・23 刑集 70 巻 6 号 544 頁（参照）（明石市歩道橋事故強制起訴事件の 2 審） 145
仙台高判平 27・2・19LEX/DB25505914【判プラⅠ-281】 107，109
大阪高判平 28・2・10 刑集 71 巻 4 号 311 頁（参照） 49
広島高岡山支判平 28・6・1 裁判所ウェブサイト，LEX/DB25448093 100
名古屋高判平 28・9・21 判時 2363 号 120 頁 153，156
名古屋高判平 28・11・9LEX/DB25544658 153，156
東京高判平 29・2・2 刑集 72 巻 1 号 134 頁（参照）（訪問予告事件の 2 審） 110
高松高判平 29・5・11LEX/DB25545831 25
福岡高判平 29・5・31 判時 2363 号 131 頁【判プラⅠ-307】 152，156
大阪高判平 30・3・22 裁判所ウェブサイト，LEX/DB25449403【判プラⅠ-412】 175，176
東京高判平 30・11・27 高刑速（平 30）号 257 頁 155，156
東京高判令元・11・6 高刑速（令 1）号 313 頁 80
東京高判令 2・7・28 判時 2471 号 129 頁 175

〈地方裁判所〉

横浜地判昭 29・4・27 刑集 11 巻 9 号 2209 頁（参照） 117
水戸地土浦支判昭 29・9・30 刑集 11 巻 12 号 3091 頁(参照) 164
名古屋地判昭 33・8・27 一審刑集 1 巻 8 号 1288 頁【判プラⅠ-374】 190，192
東京地八王子支判昭 33・12・26 一審刑集 1 巻 12 号 2158 頁 141
盛岡地一関支判昭 36・3・15 下刑集 3 巻 3・4 号 252 頁 80
長野地諏訪支判昭 37・6・2 下刑集 4 巻 5・6 号 503 頁 141
秋田地判昭 40・7・15 判時 424 号 57 頁 91
東京地八王子支判昭 41・10・15 刑集 22 巻 2 号 70 頁(参照)（酒酔い運転事件の 1 審） 90
名古屋地岡崎支判昭 43・5・30 下刑集 10 巻 5 号 580 頁 25
福岡地飯塚支判昭 45・3・25 刑月 2 巻 3 号 292 頁 141
浦和地熊谷支判昭 46・1・26 刑月 3 巻 1 号 39 頁 128
福岡地久留米支判昭 46・3・8 判タ 264 号 403 頁 25
岡山地津山支判昭 47・5・31 公刊物未登載 83
東京地判昭 49・6・25 刑集 33 巻 7 号 734 頁（参照） 33
東京地判昭 50・6・5 刑月 7 巻 6 号 671 頁（新宿びょう打銃事件の 1 審） 7
大阪地判昭 51・3・4 判時 822 号 109 頁【判プラⅠ-254，百選Ⅰ-38】
松江地判昭 51・11・2 刑月 8 巻 11・12 号 495 頁 161，162
東京地判昭 52・6・8 判時 874 号 103 頁 88
鹿児島地判昭 52・7・7 判タ 352 号 337 頁 141
大阪地判昭 52・12・26 判時 893 号 104 頁 88
岡山地津山支決昭 55・3・25 刑集 34 巻 6 号 402 頁（参照） 83
千葉地判昭 59・2・7 刑集 41 巻 2 号 214 頁（参照）（英国騎士道事件の 1 審） 76
札幌地判昭 59・9・3 刑月 16 巻 9・10 号 701 頁（百円札模造事件の 1 審） 98
仙台地石巻支判昭 62・2・18 判時 1249 号 145 頁【判プラⅠ-164】 87，88
東京地判昭 62・7・27 刑集 43 巻 6 号 575 頁（参照）（おれ帰る事件の 1 審） 157

東京地八王子支判昭 62・9・18 判時 1256 号 120 頁【判プラⅠ-203】　65，67
東京地判昭 63・4・5 判タ 668 号 223 頁【判プラⅠ-189】　58
東京地判昭 63・7・27 判時 1300 号 153 頁【判プラⅠ-386，百選Ⅰ-87】　191
東京地判平元・3・27 判時 1310 号 39 頁（板橋宝石商殺し事件の１審）　187
大阪地判平元・5・29 判タ 756 号 265 頁【判プラⅠ-257】　91
東京地判平元・7・13 刑集 46 巻 4 号 256 頁（参照）（フィリピンパブ事件の１審）　178
大阪地判平 3・4・24 判タ 763 号 284 頁【判プラⅠ-208】　79
長崎地判平 4・1・14 判時 1415 号 142 頁【判プラⅠ-258，百選Ⅰ-36】　92，95
東京地判平 4・1・23 判時 1419 号 133 頁【判プラⅠ-345】　147，149
大阪地判平 4・9・22 判タ 828 号 281 頁【判プラⅡ-235】　19，20
大阪地判平 6・3・8 判時 1557 号 148 頁　192
熊本地判平 6・3・15 判時 1514 号 169 頁　196，198
大阪地判平 7・10・6 刑集 54 巻 9 号 1125 頁（参照）　33
釧路地判平 11・2・12 判時 1675 号 148 頁【判プラⅠ-411】　171
東京地判平 12・3・6 刑集 57 巻 5 号 575 頁（参照）（スワット事件の１審）　132
大阪地判平 12・6・30 高刑集 53 巻 2 号 103 頁　196，198
大阪地判平 13・3・14 判時 1746 号 159 頁　135
名古屋地判平 13・5・30 刑集 58 巻 1 号 8 頁（参照）　125
千葉地判平 14・2・5 刑集 59 巻 6 号 417 頁（参照）（シャクティ事件の１審）　21，138
長野地松本支判平 14・4・10 刑集 57 巻 7 号 973 頁(参照)（高速道路進入事件の１審）　1
仙台地判平 14・5・29 刑集 58 巻 3 号 201 頁（参照）（クロロホルム事件の１審）　104
東京地判平 14・11・21 判時 1823 号 156 頁【判プラⅠ-408】　80
大阪地判平 16・3・23LEX/DB28095404　136
東京地八王子支判平 18・7・5 刑集 62 巻 6 号 1794 頁(参照)（ラリアット事件の１審）　56
神戸地判平 18・7・7 刑集 63 巻 11 号 2719 頁（参照）(明石人工砂浜陥没事件第一次の１審）　29
仙台地判平 18・10・23 判タ 1230 号 348 頁　58
京都地判平 18・12・13 判タ 1229 号 105 頁（Winny 開発者事件の１審）　193
静岡地沼津支判平 19・8・7 刑集 62 巻 6 号 1866 頁（参照）　69
横浜地判平 19・12・13 判タ 1285 号 300 頁（三菱ハブ破損事件の１審）　43
東京地判平 20・10・27 判タ 1299 号 313 頁　80，81
神戸地判平 21・2・9LEX/DB25440853　57
大阪地判平 22・1・25 刑集 68 巻 3 号 393 頁（参照）　200
大阪地判平 23・5・24LEX/DB25443755　136
大阪地判平 23・7・22 判タ 1359 号 251 頁【判プラⅠ-214】　80，81
横浜地判平 23・9・22LLI/DB06650566　174，175，176
神戸地判平 25・2・20 刑集 70 巻 6 号 483 頁（参照）（明石市歩道橋事故強制起訴事件の１審）　145
神戸地判平 26・12・16LEX/DB25447069　60
横浜地判平 27・3・13LEX/DB25447224　60
大阪地判平 27・9・17 刑集 71 巻 4 号 306 頁（参照）　49
長野地判平 28・8・9 刑集 72 巻 1 号 132 頁（参照）（訪問予告事件の１審）　110
福岡地判平 28・9・12 判時 2363 号 133 頁　151
東京地立川支判平 28・9・16 判時 2354 号 114 頁　68
大阪地判平 29・3・24 判時 2364 号 111 頁　136
大阪地決平 30・3・11LEX/DB25552928　115
札幌地判平 30・12・3 裁判所ウェブサイト　68
横浜地判令 3・3・19LEX/DB25568999　59

〈簡易裁判所〉

尼崎簡判昭 60・12・16 刑集 43 巻 10 号 832 頁（参照）　62

判例トレーニング　刑法総論

2023(令和５)年３月13日　　初版第１刷発行

編　者　成　瀬　幸　典
　　　　安　田　拓　人
発行者　今　井　　　貴
　　　　今　井　　　守
発行所　信山社出版株式会社
〒113-0033 東京都文京区本郷 6-2-9-102
電　話　03-3818-1019
ＦＡＸ　03-3818-0344

印刷・製本／暁印刷・渋谷文泉閣

ISBN978-4-7972-2772-7　C3332